Practicing tour conductor in travel industry

국외여행 인솔 실무

여행 인솔자의 길

Preface

산업혁명은 교통수단의 발전을 가져와 사람들의 이동을 수월하게 하였다. 기차를 비롯한 교통수단의 발전은 '시간과 공간의 압축' 효과를 가져왔다. 사람들은 어디든지 갈 수 있을 것이라고 생각하게 되었고 심리적으로도 가깝게 느끼게 하여 이동의 욕구를 자극하였다.

지속적인 기술의 발전은 많은 사람들을 이동시켜 대중관광(mass tourism) 시대를 열어주었다. 대중관광의 시작은 이러한 기술을 조직하는 조직자의 역할이 필요했다. 토마스 쿡은 대표적인 조직자였다. 대중관광의 출현에는 여행하는 전 과정의 전체적인 흐름을 통제해 주는 시스템이 필요하게 되었다. 이는 여행업의 출현을 만들고 관광산업의 발전으로 이어졌다.

관광산업의 매력은 '글로벌'이라는 속성에 있다. 관광산업이 글로벌 경제에 많은 영향을 미치는 것을 넘어 오히려 글로벌 경제를 견인하고 있다고 할 수 있다. 세계여행관광위원회(World Travel & Tourism Council, 2021a, 2021b)에 의하면 코로나 발생 전인 2019년 관광산업은 전 세계 GDP의 10.4%(미화 9.2조 달러)를 차지하는 최대산업이다. 관광산업은 최대의 고용산업이기도 하다. 관광산업 종사자는 2019년 3억 3,400만 명으로 전 세계 고용의 10.6%를 차지하고 있다. 10명 중에 1명이 관광산업에 종사하고 있다는 의미이다. 세계관광기구(UNWTO)에 의하면, 해외 관광자 수는 2017년에 13.2억 명에서 2030년에는 18억 명으로 예상될 정도로 해외 관광자는 비약적으로 증가하고 있다. 관광은 '고용 없는 저성장시대'에 고용 창출의 유력한 대안으로 기대되고 있다.

이 책의 초고를 집필한 필자는 여행 관광산업 실무 현장에서 국내 및 국외여행 인솔자로서 30년을 여행자들을 인솔하고 전 세계 구석구석을 여행한 경험을 가지고 있다. 더불어 대학 강단을 비롯한 교육기관 등에서 10여 년 이상 여행 인솔자 양성과정에서 강의한 경험도 가지고 있다. 이 책의 초고를 읽고 문장과 내용, 체계를 다듬은 또 다른

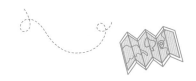

필자는 대학에서 20년 이상 '여행사경영론'을 비롯한 관광학을 강의하고 있다.

이렇게 현장과 강단에서 쌓은 노하우와 경험을 토대로 본서는 집필되었다. 또 국외여행에서 여행의 안전과 여행만족도 측면에서 여행 인솔자의 중요성이 매우 높음에도 불구하고 여행 인솔자의 전문성에 대한 관심이 낮은 점도 집필의 동기가 되었다. 여행은 일반적으로 항공, 숙박, 현지 여행일정, 식사, 쇼핑뿐만 아니라 현지 가이드, 여행 인솔자 등의 다양한 요소로 구성된다. 여행 인솔자의 역할은 여행 만족도와 여행 안전 등에 아주 중요한 비중을 담당함에도 불구하고 그동안 서비스 제공자로서 여행 인솔자의 역할은 그리 부각되지 못했다. 여행자들의 만족도 향상과 안전한 여행을 위해서도 전문성을 갖춘 여행 인솔자가 능력을 발휘할 수 있게 여행 현장에서 활용될 수 있는 현장 실무 내용을 체계화할 필요가 있다. 또한 현장에서의 경험뿐만 아니라 이론적인 지식 그리고 서비스 마인드까지 갖춰야 하기에 이 책의 체계적인 집필을 위해서는 관광/환대산업 (hospitality industry)의 전문가들의 도움이 필요했다.

이 책은 국외여행 인솔 실무를 다루고 있어, 대학에서 '여행사경영론'이나 '여행사 경영실무' 등의 교과목에서 사용할 수 있도록 하였다. 여행사에서 국외여행 인솔자 교육 교재로도 활용 가능하도록 하였을 뿐만 아니라 인솔자를 준비하는 학생 및 직원들에게 도움이 되도록 기본지식은 물론 현장 경험 사례를 풍부하게 기술하였다. 또한 이 책은 국내외여행 인솔자 직업에 관심을 갖는 일반인에게도 도움이 될 수 있도록 하였고, 나아가 일반인들이 해외여행 단체를 구성해 리더로서 여행을 진행할 때 도움이 될 수 있도록 구성하였다.

이 책은 총 12개의 장과 부록으로 구성되었으며, 국외여행 인솔자가 되기 위해 필요한 전문적인 자격 조건과 역량을 소개하며 국외여행 인솔자의 기본 업무와 업무 진행 과정 혹은 절차에 대해 설명하였다. 1장과 2장은 기본편으로서, 국외여행 인솔자가 숙지해야 할 필수적인 지식을 전달하고, 국외여행에 필요한 기본 지식을 설명하였다. 3~9장은 실무편으로서, 현장에서 국외여행을 인솔하는 실무 과정을 설명하고, 한국에서의 출국에서부터 해외여행 중, 그리고 귀국 후에 해야 하는 국외여행 인솔자의 업무 처리 과정을 절차에 따라서 정리하였다. 끝으로 10장부터 12장은 응용편으로서, 원활한 단체여행 인솔을 위해 필요한 내용을 안내하고, 단체여행 인솔을 위한 이해를 돕기 위해서 이론적인 내용 설명과 함께 현장에서 발생하는 사례를 소개하여 여행자를 응대하

는 요령을 담았다. 이 책에서는 전체 장에 걸쳐서 원활한 단체여행 행사 진행을 위해서 각 장마다 필자가 경험한 에피소드와 알아두면 좋은 이야기를 추가하여 서비스 제공자로서 여행자들에게 감동을 선사할 수 있도록 하였다.

끝으로 이 책이 나올 수 있도록 많은 조언과 자료를 제공해 준 관계당국 및 항공업계, 여행업계, 마무리 과정인 교정을 도와주신 분과 특히 어려운 여건 속에서도 저자의 출간 제안에 흔쾌히 응해주신 한올출판사 대표께 감사를 드린다. 더불어 이 책에 대한 여행 관광업계의 조언과 독자 여러분의 관심을 토대로 미흡한 부분은 지속적으로 보완할 것을 약속드린다.

2022년 7월
필자들을 대표하여 조영훈

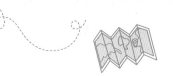

국외여행 인솔
실무

Contents

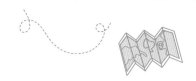

Part 2 실무편

Chapter 03 출발 전 업무 ··64

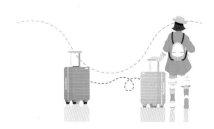

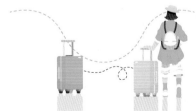

Chapter 10   특수단체 인솔 업무 274

Part 3 응용편

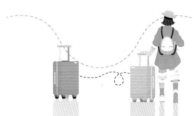

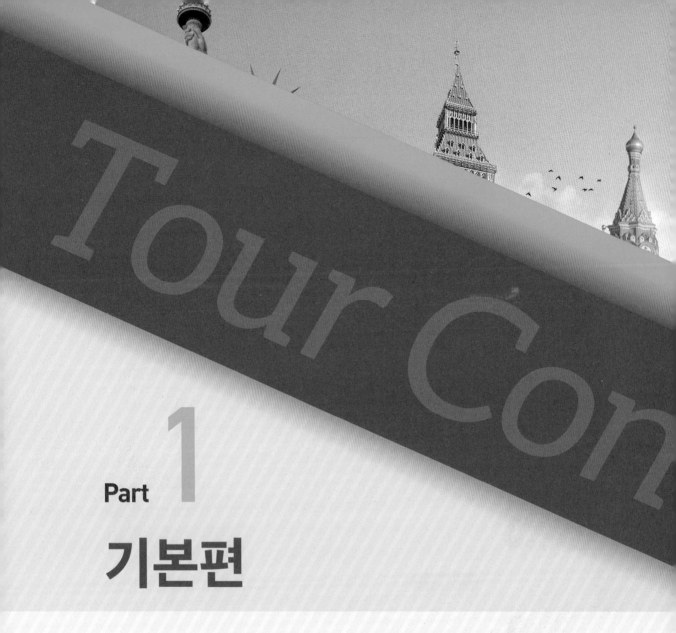

Part 1

기본편

Chapter

01

국외여행 인솔 개요

교통수단의 발달과 여가시간의 증대, 가처분소득의 증가 등에 따라 이동을 하는 여행자들의 증가로 여행산업이 출현했다. 지속적인 경제성장에 따른 여행의 확대와 발전으로 해외여행을 하는 단체들이 생겨남에 따라 단체를 리드하면서 에스코트하고 여행서비스를 제공하는 역할이 필요해졌다. 더욱이 낯선 언어와 낯선 공간에서 편안하고 안전한 여행, 유익한 여행을 위해서 국외여행 인솔자의 출현은 필연이 되었다. 이 장에서는 국외여행 인솔자의 출현 배경과 그 의의를 알아보고, 국외여행 인솔자가 되기 위한 자격 그리고 국외여행 인솔자가 가져야 할 자세 및 태도 그리고 역할과 금지 사항 등을 알아본다.

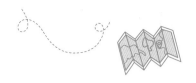

① 국외여행 인솔자의 출현배경과 업무

산업혁명은 교통수단의 발전을 가져와 많은 사람들의 이동이 가능해져 여행의 발전에 크게 기여하였다. 근대적 교통수단의 발전은 사람들로 하여금 심리적으로나 지리적으로 어디든지 가깝게 느끼게 만들었고 많은 사람들을 이동시킬 수 있게 했다. 이러한 '시공간의 압축'은 대중관광(mass tourism) 시대를 앞당기는 역할을 했다. 교통수단의 발달에 따라 형성된 여행 단체들을 위해서 예약하고 안내하는 등의 전체적인 흐름을 통제해 주는 시스템이 필요하게 된 것이다. 이는 여행업의 출현을 낳았다.

여행사는 여행자들을 위해서 교통수단, 숙소 및 식사 등을 예약하는 것으로 끝나는 것이 아니라 여행자들의 만족을 위해서 전문적인 여행 안내와 해설, 여정을 즐겁게 할 수 있는 능력을 갖춘 여행 안내자가 필요하다. 해외여행에서 여행자의 특성을 파악하고 이에 맞는 적절한 여행 안내를 하는 국외여행 인솔자가 필요하게 된 것이다.

국외여행 인솔자는 해외여행 출발 시부터 귀국 시까지 여행자와 동반하여 여행지 안내, 해설, 여행관리 등 전반적인 업무를 수행한다.

국외여행 인솔자가 수행하는 여행 안내는 여행 상품 구매자들이 여행을 편안하고 만족스럽게 할 수 있도록 여행사에서 여행가이드로 하여금 여행자와 동행하여 여행 일정 전체를 관리하거나 해설과 같은 안내 활동을 통하여 여행자들의 여행 가치를 증진시킬 수 있도록 보살핌을 제공하는 활동을 의미한다. 따라서 여행 안내는 다음과 같은 의의를 가진다고 할 수 있다.

첫째, 여행 안내는 여행상품을 완성시키는 역할을 가진다.
둘째, 여행 안내는 여행자와 가장 중요하고 가장 많은 접점을 가지게 된다.
셋째, 여행 안내는 여행사의 주요한 수입원이다.
넷째, 여행 안내는 새로운 여행자를 창출하고 기존 여행자를 관리할 수 있는 기회가 된다.

여행 안내는 여행하는 사람의 편의를 위해 기차·자동차·여객선·여객기 등의 출발 및 도착시간, 비용, 방문지, 여행지, 숙소 등을 자세히 안내하는 일이다. 이러한 의미에서 여행가이드는 외국이나 국내를 여행하는 단체나 개인의 여행에 동행하여 여행자의 여

행을 안내하고, 여행을 위한 제반 업무를 수행하는 직업이다. 여행가이드는 법적인 측면에서는 국내여행 안내사, 관광통역 안내사, 그리고 국외여행 인솔자로 나누어 진다.

국내여행 안내사는 국내를 여행하는 내국인 관광자를 대상으로 여행일정 계획, 여행비용 산출, 숙박시설 예약, 명승지나 고적지 안내 등 여행에 필요한 각종 서비스를 제공하는 자이다. 관광통역 안내사는 국내를 여행하는 외국인에게 영어 혹은 해당 외국어를 사용하여 관광지 및 관광대상을 설명하거나 여행을 안내하는 등 여행의 편의를 제공하는 자이다. 이에 반해 국외여행 인솔자는 외국을 여행하는 내국인을 보호하고 여행을 안내하는 등 여행의 편의를 제공하는 등의 인솔하는 역할을 하는 자를 일컫는다.

통계청의 한국표준직업분류에 따르면 관광 안내를 하는 대상이 외국인인 경우는 관광통역 안내사로, 내국인을 대상으로 해외로 인솔하여 가는 경우 국외여행 인솔자(tour conductor)로, 외국 현지에서 관광 안내를 하는 경우 현지 가이드(local guide)라고 그 직업의 명칭을 구분하고 있다.

관광진흥법에서는 여행가이드에 관해 일정한 자격 요건을 규정하고 있는데 다음 〈표 1-1〉과 같다. 동법 제38조 제1항에서 관할 등록기관 등의 장은 대통령령으로 정하는 관광업무에는 관광종사원의 자격을 가진 자가 종사하도록 해당 관광사업자에게 권고할 수 있고, 다만 외국인 관광자를 대상으로 하는 여행업자는 관광통역 안내의 자격을 가진 사람을 관광안내에 종사하게 하여야 함을 구비하도록 규정하고 있다. 또한 관광통역 안내사 자격증을 취득한 자는 국외여행 인솔자로서의 업무도 담당할 수 있다. 여행가이드의 유형을 정리해 보면 〈표 1-1〉과 같다.

표 1-1_ **여행가이드의 유형**

구분	업무지역 / 대상	관련 자격
문화관광 해설사	· 국내 / 내 · 외국인 여행자	· 문화관광 해설사 1)
국내여행 안내사	· 국내 / 내국인 여행자	· 국내여행 안내사
국외여행 인솔자	· 국외 / 내 · 외국인 여행자	· 국외여행 인솔자 · 관광통역 안내사 2)
관광통역 안내사	· 국내 / 외국인 여행자	· 관광통역 안내사
현지 여행가이드	· 국외 / 내국인 여행자	· 현지 국가 관련 자격증

주 1) 문화관광 해설사는 자격증을 취득한 지자체에서만 활동할 수 있음.
  2) 관광통역 안내사는 소정의 절차를 통해서 KATA에서 국외여행 인솔자 자격증을 교부받을 수 있음.

한편 국내 여행사의 업무는 크게 국제관광부와 해외관광부라는 조직으로 구분될 수 있다. 여기서 국제관광부는 외국인 관광자가 입국하는 업무를 담당하며 이들을 위한 여행 일정 작성과 수배 그리고 안내업무를 수행하는 부서를 일컫는데, 이른바 인바운드 투어(inbound tour)를 담당하는 부서이다. 이에 비해 해외관광부는 자국민의 해외여행 관련 업무를 담당하며, 이들을 위한 출국 수속과 수배 및 발권업무 그리고 이들과 동행하여 단체여행을 관리하는 업무를 수행하는 부서를 말한다. 이른바 아웃바운드 투어(outbound tour)를 담당하는 부서이다.

인바운드 투어와 아웃바운드 투어는 서로 상대적인 것이라고 볼 수 있다. 인바운드 투어는 외국의 여행사가 모객한 여행자들이 자국의 국외여행 인솔자(tour conductor)의 인솔하에 입국하면, 국내의 현지 여행사가 수배한 관광가이드(관광통역 안내사)와 함께 여행 일정을 협의하고 안내하며 여행을 마치고 출국시키는 일련의 과정을 거치게 된다. 반대로 아웃바운드 투어는 국내에서 여행자를 모집한 여행단체가 국외여행 인솔자의 인솔하에 출국하면, 현지 오퍼레이터가 수배한 여행일정과 투어 가이드의 안내로 여행을 마치고 돌아오는 여행을 의미한다. 그러므로 인바운드 및 아웃바운드 투어에 있어 안내업무는 〈표 1-2〉와 같이 정리할 수 있다.

표 1-2_ **인바운드 및 아웃바운드 투어의 안내 업무**

투어 구분	대상	행선	인솔관리	안내
인바운드 투어	외국인	입국	국외여행 인솔자	관광통역 안내사
아웃바운드 투어	자국인	출국	국외여행 인솔자	현지 여행가이드

자료: 김영규(2013, p.16)에 의거 재구성.

② 국외여행 인솔자의 정의

1989년 해외여행 자유화가 실시되어 해외로 나가는 여행자들이 증가하였고, 국외여행 인솔자의 필요가 생겨났다. 내국인 여행단체를 인솔하는 국외여행 인솔자(tour conductor: TC)는 해외여행 패키지 상품을 이용하는 여행자들이 증가하면서 생긴 직업이다.

국외여행 인솔자는 "국외여행의 출발에서 종료 시까지 여행자와 동행하여 여행자가 쾌적하고 안전한 여행을 할 수 있도록 여행 일정 등을 관리하는 자"를 말한다.

한국 국외여행 인솔자 협회에 의하면 "내국인이 단체로 해외여행을 갈 때 출발에서부터 도착할 때까지의 모든 여행 일정을 관리하면서 여행자들이 안전하고 불편함 없이 즐거운 여행을 할 수 있도록 할 뿐 아니라 여행자가 소기의 목적을 달성할 수 있도록 도와주는 역할을 하는 사람"이라 한다.

통계청은 국외여행 인솔자를 "여행사와 상의하여 관광자를 위한 교통, 숙박, 레크레이션 및 기타 일정을 계획 조정하고, 여행경로와 일정 및 관광에 필요한 전반적인 시설에 관한 예약 및 확인과 안내 또한 역사적 유물, 유적지 및 명소에 관해 설명하는 서비스를 제공하는 자"로 정의하고 있다(통계청 2007).

우리나라 관광진흥법 제13조 제1항에서는 "여행업자가 내국인의 국외여행을 실시할 경우, 여행자의 안전 및 편의 제공을 위하여 그 여행을 인솔하는 자를 둘 때에는 문화체육관광부령으로 정하는 자격요건에 적합한 자를 두어야 한다."고 규정하고 있다. 이 조항을 통해서 내국인의 국외여행을 인솔하는 자를 국외여행 인솔자라 명하고, 국외여행 인솔자가 되기 위해서는 일정한 법적 자격요건을 갖추어야 함을 규정하고 있다.

한편 여행업계에서는 이와 같은 국외여행 인솔자를 일반적으로 TC라고 칭하나, 여행사의 여행일정표나 각종 광고 등에서는 '인솔자'로 표시하고 있다. 이와 유사한 용어로서 가장 많이 사용되는 용어는 투어 에스코트(Tour Escort)를 많이 사용하는 편이고, 유럽에서는 Tour Leader, 미주에서는 Tour Director 혹은 Tour Manager, Trip Director 등을 사용한다.

이처럼 국가에 따라서는 Tour Guide 등 다양한 용어들이 사용되고 있으며 이는 각국의 여행문화에 따른 업무의 범위 및 내용의 차이일 뿐 여정을 진행/관리하는 기본 성격은 같다. 현재 관광진흥법 시행규칙 제22조의2(국외여행 인솔자의 등록 및 자격증 발급)에 따른 국외여행 인솔자 자격증 서식에는 'Tour Conductor License'로 표시하고 있다. 정리하면 우리나라에서는 국외여행 인솔자로 규정하고, 일반적으로 여행업계에서는 국외여행 인솔자를 TC라고 부르고 있다.

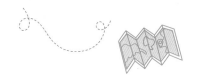

③ 국외여행 인솔자의 유형

국외여행 인솔자의 유형은 소속 및 보수형태에 따라 여러 유형으로 나누어진다. 패키지 상품이 활성화되기 전에는 여행사의 업무가 많지 않았기에 여행사의 일반 사원들이 출장 형식을 빌려 국외여행 인솔 업무를 수행하는 것이 일반적이었다. 여행사의 업무가 복잡 다양하게 되고 업무량도 많아짐에 따라 전문·전속·프리랜서 TC의 이용이 빈번하게 되었다. 특히 일본 지역은 현지가이드의 인건비가 높게 책정되고 방한 일본관광자가 줄면서 한국에서 국외여행 인솔자가 동행하여 일본 지역에 도착한 다음, 현지에서 현지가이드로 바뀌어 행사를 진행하는 소위 '스루 가이드'(through guide, 투어가이드 겸 TC)가 늘고 있는 추세이고 이는 유럽 지역까지 확장되어가는 추세이다.

또한 두 사람 이상의 국외여행 인솔자가 대형단체를 인솔할 경우 행사를 총괄하는 국외여행 인솔자를 선임 인솔자(chief conductor)라고 하며, 다른 국외여행 인솔자들을 보조 인솔자(sub-conductor)라고 한다. 이와 같이 인솔자가 복수일 경우 행사 시작하기 전에 각자의 책임소재와 업무분담을 명확히 해둬야 하며 여정의 혼선이 생겨서는 안 된다. 국외여행 인솔자의 유형을 정리하면 다음 〈표 1-3〉과 같다.

표 1-3_ **국외여행 인솔자의 유형**

종류	내용
여행사 일반직원	· 여행사에서 영업 및 관리 등의 업무를 담당하고 있다가 출장명령을 받고 국외여행 인솔자 업무를 수행함
전문 국외여행 인솔자	· 여행사에 소속되어 국외여행 인솔자 업무만을 전문적으로 담당함
전속(촉탁) 국외여행 인솔자	· 여행사의 상근직원이 아니고 단체가 발생할 때마다 특정 여행사의 국외여행 인솔자 업무만을 담당함
자유계약 국외여행 인솔자 (프리랜서)	· 특정 여행사에 관계없이 모든 여행사를 대상으로 국외여행 인솔자 업무를 수행함
협회(용역회사) 소속 국외여행 인솔자	· 협회/용역회사에 소속되어 있으면서 용역을 받아 국외여행 인솔자 업무를 수행하며, 수익금 중 일정액을 협회/용역회사에 납부함
여행가이드 겸 국외여행 인솔자 (through guide)	· 여행 출발 시부터 국외여행 인솔자 업무를 수행하면서 목적지 도착 이후에는 현지 여행가이드를 겸하는 국외여행 인솔자로, 주로 유럽과 일본 여행에서 많이 볼 수 있고, 현지 언어 구사가 필수

자료: 정찬종·신동숙·김규동(2019, p.21)에 의거 재구성.

❶ 여행사의 일반직원이 국외여행 인솔자가 되는 경우

평소에는 여행사의 일반직원으로 여행사 업무인 기획·판매·발권·수배 등 각자 담당 업무를 수행하다가 여행단체가 형성되면 회사의 결정에 따라 출장의 형태로 국외여행 인솔자로 업무를 수행하는 유형이다. 회사에 소속된 직원이므로 여행자들에게 좋은 서비스를 제공하기 위해 노력하는 유형이 많다고 할 수 있다. 업무의 특성상 장시간 출장으로 인한 사내업무의 공백을 가져오는 단점이 있다.

현재의 전문 국외여행 인솔자나 프리랜서 국외여행 인솔자 등의 개념이 탄생하기 이전에는 이러한 형태의 국외여행 인솔자가 일반적이었다. 물론 현재도 가장 많은 유형의 국외여행 인솔자가 이에 해당되며, 소규모 여행사의 경우에는 대체로 이러한 형태로 국외여행을 인솔한다.

❷ 여행사 소속 전문 국외여행 인솔자가 되는 경우

여행사의 정규 직원으로서 일정한 급여를 받고 국외여행 인솔의 고유한 업무만을 전담으로 하는 국외여행 인솔자를 말한다. 이때 국외여행 인솔자는 국외여행 인솔을 주업무로 하는 전문직 사원으로서 국외여행 단체가 발생하면 인솔자로서 출장을 간다. 보수는 출장일수에 따라 받거나 혹은 소속된 회사에서 월급여 형태로 약간의 기본급과 의료보험의 혜택을 주기도 한다. 따라서 대부분의 수입은 출장비와 현지에서 발생되는 부가수입(쇼핑 및 선택관광 수수료 등)에 의존한다. 이러한 유형의 국외여행 인솔자는 평소 여행단체가 없으면 출근을 하지 않아도 되는 비상근직 국외여행 인솔자와 출근을 하여 여행사의 일반업무를 담당하는 상근직 국외여행 인솔자로 구분되기도 한다. 두 경우 모두 여행사의 정규 직원이지만, 보수의 차이는 있다. 이런 유형의 국외여행 인솔자들을 고용하고 있는 여행사들은 주로 패키지 투어를 전문으로 하는 중대형 여행사에서 활용하는 시스템이다.

❸ 전속(촉탁) 국외여행 인솔자가 되는 경우

여행사와 촉탁(위촉)계약을 체결하고 여행사의 단체관광자를 전문 인솔하는 형태의

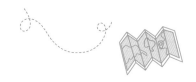

국외여행 인솔자를 말한다. 이러한 형태의 전문 국외여행 인솔자를 고용하고 있는 여행사는 패키지투어를 주로 판매하고 있는 대형여행사가 대부분이다. 여행사 소속 전문 국외여행 인솔자가 다른 업무를 담당하는 직원과 동일한 대우를 받는 것에 비해, 촉탁 국외여행 인솔자는 일정한 보수, 즉 기본급이 없고 일정기간의 출장횟수를 보장받으며, 출장횟수에 따른 출장비만을 지급받는다. 대신 타사의 여행자들을 인솔하지 않아야 한다. 대체로 현재의 전문 국외여행 인솔자는 이러한 형태로 국외여행 인솔업무를 전담하고 있다. 때로는 월급형태의 기본급을 지급하는 여행사도 있기는 하지만 아주 드물다.

❹ 프리랜서 국외여행 인솔자가 되는 경우

특정 여행사에 소속되어 있지도 않고 촉탁계약도 체결하지 않은 자로서 국외여행 인솔자가 필요한 여행사의 여행단체를 인솔하는 업무를 수행하는 형태이다. 프리랜서 인솔자들의 특징은 많은 경험을 가진 베테랑 국외여행 인솔자들이라는 점이다. 자신이 있고 좋은 이미지를 가지고 있는 인솔자들이 프리랜서를 선택하는 경우이다.

이러한 형태의 국외여행 인솔자는 기본급은 물론 없으며, 일정액의 일당 출장비를 받는다. 물론 쇼핑과 선택관광의 수수료 및 팁은 별도의 수입원이 된다. 이러한 유형의 국외여행 인솔자는 해당 여행사에 대한 소속감이 결여되어 여행 시 진행 중 문제가 발생할 경우 책임을 회피하거나 단기적인 해결책만을 제시하는 단점이 있다. '여행자 만족을 위한 여행자관리'에는 한계가 있을 수 있다.

❺ 협회 혹은 용역회사 소속 국외여행 인솔자가 되는 경우

국외여행 인솔자를 파견하는 용역회사에 소속된 국외여행 인솔자로서 여행사가 국외여행 인솔자 용역회사에 의뢰하면 국외여행 인솔자 용역회사가 자사에 소속된 국외여행 인솔자에게 연락을 하고, 의뢰받은 국외여행 인솔자는 국외여행 인솔업무를 담당하게 된다. 이러한 형태의 국외여행 인솔자는 수익금 중 일부를 용역회사에 수수료 형식으로 납부하며 보수는 일당으로 계산된다.

6 여행가이드 겸 국외여행 인솔자가 되는 경우(through guide)

일반적으로는 국외여행 인솔자 업무를 수행하면서 목적지 도착 이후에는 현지 여행 가이드(local guide)를 겸하는 국외여행 인솔자를 말하며, '스루 가이드'라고 부른다. 주로 일본지역에서 많이 이루어지고 있는 형태이다. 스루 가이드의 등장은 일본 현지 여행가 이드 비용이 비싼 이유에서 발생한 형태이다. 그러나 실제적으로 최근 방한 일본 관광 자가 감소하면서 업무량이 줄어든 관광일어 통역안내사들이 국외여행 인솔자와 현지 여행가이드 업무를 병행하는 경우가 많다. 이러한 형태의 국외여행 인솔자는 현지언어 및 문화의 이해가 필수다. 또한 유럽 지역으로노 확산되고 있다.

④ 국외여행 인솔자의 자격요건

국외여행 인솔자 업무에 필요한 자격증은 ① 국외여행 인솔자 자격증 또는 ② 관광통 역 안내사 자격증이다. 국외여행 인솔 업무를 위한 자격을 취득하는 방법은 크게 관광 통역 안내사 자격을 취득하거나 국외여행 인솔자 자격을 취득하는 방법인 양성교육을 이수하거나 혹은 소양교육을 이수하는 방법이 있다.

❶ 법적 요건

국외여행 인솔자의 자격에 관한 법적 요건은 관광진흥법 제13조에 다음과 같이 규정 되어 있다.

① 여행업자가 내국인의 국외여행을 실시할 경우 여행자의 안전 및 편의제공을 위하여 그 여행을 인솔 하는 자를 둘 때에는 문화체육관광부령으로 정하는 자격요건에 맞는 자를 두어야 한다.
② 제1항에 따른 국외여행 인솔자의 자격요건을 갖춘 자가 내국인의 국외여행을 인솔하려면 문화체육관 광부장관에게 등록하여야 한다.
③ 문화체육관광부장관은 제2항에 따라 등록한 자에게 국외여행 인솔자 자격증을 발급하여야 한다.
④ 제3항에 따라 발급받은 자격증은 다른 사람에게 빌려주거나 빌려서는 아니 되며 이를 알선해서도 아 니 된다.

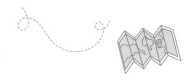

또한 관광진흥법 시행규칙 제22조 제1항에는 "법 제13조 제1항에 따라 국외여행을 인솔하는 자는 다음 각 호의 어느 하나에 해당하는 자격요건을 갖추어야 한다."고 규정하고 있다. 여기서 소양교육과 양성교육은 교육시간의 차이는 있지만 절차는 동일하다. 소양교육은 여행업 근무 경력자(6개월 이상)가 이수하며, 여행사 근무 경력이 없는 사람들은 양성교육을 수료하면 자격증이 발급된다.

① **소양교육을 이수하는 경우:** 여행업체에서 6개월 이상 근무하고 국외여행 경험이 있는 자로서 문화체육관광부장관이 정하는 소양교육을 일정 시간을 이수해야 함
② **양성교육을 이수하는 경우:** 문화체육관광부장관이 지정하는 교육기관에서 국외여행 인솔에 필요한 양성교육을 이수해야 함
③ **관광통역 안내사 자격증을 취득하는 경우**

1) 소양교육 혹은 양성교육 이수 후 취득

여행업 근무 경력이 있거나 혹은 관광과 관련된 교육을 받은 사람들을 위해서 비교적 쉽게 국외여행 인솔자 자격증을 취득하는 방법이 있다. 다음 〈그림 1-1〉에서 보는 것처럼 소정의 절차대로 일정 시간의 교육을 받으면 자격증이 발급된다.

그림 1-1_ 국외여행 인솔자 자격취득 절차

(1) 소양교육

소양교육을 통해서 국외여행 인솔자 자격증을 취득하는 방법으로는 여행업 경력 6개월 이상과 국외여행 경험이 있는 자에게 신청자격이 주어진다. 소양교육은 한국관광공사 관광 인력지원센터 및 해당 소양교육기관에서 실시하며, 교육기간은 3일 교육과정으로 총 15~18시간이 소요된다.

- **신청자격** 여행업 경력 6개월 이상 근무자 및 해외 경험이 있는 자
- **교육시간** 15시간 이상
- **제출서류**
  - 국내 여행업체 6개월 이상 근무자 확인(다음에서 1개를 선택하여 제출)
    1. 갑종근로소득에 대한 소득원천징수 확인서(세무서 발행)
    2. 근로소득에 대한 소득원천징수 확인서(소속회사 발행)
    3. 국민연금자료 통지서(국민연금관리공단 발행)
    4. 건강보험자격득실 확인서(건강보험관리공단)
  - 국외여행 확인용(다음에서 1개를 선택하여 제출)
    1. 여권사본 1통
    2. 출국확인 도장면 사본 1통
    3. 출입국에 관한 사실증명서(출입국관리사무소 발행)
  - 반명함 사진(3x4) 2매

(2) 양성교육

교육기관의 지정 관련은 문화체육관광부 고시 소양 및 고시 제3조에 규정하고 있다. 즉, 관광사업자단체 또는 관광사업자가 운영하는 교육시설 및 문화체육관광부장관이 지정하는 교육기관, 전문대학교 이상의 교육기관, 또는 한국관광공사 및 관광사업자단체가 운영하는 교육기관 등의 내용이다.

이러한 규정에 의거하여 현재 소양기관 40곳,

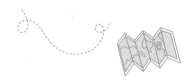

양성기관 53곳에서 국외여행 인솔자 자격증 관련 교육을 실시하고 있다. 한국산업인력관리공단 등에서 자격시험을 치르고 자격증을 취득하는 것이 아니고, 문화체육관광부에서 지정한 기관에서 기본적인 자격을 갖춘 사람에 한해서 일정 시간의 교육을 실시하고 자격인정을 하는 제도이다. 현재 자격증은 문화체육관광부장관의 명의로 발급되고 있다.

신청자격
- 관광관련 실업고교 졸업예정자 이상
- 관광관련 전문대 대학생 이상
- 관광관련 복수전공자, 부전공자
- 학점은행제 관광관련 전공자 60학점 이상 이수자

교육시간 80시간 이상

제출서류
- 신청 자격 서류(다음에서 1개를 선택하여 제출)
    1. 관광관련 학과 졸업(예정)증명서
    2. 관광관련 학과 재학증명서
- 성적증명서 각1부
- 반명함 사진(3x4) 2매

(3) 소양/양성 교육 후 자격증 신청절차

교육을 이수한 후에는 교육기관에서 자격증 번호를 제공한다. 부여받은 자격증 번호를 가지고 한국여행업협회 홈페이지(KATA)에 접속하여 다음과 같은 절차를 밟아서 자격증을 수료하면 된다.

1 자격증 번호 취득
교육 이수 후 교육기관에서 자격증 취득대상자들에 한해서 자격증 번호를 알려준다.

2 회원가입
- 회원가입 클릭
- 약관 동의

- 본인인증(휴대폰 혹은 아이핀)
- 회원정보 입력
- 필수입력내용 및 자격증 번호 기입

③ 승인대기
- 승인처리는 업무일 기준 1일 정도 소요

④ 발급신청
- 승인처리 후 재로그인
- 자격증 발급 신청 클릭
- 사진업로드(등록): 사진파일 업로드 관련 유의사항 확인 후 등록

☉ 유의사항
- 자격증 발급 수수료는 교육기관에서 입금하므로 신규 신청자는 별도로 입금할 필
  요 없다.
- 자격증 신청절차는 교육이수 마지막날부터 7일 이내에 해야 한다.
- 신청절차가 완료된 후, 교육기관 방침에 따라 자격증을 수령하면 된다.

그림 1-2_ 국외여행 인솔자 자격증_예시

2) 관광통역 안내사 자격증 취득을 통한 자격 취득

국외여행 인솔자가 되기 위한 자격 취득 방법의 하나는 관광통역 안내사 자격을 취득

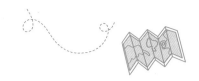

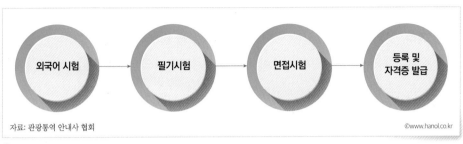

자료: 관광통역 안내사 협회 ©www.hanol.co.kr

🐚 **그림 1-3_** 관광통역 안내사 자격 취득절차

하는 것이다. 관광통역 안내사 자격을 취득하면 여행업은 물론, 관광숙박업, 국제회의업, 카지노업 등에서도 활동할 수 있다. 관광통역 안내사 자격 취득절차는 외국어 시험을 보고 필기시험을 통과하고 면접을 보면 된다(《그림 1-3》 참조). 관광통역 안내사 자격시험을 합격하면, 합격날로부터 60일 이내에 한국관광공사에 등록하고 신청하여야 한다. 관광통역 안내사 자격증 발급은 한국관광공사에서 한다. 관광통역 안내사 자격증을 가지고 한국여행업협회(KATA)에 국외여행 인솔자 자격증을 신청하면 국외여행 인솔자 자격증이 발급된다.

관광통역 안내사 자격 취득을 위한 응시자격에는 일체 제한이 없다. 국적, 연령, 경력, 학력 등으로 제한을 받지 않고 누구나 응시가 가능하다. 자격 취득을 위한 시험 과목을 정리를 하면 〈표 1-4〉와 같다. 단, 외국어 시험은 통상적으로 인정을 받고 있는 다른 시

🌐 표 1-4_ **관광통역 안내사 시험 과목(관광진흥법 시행규칙 제44조~제47조)**

구분	시험과목	시험방법	배점
외국어 시험	영어, 일본어, 중국어, 프랑스어, 독일어, 스페인어, 러시아어, 이탈리아어, 태국어, 베트남어, 말레이/인도네시아어, 아랍어 중에서 1과목 선택	다른 외국어 시험 성적으로 대체 가능	
1차 필기 시험	· 국사 · 관광자원해설 · 관광법규(관광기본법 / 관광진흥법 / 관광진흥개발기금법 / 국제회의산업 육성에 관한 법률 등 관광 관련 법규) · 관광학개론	객관식 (4지택일형)	· 국사 (40%) · 관광자원해설 (20%) · 관광법규 (20%) · 관광학개론 (20%)
2차 면접 시험	· 국가관 / 사명감 등 정신자세 · 전문지식과 응용능력 · 예의 / 품행 및 성실성 · 의사발표의 정확성과 논리성	면접 (외국어 및 전문지식)	

자료: 관광통역 안내사 협회

험으로도 변경이 가능하다. 예를 들어, 영어의 경우 토플(TOEFL), 토익(TOEIC), 텝스(TEPS) 등에 의해, 일본어의 경우, 일본어 능력시험(JPT) 등을 말한다. 여기서 증명하는 점수에 일정한 기준을 두어 기준 점수 이상이면 외국어 시험은 통과되는 것이다.

3) 기타 요건

　법적인 자격을 갖추었다고 해서 국외여행 인솔 요건을 모두 갖추었다고 생각하는 것은 오산이다. 무형의 여행 서비스를 제공하며 관광자의 욕구를 충족해야 히는 인솔자는 법적인 자격조건 이외에 다양한 요건들을 갖추는 것이 필요하다.

　국외여행 인솔자의 자격요건으로 연구자들은 여러 가지를 제시하고 있다. 가령 어학 능력과 풍부한 업무지식, 환대(hospitality) 정신, 역사·지리 등의 지식과 교양, 정확한 판단력과 책임감, 다양한 욕구를 가진 여행자를 리드할 수 있는 리더십, 즐거운 연출가를 제시하기도 하고(이영식, 1995), 건강, 상황대처능력, 리더십과 융화력, 외국어능력과 국제감각, 해박한 업무지식 등을 국외여행 인솔자의 자격요건으로 제시하기도 한다(김정하, 2006). 선행 연구와 국외여행 인솔자들의 경험을 토대로 국외여행 인솔자가 갖추어야 할 요건을 정리해 보면 다음과 같다.

(1) 전문성

　해외여행 경험이 많은 사람도 새로운 방문지를 가게 되면 해외여행이 처음인 사람처럼 모든 것이 새롭게 느껴지게 된다. 이는 호기심을 불러오고 이로 인해 해외여행자들은 많은 질문을 하게 된다. 따라서 국외여행 인솔자는 방문지와 방문국에 대한 기본적이고 필수적인 지식을 갖추고 있어야 한다. 예를 들어 한국 여행자들이 주로 관심을 갖는 국가에 대한 일반적인 개요 이외에 평균 연봉, 임대료·지가·교육사정·물가 등을 알아두는 것이 좋다. 여행자의 궁금증을 해소하며 관련 지식을 가지고 화제를 주도하는 인솔자는 여행자들로부터 좋은 평가를 받게 될 것이다.

　또한 공항 및 기내에서 혹은 호텔에서 문제가 생겼을 경우 항공 및 호텔 관련 전반적인 업무를 알고 있는 인솔자는 예기치 못한 상황이 발생해도 일의 진행 방법 혹은 과정 및 절차를 알고 있기에 침착하게 처리할 수 있다. 항공 관련 용어 등 항공 및 호텔 관련 업무를 잘 모르는 인솔자는 처리하는 것이 미숙할 수밖에 없다. 업무처리를 잘못해서

여행자들에게 피해가 발생되는 경우 그 인솔자의 신뢰도는 추락하게 될 뿐만 아니라 피해에 따른 보상이나 배상까지 하게 될 수도 있다는 점을 유의해야 한다.

(2) 리더십

다양한 욕구를 가진 여행자들은 많은 호기심뿐만 아니라 불안감의 양면을 가지고 여행을 떠나기 때문에 때로는 무척이나 변덕스럽다. 또한 여행에 대한 기대감의 정도에 따라 제공되는 서비스에 대한 만족도가 다르게 나타나는 결과도 발생한다. 요구사항도 많고 예기치 못한 여행자들의 행동에 당황하지 말고 상황을 잘 통제하는 것이 국외여행 인솔자의 역할이다. 항상 현장에서는 친절·명확한 지시를 내릴 수 있도록 하고, 무엇보다 불안한 모습을 보여서는 절대로 안 된다. "저 인솔자가 안내하는 것을 따르면 만사 안심되어 즐거운 여행을 할 수 있다."는 신뢰감을 심어주어야 한다. 신뢰감을 바탕으로 리더십을 발휘해야만이 국외여행 인솔자는 여행자들을 통솔할 수 있다.

한편, 인솔을 하기 위해서 여행자를 강제하는 경향이 있는데 그것은 최소한으로 그쳐야 한다. 예컨대, 상습적으로 지각하는 여행자에 대해서는 그의 행동이 어떻게 전원에게 불편을 끼치는 것인가를 깨닫게 하고, 여행자 상호 간에 이심전심으로 전달하게 하여 약속된 집합 시각이 준수될 수 있도록 분위기를 조성할 필요가 있다. 참고로 리더가 없는 단체에서는 여행자 중에서 지도력이 있는 사람을 찾아 도우미 역할, 즉 중요한 일을 맡게 하는 등으로 활용하면 원만한 행사 진행에 도움이 된다.

(3) 순발력

여정을 관리하는 국외여행 인솔자의 입장에서는 여행 일정 중 아무런 차질 없이 계획대로 이행되는 것이 가장 좋을 것이다. 그러나 불행하게도 단체여행을 진행하다 보면 예상하지 못한 사건 사고로 차질을 빚게 되는 경우가 생기게 마련이다. 예를 들어 항공기의 지연, 결항, 파업, 호텔 객실이나 항공 좌석의 예약초과(over booking), 지진, 폭설, 폭우 등으로 여정을 더 이상 진행할 수 없는 상황, 즉 예측불가능한 상황을 맞이하게 되는 경우가 있다. 또한 사소한 문제로 인해 여행자 간에 발생하는 갈등과 같은 상황을 맞이할 수도 있는데 이 경우 신속하게 판단하여 해결책을 제시할 수 있어야 한다. 여행자의 불평을 최소화하도록 하는 것이 국외여행 인솔자의 역할이며 능력 중 하나이기에

인솔자의 책임하에 문제를 신속하게 해결해야만 한다. 참고로 국외여행 인솔자는 주로 여행 약자를 인솔하는 경우가 많아 응급상황을 대비하여 인공호흡과 같은 응급처치 방법 등을 숙지하는 것도 좋을 것이다.

(4) 의사소통

여행자들은 모든 여행 일정에 대해 인솔자에게 의존한다. 많은 호기심을 가지고 떠난 여행길이기에 현지 가이드만이 아니라 인솔자에게도 많은 정보를 원한다. 따라서 인솔자는 적절한 시기에 적절한 곳에서 적절한 방법으로 지속적인 정보를 제공할 수 있어야 하며 전달히는 빙법은 여행자의 수준과 상황에 맞게, 즉 여행자들이 이해하기 편안하게 전달할 수 있어야 한다. 인솔자의 설명 역량과 수준에 따라 여행자들의 만족도는 상이하며 이는 선택관광을 추천하는데서 확연히 나타난다. 여행자의 눈높이에 맞는 의사소통을 할 때 바로 믿음을 줄 수 있는 인솔자가 되는 것이다.

더불어서 여행자와의 의사소통 시 피해야 할 주제가 있다. 이는 종교, 정치는 가급적 삼가는 것이 좋으며 이러한 주제는 결코 도움이 되지 않기에 피해야 한다. 어쩔 수 없는 상황이라면 본인의 의견을 피력하지 않아야 하며 오히려 듣는 자세를 유지하는 것이 좋다. 즉, 경청하는 자세만 잘 유지해도 의사소통을 아주 잘하는 인솔자로서 신뢰를 얻을 수 있다.

끝으로 국외여행 인솔자에게는 필수적인 능력이 외국어능력이다. 인솔자 업무 처리과정에서 현지 가이드 및 운전기사와의 협의, 예약 재확인, 호텔 종사원과의 교섭 등 그어느 것 하나도 외국어를 필요로 하지 않는 것이 없다. 물론 한국인 현지 가이드의 협조를 받을 수도 있지만 아프리카 여행 혹은 유람선 여행처럼 한국인 가이드가 없는 경우도 있고, 항공이나 철도 같은 교통기관의 파업(strike) 등과 같이 비상사태 발생 시 혹은 현지 가이드 부재 시의 컴플레인 등에 효과적인 대처를 위해서는 최소한의 외국어 구사능력은 절대적인 요건이 된다.

(5) 적성과 체력

누구나 업무에 맞는 완벽한 성격과 태도 그리고 체력을 구비한다는 것은 어려운 일이다. "잠시만 참자."라고 할 수도 없는 것이 여행 서비스이다. 무형의 서비스를 제공하는

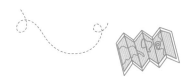

시간이 몇 시간이 아니라 길게는 한 달 동안 이어지는 경우도 있기 때문이다. 불규칙한 업무 패턴과 긴장된 상태에서 서로 다른 목적지에서 다양한 사람과의 관계를 유지해야 하는 인솔자는 만남을 즐기는 여유가 있는 성격을 소유하고 있어야 한다. 무엇보다 인내심을 갖고 긍정적이고 적극적인 자세를 유지할 수 있어야 한다.

또한 인솔자의 주업무는 해외에서 이루어진다. 여행의 출발에서 귀국 시까지 인솔자의 관리와 책임하에 업무가 진행되기 때문에 항상 긴장의 끈을 놓을 수가 없다. 긴장된 상태에서 장기간 출장 및 시차까지 넘나드는 여정을 소화해야 하고 정신적 스트레스와 신체적 피로로 인하여 무너지기 쉽다.

따라서 인솔자는 기본적으로 건강한 신체와 정신을 유지해야만 업무를 정상적으로 수행할 수 있기에 튼튼한 체력을 유지할 수 있도록 혹은 에너지의 적절한 배분으로 방전되지 않도록 부단한 노력을 해야 한다. 더불어 업무 중 쌓인 스트레스를 바로 풀 수 있는 스킬을 숙지하면 좋다.

⑤ 국외여행 인솔자의 역할과 자세

여행 서비스를 제공하는 국외여행 인솔자는 법적인 자격요건과 기본적인 요건을 갖추고 여행자들에게 항상 만족스런 여행을 제공할 수 있도록 다양한 노력을 하게 되고 이러한 노력하는 과정에서 국외여행 인솔자는 다양한 역할을 하게 된다. 또한 해야 할 역할을 원활하게 하기 위해서는 여행자들에게 기억에 남는 추억을 만들어주려는 마음 자세가 반드시 필요하다는 사실도 주지해야 한다.

❶ 국외여행 인솔자의 역할

국외여행 인솔자는 원활한 여행일정 진행과 안전 확보를 통해서 여행자들에게 행복감을 주는 것을 목적으로 한다. 이를 위해서 국외여행 인솔자는 여행상품의 최종 주자, 투어 진행의 관리자, 사람·물건·금전의 관리자, 회사 대표자, 긴급사고의 발생 시 해결자, 건강관리자, 본사와의 긴밀한 연락자 등의 역할을 수행한다(이영식, 1995). 국외여행 인

솔자는 회사의 대표자, 여행일정 관리자, 여행진행의 연출자·중재자, 단체의 대변자, 재수요 유도자, 올바른 여행문화 전달자의 역할을 수행한다(김정하, 2002). 국외여행 인솔자들의 경험과 선행연구들을 토대로 국외여행 인솔자의 역할을 정리해 보자.

1) 회사의 대표자

국외여행 인솔자의 업무는 소속 회사의 여행상품을 구매한 여행자들에게 여행 서비스를 제공하는 것이다. 이러한 과정에서 여행자에게 그 책무를 다해야 하지만 소속 회사인 여행사를 대표하는 사람으로서도 모든 책무를 다해야 한다. 여행 일정을 진행하면서 여행자의 안전뿐만 아니라 여행 일정에서 일어나는 모든 일에 대해 회사 대표의 자격으로 책임을 지고 직무를 성실하게 수행해야 한다는 것이다. 여행 일정에서 진행상황 및 진행 결과를 회사에 보고해야 하는 것은 당연한 것이다.

모든 일에 있어서 회사를 대표한다는 마음으로 여행자들을 응대해야 한다. 또한 회사를 대신해서 여행 구성요소 공급업자(항공사, 현지 여행사, 숙박시설, 교통시설, 식당 등)와의 계약 등을 잘 살펴가면서 이행이 안 될 경우를 대비하여 이의제기를 함으로써 여행계약의 내용대로 완전히 실시되도록 노력하여 여행자의 불편함이 없도록 하여야 한다.

2) 여정 관리자

국외여행 인솔업무는 소속 회사의 여행상품 판매에 따른 마무리를 하는 업무이자 여행업무 중에서 가장 중요한 업무이다. 국외여행 인솔자의 업무 수행을 통해서 여행자의 욕구가 충족됨으로써 비로소 여행상품 판매가 마무리된다. 따라서 여정에 차질이 생기지 않도록 일정을 관리하고 감독해서 여행자의 기대
에 부응해야 한다. 국외여행 인솔자를 TC라고 일컫는 이유가 바로 그것이다. TC는 Tour Conductor, 즉 완벽한 화음을 표현하기 위한 오케스트라의 지휘자처럼 여행상품을 구성하는 각각의 구성요소를 잘 조정하고 관리하는 역할을 해야 한다. 수많은 변수들에 대한 사전 점검을 시작으로 항공·호텔·식당 및 현지 가이드 등 수배에 이상이 없는지 확인해야 한다.

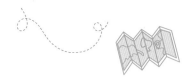

3) 여행자의 보호자

국외여행 인솔자를 여행의 지휘자라 하여 투어 컨덕터(tour conductor)라고 부르지만 다른 한편으로는 투어 에스코트(tour escort)라고 부르기도 한다. 투어 에스코트라고 부르는 이유는 '에스코트'라는 말에서 알 수 있듯이 여행자들을 보호하는 것이 국외여행 인솔자 업무이기 때문이다. 보호의 의미는 여러 가지가 있지만 우선적으로 외부 환경으로부터 안전을 책임져야 하는 것이고 또한 타인의 경계심, 특히 서로 모르는 사람들끼리 여행단체를 형성해 만들어진 패키지투어는 타인끼리 하나의 단체가 되어 행동해야 하기에 인솔자는 서로 쉽게 어울릴 수 있는 기회를 만들어야 한다.

4) 현장 세일즈맨

단체여행 참가자와 가장 밀접한 관계를 형성할 수 있는 기회를 갖는 사람이 바로 국외여행 인솔자이다. 이는 인솔자가 여행자들과 장시간을 지낼 수 있기 때문일 것이다. 이때 형성된 여행자와의 관계는 여행자들의 재구매와 재방문 등과 같은 여행자 확산 혹은 소개로 인한 신규 여행자 창출을 이루는 데 많은 도움이 된다.

여행을 하는 동안 국외여행 인솔자로부터 만족 혹은 감동을 느낀 여행자라면 여행 종료 후에도 국외여행 인솔자는 여행자와의 유대관계를 유지할 수 있으며 이는 여행자의 재구매, 재방문을 유도할 뿐만 아니라 만족한 여행자들은 주변인들에게 인솔자를 추천하게 되는 것은 자연스러운 일이 될 것이다.

따라서 인솔자는 신뢰를 쌓을 수 있도록 노력하는 것이 중요하며 무엇보다도 "인솔자가 당신이라면 어떠한 여행이라도 동행하고 싶으니 좋은 상품이 나오면 연락주세요."라고 이야기할 정도로 진정성 있는 마음이 전달될 수 있도록 항상 노력해야 한다.

5) 여행의 연출자

여행업계는 상품에 대한 자사만의 특징을 심어주기 위해서 각사만의 특색을 가진 여행상품을 기획하려고 많은 노력을 기울인다. 하지만 여행자들이 여행을 하면서 만족을 넘어서 감동을 받게 하는 것은 상품의 특성보다는 국외여행 인솔자가 여정을 관리하면서 할 수 있는 활동들이다. "여행의 좋고 나쁨은 국외여행 인솔자에 달려 있다."라는 말

이 있다. 인솔자와 동행을 하면서 여행을 다녀온 여행자들이나 인솔을 해본 인솔자라면 충분히 공감하는 말이다.

여행자는 본인의 욕구를 채워줄 여행에 기대감과 설레임을 가지고 떠난다. 이러한 기대에 부응할 수 있도록 국외여행 인솔자는 단순히 여행지 소개를 떠나 여행에 연출을 가미해야 한다. 예를 들어 일행 중에 고희를 기념으로, 결혼을 기념으로 혹은 생일기념으로 떠나는 여행자들이 있는데 이들을 위해서 저녁에 와인이나 케익을 준비하는 등 성의 있는 파티를 열어준다. 혹은 장거리 버스투어를 할 경우에도 같이 잘 어울릴 수 있는 게임 및 이벤트 등을 진행하면 좋다. 물론 훌륭한 연출자, 즉 엔터테이너(entertainer)가 되기 위한 것이 부담이 클 수도 있지만 여행자들이 즐거워하며 인솔자에게 고마움을 전달하는 모습을 상상하며 인솔자 자신이 우선적으로 늘 밝은 모습을 유지하는 것이 그 시작이다.

6) 여행정보 제공자

여행자들은 늘 새로운 지역을 방문하려고 한다. 그렇기 때문에 가보지 않은 곳에 대한 두려움과 기대감 그리고 호기심이 있기 마련이다. 이러한 여행자들에게 부응하기 위해서는 여행일정에 따른 구체적이고 생생한 여행정보를 제공할 수 있어야 한다. 이를 위해서 늘 공부하는 자세가 필요하다. 유의할 것은 국외여행 인솔자들이 자주 방문하는

표 1-5_ **여행 인솔자의 역할**

역할	내용
여행사의 대표자	단체여행을 진행하면서 일어나는 모든 일에 대해 책임감을 가지고 여행사를 위해서 업무를 수행하고 여행사를 대표하여 여행자들을 응대
여정 관리자	원활한 여행을 위해서 여행자와 여행사의 계약 그리고 여행사와 여행상품 공급업자(principal)와의 각종 계약에 관련한 사항을 점검하면서 여정을 관리
여행자의 보호자	여행자에게 불안감이 생기지 않도록 현지에서의 안전사고 등 각종 사고에 대비하여 여행자가 안심을 갖고 편안하게 여행하도록 주의를 게을리하지 않음
현장 세일즈맨	여행사의 수익 창출에 기여하기 위해 재방문자(repeater)를 창출할 수 있도록 여행 중/후에도 여행자들과 좋은 관계를 유지하며 잠재여행자 유치
여행정보 제공자	여행자에게 일정과 관련된 정보를 제공하여 유익한 여행이 되도록 하고, 새롭게 알게 된, 변화된 현지 정보를 여행사에 제공하여 상품 개발 기획/인솔에 기여
여행 연출자	단순히 여행 안내만을 하는 것을 아니라 여행자 만족과 여행자 감동을 이룰 수 있도록 상황에 맞는 적절한 이벤트를 실행하는 여행의 연출자

곳에서 오히려 실수를 범하게 되는데 자주 방문하던 곳이라도 상황이 변경되는 경우가 일어나기 때문에 늘 출국 전에 정보를 확인하는 것이 좋다. 혹은 현지 도착해서 현지 가이드 등 관계자들을 통해서 확인된 정보를 전달해야 한다. 잘못된 정보 전달은 인솔자의 신뢰를 떨어뜨린다. 모르면 모른다고 하면서 확인하고 재전달하는 것이 좋다.

또한 회사에게도 출장지에서 습득한 최근의 새로운 정보를 여행일지 혹은 행사보고서를 통해서 제공해야 한다. 이는 신상품 개발 기획에 기여하거나 기존 상품의 수배 조건 등을 수정하거나 혹은 동료 국외여행 인솔자의 해외출장에 도움을 줄 수 있는데 이 또한 국외여행 인솔자의 역할인 것이다.

❷ 국외여행 인솔자의 자세

자격을 갖춘 국외여행 인솔자는 단체여행을 진행하면서 많은 역할을 하게 되는데 이렇게 다양한 역할을 수행하기 위해서는 우선적으로 업무에 임하는 마음가짐과 자세가 필요하다.

1) 책임감 있는 자세

국외여행 인솔자는 여행사의 직원인 이상 그 직무를 성실하게 수행하지 않으면 안 된다는 것은 말할 필요도 없다. 회사의 출장명령을 받아 단체여행에 동행하여 그 책무를 이행하는 것이기 때문에 여행사의 업무에 대한 이행보조자이다. 국외여행 인솔자의 고의 또는 과실로 인하여 여행자에게 손해를 끼친 경우에는 국외여행 인솔자나 여행사도 그 책임을 면할 수 없게 된다. 따라서 국외여행 인솔자는 인솔이 여행이 아닌 출장업무의 수행임을 명심하고 여행자와 회사에 대하여 투철한 책임감을 가진 자세와 마음가짐으로 단체여행에 임해야 한다. 또한 여행자들과의 계약에 따른 약속을 충실히 이행하려고 최대한 노력하는 책임감 있는 자세가 중요하다.

2) 중립을 유지하는 자세

여행자들에게 인기가 있는 국외여행 인솔자들은 이구동성으로 "자신(내)의 마음에 맞는 사람은 가만히 있어도 호감을 가지고 있기 때문에 나는 항상 주는 것 없이 미운 사

람과 보다 많이 접하도록 신경을 쓴다."고 말한다. 여행자들은 누구나 여행경비를 지불하고 있기에 여행 서비스를 동등하게 받으려고 한다. 따라서 국외여행 인솔자는 무슨 일이 일어나도 항상 여행자들을 동등하게 대우하도록 해야 한다. 예를 들어 전세버스 좌석 배정에서부터 식당에서 동석하는 상대에 이르기까지 마음을 써야 하며, 특히 목소리가 큰 사람의 의견은 적당히 조절해 가며 들어주되, 자신의 의사에 대해 발언을 잘 하지 않는 사람의 요구는 오히려 적극적으로 듣는 노력을 해서 균형을 유지해 나간다.

이렇게 여행 서비스 제공을 공평무사하게 처리한다는 인식을 줘야 한다. 젊은 이성에 관심을 표명하는 행위나 정치와 종교 문제에서는 한쪽으로 치우쳐서는 안 되며 항상 중립적인 자세를 견지해야 한다.

3) 철저하게 여행 서비스를 제공하는 정신자세

어느 여행자가 귀국 후 여행사에 제출한 의견서에서 "아무개 인솔자는 잘했지만, 단지 하나 우리들에게 자기 친구 대하듯 말을 하고, 말씨가 상스러웠다."고 적고 있다. 또 다른 의견서에는 "아무개 인솔자는 아침에 만나도 '안녕하십니까'라고 인사를 하지 않아 기분이 나빴다."고 말한다.

종종 국외여행 인솔자들이 실수를 하는 것 중의 하나는 인솔자와 여행자들은 전혀 다른 마음을 가지고 여행을 간다는 사실을 망각하는 것이다. 즉, 여행자들은 철저하게 여행 서비스를 제공받기를 원한다는 사실을 주지하고 아침·저녁에 하는 의례적인 인사라고 하더라도 예의를 지켜서 해야 한다. 늘 여행자들의 기분을 살피면서 필요한 것이 있는지, 부족한 부분이 있는가를 체크하는 자세가 필요하다. 여행자들의 질문에는 책임감을 가지고 최선을 다해서 대답을 하고, 국외여행 인솔자 자신의 기분이 좋지 않더라도 여행자에게는 절대로 내색을 하지 않도록 하여야 한다는 것은 당연한 마음자세이다.

4) 절약하는 자세

국외여행 인솔자는 단체여행을 진행하면서 여행비를 직접 결제해야 하는 경우도 있다. 때문에 인솔자는 회사의 공금이나 예비비 등을 가지고 출장을 가기도 한다. 회사의 대표이자 직원으로서 지출을 최대한 줄이는 것이 회사에게 이익이므로 조직의 구성원

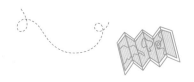

으로서 절약하는 자세가 필요하다. 하지만 드물기는 하지만 회사 공금을 본인의 돈으로 착각하여 화려한 밤의 환락이나 도박의 유혹에 빠져드는 경우도 있다. 이러한 일이 있어서는 결코 안 된다.

더불어 여행자들이 하는 쇼핑이나 선택관광 등을 하는 경우에도 절약할 수 있도록 하며 가성비가 높게 비용을 쓸 수 있도록 안내하는 자세를 가져야 한다. 여행자들에게 비용을 절약하게 하는 것은 여행자들의 신뢰를 얻을 수 있는 길이기도 하다.

❸ 국외여행 인솔자의 금지행위

국외여행 인솔자가 다양한 여행자들을 인솔하면서 단체여행을 진행하다 보면 수많은 상황을 접하게 된다. 다양한 상황을 맞이하는 국외여행 인솔자가 해서는 안 되는 금기사항도 있다. 불성실한 업무 수행태도, 언쟁 및 다툼, 감정적 판단, 부당한 이권개입, 퇴폐행위 관람 및 알선 유도, 물품의 과다구입 유도, 선택관광 강요 등이 제시되기도 하고(김정하, 2002), 또 감정적 행동, 논쟁 및 분쟁, 불성실한 근무태도, 물품의 과다구입 유도, 선택관광 강요, 퇴폐행위 관람·알선·유도, 부당한 이권개입 등도 제시된다(정찬종 외, 2015). 선행연구와 필자들의 경험을 바탕으로 국외여행 인솔자의 금기사항을 정리하면 다음과 같다.

◯ 국외여행 인솔자의 금지행위

- 단체여행자와 논쟁을 벌이거나 분쟁을 일으키지 않는다.
- 단체여행자와 금전적인 문제로 마찰을 일으키지 않는다.
- 단체여행자와 감정적인 행동을 하지 않는다.
- 선을 넘을 정도로 아는 체하거나 잘난 체를 하지 않는다.
- 불성실한 업무수행을 하지 않는다.
- 단체여행자에게 쇼핑이나 선택관광을 강요하지 않는다.
- 퇴폐행위의 관람·알선을 유도하지 않는다.
- 모르는 것을 아는 척하지 않는다.
- 어떠한 경우라도 단체여행자와의 미팅시간에 절대 늦지 않는다.
- 과음을 삼간다.

 알아두면 좋은 팁(1)

가이드와 TC는 어떻게 다른가요?

가이드는 '현지 여행만 안내'
TC는 '출발부터 함께 동행'

패키지 여행상품 내용을 보면 전문 인솔자가 동행한다는 안내를 볼 때가 있습니다. 유럽여행 등의 경우도 능력 있는 전문 인솔자를 강조한 홍보마케팅 문구를 접한 적이 있을 것입니다. 여행을 가면 가이드가 있고 인솔자가 있습니다. 이 둘은 모두 여행을 돕는 일을 담당합니다. 혹자는 버스에서 서서 말하는 사람이 가이드이고, 여행자들과 함께 앉아 있는 사람이 인솔자라고 구분하기도 하는데, 구체적으로 무엇이 다른지 알아보겠습니다.

가이드(guide)는 여행을 안내하고 정보를 제공하는 사람을 말합니다. 나라에 따라 관광산업의 비중이 다르고, 또 가이드를 관리하는 방식도 다릅니다. 그러나 기본적으로 가이드는 외래객을 상대하기에 국가 이미지와 관련이 높고, 또 프리랜서 형태로 일을 하기 때문에 이에 대한 관리를 국가가 법으로 정해놓는 경우가 대부분입니다.

우리나라의 경우 공식명칭은 가이드가 아닌 '관광통역 안내원'으로 1962년부터 도입했습니다. 국가에서 실시하는 자격증 시험에 통과해야 하고, 또 정기적으로 소양을 유지하기 위한 교육도 받아야 합니다. 여행사에서 실제로 근무하는 관광통역 안내원은 시기에 따라 자격증 소지가 필수인 경우도 있고 권고사항일 때도 있었습니다. 실무 능력과 자격증 간의 간극 때문이기도 하고, 또 현장에서 필요한 인력 수급이 원활하지 못해서입니다. 월드컵 등과 같은 국제 이벤트가 있어 외국인이 많을 때는 부득이하게 국가에서 교육을 실시하고 임시 자격증을 내주기도 한 것입니다. 현재는 다시 자격증 소지자를 고용토록 의무화하는 정책을 실시하고 있습니다.

해외에서도 가이드에 대한 관리 방법이 제각각입니다. 국적에 상관없이 자격증 시험이나 일정 이상의 소양을 갖추면 가이드로 활동할 수 있게 하는 나라도 있지만, 정책적으로 반드시 자국민을 쓰도록 하는 경우도 있습니다. 또 지역에 따라 지역 가이드를 반드시 동행토록 하기도 합니다. 그런 경우 한국인 가이드가 지역 가이드의 언어를

통역해 주는 2단계를 거쳐야 할 때도 있습니다. 번거롭기도 하지만 제대로 된 지식을 전하기 위해 이와 같은 방식을 취하기도 합니다.

최근에는 인솔자로 더 잘 알려진 국외여행 인솔자는 영어로 TC(tour conductor)라고 부릅니다. 여행사에서 보조로 출장을 보내는 것처럼 보이지만, 엄연히 관광진흥법상에서도 지정하고 있고, 교육이수와 자격증이 필요한 전문직입니다. 또 가이드와 마찬가지로 프리랜서로 활동하는 이들이 많습니다.

인솔자의 역할은 '내국인이 단체로 해외여행을 갈 때 출발에서부터 도착할 때까지의 모든 여행일정을 관리하면서 여행자들이 안전하고 불편함 없이 즐거운 여행을 할 수 있도록 도와주는 것'입니다. 해외 패키지여행은 불특정 다수가 일정 기간 동안 정해진 프로그램에 따라줘야 하기 때문에 이를 조율할 사람이 필요합니다. 또 비행기를 갈아타거나 장거리를 이동할 때 현지에서 가이드가 바뀌기도 하고, 또 한국측 회사를 대표해 여행자를 보호해야 하는 등의 일을 인솔자가 담당합니다. 여행자 가운데는 현지에서 문제가 생겼을 때 인솔자와 가이드가 한 편이라며 의심하기도 합니다. 그러나 가이드나 현지 여행 프로그램 운영업체는 협력사이기는 하지만, 인솔자는 단체여행자를 돕습니다.

한편 일본여행을 갈 경우 '스루 가이드'라고 불리는 사람이 있습니다. 스루 가이드는 인솔자와 가이드 역할을 동시에 하는 사람을 말합니다. 일본은 특성상 한국에서 가이드를 파견하는 경우가 많기 때문에 별도의 인솔자를 두지 않고 병행토록 한 것입니다. 또 중국이나 동남아 리조트여행 등과 같이 일정이 짧고 단순한 여정의 경우 인솔자를 파견하지 않는 경우도 많습니다.

이지혜기자(imari@traveltimes.co.kr)
자료: 여행신문(http://www.traveltimes.co.kr)

Chapter
02

기본 지식

국외여행 인솔자가 원활하게 단체여행을 진행하고자 한다면 출입국 수속과 같은 여행과 관련된 기본 지식, 계약 및 약관 그리고 여행자보험 등을 숙지하고 있어야 한다.

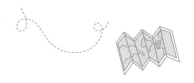

① 계약과 약관의 이해

❶ 여행계약과 약관

최근에는 소비자의 욕구가 다양해지고 소비자 의식 또한 높아지고 있다. 여행자 또한 자신의 권리의식이 높아져 여행과 관련된 손해배상이나 여행계약의 완전 이행을 강하게 요구하는 경향이 늘고 있다. 따라서 국외여행 인솔자는 여행과 관련된 계약과 약관에 대한 올바른 이해와 해석, 그에 따른 법적 책임에 대하여 정확한 지식을 가지고 있어야 한다. 또 단체여행을 진행하다 보면 여행자들에게 상황 및 필요에 따라 설명하지 않으면 안 되기에 약관을 늘 휴대하고 있는 것이 좋다. 여행계약과 관련한 법적인 내용을 살펴보면 다음과 같다.

① 여행계약은 여행업자가 여행자에게 운송, 숙박, 관광 또는 그 밖의 여행 관련 용역을 결합하여 제공하기로 약정하고 여행자가 그 대금을 지급하기로 약정함으로써 체결됩니다(민법 제674조의2).
② 여행계약은 여행계약서와 여행약관 및 여행일정표(또는 여행설명서)를 계약내용으로 합니다[국외여행 표준약관(공정거래위원회표준약관 제10021호, 2014. 12. 19. 개정) 제4조 제1항].
③ 여행일정표(또는 여행설명서)에는 여행일자별 여행지와 관광내용·교통수단·쇼핑횟수·숙소식사 등 여행실시일정 및 여행사 제공 서비스 내용과 여행자 유의사항이 포함되어야 합니다(국외여행 표준약관 제4조 제2항).

여기서 약관이라 함은 계약의 당사자가 다수의 상대편과 계약을 체결하기 위하여 일정한 형식에 따라 미리 마련한 계약의 내용을 뜻한다. 약관에는 이미 작성된 계약조항의 전체를 말하는 보통거래약관이나 보통약관과 특약조항이나 면책약관 등이 있다. 약관은 대량 거래의 수요에 대응하기 위하여 일반적인 계약의 내용을 당사자 한쪽이 미리 정하여 놓은 계약조항을 가리킨다. 따라서 국외여행 표준약관에 의하면 여행업자와 여행자는 관계법규에 위반되지 않는 범위 내에서 서면으로 특약을 맺을 수 있으며, 이 경우 여행업자는 표준약관과 다름을 여행자에게 설명해야 한다(국외여행 표준약관 제5조).

국외여행 인솔자는 여행자들에게 제공된 여행일정표의 내용을 철저하게 기억하고 있어야 하며, 현지 여행사와 계약 내용, 현지 숙박업소와 운송기관들과의 계약조건 등도 숙지하고 있어야 한다.

② 운송기관·숙박기관과의 계약

단체여행을 진행하는 도중에 발생하는 사고에 대하여 여행사는 여행자들에게 법률상의 책임을 어디까지 져야 하는지를 약관을 중심으로 고려해야 한다. 여행계약에 따른 단체여행을 진행하면서 항상 문제가 되는 것이 운송시설과 숙박시설이다. 예를 들어 예약이 되었음에도 불구하고 예정된 항공기·호텔을 이용할 수 없게 되어 여행일정의 대폭적인 변경을 초래하거나 등급이 다른 호텔에 숙박하는 사태가 생기는 경우가 있다. 이에 대하여 국외여행 인솔자가 생각하여야 할 사항은 다음과 같다.

우선 항공사나 호텔과의 계약에 대한 법적 성격을 확실히 이해하는 것이다. 항공기에 의한 운송계약은 항공사와 승객과의 사이에서 체결된다는 것이다. 하지만 이에 반해 호텔과의 숙박계약은 주최여행이냐 수배여행이냐에 따라 다르다. 주최여행의 경우는 숙박계약이 호텔과 여행사, 수배여행의 경우는 호텔과 숙박객으로 되어 있다. 따라서 실무적으로는 여행사가 운송 및 숙박 예약을 하는 것이지만, 항공운송계약 및 수배여행의 경우는 항공사 또는 호텔과 여행자 사이에서 체결된다는 사실이다. 이 경우 여행사는 알선이라는 중간역할을 할 뿐이라는 것이다. 이는 여행자가 개인이나 단체나 동일한데 항공사 책임으로 귀속되어야 하는 항공사고가 발생했을 경우 단체여행에 참가한 여행자가 여행사에게 손해배상을 청구하여(1차 책임을 추급) 여행업자가 그것을 지불한 다음 재차 항공사에 구상(求償)하는 것은 아니라 항공사로부터 직접 여행자에게 손해배상이 지불된다는 것이다.

일반적으로 여행자들은 항공기 추락이라는 큰 사고에 대해서는 별다른 저항 없이 항공사 대 승객이라는 직접적인 관계를 받아들이지만 그 이외의 사고, 가령 단체여행에서 예정된 항공편에 탑승하지 못해서 일정을 변경할 수밖에 없는 불이익에 대해서 여행자들은 여행사에게 1차 책임을 추궁하는 경우가 많다. 그러나 국외여행 인솔자의 실수로 예정된 항공편에 탑승하지 못한 것이라면 여행사가 법률상의 책임을 가지게 되지만 그

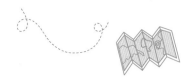

렇지 않다면 여행사에게 법적인 책임은 일체 없다. 예정된 호텔에 숙박하지 못하게 되었거나, 예정된 열차나 여객선 등에 탑승할 수 없게 된 경우, 버스 충돌사고나 전복사고 등 모두 같은 경우로 이해하면 된다.

단, 단체여행 진행 중에 이러한 문제가 발생한 경우에 국외여행 인솔자는 사고로 인해 기분이 상한 여행자의 감정을 해치지 않도록 말씨에 주의하면서 오해의 소지가 없도록 명확하게 법률상의 책임이 없다는 것을 설명해야 한다. 가끔 국외여행 인솔자가 현지에서 회사의 법적 책임을 인정하는 듯한 발언을 하면 도리어 사태를 혼란시키게 될 뿐 아니라 추후 인솔자가 책임을 지는 경우도 발생할 수 있으니 항상 조심하고 정확해야 한다.

③ 운송기관의 면책

국외여행 인솔자가 숙지해야 할 것은 언론에 보도된 문구("항공기 지연·결항돼도 보상 쥐꼬리… 항공사 면책범위 넓어")처럼 운송기관이나 숙박시설 등이 약관에서 관리되고 있는 면책사항이 있다는 것이다.

항공권의 약관에 기재된 계약조건의 일부를 보면 다음과 같다. "운송인(항공사)은 안전하게 여객 및 수하물을 운송하기 위하여 최선의 노력을 다할 것을 다짐합니다. 시각표 또는 기타의 장소에 나타나 있는 시각은 보증된 것이 아니며, 또한 이 계약의 일부를 이루는 것도 아닙니다"(항공기에 태워서 운반한다는 행위만이 계약내용이라는 의미). "운송에는 예고 없이 운송인을 다른 운송인에게 변경하여"(타사의 항공편에 탑승시키는 것), "또는 항공기를 다른 항공기로 변경할 수가 있으며"(별도편에 탑승시키는 것), "또한 필요한 경우에는 e-항공권에 나타나 있는 기항지를 변경하여, 또는 생략할 수가 있습니다. 스케줄은 예고 없이 변경됩니다. 운송인은 접속을 이루는 것에 대하여 일체 책임을 지지 않습니다."

물론 이것은 항공사에 있어서 최후의 방어책일 뿐이지만, 문구에서 보듯이 항공기가 다소 늦어지거나 취소된 정도로는 항공사에게 법적 책임을 묻는다는 것은 쉽지 않다. 하지만 통상적으로는 영업정책상의 배려 혹은 도의적 책임에서도 항공사는 여객들에게 최대의 만족을 줄 수 있도록 여러 가지 노력을 하고 있다.

하지만 국외여행 인솔자는 항공사의 법적 책임의 유무를 떠나 예정된 항공기에 탑승

하지 못한 결과에 대한 피해를 최소한으로 줄이도록 모든 수단과 방법을 강구해야 한다. 특히 주최여행의 경우 주최여행 약관에 여정관리 책임의 중요한 일부로서 명기되어 있다.

④ 여행사의 법적 책임

여행업자는 여행계약상의 일정대로 안전하면서도 확실하게 진행해야 하는 관리책임이 있다. 이것은 여행업자가 직접 여행자들에게 대하여 책임지는 계약상의 의무이다. 따라서 여행업자의 책임에 대해서는 약관에 그 기준을 마련해두고 있다. 예를 들어 여행업자의 고의·과실이 아닌 경우, 즉 현지에서는 국외여행 인솔자의 고의에 상당하지 않은 항공기나 운송기관에 의한 사고, 숙박시설 내의 사고, 식중독 등에 대해서는 책임을 질 필요가 없다고 간주하고 있다.

하지만 여행자들을 위해서 운송기관 및 숙박시설 등과 계약을 진행함에 있어 '선량한 관리자의 의무'를 지키는지에 대한 것은 문제가 된다. 즉, 국외여행 인솔자는 사고 그 자

> ### 🔴 사례
>
> 영국항공에 탑승 예정이었으나, 파업으로 인해 국외여행 인솔자의 판단으로 터키항공으로 대체하였다. 그런데 이 비행기는 불행히도 파리에서 추락하여 여행자의 유족으로부터 "여행자의 승낙 없이 여행계약을 변경했다."라는 이유로 여행사에 대한 손해배상이 제기되었다. 이 경우 여행사의 법적 책임에 대해서 여행사의 입장에서는 "여행자가 터키항공의 탑승권을 이의 없이 받았을 때 여행자는 변경에 동의했다고 간주해도 좋다."라는 견해이고, 유족의 입장으로는 "터키항공에 태웠기 때문에 추락하여 사망했다."라고 말하고 싶어질 것이다. 그러나 터키항공은 국제항공운송협회(IATA) 가맹의 신뢰할 만한 항공사이며, 터키항공을 선택한 것에 국외여행 인솔자의 선량한 관리자의 의무(善管義務) 위반은 인정되지 않는다. 즉, 여행사에는 법적 책임이 없는 것이다.
>
> 사고를 일으킨 버스가 당해 정부의 영업을 인정받은 정당한 것이라면 여행사에는 마찬가지로 책임은 없다. 그러나 단체의 일부로서 자가용 버스나 택시를 사용한 것과 같은 경우는 문제가 된다. 자가용 버스나 택시가 사고를 일으켰을 때 자유행동 중이라면 별문제이나 여행사가 진행하는 행사 중이라면 여행업자는 운송인의 선택에 대하여 선관의무에 위반하는 것이 되며 법적 책임을 추궁당하지 않을 수 없다.
>
> * 자료: 정찬종·신동숙·김규동, 2019, pp.201~202.

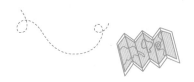

체에 대하여 책임을 지지 않아도 되는 경우에도 단체의 품질관리나 신용도 등에 대해서 중대한 책임을 지고 있다는 것을 명심하고 행동을 해야 할 것이다.

② 여권 및 비자

① 여권

여권은 신분증이자 일종의 출국허가증이며 국외여행을 할 때 반드시 필요하다. 정부가 국외로 출국하는 자국민에 대해 신분이나 국적을 증명하고 상대국에 여행자의 보호를 요청하는 일종의 공문서이다. 여행자를 증명하는 인적사항과 내지의 사증란에는 출입국을 확인할 수 있는 사실과 방문국의 허가가 필요할 경우에 있어야 하는 비자(사증)를 스티커 형태로 붙이거나 혹은 스탬프로 찍을 수 있도록 되어 있다.

여권은 여권을 유효기간 혹은 사용하는 사람 등에 따라 몇 가지 종류가 있다(《표 2-1》 참조). 여행 중 여권을 분실하면 재발급을 받을 수 있다. 하지만 해당 국가의 영사관 혹은 대사관으로 가야만 하고 시간적으로나 경제적으로 많은 불편을 유발하기에 추후 여행 일정에 차질이 생기기 때문에 분실하지 않도록 각별한 주의를 요한다. 또한 국외여행

표 2-1_ **여권의 종류 및 특징**

종류		유효기간	면수	색상	비고
일반여권	단수여권	1년	14면	남색	단 1회만 사용 가능
	복수여권_10년	10년	26면 혹은 58면	남색	
	복수여권_5년	5년	26면 혹은 58면	남색	18세 미만, 병역 미필자 등
긴급여권		1년	14면	청색	단수여권과 동일한 특징
관용여권		5년	26면 혹은 58면	진회색	단수여권 및 복수여권
외교관여권		5년	26면 혹은 58면	적색	단수여권 및 복수여권

* 관용여권과 외교관여권은 특별한 사유로 외교부장관이 인정하는 사람에게 발급

자료: 대한항공 뉴스룸, 미래일보

그림 2-1_ 2020년부터 변경된 여권, 긴급여권 및 여행증명서

인솔자는 분실에 대한 주의를 인지시켜야 함은 물론 공문서이기에 절대로 낙서나 훼손하는 행위를 해서는 안 된다는 사실을 안내해야 한다.

〈그림 2-1〉은 32년만인 2020년부터 변경된 한국 여권의 이미지이다. 여권의 색깔과 디자인을 바꾸고 또한 주민등록번호도 없애는 등 보안성을 강화하였다.

② 여권의 필요성과 용도

- 국외여행자의 여행허가증으로 국외에서의 신변보호 및 편의를 요청하는 공식문서로 사용된다.

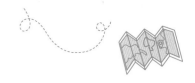

- 입국사증인 비자를 신청하거나 발급 시에 필요하다.
- 입·출국 수속 시 제시해야 한다.
- 교통수단 이용 시 제시해야 한다. 항공, 선박(유람선/여객선), 기차 및 렌터카 등 이용 시 필요하다.
- 여행자수표(traveller's check)로 대금을 지불하거나 현지 화폐로 환전할 때 제시하여야 한다.
- 면세점에서 물품구입 시 여권을 제시해야 한다.
- 국제운전면허증을 발급할 경우 필요하다.

③ 여행증명서(Travel Certification Passport)

외국여행 중 여권을 분실했을 경우, 해외에서 여권의 재발급에는 시간이 많이 걸리기에 빠른 시일 내에 귀국하기 위해 임시로 발급받는 증명서이다. 단, 유의할 점이 있는데 첫째, 여행증명서의 유효기간은 당연히 1년이며 1회에 한하여 사용할 수 있는 단수여권이다. 둘째, 귀국 후에는 바로 분실신고를 함과 동시에 반납하여야 한다. 시간적인 여유가 있거나 다른 국가로 여행을 계속 할 경우에는 여권을 재발급받아야 한다. 단수 여권 혹은 여행증명서로 입국을 거절하는 국가가 있다는 사실에 유의해야 한다.

④ 긴급여권(비전자여권)

전자여권을 (재)발급받을 시간적 여유가 없는 경우로서 여권의 긴급한 발급이 필요하다고 인정되는 경우 누구나 신청 가능하며 유효기간은 1년이며 1회에 한하여 사용할 수 있는 단수여권이다. 긴급여권은 통상적으로 인천국제공항과 같은 출국하는 공항에서 발급하는데 국외여행 인솔자는 이 긴급여권을 잘 활용할 수 있어야 한다. 공항에서 여권을 분실하거나 소지하고 있지 않거나 하는 등의 긴급하게 출국하려는 여행자들이 아주 요긴하게 사용하는 제도이기 때문이다.

자료: 주한중국대사관 홈페이지

🛬 **그림 2-2_** 중국 비자 및 장기 체류 거류증

⑤ 사증(VISA)

　　방문하고자 하는 대상국의 정부에서 입국을 허가해 주는 일종의 공문서로서 입국 허가증이며 여권의 사증란에 스탬프를 찍거나 스티커를 붙이는 형태로 발급한다. 대한 민국의 자국민인 경우, 관광비자에 한해 많은 국가들과 비자 면제협정이 체결되어 있으 므로 비자면제 국가 및 조건을 확인할 필요가 있으며, 국가마다 무비자 체류기간이 다 르므로 항상 확인할 필요가 있다. 비자는 개별적으로 받는 비자가 있고, 일정이 정해져 있는 단체관광자들에게 발급하는 단체관광비자로 받는 경우도 있다. 또한 비자의 종류 는 형태에 따라 여권 사증란에 붙여주는 스티커 비자와 스탬프만 찍어주는 비자가 있다.

> ### ➤ 사증면제협정 체결국가
>
> 　　사증면제는 여행자들이 방문국가를 사증 없이 입국할 수 있도록 한 제도이다. 물론 체류기간은 제한 을 두고 있다. 이는 사증면제협정 혹은 상호주의나 일방주의에 의해 이루어지고 있다. 대한민국 국민은 소지하고 있는 여권의 종류(일반여권, 관용여권, 외교관여권)에 따라 무사증 입국 가능 여부가 다를 수 있 으니 꼭 확인하는 절차가 필요하다. 2019년 기준으로 대한민국은 일반여권 기준으로 관광과 같은 단순 방문목적 기준으로 191개국과 사증면제가 이루어졌다(대한민국이 체결한 사증면제협정 체결국가는 〈부록〉 참조). 사증(비자) 취득은 방문지 해당 국가의 주권사항이므로 반드시 해당 대사관(혹은 영사관)을 통해 문의를 하고 발급받아야 한다.

참고로 몇몇 국가들은 이른바 '도착비자'(Visa On Arrival: VOA)라고 해서 입국심사할 때 비자를 발급해주기도 한다. 따라서 도착비자를 받을 경우에는 미리 서류 준비에 이상이 없도록 해야 한다. 예를 들어 비자가 필요한 인도도 도착비자제도를 운영하고 있다. 도착비자를 받으려면 VOA 창구로 가서 여권 및 입국카드 그리고 200루피에 해당하는 비자 신청료와 도착비자 신청서를 제출하면 된다. 참고로 VOA 창구는 통상 입국심사대 근처에 있다.

③ 항공 및 수하물

① 항공권

항공권은 항공기를 탑승하기 위한 표로서 항공사의 운송약관 및 특약에 따라 승객과 항공사 간에 성립된 운송계약을 표시한 항공기 이용에 대한 증권이다. 항공권에는 일정 및 운임뿐만 아니라 탑승자 이름·나이·연락처 등이 기재되어 있다. 일반적 교통시설의 승차권하고는 다르게 항공권은 바로 탑승할 수는 없고 공항에 가서 탑승하려는 항공사 카운터에 가서 체크인을 한 뒤에 탑승권(boarding pass)을 받아서 탑승권으로 비행기에 탑승할 수 있다는 것이다.

과거에는 종이로 인쇄된 항공권을 사용하였지만 오늘날에는 인터넷의 발달로 온라인으로 발행된 전자항공권으로 대체되었다. 또한 스마트폰 사용이 증가하여 항공사들이 모바일 항공권도 운용을 하고 있는 추세이다. 항공권과 관련한 것을 알아보면 다음과 같다.

1) 전자항공권(Electronic Ticket: e-ticket)

e-ticket은 발권 및 구매관련 정보가 종이티켓에 인쇄되지 않고 발권 항공사의 데이터베이스에 저장되어 종이가 필요 없는 형태의 항공권이다. 전자항공권은 전화와 인터넷을 통해 예약 및 결제를 마친 승객이 항공사로부터 예약번호를 받아 출발 당일 공항

에서 본인확인 절차만으로 항공기를 탑승할 수 있다. e-ticket은 기존에 항공기 탑승을 위해 사용하던 종이 티켓에서 발전한 형태로 여객의 운송 또는 여객 관련 서비스에 대한 판매 방식의 하나로 해당 항공사의 컴퓨터 시스템(database)에 항공권의 모든 세부사항을 저장하여 여행, 변경, 환불, 재발행 등을 전산으로 조회하고 사용자의 요구에 맞게 처리할 수 있는 항공권이다.

전자항공권의 장점은 항공권 분실이나 도난 등의 피해를 줄이고 여권과 ITR(Itinerary & Receipt)만을 소지하도록 함으로써 불필요한 시간과 번거로움을 줄여 신속하게 탑승 수속을 할 수 있게 되었다. 또 스마트폰에 저장할 수 있고 부피도 줄어듦으로써 휴대하기가 간편해졌다. 단, 전자항공권 구입 시 주의할 점은 필히 ITR을 프린트해서 여권에 지참해야 하는데 이는 몇몇 국가들의 경우, 공항에서 항공권이 없으면 공항 출입도 못

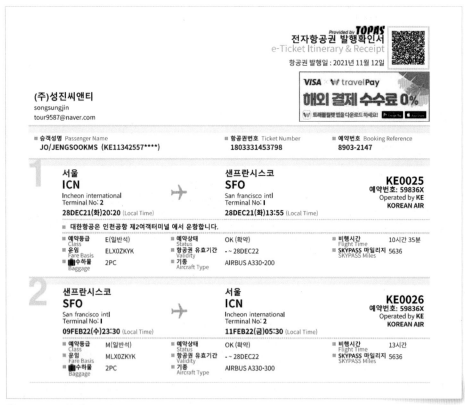

🛬 그림 2-3_ 전자항공권_예시

하게 하는 경우가 있으니 유의해야 한다. 또한 여권의 영문 이름과 항공권상의 영문 이름이 동일한지 확인하는 것이 무엇보다도 중요하다. 영문 이름이 서로 다르면 체크인 과정에서 거절당한다.

〈그림 2-3〉은 대한항공을 이용하는 전자항공권으로, 그림에서 보는 것처럼 여행사 발권 분은 여행사 마크가 나온다. 따라서 왼쪽 상단에 여행사명(혹은 여행사 브랜드)이 표시된다. 또한 항공권에는 예약번호, 항공권번호, QR코드 및 PNR(Passenger Name Record) 그리고 여정과 운임 등이 표시된다.

2) 예약기록(Passenger Name Record)

예약기록(Passenger Name Record: PNR)이란, 항공여행을 하는 승객의 항공 여정 및 호텔, 렌터카 등의 부대서비스 예약 등을 포함한 항공편 탑승정보가 저장되어 있는 여객 예약 기록을 말한다.

항공을 예약하게 되면 인원수나 구간에 관계없이 예약 단위별로 승객의 이름, 여정, 연락처 등 예약과 관련된 내용이 하나의 기록으로 보관된다. 이 단위별 기록을 PNR이라 하며 각 PNR에는 그 전체 기록과 함께 단위별 고유의 번호가 부여되게 된다. 이 고유번호가 예약번호이다. 항공여행을 하려는 승객이라면 예약번호가 있는 PNR이 존재해야 실제로 항공편을 탑승할 수 있다.

전자항공권에 나와 있는 예약번호로 해당 항공사의 예약 사이트로 가면 〈그림 2-4〉처럼 예약기록이 나온다.

```
< PNR - XCIWGR >
1.1KIM/TEST MR   2.I/1KIM/BABY MSTR*I05
1 OZ 751Y 05FEB 7 ICNSIN HK1  1620  2145 5PM  /DCOZ*2FSJR7 /E
2 OZ 752Y 10FEB 5 SINICN HK1  2300  0615 11FEB 6 5PM
                                             /DCOZ*2FSJR7 /E
TKT/TIME LIMIT
  1.TAW/
PHONES
  1.SELT*02-2127-8900 AAI TOUR
  2.SELM*010-1234-5678 KIM
PASSENGER DETAIL FIELD EXISTS - USE PD TO DISPLAY
GENERAL FACTS
  1.SSR OTHS 1B OZ RSVN IS 2823-2856
  2.SSR ADTK 1B TO OZ BY 24JAN 1400 OTHERWISE WILL BE XLD
  3.OSI OZ LCTC SIN HILTON HTL RM 2001
  4.SSR ADTK 1B TO SQ BY 27JAN 1000 OTHERWISE WILL BE XLD
  5.SSR ADTK 1B TO OZ BY 24JAN 1400 OTHERWISE WILL BE XLD
  6.SSR INFT OZ KK1 ICNSIN0751Y05FEB/KIM/BABY MSTR/05JUL16
  7.SSR INFT OZ KK1 SINICN0752Y10FEB/KIM/BABY MSTR/05JUL16
  8.SSR BSCT OZ NN1 ICNSIN0751Y05FEB
  9.SSR BSCT OZ NN1 SINICN0752Y10FEB
 10.SSR VGML OZ KK1 ICNSIN0751Y05FEB
 11.SSR VGML OZ KK1 SINICN0752Y10FEB
 12.OSI OZ PAX SPEAKS ONLY ENGLISH
 13.OSI OZ SARANG//SABRE.COM
 14.OSI OZ CEO OF ABC COMPANY
 15.OSI OZ CTCM 010 8765 4321
 16.SSR SPML OZ NN1 ICNSIN0751Y05FEB/ALLERGY !
 17.SSR SPML OZ NN1 SINICN0752Y10FEB/ALLERGY !
 18.SSR CBBG OZ NN1 ICNSIN0751Y05FEB/CELLO
```
아시아나세이버

🛫 그림 2-4_ 항공 PNR(Passenger Name Record) 예시

3) 탑승권(Boarding pass)

항공권만으로는 항공기 탑승을 할 수 없으며, 항공기 탑승을 위해서는 탑승권이 필요하다. 공항에 도착하여 항공사 체크인 카운터에 항공권과 여권을 제시하면 탑승권을 교부해준다.

이 탑승권은 〈그림 2-5〉에서 보는 것처럼 탑승수속이 완료된 승객의 성명, 항공편명과 날짜, 목적지, 탑승시각과 탑승게이트, 좌석등급, 좌석번호, 마일리지 회원번호 등의 내용이 기재되어 있으며, 항공사 회수용과 승객 소지용 두 부분으로 구성되어 있다.

이 외에 스마트폰을 통한 모바일 탑승권, 웹 체크인 탑승권, 우리나라의 국내선 항공편에서 주로 사용되는 감광기능을 이용한 종이 탑승권 등이 있다. 주의할 점은 탑승권에 표시된 탑승게이트는 이륙 전에 변경될 수 있으므로 공항 내에 있는 항공기 출발 현황판을 탑승 전에 수시로 확인하는 것이 필요하다.

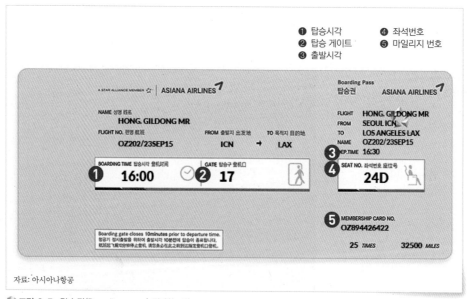

자료: 아시아나항공

그림 2-5_ 탑승권(Boarding pass) 및 읽는 법

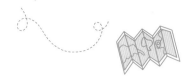

❷ 도시, 공항, 항공사 코드

국제항공운송협회(International Air Transport Association: IATA)에서는 항공기가 취항하는 전 세계의 도시와 공항, 그리고 항공사에 약속된 약어를 할당하여 사용하고 있다. 도시, 공항, 항공사 명칭 등을 코드화하여 사용하고 있는 것은 항공 예약 및 발권과 관련된 항공 업무의 정확성과 신속성을 위해서다.

일반적으로 IATA의 기준으로 보면 도시, 공항 등은 세 글자로 구성된 코드(3-letter code)를 사용하고, 항공사는 두 글자로 구성된 코드(2-letter code)를 사용한다. 물론 항공사도 3-Letter Code를 가지고 있다. 한편 코드화되어 있는 도시나 공항, 항공사 코드를 원래의 이름으로 풀어서 설명해 주는 것을 Decode라고 하며, 이와 반대로 원래의 이름을 코드화하는 기능을 Encode라고 한다.

여행사 및 항공사에서는 항공 여정을 확인하고 예약 및 발권할 때도 이 코드를 사용하지만 항공권 및 탑승권을 비롯하여 공항 및 항구 등에서도 목적지 및 출발지를 표시할 때도 이 코드를 사용하기에 국외여행 인솔자도 다른 직원들과 마찬가지로 전 세계 주요 도시의 도시, 공항 그리고 항공사 코드를 모두 숙지해야 한다(주요 도시, 공항 및 항공사 코드는 〈부록〉을 참조).

자료: 대한항공

🔖 그림 2-6_ 인천국제공항 2터미널 출발 항공편 안내 전광판

1) 도시 코드

도시 코드(city code)는 서울 SEL, 북경 BJS, 뉴욕 NYC, 로스앤젤레스 LAX, 토론토 YTO와 같이 영문 3자리(3-Letter)로 표시된다(〈표 2-2〉 참조).

🌐 표 2-2_ **주요 도시 코드 및 공항 코드**

아시아 지역					
도시명	도시 코드	공항 코드	도시명	도시 코드	공항 코드
서울	SEL	ICN, GMP	동경	TYO	NRT, HND
북경	BJS	PEK	싱해	SHA	PVG, SHA
마닐라	MNL	–	방콕	BKK	BKK, DMK
하노이	HAN	–	자카르타	JKT	CGK
싱가폴	SIN	–	타이페이	TPE	–
미주 지역					
도시명	도시 코드	공항 코드	도시명	도시 코드	공항 코드
로스앤젤레스	LAX	–	뉴욕	NYC	JFK, EWR, LGA
샌프란시스코	SFO	–	워싱턴	WAS	DCA, IAD, BWI
토론토	YTO	YYZ	벤쿠버	YVR	–
멕시코시티	MEX		리마	LIM	–
유럽 지역					
도시명	도시 코드	공항 코드	도시명	도시 코드	공항 코드
런던	LON	LHR, LGW, LCY	파리	PAR	CDG, ORY
프랑크푸르트	FRA	–	로마	ROM	FCO
암스테르담	AMS	–	취리히	ZRH	–
아테네	ATH	–	비엔나	VIE	–
마드리드	MAD	–	이스탄불	IST	–
중동 및 남태평양 지역					
도시명	도시 코드	공항 코드	도시명	도시 코드	공항 코드
괌	GUM	–	사이판	SPN	–
브리스베인	BNE	–	오클랜드	AKL	–
시드니	SYD	–	크라이스트처치	CHC	
두바이	DXB	–	카이로	CAI	–
태헤란	THR		암만	AMM	

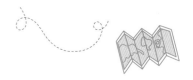

2) 공항 코드

공항 코드(airport code)는 도시 코드와 같이 영문 3자리(3-letter code)로 사용된다. 일반적으로 공항 코드는 도시 코드와 같이 사용하는 경향이 있지만 하나의 도시에 2개 이상의 공항이 있는 경우에는 공항 코드가 따로 있다. 따라서 이를 숙지하는 것이 항공사와 공항직원들뿐만 아니라 여행사의 항공 상담, 예약 및 발권 담당자들에게는 당연하다. 국외여행 인솔자도 이를 숙지하는 것이 항공 여정 기록(PNR), 항공권 및 탑승권을 이해하는 데 도움이 된다.

3) 항공사 코드

항공사 코드(airline code)는 영문자 또는 영문과 아라비아 숫자가 조합된 두 자리 코드(2-letter code)가 사용되고 있다. 항공사 코드도 마찬가지로 항공권, 탑승권에 표기될 뿐아니라 공항에서 항공기 출발/도착 안내 전광판, 수하물 안내 전광판 등에서도 항공사코드를 사용하여 표기되기 때문에 이를 숙지해야 한다. 대한항공의 경우 KE, 아시아나의 경우 OZ, 아메리칸 항공의 경우 AA, 일본항공 JL, 에어캐나다 AC 등으로 표기된다(다음 〈표 2-3〉 참조).

항공편명은 항공사 코드와 3~4자리의 알파벳 숫자를 조합하여 사용한다. 예를 들어대한항공의 KE703편은 인천 → 나리타 항공편이며, KE1101편은 김포 → 부산 항공편이다. 하지만 세 자리 숫자에는 앞에 '0'이 생략되어 있는 상태다. KE703은 KE0703, KE001은 KE0001이다. 각각 천 단위의 '0'은 생략된 것이다. 또한 대한항공은 사업별, 지역별로 편명을 구분하고 있다. 2019년 9월 기준으로 보면 001~099는 미주, 100~149는 대양주 및 괌, 460~499 및 600~699는 동남아, 홍콩, 대만, 700~799는 일본, 150~199, 800~899는 중국(몽골 포함), 900~999는 유럽(중동 포함)편이다. 1001~1999는 국내선이다. 대한항공은 김포, 인천공항 출발 편은 홀수를, 돌아오는 편은 짝수를 부여하고 있다.

🛬 **그림 2-7_** 항공사 코드 및 편명으로 표시한 수하물 안내 전광판

✈️ 표 2-3_ **주요 항공사 코드**

코드	항공사명	코드	항공사명	코드	항공사명
AC	에어캐나다	AI	인도항공	AF	에어프랑스
AZ	이탈리아항공	CA	중국국제항공	BX	에어부산
CX	케세이퍼시픽항공	CI	중화항공	DL	델타항공
CZ	남방항공	FM	상해항공	HA	하와이안항공
GA	가루다인도네시아항공	JL	일본항공	KE	대한항공
KL	KLM 네덜란드항공	LH	루프트한자항공	LJ	진에어
MH	말레이시아항공	PR	필리핀항공	MU	동방항공
SU	러시아항공	NW	노스웨스트항공	TK	터키항공
OZ	아시아나항공	UA	유나이티드항공	QF	콴타스항공
ZE	이스타항공	SQ	싱가폴항공	7C	제주항공
TG	타이항공	TW	티웨이항공	VN	베트남항공

③ 수하물

여행을 하면서 꼭 필요하지만 가끔씩은 부담이 되기도 하는 것이 수하물이다. 수하물이란 여행자가 여행을 하면서 휴대하는 짐(물품)을 말한다. 수하물은 휴대수하물(carry on baggage, hand carry baggage)과 위탁수하물(checked baggage) 혹은 동반수하물과 비동반

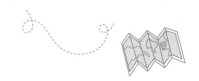

수하물로 구분된다. 여행자 수하물의 경우 대체로 문제가 되는 것은 휴대수하물과 위탁수하물이다.

1) 위탁수하물(무료수하물)

위탁수하물은 항공사별, 노선별, 좌석등급별, 항공료별로 무료운송 가능 기준에는 차이가 있으니 이용하는 항공사별로 확인하는 것이 필요하다. 특히 유의할 것은 저비용항공(LCC)에는 무료로 제공하는 위탁수하물이 없는 좌석등급이 있으니 꼭 확인하는 것이 중요하다. 또한 수하물의 규격이 있으니 유의해야 한다. 일반적으로는 가로×세로×높이의 합이 158cm 이하이며, 무게는 최대 20~23kg 이하여야 한다. 참고로 인천국제공항 수하물 처리 시스템상 최대의 크기가 90cm×70cm×40cm이므로, 어느 한 변의 크기가 초과되는 크기이면 수하물로 위탁할 수가 없으며 대형수하물로 보내야 한다.

국외여행 인솔자는 항공기 탑승을 하는 전날 저녁에는 다음날 항공기 탑승에 대비해서 통상적으로 위탁이 안 되거나 금지되는 물품에 대해서는 안내를 하지만 무료로 위탁이 되는 무게에 대해서는 소홀히 하는 경향이 있다. 그래서 공항 카운터 앞에서 수하물 무게가 초과되서 가방을 풀고 다시 짐 정리하는 모습을 종종 보게 되는데 이를 방지하기 위해서라도 무료로 위탁이 가능한 무게에 대하여 안내를 해야 한다. 참고로 추가되는 무게는 비용이 만만치 않다는 것을 유의하고 안내를 해야 한다. 물론 이 정보는 항공사별로 다르기 때문에 늘 확인해야 한다.

표 2-4_ **대한항공의 무료 위탁수하물 허용량(free baggage allowance)**

유럽·아시아·오세아니아 방면		미국 방면	
1등석 (first class)	32kg 3개까지 무료	1등석 (first class)	3개까지 무료. 단, 수하물의 가로·세로·높이의 합이 158cm를 넘지 않을 것. 또한 중량은 각각 32kg 이내일 것
우등석 (business class)	32kg 2개까지 무료	우등석 (business class)	2개까지 무료. 단, 수하물의 가로·세로·높이의 합이 158cm를 넘지 않을 것. 또한 중량은 각각 32kg 이내일 것
2등석 (economy class)	23kg 1개까지 무료	2등석 (economy class)	23kg으로 2개까지 무료

자료: 대한항공

2) 기내수하물(휴대수하물)

항공사마다 승객이 기내로 가지고 탑승할 수 있는
허용치가 다르다. 통상적으로 크기는 가로×세로×높이
의 합이 115cm 이하이어야 하며, 무게는 최대
10~12kg 이하여야 한다.

액체류(생수 등), 무기류(맥가이버 칼 등), 젤류 등은 휴대하
고 탑승하지 못한다. 따라서 미리 확인하여 위탁수하
물로 탁송하거나 여행자들이 휴대하지 못하도록 해야
한다.

그림 2-8_ 기내수하물 안내

3) 대형수하물

위탁수하물 중 크기가 정규 사이즈보다 큰 대형수하물은 항공사 탑승수속 카운터에
서 요금을 지불한 후 인천국제공항 제1터미널의 경우 B, D, J, L 탑승 수속카운터 뒤편
세관신고 카운터에서 세관신고를 하고 대형수하물 카운터에서 탁송한다.

• **대형수하물 기준**: 무게 50kg 이상, 가로 45cm, 세로 90cm, 높이 70cm 이상

4) 기내 반입금지 수하물

기내 반입금지 물품을 정확하게 숙지하여 출발
전 여행자에게 설명회를 실시하면서 고지를 해야
한다. 반입금지 물품으로는 총기류, 칼, 곤봉류, 폭
발물 및 탄약, 인화물질, 가스 및 화학물질, 가위,
면도날, 얼음송곳 등이며 이러한 위해물품은 기내
반입을 금지한다. 또 기내 반입이 금지된 물품이라
도 수하물 위탁이 가능한 물품들이 있는데 이 또
한 숙지하여 여행자들에게 고지해서 짐을 꾸리는
데 도움을 주어야 할 것이다.

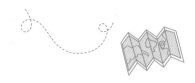

표 2-5_ 기내 반입제한 및 위탁제한 품목 리스트

구분	취급방법	
	객실(기내))반입	위탁수하물처리
끝이 뾰족한 무기 및 날카로운 물체	X	O
둔기	X	O
소화기류, 권총류, 무기류	X	O
화학물질과 인화성물질	X	X
총포, 도검, 화학류 등 단속법에 의한 소지금지물품	X	X
액체류 및 젤류	X	O

* 액체, 젤류 휴대반입 제한
* 허용규격: 용기 1개당 100㎖ 이하로 1인당 1L 이하의 지퍼락 비닐봉투 1개
* 휴대반입조건
    · 모든 액체, 젤류는 100㎖ 이하의 용기에 보관
    · 1리터(L) 규격의 투명 지퍼락 비닐봉투 안에 용기 보관
    · 투명 지퍼락 봉투(크기: 약 20cm × 약 20cm)에 담겨 지퍼가 잠겨 있어야 함.
    · 보안검색 받기 전 다른 짐과 분리하여 검색요원에게 제시함.

④ 공항 및 출입국 절차(CIQ)

① 공항

공항은 항공기의 이착륙과 승객의 항공기 탑승 및 하기, 승객의 출국 및 입국, 화물의 적재와 하역이 이루어지는 장소로서 일반 여객과 화물의 수송을 주목적으로 한다. 활주로, 유도로, 계류장, 착륙대, 관제탑, 급유·정비시설, 격납고, 여객·수하물·화물을 처리하는 시설, 통신시설, 기상관측시설, 경비보안시설, 주차시설 등을 갖추고 있다. 출입국 수속을 하는 공항관련 업무를 알아본다.

도심공항터미널

공항구역 외에서 항공여객 및 항공화물의 수송 및 출입국 수속에 관한 편의를 제공하기 위해 필요한 시설을 설치하여 운영하는 것을 말한다.

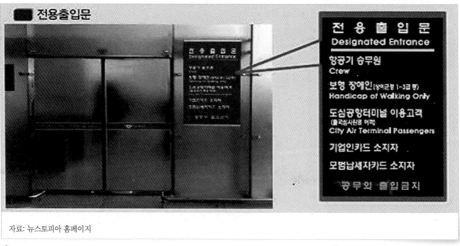

자료: 뉴스토피아 홈페이지

🛫그림 2-9_ 인천국제공항에 있는 전용출입문

시내중심가에서 탑승과 관련된 수속을 마칠 수 있도록 한 것이다. 공항에 도착하면 바로 탑승게이트로 이동하면 된다. 도심공항터미널에서 탑승수속을 마친 여행자들은 출국수속도 빠르게 진행될 수 있게 하였다. 인천국제공항에서는 도심공항터미널에서 수속을 마친 여행자들을 위해서 전용출입문을 운용하고 있다. 전용출입문은 〈그림 2-9〉

🌐 표 2-6_ **서울과 수도권의 도심공항터미널**

명칭	삼성역 한국도심공항터미널	서울역 도심공항터미널	광명역 도심공항터미널
소재지	서울 강남구 삼성동 159-6	서울 용산구 동자동 43-227	경기 광명시 일직동 276-8
영업 개시일	1990.04.10	2010.10.29	2018.01.17.
탑승수속	05:20~18:30	05:20~19:00	05:30~19:00
서비스 항공사	대한항공, 아시아나항공, 유나이티드항공, 타이항공, 콴타스항공, 카타르항공, 싱가포르항공, 에어캐나다, 중국남방항공, 동방항공, 에어프랑스, 네덜란드항공, 델타항공, 상해항공, 진에어, 제주항공, 티웨이항공	대한항공, 아시아나항공, 제주항공, 티웨이항공, 이스타 항공, 진에어	대한항공, 아시아나항공, 제주항공, 티웨이항공, 이스타 항공, 진에어, 에어서울, 에어부산
탑승수속 마감시간	국제선: 출발 3시간 20분 전 국내선: 출발 2시간 10분 전	국제선: 출발 3시간 20분 전	국제선: 출발 3시간 20분 전
출국심사	05:30~18:30	07:00~19:00	07:00~19:00

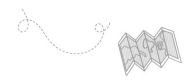

에서 보는 것처럼 승무원들이 이용하는 전용출입문으로 출국수속시간도 줄일 수 있는 이점이 있어서 많은 여행자들이 이용하고 있다.

2 출입국 절차(CIQ)

공항이나 항만 혹은 국경을 통해 출입국하는 모든 여행자들은 출입국 절차(CIQ)를 거쳐야 한다. 출입국 절차란 Customs(세관), Immigration(출·입국관리), Quarantine(검역)을 포함하며, 출입국 시 필요한 검사와 수속 및 그와 관련된 업무를 말한다.

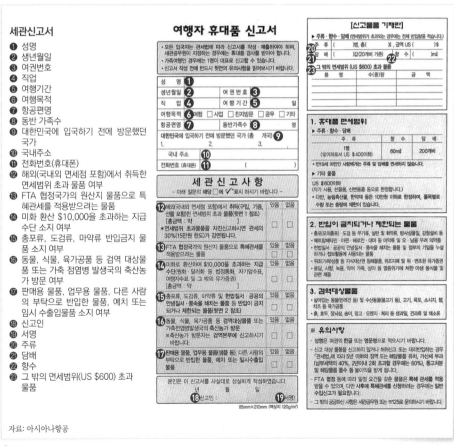

세관신고서

❶ 성명
❷ 생년월일
❸ 여권번호
❹ 직업
❺ 여행기간
❻ 여행목적
❼ 항공편명
❽ 동반 가족수
❾ 대한민국에 입국하기 전에 방문했던 국가
❿ 국내주소
⓫ 전화번호(휴대폰)
⓬ 해외(국내외 면세점 포함)에서 취득한 면세범위 초과 물품 여부
⓭ FTA 협정국가의 원산지 물품으로 특혜관세를 적용받으려는 물품
⓮ 미화 환산 $10,000를 초과하는 지급 수단 소지 여부
⓯ 총포류, 도검류, 마약류 반입금지 물품 소지 여부
⓰ 동물, 식물, 육가공품 등 검역 대상물품 또는 가축 점염병 발생국의 축산농가 방문 여부
⓱ 판매용 물품, 업무용 물품, 다른 사람의 부탁으로 반입한 물품, 예치 또는 임시 수출입물품 소지 여부
⓲ 신고인
⓳ 서명
⓴ 주류
㉑ 담배
㉒ 향수
㉓ 그 밖의 면세범위(US $600) 초과 물품

자료: 아시아나항공

🐢 그림 2-10_ 세관신고서

1) 세관(Customs)

세관은 국경을 통과하는 사람, 화물, 차량, 선박, 항공기 등에 대한 출입의 허가 및 단속, 관세의 부과 및 징수업무를 관장하는 관청이다. 입출국 시에 〈그림 2-10〉과 같은 세관신고서를 작성하여 세관신고를 해야 하며, 우리나라를 포함한 대부분의 나라들이 자진신고 제도를 실시하고 있다. 출국 시에는 자진신고만으로 출국이 가능하지만, 입국 시에는 대부분의 국가들이 세관신고서를 작성해야 한다. 단, 세관신고서는 통상적으로는 가족당 한 사람만 작성해서 제출하면 된다.

2) 출입국관리(Immigration)

출국 혹은 입국하려는 사람에 대하여 여권 등의 유효 여부를 확인하며, 국민의 무사한 여행을 지원하는 한편, 위·변조여권 소지자 등 불법 출입국 기도자와 출입국 금지자의 출입국을 관리하는 것을 말한다. 우리나라를 비롯하여 많은 국가들이 출국 및 입국 검사를 통상적으로 대면으로 진행을 하지만 온라인 발전의 추세에 맞춰 비대면으로도 진행할 수 있도록 자동출입국 제도를 운용한다.

(1) 보안검색

항공기의 안전한 운행을 위하여 여행자의 소지품에 위험 물품이 있는지를 검색하는 과정이다. 여행자들은 출국과정에서 소지품을 분리하여, 검색대로 통과시키고 본인도 검색대를 통과하여 보안검색을 받게 된다.

(2) 출국심사

여행자가 법적으로 출국에 문제가 없는지를 확인하고 승인하는 절차이다. 여행자는 출국심사대에 여권과 탑승권을 제시한다. 대부분의 국가에서 출입국신고서 작성 및 제출을 요구하고 있으나 우리나라의 경우 행정 간소화 차원에서 2006년 8월 1일부터 자국민의 출입국신고서를 생략하고 있다. 단, 외국인은 〈그림 2-11〉처럼 출입국카드를 작성해서 제출해야 한다. 출국신고를 마치면 면세구역에 이르게 되는데, 탑승구(Boarding Gate)를 확인하고 면세점 등 편의시설을 이용하며 탑승시간을 기다린다. 물론 국외여행 인솔자는 여행자들에게 공지한 모임장소에 10분 일찍 미리 가서 대기해야 한다.

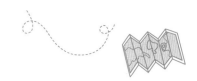

입국 신고서

❶ 성
❷ 이름
❸ 성별
❹ 국적
❺ 생년월일
❻ 직업
❼ 한국 내 체류예정지
❽ 방문목적
❾ 서명

자료: 아시아나항공

🛬 그림 2-11_ 출입국신고서

(3) 입국심사

여행자가 법적으로 자국의 입국에 문제가 없는지 확인하고 승인하는 절차이다. 여행자는 입국심사대에 여권과 (출)입국신고서를 작성하여 입국심사를 받아야 한다. 이때 통상적으로 여권 및 출입국신고서를 제출하지만 세관신고서도 같이 제출하는 경우가 있으니 늘 확인하기 바란다.

한편 다른 국가의 국민이 입국하는 경우에는 체류기간을 결정해 주기도 한다. 입국 신고를 마치고 나면 수하물을 찾으러 가면 된다. 입국심사에서 국외여행 인솔자는 수하물을 찾는 수취대 번호를 미리 파악하여 여행자들에게 수취대 번호를 알려줘야 한다.

3) 검역(Quarantine)

감염병의 유입·유출 등의 확산을 막기 위해 차량, 선박 및 비행기 등을 이용하여 출입국을 하는 승객, 승무원, 짐 등에 대해 감염병의 유무와 관련해 진단·검사하고 소독하는 등의 방역을 하는 일이다. 출국수속 중 최종절차는 검역이며 일반적으로 특별한 법정 전염 선포지역으로의 여행을 제외하고는 출국 시 검역절차는 생략되고 있다. 하지만 입국 시에는 가장 먼저 하는 것이 열 감지 카메라 통과 및 검역설문서를 제출하는 검역절차이다. 아프리카 혹은 중남미 일부 국가들처럼 감염병 발생지역으로 여행 시에는 황열병 예방접종과 같이 반드시 해당 질병에 대한 예방접종을 하고 관련 접종키드를 소지해야 한다. 예방접종은 가급적 여행 개시 2주 전에 접종을 해야 효과적이다.

또 동식물, 과일을 가지고 출입국을 할 경우에는 반드시 검역 확인을 해야 한다. 더불어 방문지 국가에서 반입을 일체 불허하는 경우도 있으니 사전에 미리 체크해야 하는 것이 국외여행 인솔자가 할 일이다. 따라서 사전에 자국 및 목적지 국가의 검역절차를 확인하여 여행자들과 공유하여야 한다.

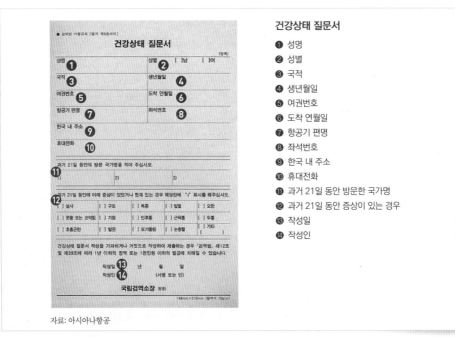

자료: 아시아나항공

🛬 그림 2-12_ 건강상태질문서

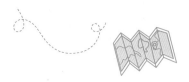

⑤ 환전과 여행자보험

1 환전

국외여행을 하려면 방문지 국가의 통화가 필요하다. 따라서 국외여행 인솔자에게는 환전하는 것도 중요한 업무이다. 또한 환전을 할 때는 현금이나 여행자수표로 환전을 하는데 환율을 가장 좋게 받으려면 출국하는 공항보다는 주거래 은행을 이용하는 것이 가장 좋다. 혹시 환전이 안 되는 국가를 방문한다면 대표적인 통화(유로, 미달러 등)로 환전을 하는 것이 좋다. 그리고 가능하다면 현지에서 유용하게 사용하기 위해 작은 단위의 액면가 화폐로 환전하는 것이 좋다.

1) 현금(Cash)

여행목적지로 한 개의 국가만 여행한다면 방문하는 국가의 화폐로 환전하면 되지만 목적지가 여러 국가라면 가장 많이 사용되는 국가의 화폐만 환전하고 나머지는 미국 달러로 환전해 가는 것이 실용적이다. 또 귀국 후 동전은 재환전을 할 수가 없으므로 동전을 다 사용하는 것이 좋고 여의치 않으면 공항이나 기내에서 모금하는 유니세프나 적십자에 기부를 하는 것도 뜻 깊은 일이다.

참고로 현금으로 미화 1달러짜리를 여유 있게 환전을 해서 가져가는 것이 좋다. 짐을 전달해주는 포터에게, 객실 청소를 해주는 호텔 객실 룸메이드에게, 길거리에서 가벼운 기념품을 구매할 때, 잔돈이 없는 여행자들에게 환전해 줄 때 혹은 특히 공중화장실을 이용할 때 사용하기에 아주 편리하다.

2) 여행자수표(Traveller's Check)

장기간 여행을 하거나 혹은 단체여행을 진행하다 현장 결제를 위해 여행비의 일부를 가지고 나갈 경우 비교적 적지 않은 현금을 지녀야 할 때가 있다. 이러한 경우에 발생할 수 있는 현금의 분실, 도난 등의 위험을 피하기 위하여 은행에서 발급하는 자기앞수표

(정액권)가 있는데 이것이 여행자수표이다. 이 여행자수표는 전 세계 은행은 물론이고, 호텔, 백화점, 음식점, 상점, 환전상 등에서 현금과 같이 사용된다.

(1) 여행자수표의 사용방법

여행자수표에는 사용자가 서명을 해야 하는 곳이 두 곳으로 정해져 있다. 한 곳은 카운터 서명란으로 은행에서 여행자수표 구입 시 서명을 해야 하는 곳이고, 나머지 한 곳은 여행자수표로 지불을 할 경우나 현금으로 환전할 때 서명을 하는 곳이다. 이때 서명란의 서명은 여권의 서명과 동일하여야 한다. 여행자수표를 현금으로 환전 시 본인의 신분증(여권 또는 자신을 증명할 수 있는

자료: http://fx.kebhana.com/FEMC0002.web

그림 2-13_ 여행자수표

신분증)을 제시하여야 한다. 주의할 점은 서명란 두 곳 모두 서명하거나 서명을 전혀 하지 않은 여행자수표를 분실했을 경우에는 아무런 보상을 받을 수 없는 경우가 있다. 즉, 현금을 분실했을 경우와 같다. 분실된 여행자수표를 습득한 사람이 사용할 수 있기 때문이다. 따라서 반드시 한쪽만 서명을 하는 것이 안전하다.

(2) 여행자수표의 장점

- 현금 휴대에 따른 분실과 도난의 위험으로부터 안전하다.
- 분실 및 도난되었을 경우 환급이 가능하다.
- 외화 현금보다 유리한 환율로 구입, 매각할 수 있다.

(3) 여행자수표의 분실에 대처하는 요령

여행자수표를 구매할 때 분실을 대비하여 분실 신고 연락처를 기록해둔다. 분실할 경우 바로 신고를 한다. 대개의 경우 각 나라별로 refund claim 사무소가 한 도시에 일

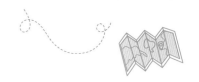

원화되어 있다. 분실경위, 장소, 수표번호 등을 정확히 신고하고 나서 24시간 후에 희망 지역의 은행 또는 수표 발행처에서 재발급받을 수 있다. 분실할 경우를 대비하여 여행 자수표 발행번호를 미리 기록해서 여행자수표와 따로 보관해 둘 필요가 있다. 혹은 구매할 때 받은 Purchase Agreement(구매계약서)를 여행자수표와 별도로 보관하고, 사용 수표 기록장에 사용한 여행자수표 번호를 적어 두면 더욱 신속하게 환급받을 수 있다.

3) 신용카드(credit card)

신용카드는 크게 2가지가 있다. 국내에서만 사용이 가능한 국내용과 해외에서도 사용 가능한 국내외 겸용 카드가 있다. 국내외 겸용 카드가 연회비가 다소 비싼 편이라 연회비가 저렴한 국내용 신용카드를 발급하는 여행자들도 많다. 그래서 국외여행 인솔자는 해외에서 사용할 수 있는지 여부를 확인하는 등 신용카드에 대해서도 안내를 해줘야 한다.

다만, 신용카드를 사용할 경우에는 다음과 같은 유의사항을 체크해서 안내해 주는 것이 좋다. 신용카드결제 환율은 카드 거래일보다 2~3일 늦은 정산기준으로 정해진다. 따라서 환율 상승기에는 신용카드가 현금결제보다 불리하지만 환율 하락 때에는 현금 결제보다 신용카드 사용이 유리하다. 또한 해외에서 사용한 이력으로 인해 해외에서 오용 혹은 도용되는 경우가 있는데 이를 방지하기 위해 귀국 후 카드사에 해외 승인 거절을 요청할 수 있다는 사실도 여행자들에게 고지하면 좋다.

🔖 그림 2-14_ 해외에서 사용 가능한 신용카드

② 여행자보험

　국외여행 중 불의의 사고로 인한 상해, 질병, 휴대품 분실 및 도난, 손해배상책임 등 각종 손해를 보상해 주는 보험을 여행자보험이라고 한다. 여행자가 사전에 계약한 목적지 및 일정 기간, 즉 거주지를 출발하여 여행을 마치고 귀국하여 거주지에 도착할 때까지를 보험 가입기간으로 정한다.

　국외여행 인솔자는 출장명령을 받고 출국하기 전에 반드시 확인해야 할 사항의 하나가 여행자보험 가입 여부이다. 당장 필요한 것이 아니니 간과하는 경우가 종종 있는데 여행사 단체로 가입하는 것은 절차가 아주 간단해서 출발 전이라도 확인이 되면 바로 가입이 가능하다. 만약 가입을 누락하고 여행 중 불의의 사고가 난다면 돌이킬 수 없는 낭패를 보게 된다. 여행자보험에 관한 더 자세한 사항은 본서의 제11장을 참고하면 된다.

비대면! 시작되었다! _생체정보 비대면 수속

국내 공항 내년 비대면 공항 탑승수속 가능해져
국토부 '제3차 항공보안 기본계획(2022~2026)' 수립 등 23개 과제 추진

국토부가 애초 2025년으로 계획한 전국공항 비대면 탑승수속 절차를 내년으로 앞당긴다. 국토교통부는 국내외 테러동향 및 주요 보안정책 여건과 코로나19 대유행 등 환경변화를 반영한 '2021년 항공보안 시행계획'을 수립해서 시행한다고 17일 밝혔다.

시행계획은 5개 분야 23개 세부 추진과제로 구성됐다. 첨단 보안장비 기술 개발 및 배치 계획 수립 등 항공보안 역량 강화는 물론 비대면·비접촉 시대에 맞는 보안환경을 구축한다는 계획이다. 국제기준에 부합하고 새로운 환경변화에 대응하는 미래비전과 목표설정을 위해 '제3차 항공보안 기본계획(2022~2026)'을 수립하는 내용도 포함됐다.

국내 공항 짐 배송서비스를 4월부터 시범 추진하고 백신 등 바이오의약품 보안검색 절차 간소화 등 보안검색 과정에서 불편했던 점을 개선한다. 짐배송서비스는 국내선 출발 공항에서 서비스를 신청하면 대행업체가 도착 공항에서 승객 짐을 대신 찾아 목적지(숙소)까지 배송하는 서비스다.

국제민간항공기구(ICAO)가 강조하는 보안문화 확산 추진을 위해 보안의식 제고 캠페인과 워크숍 등을 추진하고 시범운영 중인 인공지능(AI) 엑스레이 자동판독시스템의 기능 고도화를 통해 완벽한 검색환경을 구축할 계획이다. 엑스레이 자동판독시스템은 김포공항 국내선 엑스레이 9호기, 10호기(지난해 10월)와 인천공항 T2 출국장 내에서 5대(올해 1월)를 운영하고 있다. 내년까지 한국판 뉴딜사업 예산 170억원(올해 68억1천만원)을 투입해 전국공항에 생체정보를 활용한 비대면 탑승수속 절차를 조기구축한다. 효율적인 항공보안체계 구축을 위한 기획연구, 미래형 보안검색장비 공항배치를 위한 청사진(로드맵)도 마련한다.

올해부터 2025년까지 580억원의 연구개발(R&D) 비용을 투자해 테라헤르츠(THz) 등 첨단기술을 활용한 보안검색기술 개발을 4월에 착수하고 신발을 벗지 않고 검색할 수 있는 검색기술개발도 추진한다. 드론에 의한 항공테러 예방을 위해 '불법드론 대응시

스템'을 확대 구축한다. 김포공항에 시스템을 구축하기 위해 실시설계와 장비구매를 추진하고 제주공항에는 레이다를 설치해 시범운영한다. 지난해 7월 구축된 인천공항에서는 불법드론 탐지를 통해 항공기 이착륙 긴급 통제 등 항공 승객과 공항시설 안전조치 3건을 시행한 바 있다.

또한 미 항공보안협력 강화 일환으로 그간 미국 교통보안청(TSA)과 추진해 온 미국행 승객 보안 인터뷰와 추가검색 완화를 지속 협의해 구체적인 성과도출에 박차를 가한다. 인천발 미국 애틀랜타 공항에 도착하는 위탁수하물 환승 검색 면제를 통해 한국 환승객 불편을 해소할 수 있는 원격검색시스템(CVAS)을 구축, 7월부터 시범운영하는 방안도 협의 중이나. 한미 항공보안수준 상호인정 추진을 위해 미국 측 항공보안 전문가를 국토부에 파견받아 실무지원할 예정이다.

한미 양국은 2019년 12월 '제8차 한-미 항공보안 협력회의'에서 ▲양국 간 항공보안체계 상호인정 ▲점검기법 공유 ▲기내 난동 대응강화를 위한 제도·교육훈련 지원 ▲불법드론 대응 관련 정보공유 ▲양국 간 직원교류 정례화 등을 합의한 바 있다. 김수상 국토부 항공정책관은 "항공기 이용객의 안전은 물론 편의성을 높이기 위해 다양한 항공보안정책을 추진하고 스마트 검색기술과 첨단장비를 개발·상용화하는 보안환경도 지속 구축해 나갈 계획"이라고 밝혔다.

주문정 기자mjjoo@zdnet.co.kr
자료: 지디넷코리아(https://zdnet.co.kr/)

국외여행 인솔
실무

Part **2**

실무편

Chapter

03

출발 전 업무

여행사에서 출장명령을 받고 나서 출발 전까지 하는 업무는 국외여행 인솔자 업무 중 가장 중요한 것이다. 출발 전 업무는 준비할 것들을 확인하는 작업이다. 확인을 제대로 하지 않으면 현장에서 돌이킬 수 없는 상황이 발생할 수 있다. 국외여행 인솔자는 여행일정을 확인하고 여행자를 확인하며 호텔, 식당, 가이드 등 목적지 수배 현황을 일일이 확인함과 동시에 단체여행의 운영계획을 구상하면서 출국 및 현지 입국에 필요한 모든 서류 및 소지품들을 확인하고 또 확인해야 한다. 출발 전에 하는 업무를 빈틈없이 철저하게 준비한다면 국외여행의 인솔은 이미 다 한 것이나 다름없다.

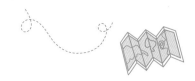

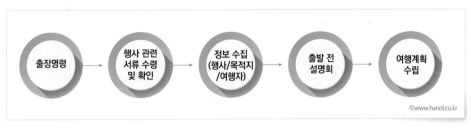

출장명령 → 행사 관련 서류 수령 및 확인 → 정보 수집 (행사/목적지/여행자) → 출발 전 설명회 → 여행계획 수립

©www.hanol.co.kr

🔁 출발 전 업무 흐름도

① 단체여행 관련 서류 수령 및 확인

국외여행 인솔자는 출장명령을 받은 후부터 출장 준비를 하게 되는데 배정받은 행사의 일정 및 관련 조건을 확인하고 행사 진행에 필요한 서류를 수령할 때는 면밀하게 확인하는 자세가 필요하다.

1 여행일정표(tour itinerary)

기본적으로 행사의 진행은 여행일정표에 따라 이루어져야 한다. 여행일정표란 여행상품의 구성과 여행조건 그리고 서비스 등 보이지 않은 무형의 것들을 지면상으로 표현하여 유형화한 것으로, 상품을 선택한 여행자와 여행일정 진행의 계약서 역할까지도 한다. 여행일정표가 여행계약서의 역할을 하므로 철저하게 일정표를 기준으로 행사를 진행해야 한다. 국외여행 인솔자는 여행일정표의 중요성을 인식하고 모든 준비 내용이 여행자와 계약한 여행일정표와 일치하는지를 필히 확인해야 한다.

2 각종 티켓 및 바우처(voucher)

1) 항공권(E-ticket)과 PNR

항공권(airline ticket)은 여행사의 발권 담당자 혹은 수배 담당자로부터 국외여행 인솔자에게 일괄적으로 전달되는 것이 보통이다. 혹은 여행자가 개별적으로 지참하여 한국의

일 정 표(대한항공)

일자	지 역	교통편	시 간	일 정	식 사
제1일	인 천	KE905	06:20	>인천국제공항 2터미널 3층 D 카운터 집결	
			09:20	>인천국제공항 출발 (약 13시간 50분 소요)	
	애틀랜타		10:10	>애틀랜타 국제공항 도착 (경유 2시간 5분)	중:불포함
		KE7086	12:15	>애틀랜타 국제공항 출발 (약 1시간 52분 소요)	(기내식)
	Fort	(DL1671)	14:07	>포트 로더데일 홀리우드 국제공항 도착	석:현지식
	Lauderdale	전용차		>호텔로 이동 및 휴식	
	(플로리다)			HOTEL: The Ritz-Carlton	
제2일	Fort	전용차	전 일	>호텔 조식 후 플로리다 명소 탐방	조:호텔식
	Lauderdale		19:00	>항구 도착 후 승선 탑승	중:현지식
	(플로리다)		22:00	>크루즈 출항	석:현지식
				HOTEL: The Ritz-Carlton Yacht Collection	
제3일	플로리다	크루즈	07:00	>선상 조식	조:선상식
	Nassau		09:00	> Nassau, 바하마 도착	중:선상식
	(바하마)			- 크루즈 즐기기	석:선상식
				- [정박] 기항지 관광 (자유 또는 프로그램 참여)	
			22:00	>Nassau, 바하마 출발	
				HOTEL: The Ritz-Carlton Yacht Collection	
제4일 ~ 제8일	Habour-Island (바하마)	크루즈	07:00	>선상 조식	조:선상식
			08:00	> Harbour Island, 바하마 도착	중:선상식
				- [정박] 기항지 관광 (자유 또는 프로그램 참여)	석:선상식
			20:00	>Harbour Island, 바하마 출발	
				HOTEL: The Ritz-Carlton Yacht Collection	
제9일	Fort	전용차		>선상 조식 후 하선 준비	조:선상식
	Lauderdale		07:00	> Fort Lauderdale, Florida, United States 도착	중:불포함
	(플로리다)			- 포트 로더데일 자유활동	(자유식)
				>석식 후 호텔 투숙 및 휴식	석:현지식
				HOTEL: The Ritz-Carlton	
제10일	Fort			>호텔 조식 후 체크아웃	조:호텔식
	Lauderdale			- 현지 사정에 따라 밴버스로 대체될 수 있습니다.	중:불포함
	(플로리다)	KE7070	09:00	>포트 로더데일 홀리우드 국제공항 출발	석:불포함
	애틀랜타	(DL2272)	10:50	>애틀랜타 국제공항 도착 (경유 1시간 40분)	(기내식)
		KE036	12:30	>애틀랜타 국제공항 출발 (약 14시간 50분 소요)	
제11일	인 천		16:20	>인천국제공항 도착 후 해산	조:불포함
				- Touch your heart www.sicnt.com -	(기내식)
				감사합니다.	

* 상기 여정은 항공사나 현지사정으로 예고 없이 변경될 수 있음을 양지하여주시기 바랍니다 *

©www.hanol.co.kr

🛫 그림 3-1_ 여행일정표의 예

출발 공항에서 국외여행 인솔자가 수령하거나 이상 없는지 확인하는 경우도 있다. 사전
여객정보 시스템(Advance Passenger Information System: APIS)의 적용으로 전자항공권 발권
시 영문이름, 성별, 생년월일, 국적, 거주국가, 여권번호, 여권 유효기간 등 여권상의 정
보를 모두 입력해야 발권이 가능하다. 따라서 인솔자가 항공권을 재확인하는 업무는
다소 줄었으나 다음 사항에 대해서는 다시 한번 확인하여야 한다.

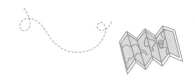

◯ 항공권 확인 시 필요한 사항

- 여권과 항공권의 영문이름이 일치하는지를 확인한다.
- 일정에 따른 구간과 예약구간, 예약날짜에 착오가 없는지를 확인한다.
- 전 구간의 예약사항(확약 혹은 대기)을 확인한다.
- 만약을 대비하여 예약번호가 있는 PNR(Passenger Name Record)을 확보하고 확인한다.
- 현지에서 일정 변경의 경우를 대비하여 다음 사항에 대해서도 사전에 확인하는 것이 바람직하다.
  - 구간, 운임, 날짜 변경 가능 유무, 개별 귀국(return) 가능 유무, 환불에 관한 사항 등을 확인한다.
  - 개별 귀국(return)의 경우를 대비해서 추가 요금 유무 등에 대한 사항 등을 확인한다.

PNR은 승객의 예약내용이 기록된 것으로 항공권의 분실 시 혹은 출국시 혼잡할 때를 대비하여 준비한다. 특히 가끔씩이지만 전산상 누락이나 실수로 항공을 예약할 때 신청한 부가서비스 등이 없다고 하는 경우에 PNR이 있는 서류를 제시하면서 컴플레인을 하면 된다.

2) 바우처(voucher)

바우처(voucher)는 금전적 가치가 있고 교환 거래가 가능한 채권이란 의미로, 사용하는 대상이 정해져 있는 상품권이라고 생각하면 된다. 따라서 바우처 지참자가 여행 서비스를 받아야 할 본인이라는 것을 증명하는 것이다. 바우처는 또한 예약이 확약되어 있다는 의미이기도 하다.

국외여행 인솔자가 사용할 때 서명을 하고 여행상품 공급업자(principal)에게 제출을 하면 여행상품 공급업자들이 현지 지상수배업자에게 이를 송부하여 대금지불을 요청하게 되고, 현지 지상수배업자는 다시 의뢰 여행사에게 지상비의 지불을 요청하게 되는 것이다. 국외여행 인솔자는 출발 전에 제대로 된 여행 서비스를 받기 위해서는 바우처에

적힌 내용과 여행자에게 제공된 일정표에 표기된 여정(itinerary)과 비교하여 확인한다.

철도, 장거리 버스, 선박 등의 바우처를 국외여행 인솔자가 일괄적으로 수령 후 우선 매수(단체 티켓의 경우는 인원수), 일자, 출발지, 도착지를 확인한다. 예를 들어 철도의 경우에는 침대인지 좌석인지 여부, 등급, 예약 유무 등을 확인하고, 선박의 경우에도 등급, 선실의 위치(inside & outside, floor) 등을 확인해야 한다. 다만, 호텔 예약 확정서, 기차 예약 확정서 등과 같은 수배(예약) 확정서가 바우처 역할을 하기도 한다. 따라서 수배확정서가 있을 경우에는 바우처가 없을 수도 있다.

⊙ 바우처 수령 시 확인사항

- 여행 단체명이 맞는지 확인한다.
- 바우처가 사용할 곳이 맞는지 확인한다.
- 바우처에 기재되어 있는 서비스 내용을 일정표와 대조한다.

  (날짜 및 시간, 인원수, 숙박시설명 및 객실수, 차량, 현지 가이드, 통역, 레스토랑 이름 및 메뉴 등)
- 공식적인 방문업체가 있을 경우 교통편과 통역의 수배 유무를 확인한다.

⊙ 바우처를 건네줄 때의 주의사항

- 바우처는 예약 확인의 역할도 하기에 통상적으로 호텔, 식당, 차량 등의 체크인 시에 제시한다.

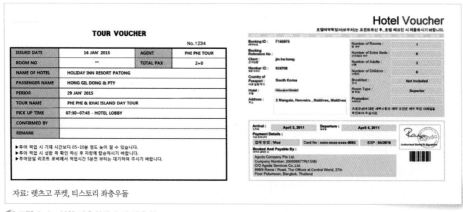

▷그림 3-2_ 여행 바우처와 호텔 바우처

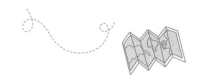

- 바우처의 내용이 변경된 경우
  - 현장에서 단체여행을 진행하면서 발생하는 인원수, 서비스 범위 등의 내용이 변경된 경우에는 변경내용을 확인한 다음, 해당 바우처에 기재(변경내용·변경월일을 명기하고 상대방의 서명, 환불 가능 여부 등)하여 정정한 후에 제시한다.
- 미사용 바우처의 처리
  - 사전에 취소하여 예약취소료가 발생하지 않는 경우는 바우처에 그 취지를 기입하여 행사 완료 후 바로 수배업자에게 보내야 한다.
  - 예약취소료, 노쇼(no-show)요금 등이 발생하는 경우는 미사용 바우처에 취소일자와 상대방 이름(서명이 필요하면 서명) 및 환불 가능 여부 등을 명기하고, 동시에 국외여행 인솔자의 서명도 기입하여 단체여행 완료 후 바로 수배업자에게 보내야 한다.
  - 바우처를 분실한 경우는 지급한 수배업자에게 연락을 취해 지시를 받는다.

❸ 여권과 사증(passport & visa)

국외여행 인솔자는 단체여행 참가자의 여권을 필히 확인해야 한다. 여권의 유효기간을 확인하고, 여권의 이름과 항공권의 이름이 동일한지 등을 파악해야 한다. 여권 확인을 하면서 유의할 점은 단수여권이다. 단수여권은 통상 유효기간 1년이고 1회에 한해서만 출국을 할 수 있는 것이다. 따라서 유효기간이 남아 있어도 출국한 적이 있다면 사용할 수 없는 여권이다. 이 때문에 여행자의 혼동으로 출국을 못하는 경우가 있으니 잘 체크해야 한다.

또한 방문하는 국가에 비자가 필요한 경우, 여권과 비자의 인적사항인 영문이름, 생년월일, 여권번호, 여권 유효기간 등이 동일한지 체크해야 하며 비자의 유효기간 등도 같이 파악해야 한다. 참고로 비자는 개별적으로 받는 경우도 있지만 중국과 같이 단체 사증을 받는 경우도 있으니 참고해야 한다.

기존에는 여행사에서 여권을 모두 보관하고 있다가 국외여행 인솔자가 출국 시 일괄적으로 가지고 갔으나 현재는 여행자 본인이 소지하는 경우가 일반적이다. 그런데 방문하는 국가에 비자가 필요한 경우에는 대부분 여행사를 통해 사증을 발급받다 보니 국외여행 인솔자가 가지고 가는 경우가 있다. 이런 경우는. 국외여행 인솔자가 여권 및 비자를 직접 파악할 수 있어 괜찮지만 여행사를 통해서 비자를 발급받지 않고 개별적으로 받는 경우는 특별히 신경 써야 한다. 종종 공항에 나올 때 지참하지 않는 경우가 있다.

⚙ 체크사항

- 여권 영문이름(항공권 영문이름 비교)
- 유효기간
- 여권의 훼손 여부(혹은 낙서 유무): 훼손되거나 낙서가 있을 경우 출입국이 거절될 수 있다.
- 비자 유무(비자가 필요한 국가를 방문할 경우)
- 비자 영문이름(여권 영문이름 비교)

④ 확정서(confirmation sheet)

확정서는 〈그림 3-3〉에서 보는 바와 같이, 예약이 확약된 것을 증명하는 서류로 예약과 관련된 세부적인 내용(인원, 호텔명 및 객실타입, 체재기간, 관광일정, 식사 포함 여부 등)이 기재되어 있다. 수배담당자를 통해서 현지 지상 수배업자나 관련업체로부터 받은 최종 확정서와 여행자에게 배포된 일정표와 조건이 일치하는지를 면밀하게 확인해야 한다.

유의할 점은 방문하려는 여행지의 상황에 따라서 혹은 여행단체의 성격에 따라서 수배하는 절차나 방법이 각각 다르기 때문에 수배담당자에게 특별히 유의할 점이 있는지 파악해야 한다. 더불어서 현지 지상 수배업자(현지 여행사)에 대해서는 회사명, 주소, 전화번호, 담당자의 이름과 연락처, 현지 가이드의 이름과 연락처가 명기된 확정서를 수령하도록 한다. 확정서에 기재된 사항의 확인을 통해서 서비스의 시작과 끝을 정확하게 해두어야 한다. 예를 들어 현지 가이드와 미팅하는 장소는 어디인지, 그리고 서비스는 어디까지, 언제까지 제공하는지도 정확하게 파악하고 대비를 해야 한다.

⚙ 확정서에서 확인해야 할 사항

- 현지 수배업자의 이름, 연락처, 주소 그리고 담당자의 이름과 연락처 등이 기재되어 있는지 확인해야 한다.
- 현지 가이드의 이름과 연락처가 기재되어 있는지 확인해야 한다.
- 현지 가이드의 서비스 시작과 끝을 확인해야 한다(공항 영접, 배웅 등).
- 확정된 호텔의 이름, 연락처 및 주소가 기재되어 있는지 확인해야 한다.
- 확정된 식당 및 식당의 연락처 그리고 메뉴가 기재되어 있는지 확인해야 한다.

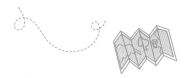

- 방문하려는 관광지(특히 유료 관광지)의 포함 여부가 기재되어 있는지 확인해야 한다.
- 이 모든 것이 여행자에게 제공된 일정표와 일치하는지 여부를 교차 확인해야 한다.

Booking confirmation
CONFIRMATION NUMBER: 3259.929.739
PIN CODE: **3448**

		CHECK-IN	CHECK-OUT	UNITS	NIGHTS

Four Seasons Resort Maui at Wailea
Address: 3900 Wailea Alanui Drive, Wailea, Wailea, HI 96753, United States
Phone: +1 808 874 8000
GPS coordinates: N 020° 40.740, W 156° 26.472

CHECK-IN **25 JUNE** Saturday ⏱ 15:00 - 00:00

CHECK-OUT **28 JUNE** Tuesday ⏱ 00:00 - 12:00

UNITS **1** / NIGHTS **3**

Deluxe King Room with Ocean View - Accessible ♿
Guest name: LEE YOOJUN / for 3 Adults, 2 Children (up to 17 years of age)
Meal Plan:
Start your day with breakfast for KRW 56,507 per guest, per night.
Contact the property for details.
Refuel with lunch for KRW 38,527 per guest, per night.
Contact the property for details.
Dine in for KRW 102,740 per guest, per night.
Contact the property for details.

Ensuite bathroom • Balcony • Terrace • Sea view • Bath • Free toiletries • Shower • Bathrobe • Air conditioning • Safety deposit box • Toilet • Hypoallergenic • Desk • Ironing facilities • Coffee machine • Iron • Radio • Pay-per-view channels • Flat-screen TV • Hairdryer • iPod dock • Minibar • DVD player • CD player • Carpeted • Cable channels • Alarm clock • Upper floors accessible by elevator • Toilet paper • Entire unit wheelchair accessible • Single-room air conditioning for guest accommodation • Air purifiers • Hand sanitiser

Bed Size(s): 1 extra-large double bed (181-210 cm wide)

Prepayment :
You will be charged a prepayment of the total price at any time.

ⓘ **Important information**
Please contact the hotel directly for more information about accessible features in accessible suites (you can do so by sending a message to the hotel via Booking Assistant after you make your reservation). The hotel will be able to assist you in finding an appropriate accessible accommodation within your desired room or suite class, if one is available.
Due to Coronavirus (COVID-19), please ensure that you are only booking this property following the local government guidelines of the destination, including but not limited to the purpose of travel, and maximum allowed group size.
In response to Coronavirus (COVID-19), additional safety and sanitation measures are in effect at this property.
Due to Coronavirus (COVID-19), this property is taking steps to help protect the safety of guests and staff. Certain services and amenities may be reduced or unavailable as a result.
Due to Coronavirus (COVID-19), wearing a face mask is mandatory in all indoor common areas.
Guests are required to show a photo identification and credit card upon check-in. Please note that all Special Requests are subject to availability and additional charges may apply.
Please inform Four Seasons Resort Maui at Wailea in advance of your expected arrival time. You can use the Special Requests box when booking, or contact the property directly with the contact details provided in your confirmation.
License number: **TA-109-950-7712-01**

Your Benefits Genius

📋 **Hotel Policies**
Guest parking
- Private parking is possible on site (reservation is not needed) and costs USD 50 per day.
Internet
- WiFi is available in all areas and is free of charge.

🔖 **그림 3-3_** 호텔 예약 확정서

Hawaii №1
1888 KALAKAUA AVENUE # C109
Honolulu, Hawaii 96815
Phone : (808) 922-1122, Fax : 922-1120

No. 2210000515956

ACCOMODATION VOUCHER(예약확인서)

Name of Hotel (호텔명)	**Four Seasons Resort Oahu at Ko Olina**				
	92-1001 Olani Street , Kapolei , Hawaii 96707 ((808) 679-0079)				

Duration (투숙기간)	06 / 28 / 2022 - 07 / 01 / 2022			Total 3 Nights / 1 Rooms	
Room # (객실수)	Guest Name (Last / First Name) (투숙고객명)	Pax (인원)	Confirmation (예약확정번호)	Breakfast (조식)	
Room 1	이유준 LEE / YOOJUN (MR) 이주희 LEE / JUHEE (MS)	2+0+0	#3313469	Yes	

Room Type (객실종류)	**Prime Coner Ocean Front**		
Special Request (요청사항)	Room # 1 . Please arrange daily breakfast, HIGH FLOOR, HM, KING BED		
Issued by (예약확인서 발행인)	Siyeon Jo	Issued Date (예약확인서 발행일)	05 / 19 / 2022

** 객실 타워,층수, 번호, 베드 수 등은 신청만 가능하며, 개런티 되지는 않습니다.

🛬 그림 3-4_ 호텔 바우처

⑤ 출입국 관련 서류

1) 출입국신고서

출입국신고서는 출입국 사실을 관할 당국에 신고하는 양식으로, 출입국 시 필요한 서류이다. 출입국신고서는 E/D Card(Embarkation & Disembarkation Card) 혹은 Immigration Card, Arrival/Departure Card로 불린다. 다음의 〈그림 3-4〉에서 보는 것처럼, 개인

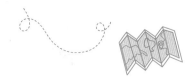

🔸 수배

운송기관·숙박시설·식사·관광 등 여행을 구성하고 있는 요소 모두를 메뉴화하여 예약하고 활용 가능하도록 하는 것이 수배(operation)이다.

① 직접수배

중간업자를 통하지 않고 여행업자가 직접 해외의 호텔이나 버스·식당 등 여행 관련 업체에 예약

② 준직접수배

여행업자가 해외 각지의 지상 수배업자(land operator)에게 직접 연락을 취해 그 업자를 통해서 예약

③ 간접수배

어느 정도 넓은 지역에서의 수배 전부를 일괄하여 지상 수배업자에게 의뢰.

이 경우 수배연락은 지상 수배업자의 주한(駐韓) 사무소를 통하여 외지(목적지)의 지상 수배업자 본사로 연락이 되고, 거기서 각 지점이나 하청의 현지 여행사로 수배되는 경로를 밟게 되는 것이 보통이다.

· 지상 수배업자는 현지 여행사, 랜드 오퍼레이터, 랜드사 등과 혼용되어 사용되고 있는데 이를 구별하자면 우선 랜드사만 빼고 나머지는 동일하다. 즉, 랜드 오퍼레이터(land operator)라 불리우는 지상 수배업자는 현지에서 수배 및 행사를 담당하는 현지 여행사라고 이해하면 된다. 따라서 지상 수배업자, 랜드 오퍼레이터, 혹은 현지 여행사는 동일하다. 반면에 랜드사는 현지에서 수배 및 행사를 진행해 주는 현지 여행사를 총괄하는 한국에 있는 여행사, 즉 지상 수배업자의 한국 연락 사무소라 이해하면 된다.

의 신상에 대한 기록과 방문목적, 체재기간 및 체재장소 등을 밝힘으로써 입국 및 출국을 허가받는 의미로 사용된다.

출입국신고서는 반드시 본인이 기재해야 하나, 외국의 출입국카드는 영어로 작성해야 하기 때문에 영어가 익숙하지 않은 여행자의 경우에는 어려움이 있다. 따라서 단체행사의 원활한 진행을 위해서 국외여행 인솔자가 작성을 하는 경향이 있다. 다만, 서명란의 서명은 꼭 여행자 본인이 하도록 해야 하며 출입국 카드에 기재된 내용을 여행자에게 고지해야 한다. 특히 여행자들이 고령일 때는 국외여행 인솔자가 작성하는 것이 일반적인 관행이지만 시간이 많이 소요되기에 가능하면 해당 국가의 출입국 카드를 미리 구입해서 준비함으로써 시간을 절약할 수 있도록 한다. 또한 국외여행 인솔자는 예약 시 여행사가 받은 여행자 정보에 근거하여 작성하게 되므로 여행자들의 정보를 정리한 명단(name list)을 꼭 준비해야 한다.

　　참고로 국내에서는 외국의 출입국 카드를 구하는 것이 쉽지 않아 보통 승무원이 기내에서 배부하는 출입국 카드를 작성하게 된다. 하지만 단체여행자 수는 많은데 항공시간이 짧은 구간의 경우 출입국 카드 작성하는 시간이 적어서 미리 작성해야 한다. 특히 일본과 같은 여행지에 해당되는데, 이런 국가를 방문할 때는 출입국 카드를 미리 준비해 두어야 한다. 그래서 경험 많은 국외여행 인솔자들은 현지 방문한 후 귀국할 때 가져와서 보관하다가 다음 출장에 사용한다.

　　다만, 많은 국가에서는 출입국신고서 제출을 요구하고 있으나 최근에는 출입국신고서를 폐지하는 국가가 증가하고 있다(우리나라에서는 행정 간소화 차원에서 2000년 8월 1일을 기해 출입국신고서가 폐지되었다). 따라서 국외여행 인솔자는 항상 최신 정보를 파악하고 준비를 해야 한다. 마찬가지로 방문하려는 국가에 입국할 때 작성하는 출입국 카드는 점점 사라져 가는 추세이다. 대신에 전 세계 공항이 디지털 전환의 영향으로 온라인에서 출입국 카드를 작성하는 국가가 늘어나고 있다. 앞으로도 꾸준히 늘어날 예정이니 국외여행 인솔자는 방문하는 국가의 입국절차를 미리 확인해야 현장에서 당황하는 일이 없을 것이다. 다음 〈그림 3-5〉는 각국 국가에 입국할 때 온라인에 접속해서 입국신고를 하는 사례 중 하나인 싱가포르 홈페이지 화면이다.

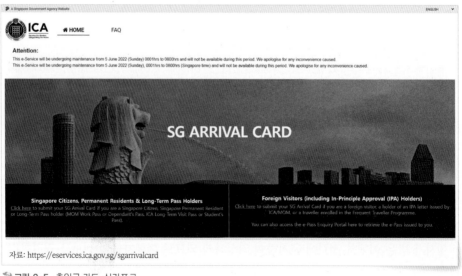

자료: https://eservices.ica.gov.sg/sgarrivalcard

🛬 **그림 3-5_** 출입국 카드_싱가포르

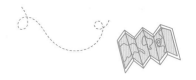

2) 세관신고서

세관신고서는 방문국 입국 시 제출하는 서류로, 방문국의 세관에서는 이를 바탕으로 입국자의 휴대품에 대한 반입 허용 혹은 불가 품목 여부를 조사한다. 대한민국을 비롯한 대부분의 국가에서 입국 시 세관신고서 작성 및 제출을 요구하고 있다. 일반적으로는 수하물을 찾고 난 후 바로 제출한다. 세관신고서는 통상 기내에서 승무원으로부터 수령하여 작성한다. 일반적으로는 여행자가 직접 작성해야 하지만 작성하는 데 어려움이 있는 여행자의 경우에는 국외여행 인솔자가 여행자에게 세관신고서의 내용을 알려주고 대리로 작성한 후 여행자 본인이 직접 서명하도록 하는 경우도 발생한다. 앞서 언급한 바와 같이, 세관신고서는 한 가족에 한 장씩만 작성하면 된다. 다음 〈그림 3-6〉처럼 각국마다 세관신고서에 작성하는 항목이 다소 다르니 유의하기 바란다.

자료: https://papam.net/61, http://news.heraldcorp.com/view.php?ud=20180914000255

그림 3-6_ 세관신고서(태국) 및 건강상태 질문서(대한민국)

3) 건강상태 질문서

건강상태 질문서는 각국이 감염 확산 등을 통제하기 위한 목적으로 사용되고 있다. 검역질문서 작성 및 제출은 통상적으로 생략되고 있으나 조류독감, 사스, 신종 인플루엔자, 구제역, 코로나 등과 같은 세계적 감염병이 발생됐거나 콜레라 등 감염병 발생지역에 방문한 여행자의 경우에 요구된다. 따라서 방문지 입국편 혹은 귀국편 항공사에서 작성하라고 안내하면서 기내에서 승무원이 나눠준다. 참고로 비행시간은 짧고 작성해야 할 입국관련 서류가 많을 때를 대비해서 탑승하자마자 승무원에게 입국관련 서류가 물어보고 대비하도록 한다.

6 객실배정표(rooming list)

숙박시설에 체크인할 때 바우처(혹은 확정서)를 제출하면 객실번호와 객실 키를 부여받게 된다. 이때 〈표 3-1〉과 같이 투숙자에게 배정된 객실번호를 기입하고 유의할 사항과 비상 연락망을 기재하기 위한 것이 객실배정표이다. 일반적으로는 객실은 미리 배정되어 있어야 하지만 가끔씩 그렇지 않은 경우도 있다. 이러한 경우에는 여행자의 특징을 파악하고 거기에 맞게 객실 위치, 객실 타입 등을 적절히 배정해 주어야 한다. 단체여행에서 객실은 통상 2인 1실로 배정하는 것이 일반적이나, 서로 잘 모르는 일행일 경우에는 연령·지역 및 흡연 여부 등을 기준으로 배정한다.

객실배정표는 국외여행 인솔자로서 여행자의 인원 확인 및 일행들에게 연락할 때 사용하기 편하고 또한 일행들끼리 연락도 원활하게 해준다. 따라서 객실배정표를 작성하여 동행하는 모든 분들과 공유를 하는 것이 좋다.

7 여행자 명단(name list)

국외여행 인솔자 또는 여행사의 수배담당자는 여행자 이름, 성별, 영문이름(여권이름과 동일할 것), 생년월일, 여권번호, 여권발행일, 여권 유효기간, 여권 발행장소, 주소, 연락처, 그리고 비자가 필요한 국가의 비자번호, 비자발행일 등이 기재되어 있는 여행자 명단을 〈표 3-2〉와 같이 준비하도록 한다.

표 3-1_ **객실배정표(rooming list)**

NO.	NAME(이름)	Sex	ROOM NO
ROOMING LIST			
1	KIM / GAB DOL(김갑돌)	M	
2	KIM / GAB SUN(김갑순)	F	
3	LEE / MONG RYONG (이몽룡)	M	
4	SUNG / CHOON HYANG (성춘향)	F	
5	HONG / GIL DONG(홍길동)	M	
6	LEE / SOO IL(이수일)	M	
7	KIM / CHEOL SOO(김철수)	M	
8	SHIM / SOON AE(심순애)	F	
9	Tour conductor (ooo)	--	
WAKE-UP CALL(기상전화)			
BREAKFAST(아침식사)			
DEPARTURE(출발)			
ROOM TO ROOM(방에서 방 전화)			
Tour guide(현지 가이드) 연락처			
Wifi(와이파이) 접속 방법			

표 3-2_ **여행자 명단(Name List)**

NO	성명	영문이름	생년월일	여권번호	유효기간	비자 발급일	연락처	비고
1	김길수	KIM / GIL SOO	03.SEP.1960	1234567	03.SEP.2025	01.JUL.2022	010-3333-7777	
2	이수진	LEE / SOO JIN	12.JUL.1960	1234567	12.JUL.2023	02.SEP.2022	010-2222-8888	
3	차일호	CHA / IL HO	05.FEB.1967	1234567	05.FEB.2023	07.FEB.2022	010-8888-9999	
...	...	...	...	...	...	...	...	

여행자 명단은 출입국 카드를 작성할 때, 객실배정을 할 때, 일행에 대한 비상연락을 취해야 할 때 등에 사용할 수 있다. 단체여행 완료 후 여행자 관리 시에도 아주 유용하니 잘 관리해야 한다. 주의할 점은 여행자의 인적사항이 있으니 절대로 다른 사람들과 공유해서는 안 된다.

8 (여행자)보험증서

보험증서는 해외여행 시 발생할 수 있는 사고·질병·도난 등에 대비하여 국외여행 인솔자를 포함한 여행자 모두가 보험에 가입되어 있음을 증명하는 서류이다. 보험증서는 여행일정 중 사고 발생 시 사고에 따른 보상을 지급받을 수 있는 중요한 서류이다. 이 증권에는 상황에 따른 보상한도, 보상절차 등이 기재되어 있다.

국외여행 인솔자는 여행 출발 전에 여행자 모두가 보험에 가입되어 있는지를 확인하고, 여행 출발 시부터 종료 시까지 보험증서를 항상 가지고 다녀야 한다. 특히 보상 혹은 배상 관련 처리절차를 숙지하고 필요시 안내를 할 수 있어야 하며 자세한 여행자보험 관련은 본서 11장을 참고하면 된다.

9 수하물표(baggage tag)

수하물표는 〈그림 3-7〉에서 보는 바와 같이 여행사에서 제작하여 사용하고 있는 형태와 공항에서 수하물 탁송 시 항공사에서 발행하는 수하물표 등 두 가지 형태로 구분된다.

여행사 수하물표(baggage tag)는 여행단체의 표시와 회사 홍보용으로 활용되므로 출장준비 시 여행사의 수하물표를 작성하여 출발 당일 공항에서 여행자들 수하물에 부착하여 준다. 이 태그(tag)는 또한 현장에서 행사를 진행하면서 공항 및 호텔 등에서 체크

그림 3-7_ 항공사 수하물 표(좌)와 여행사 수하물 표(우)

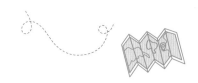

인할 때 단체 수하물이라는 것을 알 수 있게 해주어 국외여행 인솔자가 단체 수하물 관리에 용이하므로 꼭 부착해 두는 것이 좋다. 따라서 수하물표를 여유 있게 소지하여 분실되거나 새로 생긴 수하물에 부착하도록 한다.

공항에서 수하물을 탁송하고 받는 수하물표(baggage tag)는 목적지 공항에 도착하여 수하물을 찾을 때 증표가 된다. 또한 짐이 분실되거나 파손되었을 경우 이 수하물표로 본인의 수하물임을 증빙하여 보상 및 배상을 요구할 수 있기에 분실해서는 안 된다. 국외여행 인솔자는 수하물을 탁송하고 나서 받는 수하물표를 여권과 같이 잘 보관하고 분실하지 않도록 안내를 해야 한다.

🔟 예방접종증명서

예방접종을 받아야 하는 국가로 출국하는 경우에는 출국 시 예방접종증명서를 제출해야 한다. 따라서 국외여행 인솔자는 아프리카, 중남미 같이 예방접종증명서가 필요한 국가를 방문할 때는 여행자들에게 예방접종증명서를 꼭 챙기도록 안내를 해야 한다.

🧭 표 3-3_ **예방접종 대상 및 주의사항**

구분	예방접종 대상 및 주의사항
황열병	• 예방접종 대상국가 　- 아프리카: 앙골라, 베냉, 부르키나파소, 카메룬, 코트디브아르, 콩고민주공화국, 가봉, 감비아, 가나, 기니, 나이베리아, 나이지리아, 시에라리온, 세네갈, 수단 　- 아메리카: 볼리비아, 브라질, 콜롬비아, 에콰도르, 가이아나(프랑스령), 페루, 베네수엘라 • 주의사항 　출국하기 10~14일 전에 접종을 받고 접종증명서를 휴대하고 여행하여야 하며, 접종유효기간은 10년이며, 접종증명서를 분실하였을 때는 재발급 가능
콜레라	• 대상: 아프리카 · 중남미 · 동남아지역 여행자 중 선원 • 주의사항: 주사용 콜레라 백신은 예방효과가 불확실하여 권고되지 않고 있으며, 개인위생을 철저히 지키는 것이 더 큰 예방효과를 나타냄

자료: 인천국제공항

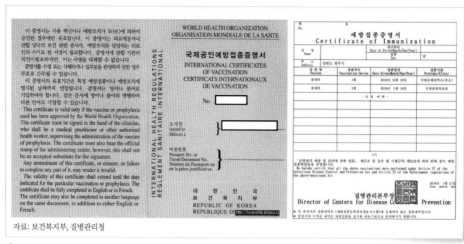

자료: 보건복지부, 질병관리청

🛫그림 3-8_ 황열병 예방접종증명서 및 예방접종증명서 양식

⑪ 단체여행 보고서

단체여행 보고서는 단체여행 진행에 대한 기록·평가서이다. 국외여행 인솔자는 매일 여행이 종료되면 그 날의 여행에 대한 내용을 평가·기록하게 되며, 단체여행 일정이 모두 종료되면 여행정산서와 함께 단체여행 보고에 최종적으로 사용되는 양식이다. 이 보고서 일지는 여행상품의 문제점 및 장점을 파악하고 분석하는 데 귀중한 자료로 상품의 내용을 보완하거나 신상품 개발의 자료로 활용되고 있으며 후임 국외여행 인솔자들에게 귀중한 학습자료로 활용된다.

🛟 행사보고서 기재 리스트

- 호텔 상태: 조식, 침대, 객실 청소상태 등
- 차량: 연식, 청소상태, 기사 친절성 등
- 식사: 중식 및 석식 메뉴, 여행자의 호감 여부
- 가이드: 경력, 정보전달능력, 지식, 친절성 등
- 관광지: 여행자의 호감도, 연령대별 맞는 추천 여부
- 기타: 예기치 못한 상황 발생(원인 처리방법 등)
- 추천: 국외여행 인솔자가 추천하는 내용 언급

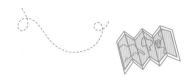

⑫ 단체여행 진행 비용의 수령 및 확인

단체여행을 진행하려면 여행비용이 필요하다. 통상적으로 현지 지상 수배업자가 한국의 여행사로부터 수령하여 현지 여행상품 공급업체에게 송금하는 것으로 진행되나, 간혹 상황에 따라 일부는 국외여행 인솔자가 현지 여행비용을 현지에서 직접 전달하거나 결제를 해야 하는 경우가 있다. 이 경우 국외여행 인솔자는 수령한 금액을 정확하게 확인해야 하며 담당자로부터 전달지역과 방법을 확인해야 한다. 귀국 후 귀국보고서와 같이 제출해야 하기에 사용한 증빙서류인 영수증 등은 잘 챙겨둬야 한다. 단, 출입국 시 1인당 미화 1만 달러 이상의 금액은 신고를 해야 하니 유의하기 바란다.

⑬ 비상연락처

국외여행 인솔자가 현장에서 단체여행을 진행하다 보면 예기치 못한 상황이 발생하는 경우가 있다. 예기치 못한 상황 발생 시에 도움을 받거나 진행 예정인 여행일정의 조정 등 필요사항에 대한 조치를 취하기 위해 국외여행 인솔자는 비상연락처를 준비하는 것이 필요하다. 비상연락처에는 본사 및 현지사무소, 기타 외국주재 한국대사관 등의 주소와 전화번호 등을 적어둔다. 비상연락처를 여행자들과 공유하는 것도 좋은 방법이다. 이제는 스마트폰으로 모든 것을 해결할 수 있지만 핸드폰 전원에 문제가 있거나 혹은 인터넷이 안 될 경우를 대비해서 메모를 해 두는 것이 좋다.

⑭ 개인 준비물

지금까지는 단체여행을 준비하면서 공식적으로 단체여행자를 위해서 필요한 서류를 언급하였다. 국외여행 인솔자도 여행자들을 인솔하면서 개인적으로 필요한 물품들이 있다. 이러한 것들을 감안하면서 필요한 물품을 정리하면 〈표 3-4〉와 같다. 이를 모두 준비할 필요는 없으나 단체여행의 성격을 꼼꼼히 살펴 보고 필요한 것을 준비해야 한다.

표 3-4_ **국외여행 인솔자(TC) 휴대품 목록**

휴대품 리스트			
· 여권	· 버스용 스티커	· 한국세관신고서	· 명함
· 사증	· 단체 수하물표	(여행자휴대품신고서)	· 볼펜
· 예방접종증명서	· 객실배정표	· 현지 알선경비 정산총괄표	· 매직펜(적, 흑)
· 현지 여행경비	· 명단(name list)	· 현지 알선경비 지불명세표	· 테이프
· 바우처	· 행사 일지(보고서)	· 현지 알선 수입명세표	· 스테이플러
· 항공권	· 출입국(E/D) 카드	· 단체용 배지	· 대형 봉투
· 승차 · 승선권류	· 호텔 정보	· 회사깃발	· 비닐백
· 국문일정표	· 현지 가이드 정보	· 비상약품 세트	· 인솔자용 명찰
· 영문일정표	· 현지 식당 정보	· 게시용지	· 짐 꾸리기 위한 끈
· 현지 버스회사 일람표	· 여행보험증권	· 생일축하카드	· 하물구분용 리본
· 긴급연락처 일람표			· 알람시계

자료: 정찬종 · 신동숙 · 김규동(2019, p.49.)에 의거 재구성.

② 출발 전 정보 수집

❶ 행사

현지에서 행사를 원활하게 진행하기 위해서는 국외여행 인솔자가 인솔해야 하는 행사에 관해서 철저하게 숙지를 하는 것은 당연하다. 일정, 숙박시설, 방문지 등은 물론이고 선택관광, 계약조건, 야간관광, 쇼핑, 보험 가입 여부 등을 자세히 알고 여행자를 맞이하는 것이 여행자에 대한 기본적인 예의가 될 것이다. 자사 상품의 우수성을 설명하거나 혹은 여행자들이 궁금해 하는 질문에 대비하기 위해서라도 인솔하는 상품에 대해서 잘 알고 있어야 하며 타사의 동종(同種) 상품에 대해서도 자사 상품과 비교하여 장단점을 미리 알아두는 것도 필요하다. 많은 여행자들은 타사 제품들과 항상 비교 분석을 하고 있다는 것을 인솔자들은 대비하고 있어야 한다.

또 행사를 체크하면서 조금이라도 의심스러운 부분이 있으면 출발 전에 꼭 기획 담당자와 상의를 하는 것이 좋다. 현장에서 원치 않는 상황이 생기지 않도록 말이다. 현장에서 문제가 생긴다 해도 본국에서 해결하기에는 절차, 시간 등 여러 가지 이유로 해결하는 것이 쉽지 않다. 따라서 인솔자는 우선적으로 불미스러운 일이 생기지 않도록 철저

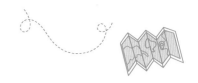

하게 체크하는 것이 필요하다. 혹시 현장에서 비상상황이 발생해도 인솔자 자신이 스스로 해결할 수 있도록 준비해야 한다.

1) 확정된 여행일정 확인

현지 지상 수배업자(랜드사)로부터 받은 확정일정표(확정서)와 여행자들에게 제공된 일정표를 교차확인(크로스체크)하여 그 내용에 이상이 없는지 확인해야 한다. 혹시 변경이 있는 경우 변경된 사유를 파악하여 출발 전 설명회를 통해서 여행자들에게 납득시킬 수 있도록 해둔다.

확인하는 방법은 일정의 출발일로부터 귀국일까지의 일정 순서에 따라 하나 하나씩 점검하면서, 여행을 진행하는데 내용에 무리한 일정은 없는지, 불명료한 사항은 없는지를 확인한다. 항공편 스케줄, 비자 필요 유무, 교통상황, 숙박시설, 거리와 버스의 주행 소요시간 등을 재차 확인하며 쇼핑이나 식사시간 등에 무리는 없는지 검토한다. 또한 누락이 되어서는 안 되는 선택관광 유무, 식사장소 및 메뉴, 철도나 선박 등급, 버스의 종류와 대수, 현지 가이드 및 운전기사 팁 포함 여부 등에 대해서도 자세하게 확인한다. 절대로 급하게 하지 말고 늦어도 천천히 철저하게 해야 한다.

2) 확정된 숙박시설

우선적으로 싱글(single), 트윈(twin), 트리플(triple) 등 숙박자의 형태와 맞는 객실의 형태인지를 파악하는 것이 중요하다. 이상 있으면 출발 전에 조치를 취해야 하며 또한 숙박시설의 입지조건 및 숙소 주변의 편의시설을 확인하여 여행자들과 공유하는 것이 좋다.

숙박시설의 등급에 따른 부대 서비스를 확인하며 여행자들에 맞는 서비스를 체크해야 한다. 특히 숙박시설에서 준비하는 드라이기 및 전기포트의 유무는 가장 많은 질문이니 참고해서 구비되어 있는 시설 및 장치를 조사하고 안내를 해야 한다. 물론 조식의 형태도 필수적으로 숙지하고 안내를 해야 한다.

☼ 체크 리스트
- 베드타입: 싱글, 트윈, 트리플 등

- 조식: 포함 여부, 메뉴(Continental, Cold Buffet, American, English)
- 객실 상태: 드라이기 유무, 전기포트 유무, 세수용품 및 욕조의 유무 등
- 위치: 주변 부대시설(대중교통, 편의점 시설 등)

3) 결제 현황

국외여행 인솔자는 단체여행에 필요한 모든 경비에 대해 결제를 해야 하는 상황마다 누가 지불하는지를 명확히 확인하여, 현지에서 당황하는 일이 없도록 해야 한다. 예컨대, 공항·역 혹은 호텔 등에서 포터(poter)에게 지불하는 수하물 운반비 및 수고료 혹은 통역비용 등은 누가 지불하는지 등을 명확하게 해둬야 한다. 그래서 결제가 이상 없이 진행되었는지 혹은 국외여행 인솔자가 할 건이면 결제 준비를 미리 하고 있다가 결제를 하면 좋다.

또한 결제방법으로는 신용카드 결제가 되는지 아니면 현금으로만 결제를 해야 하는지도 확인하고 대비를 하고 있어야 한다. 끝으로 현지에서 지불하는 모든 비용에 대해서는 사용명세서와 영수증을 필히 챙겨야 한다. 단체여행을 마치고 귀국하고 나서 회사에 가서 보고서 작성할 때 반드시 필요한 지출 증빙 서류이다.

4) 미수배·미확인 사항

국외여행 인솔자는 가끔씩 현지에서 확답을 받지 못한 채 출발을 해야 하는 경우가 발생할 수 있다. 특히 성수기에 종종 발생하는데 예를 들어 호텔, 식당, 차량 혹은 가이드 등 확정되지 않은 채 출발을 하게 되는 사례이다. 주로 예약에 대한 확답이 임박해서 나오는 경우에 해당하지만 종종 행사가 갑자기 생겨서 수배할 시간이 적거나 혹은 중남미 및 아프리카처럼 2~3주간의 장기간에 걸친 여정에서 종종 발생한다.

따라서 여행 출발 전에 행사 수배에 대한 확인을 늘 해둬야 한다. 미확약된 건은 수배의뢰 중인지 혹은 수배 의뢰는 했으나 응답을 좀 더 기다리는 상태에 있는지 등의 수배 진행상황을 정확하게 파악하며 각 상황에 맞는 대응방법을 수배담당자와 협의를 하고 출국할 수 있도록 한다. 현지에서 기다리면 될지 혹은 현지에서 다른 방법을 찾아야 할

지 등 대응책을 확실하게 하고 출발하는 것이 바람직하다. 물론 미확약으로 인한 불안한 모습을 동행하는 여행자들에게 보여줘서는 안 된다.

❷ 여행자

국외여행 인솔자가 단체여행을 진행할 때 여행자들에 대해서 알고 있다면 현장에서 원활하게 행사를 진행할 수 있다. 그렇지만 현실은 다르다. 회사에서 받은 행사 관련 서류 중에서 여행자 명단(name list)을 통해서 연락처, 생년월일, 여권번호 및 유효기간 그리고 비자 유무 정도가 기재되어 알고 있을 뿐이다. 여행자의 성향 등을 정확하게 파악하는 것은 쉽지 않다.

하지만 다행히도 여행참여자에 대한 정보를 알아낼 수 있는 기회가 있다. 출발 전 갖는 설명회나 설명회가 없다면 출발 전에 진행하는 여행 시 주의사항 및 준비물 등을 안내하면서 말이다. 이러한 기회를 통해서 여행자와의 관계를 형성할 수 있는 기회가 생기기 시작한다. 설명회를 통해 형성된 여행자와의 관계는 공항에서 미팅을 하게 되면서부터는 한층 발전된 관계로 발전하게 되고 기내에서 혹은 이동하면서 여행자의 성향, 출신지, 사회적 지위 등을 파악해야 한다. 그래야 단체여행을 진행하는 동안 여행자들의 마음을 사로잡아 출발 전에 계획했던 여행 프로그램 시나리오를 잘 펼칠 수 있다.

좋은 관계를 형성하는 대표적인 방법은 여권에 나와 있는 사진을 보고 이름과 얼굴을 매치(match)시키는 것이다. 본인의 이름을 아는 것만으로도 그 여행자는 고마움을 느끼게 되기 때문이다. 또한 다양한 성향을 가진 여행자 중에는 다른 사람들과 잘 어울리지 못하는 성격의 소유자가 있을 수 있고 철저하게 본인 중심으로만 생각하는 사람도 있게 마련이다. 사람을 상대하는 것이 힘들다고 하지만 연구하고 노력하면 다양한 여행자들을 대처하는 요령도 취득하게 된다.

❸ 여행 목적지

여행자라면 누구나 본인이 가는 여행지에 관심이 많을 것이다. 이 호기심 많은 여행자들은 국외여행 인솔자나 현지 가이드에게 많은 질문을 하게 된다. 국외여행 인솔자라

면 여행자들의 질문에 현지 가이드에게만 의지하지 말고 최소한 기본적인 답변을 할 수 있어야 여행자들이 "우리 인솔자는 많은 것을 알고 있다"라고 하며 인솔자를 신뢰하게 될 것이다. 출국 전에 방문지에 대해서 많은 것을 숙지해야 한다. 가능하다면 시사적인 내용과 역사적인 내용을 중심으로 준비하는 것이 좋다.

국외여행 인솔 경력이 많은 경우에도 늘 초심의 마음으로 변경된 것은 없는지 새로운 것은 없는지 살피는 노력이 필요하다. 많은 출장 경험에서 알게 된 것들, 언제든지 유용하게 이용할 수 있는 현지 정보(반응이 좋았던 식당 혹은 요리 메뉴, 복잡한 리조트와 같은 숙박시설의 구조, 관광안내서에 없는 내용 등)는 선배들이 작성한 단체여행 일지(보고서)에 있으니 이를 살펴보고 숙지해야 한다. 여기에 최근에 화제가 되었던 뉴스 등 현지정보 등을 수집해두고 출장 전에 정리해 둔다.

1) 지리적 위치와 기후

방문국가(지역)의 지리적 위치를 통해서 목적지의 환경적 특성 및 주변국과의 관계를 이해할 수 있다. 방문지의 현재 기후와 날씨를 확인하여 복장이나 휴대품을 준비하는 데 도움이 된다.

2) 역사적 배경

방문국의 역사적 배경 이해는 방문지역의 인종, 정치, 종교, 사회, 경제 등 모든 문화를 이해하는 기초가 된다. 또 현지 가이드가 없는 경우에는 국외여행 인솔자가 직접 가이드를 해야 하니 이를 대비해서라도 방문지역의 역사에 대한 이해와 숙지가 필요하다.

3) 정치, 경제, 사회, 문화 등

원활한 행사 진행을 위해서 안내책자나 대중매체, 인터넷 등을 통해서 해당 지역의 정치 특성과 경제상황 등에 대한 정보를 숙지하는 자세가 필요하다. 또한 풍속·습관의 차이, 한국에 대한 감정 등에 관하여 여행자가 특별히 유념해야 할 사항, 소매치기·도난 등의 범죄 다발 유무 및 사진촬영 금지구역의 유무 등 관련된 정보를 여행자들과 공

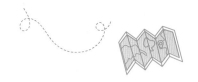

유해야 한다. 이는 곧 인솔자로서 신뢰도도 상승하지만 현지인들과의 문화적 충돌도 예방할 수 있다.

4) 시차, 국제전화 및 스마트폰 이용방법 등

이제는 대부분의 여행자들이 스마트폰을 소지하고 있어 현지에서의 시차로 인한 문제나 국제전화를 거는 방법 등은 잘 알고 있다. 그래도 만일의 경우를 위해 시차로 인한 발생할 수 있는 문제를 예방하기 위해 방문지 도착과 동시에 자세하게 여행자들에게 안내해야 한다.

해외에서 스마트폰의 오용·남용으로 인한 문제가 발생하지 않도록 주의할 점을 공유해야 한다. 국내에서는 와이파이(wifi)가 잘 되어있어 인터넷을 거의 무료로 사용하지만 해외에서는 다르다는 사실을 공유해서 피해가 생기지 않도록 한다.

5) 물가, 쇼핑 및 환율과 현지 통화

여행자들은 방문지를 여행하면서 여행 기념이나 선물을 하기 위해서 쇼핑을 하게 되는데, 구매과정에서 문제가 생기곤 한다. 대부분이 결제 관련해서이다. 예를 들어 환율로 인한 결제, 신용카드 결제가 안 되고 현지 통화로만 되는 경우 등인데 미리 결제 관련 정보를 여행자들과 공유를 해야 한다.

또 여행자들은 국외여행 인솔자에게 종종 현지 물가에 대해 자주 질문하므로 현지 물가에 대한 정확한 이해가 필요하다. 그런데 물가를

그림 3-9_ 빅맥지수 순위

설명하는 것은 참으로 힘든데 이럴 때는 한국 물가와 비교해 주는 것이 좋다. 특히 〈그림 3-9〉에서 보는 바와 같이 '빅맥지수 순위'를 통해서 물가를 알려주는 것도 좋은 방법이다.

그림 3-10_ 체코의 꼴레뇨와 맥주

6) 현지의 유명 음식과 요리 등

여행자들은 여행을 하면서 많은 즐거움을 느낀다. 여행 그 자체로도 만족을 하고 즐거워하지만 숙박시설에서도, 관광을 하면서도 행복을 느낀다. 하지만 '식도락 여행'이 있듯이 '먹는 것'도 아주 중요하다. 단체여행자들은 종종 요리/메뉴의 교체 등을 원하는 경우가 있다. 이러한 경우를 대비해서 그 지역의 전통식이나 유명한 음식 등에 관련한 정보(종류와 특징, 가격대, 위치) 등을 파악하여 자그마한 이벤트를 열어 주면 좋다. 예를 들어 동유럽 관광명소인 프라하에서 준비한 석식을 파티로 교체한 사례가 있다. 〈그림 3-10〉에서 보듯이, 필스너와 버드와이저의 생산국가일 뿐만 아니라 전 세계에서 맥주 소비량이 가장 많은 나라인 체코 프라하는 200~300년 된 흑맥주 또한 유명하다. 여기에 그 유명한 체코식 족발인 '꼴레뇨'를 준비하여 자그마한 파티를 열어보는 것이다. 비용 또한 많이 들지도 않는다. 주류비용을 여행자들이 지불하기로 하면 큰 부담 없이 진행할 수 있는 이벤트다. 이 이벤트는 동행한 여행자들에게 즐겁고 행복한 추억을 만들어 줄 것이다.

7) 최근 뉴스와 화젯거리 등

여행자들이 방문하는 국가의 시사에 대해서 관심이 많은 것은 어쩌면 당연한 일이다. 특히 중장년 남성 여행자들은 시사에 관심이 많다. 국외여행 인솔자는 여행자들의 관심

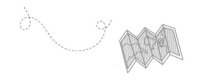

이 높은 현지의 생생한 뉴스와 화젯거리를 수집하여 제공함으로써 여행 만족도를 높일 수 있도록 노력해야 한다. 혹은 현지 가이드에게 의뢰하여 여행자들이 관심이 있는 부분을 알려줘서 가이드를 통해서 안내를 해줄 수 있도록 협조를 요청하는 방법도 있다.

8) 교통기관

단체여행 중 탑승하는 교통수단(항공기, 열차, 선박 등)의 종류와 특징, 이용방법과 주의할 점 등을 숙지하여 불편함이 없도록 여행자들하고 공유해야 한다. 예를 들어 가장 먼저 만나게 되는 항공사의 경우에도 대한항공, 아시아나항공과 같은 풀 서비스 항공(full service carrier: FSC)과 진에어, 에어서울 등과 같은 저비용항공(low cost carrier: LCC)에서 제공하는 서비스는 다르다. 이 점을 잘 전달해야 한다. 더불어 장거리 버스투어라면 버스에서 제공하는 서비스도 체크를 하는 것이 좋다. 장거리 여행에서 화장실 이용, 갈증 해소 방법, 지루함을 달랠 수 있는 방법 등을 연구하고 대비를 하는 것이 좋다. 물론 이 모든 것들은 단체여행자의 연령, 성별, 모임 성격에 따라 다르게 대비를 해야 할 것이다. 연령대가 높을수록 화장실 가는 횟수를 늘려야 한다.

9) 선택관광

정규 여행일정 이외에 혹은 자유시간에 여행자들의 성향에 혹은 상황에 가장 적당하다고 생각되는 선택관광을 몇 가지 준비해두는 것이 바람직하다. 예를 들어 여행자가 만족할 수 있는 쇼핑가(街), 미술관, 식당, 나이트클럽 또는 버라이어티쇼 등에 관해서도 조사해두고, 여행자의 요청에 따라서 안내할 수 있도록 현지 가이드 및 기사와 협의도 해야 한다. 특히 연령대에 맞춰서, 즉 20~30대가 원하는 야간관광과 40~50대가 원하는 관광 그리고 50~60대가 원하는 관광은 다를 것이고, 70대 이상은 체력을 고려해서 가급적 일찍 호텔로 와야 한다는 것을 고려해야 한다.

10) 기타

산업시찰 혹은 공식적인 방문(공장, 기타 산업시설, 전시장, 연구소, 병원 등의 방문)이 있을 때에는

관련 업종에 대한 개요(한국에 있어서의 상황, 통계수치, 방문시기 등)를 숙지하거나 메모를 해두는 것이 좋다. 국외여행 인솔자도 방문하는 여행자들이 하는 업무에 관심이 있다는 것을 보여줘야 한다.

③ 출발 전 설명회

인센티브 여행(incentive tour)으로 대표적인 공최(共催)·수배·청부(請負)여행은 대부분 출발전에 설명회를 진행한다. 패키지여행의 경우에도 출발 직전 설명회를 진행하지만 여행자들의 여행 경험이 증가함에 따라 이제는 점점 생략하고 설명안내서로 대체하는 추세이다. 하지만 현장에서 불미스러운 일이 생기는 것을 방지하거나 행사의 원활한 진행을 위해서 설명회는 가급적 진행하는 것을 권하고 싶다. 이는 여행자들과 좋은 관계를 형성하는 계기가 될 뿐만 아니라 현장에서의 주의할 점을 전달할 수 있어 원활한 행사 진행에 많은 도움을 주기 때문이다. 상황이 여의치 않다면 전화 혹은 SNS를 통해서라도 안내를 하는 것이 좋다.

국외여행 인솔자는 설명회에서 회사의 담당자와 협력하여 여행자들에게 제공하는 자료 등을 미리 제공하고, 여행자로부터 받아야 할 자료 등도 설명회 때 받도록 한다. 여행자로부터 의뢰되어 있는 해외여행 상해보험증서, 외화, 여행자수표(traveler check) 등도 설명회에서 전달하고, 통화의 종류·금액 등에 대해서 희망대로 진행되었는지 확인한다. 또 방문지에 대한 설명을 곁들이면서 준비물과 유의사항에 대한 안내를 해야 한다. 특히 여정·호텔 등에 변경이 있을 때에는 반드시 설명회에서 여행자들에게 공지/설명하여 양해를 구한다. 같은 사안이라도 여행자들이 현지에 도착하고 나서 알게 되면 문제가 확대될 수 있다.

그리고 무엇보다도 간단하게 자기소개도 하면서 단체의 리더는 누구인지, 단체의 성격은 어떠한지 여행자 개별 성향도 파악해야 한다. 이는 다음 단계인 여행계획을 수립하는 데 많은 도움이 된다. 여행자들의 성향에 맞게 일정의 순서 정리, 식사 메뉴를 조정, 자유시간을 계획하거나 선택관광을 준비할 때 유리하다. 특히 주의할 점은 동행자와 처음 인사를 하는 자리이기 때문에 복장에 신경을 써야 한다. 국외여행 인솔자로서

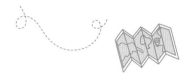

단정하고 성실한 이미지를 줄 수 있는 복장으로 준비한다.

⭕ 설명회 때 필요한 체크리스트

- 여행자의 성향 등 여행단체 성격을 파악한다.
- 주최여행(혹은 인센티브 단체) 단체인 경우는 리더와 총무와 같이 리더그룹을 파악한다.
- 패키지여행인 경우에는 인솔자와 같이 할 단체의 리더와 총무를 누구에게 요청할지 파악한다.
- 여행계획 수립에 도움이 될 수 있도록 여행자들의 관심사를 파악한다.
- 국외여행 인솔자 본인을 소개한다.
- 방문지의 기후, 날씨 등을 설명하고 준비물 및 주의사항을 설명한다.
- 여행지의 정치 및 경제 등을 설명하고 여행 시 유의할 점 및 양해를 구해야 할 점을 설명한다.
- 특별한 복장을 준비해야 하는 왕궁, 사찰, 성당, 모스크 등과 같은 관광지를 간략하게 설명하면서 유의사항 및 준비물을 설명한다.
- 지병이 있는 사람 등 여행자 중에서 특별한 관심을 기울여야 할 사람이 있는지 파악한다.
- 공식적인 방문이 있는 경우에 맞는 세미정장과 같은 복장 및 명함 등과 같은 준비물을 안내한다.
- 출국 당일 공항미팅관련 장소나 시간을 공지하고 준비물을 다시 한번 주지시킨다.

④ 여행계획의 수립

국외여행 인솔자를 일반적으로는 지휘자(tour conductor: TC)라 하는데, 그 이유는 단순히 일정표에 명기되어 있는 지역을 보여주고 식사를 제공하고 표기된 호텔에서 숙박할 수 있게 하는 것이 아니다. 오케스트라의 지휘자처럼 감동을 선사할 수 있도록 여행상품을 구성하는 구성요소들에게 하모니를 넣어줘야 한다. 출발 전에 파악한 여행자들의

성향, 연령, 성별 및 단체의 성격 등을 고려하고 현지 사정에 비추어 가장 편리하고 편안하게 그리고 결정적인 이벤트와 여행 구성요소들을 결합하여 잊지 못할 추억이 될 수 있도록 미리 여행자 성향에 맞는 다양한 시나리오를 수립해야 한다. 특히 자유시간이나 정규시간 이외에 할 수 있는 선택관광도 마찬가지이다. 적절한 프로그램을 안내해야 한다. 이는 쇼핑에도 적용된다.

국외여행 인솔업무는 출발 전의 준비에 따라서 단체여행의 성패가 80% 결정된다고 해도 과언이 아니다. 그러므로 여행자들에게 호감가는 훌륭한 국외여행 인솔자로 인정받기 위해서는 정확한 여정관리를 수행하여야 한다. 이렇게 하기 위해서는 출발 전에 철저하게 계획을 수립해 두어야 한다. 또 종종 일어날 수 있는 사태에 대비한 처리방법을 생각하고 있어야 하며, 여행자의 입장에서 다시 한번 문제점은 없는가를 고민하는 습관을 갖는 것이 중요하다.

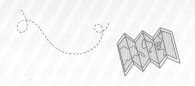

헉! 엔진에 문제가 있다고?

고생이란 고생은 다 했다. 하지만 다양한 경험 아프리카! 나를 우뚝서게 만들었다.

2000년 여름 여행업 7~8년 차에 아프리카 출장명령을 받았다. 아프리카 관련 정보가 거의 없던 시절이었다. 인터넷에서도 많은 정보가 없었다. 더구나 현지에 한국인 가이드가 없을 뿐더러 한식당은 케냐의 나이로비 이외는 전혀 없다고 한다. 걱정이 앞섰다. 사파리 투어, 빅토리아 폭포 그리고 희망봉까지 현지 아프리카 가이드하고만 다녀야 하고 희망봉이 있는 케이프타운에서도 한식 구경을 할 수 없는 여정이니 신경쓸 것이 한두 가지가 아니었다.

지금과 같이 구글맵도 없던 시절, 정보도 없이 처음 가보는 지역을 나의 짧은 영어로 파트너 현지 가이드하고 해결하면서 다녀야 한다는 걱정으로 가득한 출장이었다. 그래도 남미와 더불어 한 번은 꼭 가보고 싶었던 곳 아프리카이었기에 출발 전부터 긴장반 설렘반으로 시작한 아프리카 출장여행은 긴장으로 시작해서 만족으로 마무리할 정도로 다양한 경험을 한 출장이었다.

긴장으로 시작한 아프리카 출장! "어 시원하네"

첫 도착지 나이로비 공항. "어 너무 시원하네." 해발 1,700m에 위치한 나이로비, 아프리카는 덥지 않았다. 덥다고 생각했던 아프리카 선입견은 도착 첫 날부터 사라졌다. 아프리카에 대한 이미지가 변경되는 시작이었다. 아주 기분 좋은 출발이었다. 케냐, 탄자니아에서 이름을 알 수 없는 아주 다양하고 개체수가 셀

🌐 **그림 3-11_** 쌍무지개의 빅토리아 폭포

수 없을 만큼 많은 동물들을 가로지르며 광활한 초원을 달리면서 즐기는 사파리 투어를 진행하고 무엇보다도 친절한 현지 가이드의 섬세한 안내에 긴장의 끈을 살짝 내려놓기 시작했다.

〈그림 3-11〉에서 보는 것처럼 잠비아 짐바브웨를 가로질러 흐르는 빅토리아 폭포. 세계 3대 폭포 중의 하나이며 폭이 가장 넓다고 한다. 이 빅토리아 폭포에서 폭포수로 샤워까지 하며 아프리카를 만끽하면서 대서양과 인도양이 만나는 곳, 케이프타운의 희망봉까지 거침없이 달렸다. 10여 일 동안 크고 작은 많은 문제점들을 겪고 해결하며 아주 다양한 경험을 한 채 유럽인들이 가장 신호하는 도시 케이프타운까지 마무리하였다. 그리고 이제 마지막 방문지 요하네스버그행 항공기에 올랐다. 탑승수속도 잘 마치고 긴장을 완전히 내려놓고 탑승하자 이젠 하룻밤만 자고 나면 귀국해 비행기를 오를 수 있다는 기분에 긴장을 풀고 이륙도 하기 전에 잠에 푹 빠져 들었다. 허나 그것도 잠시, 웅성거리는 소리에 깼다. 마침 옆자리에 앉은 현지인에게 무슨 일이 있냐고 했더니 연세가 있어보이는 백인이 다소 불안한 말투로 하는 말. 엔진에 문제가 있어서 회항한다는 것이다. 이제 드디어 문제의 시작이었다.

엔진 문제 발생 항공기 회항!

케이프타운을 이륙한 지 50여 분이 지난 이 비행기는 다시 케이프타운으로 회항을 하고 있었다. 케이프타운에 랜딩하고 난 후에 벌어질 일이 걱정이었다. 기내 방송에서는 케이프타운에서 요하네스버그로 가는 항공 일정은 대한민국의 김포-제주 구간처럼 10여분 단위로 가고 있으니 현재 소지한 탑승권을 잘 보관하고 있다가 출발하는 아무 비행기나 탑승하라고 한다. 나 혼자의 개별 여행이면 문제없었다. 그냥 아무 비행기만 타고 가면 되니깐 말이다. 하지만 난 단체를 인솔하는 국외여행 인솔자이니 어찌 처리해야 하나 하며 다시 긴장이 밀려왔다. 하지만 여행사나 나의 실수로 빚어진 상황이 아니니 여행자들이 이해하리라 생각하고 항공기의 랜딩이 무사히 되기를 빌면서 랜딩 후 상황 파악을 하며 행사를 진행하자고 다시금 마음을 먹고 눈을 감았다. 우선은 무사히

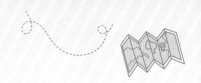

랜딩을 잘하기를 빌어야 했다. 지금에 와서야 쓸데없는 걱정이었지만, 처음 탑승하는 아프리카 항공기라 사실 늘 걱정이 앞섰다. 항공기 사고는 대부분 이륙과 착륙에서 발생한다고 하기에 이번 출장에는 유난히 걱정을 하면서 다녔기 때문에 더더욱 긴장을 많이 했다. 더구나 지금 엔진에 문제가 있다고 하지 않나? 따라서 여행자들에게 안전벨트를 단단히 잘하라고 주문하고 눈을 감았다.

안전한 착륙, 허나 전쟁터가 된 탑승수속

다행히도 엔진에 문제가 있다던 항공기는 무사히 착륙했다. 승객들 대부분 백인들이었지만 안전하게 랜딩을 한 것에 대해 다들 박수를 친다. 나도 한숨을 쉬고 환호하며 그들과 같이 박수를 쳤다. 허나 바로 밀려오는 탑승수속. 역시나 예상대로 늘 북적되는 공항수속 카운터에 갑자기 300명이 넘는 승객들이 나타나서 서로 먼저 타야 하니 공항 카운터 앞은 아수라장이 되었다. 우리 일행은 나만 빼고 환갑이 지난 연세들이다 보니 상황은 뻔했다. 다들 나만 쳐다본다. 물론 내가 인솔자니 나만 쳐다보는 것은 당연하다. 난 뭔가를 해야 했다. 그래서 일단 내려서 일행을 집결시키고 탑승권을 다 수거한 다음에 화장실 다녀오시라고 하면서 20분 후에 다시 모이라고 이야기한 다음 난 일단 탑승 카운터로 향했다. 인솔자로서 우선은 우리 일행은 한 비행기로 가야 했다. 어찌하면 할 수 있을까 하면서 카운터로 가서 보니 아수라장이 된 카운터에 무전기를 들고 여기저기 다니는 백인이 눈에 띄었다. 그 직원이 제법 지위가 높은 캡틴처럼 보였다. 그래서 카운터에서 수속을 하는 직원들보다는 저 직원하고 담판을 지어야겠다는 판단을 하고 무작정 그 직원에게 가서 말했다. 사실 그때만 해도 2002년 월드컵 개최 전이라 한국이 아직 알려지지 않았지만 당당하게 난 저기 아주 멀리 한국에서 온 일행이라고 하면서 우리 단체의 특성을 이야기하였다. 고령의 나이 등 열악한 조건을 말하면서 살짝 엄살을 피우면서 우리는 무슨 일이 있어도 한 비행기에 타야 한다고 애절한 눈빛과 협박 같은 협조를 요청을 하며 설명했다. 그랬더니 심각하게 나를 쳐다보더니 잠시 기다려 보라고 하고 나한테서 탑승권을 전부 가져갔다.

환희 그 자체!

우리 일행들에게 돌아와서 상황 설명을 하고 잠시 기다려 보자고 하고 초초하게 10여분을 보냈더니 사무실로 갔던 그 직원이 나타나서 나를 찾았다. 가서 보니 나한테 미안하다고 하면서 비행기 한 대는 힘들고 15분 간격을 두고 출발하는 2대로 나눠서 가야 할 것 같다고 했다. 찬밥 더운밥 가릴 처지가 아닌 나로서는 15분 간격을 두고 2대로 나눠서 가는 것도 감지덕지할 뿐이었다. Thanks를 연발하면서 새로 발급한 탑승권을 받았다. 그런데 엄청난 일이 터졌다. 전부 비즈니스 좌석이 아닌가. 난 다시 그 직원을 쳐다봤더니 그 직원은 씩 웃음을 지으면서 엄지손가락을 펼쳐 보인다. 다시 한번 감사하다고 하며 감사의 표현을 보냈다. 당신 최고야 하며 말이다. 기분 좋게 탑승권을 가지고 다시 우리 일행에게 와서 일행들에게 탑승권을 나눠주며 설명했더니 다시 한번 난리가 났다. 우리 일행은 나를 향해 일처리 잘한다면서 전부 크게 박수를 쳐주는 바람에 케이프타운 공항에서 완전 영웅이 된 기분이었다. 난 그 직원에게 감사한 눈웃음을 보내면서 탑승 게이트로 발길을 돌렸다.

궁하면 통한다. 침착하자!

요하네스버그행 항공기에 탑승 후 눈을 감고 생각해보니 처음 와본 아프리카 출장! 초원에서 사파리 관광을 하면서, 동물들 이름을 잘 몰라서 답답했던 일, 한식을 먹고 싶어서 벌어진 해프닝, 국경을 넘어가면서도 엄청나게 많은 에피소드를 남겼지만 어떤 상황이든지 절대로 당황하지 않고 침착하게 차분히 하나하나 풀어가다 보니 해결이 되었던 것이다. 아프리카의 출장 경험으로 예약한 항공이 일방적으로 취소를 당했던 남미, 유색인종이라고 체크인 당일날 취소 통보를 받던 미국 등 어디를 가든 긴장은 하더라도 걱정은 하지 않게 되었다. 나를 한층 크게 만들어준 아프리카 출장. 이때 동행했던 여행자들과 어느덧 지구 한 바퀴를 돌았다. 또한 최근에는 지금까지도 연결되어 아이슬란드 일주를 하고 왔다. 모든 것이 감사할 따름이다. 사랑한다 내 JOB!

국외여행 인솔
실무

Chapter

04

출국업무

국외여행 인솔자는 해외여행 준비를 마친 여행자들과 출국을 위해서 공항이나 항구에서 항공기나 배를 탑승하기 전에 정해진 출국 및 탑승 절차를 밟아야 한다. 이때 국외여행 인솔자는 여행자들이 원활하게 출국할 수 있도록 출국 및 탑승 수속에 필요한 업무를 수행하여야 한다. 이 장에서는 항공기를 이용하여 출국하는 것을 살펴본다.

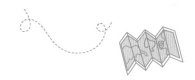

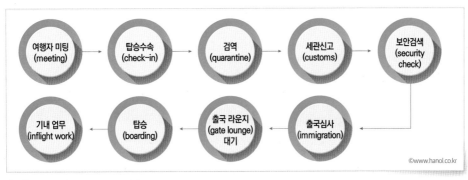

🛬 출국 흐름도(departure process)

① 사전 준비업무

① 공항 도착(Early Arrival)

여행자와의 미팅시간은 통상 2시간 30분 혹은 3시간 전에 모이는 것으로 안내를 하게 된다. 그런데 국외여행 인솔자는 여행자와의 미팅시간보다 약 30분 정도 일찍 도착할 수 있도록 해야 한다. 그 이유는 공항까지의 교통사항을 늘 고려해야 하고, 또 공항에 일찍 나오는 여행자가 인솔자를 찾는 경우도 있고, 무엇보다도 공항에서 예기치 않은 일이 종종 발생하니 이를 처리할 시간이 필요하기 때문이다. 예를 들어 여권을 안가져오거나 잘못 가져왔을 경우는 시간적인 여유가 있으면 해결이 가능하기 때문이다. 물론 성수기에는 공항의 사정을 감안하여 최소 1시간 전에 미리 도착해 미팅준비를 하는 자세가 필요하다.

일반적으로 출국업무는 대형단체가 아닌 이상 국외여행 인솔자가 혼자서 하게 된다. 대형 패키지 여행사는 소위 '센딩'(sending)만 담당해주는 직원이 있어 출국업무 진행을 도와준다. 따라서 국외여행 인솔자는 혼자서, 때로는 센딩직원과 함께 여행자들과 미팅실수가 나지 않도록 소속 여행사의 입간판을 여행자들과 약속한 장소에 비치할 수 있도록 준비한다. 국제공항은 항상 많은 여행자들로 혼잡하기에 미팅시간에 앞서 SNS를 활용하여 여행자들과 서로 엇갈리지 않도록 미팅장소와 미팅시간을 재공지하는 것도 센스 있는 인솔자의 선택이다.

2 공항의 시설 확인

여권을 가져오지 않았거나 구여권을 가져오는 여행자가 아주 가끔씩 있다. 1989년 해외여행 자유화 초기에는 여권에 문제가 생기면 출국을 할 수가 없었다. 그러나 현재는 〈그림 4-1〉에서 보듯이 인천국제공항에서 긴급여권 혹은 여행증명서(1회용 여권)를 만들 수가 있다.

국외여행 인솔자는 다양한 상황을 대비해서 공항의 편의시설 및 부대시설에 대해서도 모두 알아두는 것이 좋다. 또 이러한 시설들은 위치를 변경하거나 새로 생기거나 없어지곤 하니 늘 공항에 일찍 나와 이러한 시설을 한 번씩 살펴보는 것이 좋다. 긴급여권을 만들 수 있는 여권민원센터, 은행(환전소), 병무신고소, 휴대폰 로밍센터, 우체국, 약국, 편의점, 화장실, 검역, 대형화물 수탁하는 곳, 항공사 마일리지 데스크, 식당, 세탁소(외투보관소) 등 주변 편의시설의 위치를 확인한다. 국외여행 인솔자는 항상 준비된 자세가 필요하다.

제1여객터미널　　　　　　제2여객터미널

자료: 외교부 여권과

그림 4-1_ 인천국제공항 외교부 여권민원센터

3 미팅보드의 게시

여행사들은 통상 출국 전 미팅장소로 〈그림 4-3〉과 같이 인천국제공항 제1터미널과 제2터미널 3층 좌측 창가에 있는 지정된 장소를 이용한다. 경우에 따라 여행사 카운터

🐚 **그림 4-2_** 여행사 미팅보드 게시 사례: 데스크(좌), 깃발(우)

가 복잡하면 깃발을 이용하여 원하는 장소를 정해서 눈에 잘 띄게 설치하여 여행자와 미팅을 하면 된다. 이는 공항에서 혼잡을 피할 수 있도록 한 것이다. 여행사 전용 만남의 장소를 이용하지 않고 탑승 예정인 항공사 카운터 근처로 선정해서 이용해도 된다.

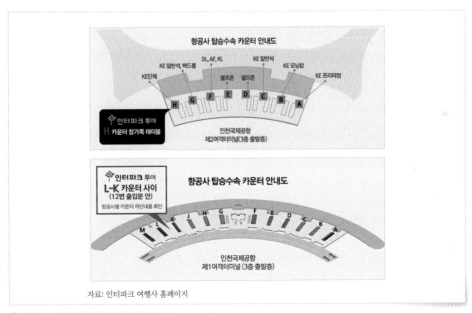

자료: 인터파크 여행사 홈페이지

🐚 **그림 4-3_** 여행사 인터파크의 미팅장소

출국 전에 실시한 설명회에서 혹은 전화상으로 안내한 출국공항의 미팅장소에 가서 미리 확인하고 나서 〈그림 4-2〉와 같은 미팅보드를 만들어 여행자들이 잘 볼 수 있도록 게시한다. 공항에서의 첫 대면이 순조롭게 이루어지지 않고 미팅장소를 찾는 일부터 어긋난다면 국외여행 인솔자에 대한 첫인상에 부정적 영향을 줄 수 있으므로 유의한다.

② 미팅 및 탑승수속

출국 전 설명회를 실시하지 않았다면 공항에서 이루어지는 여행자 미팅은 신경을 써야 한다. 국외여행 인솔자는 여행자들에게 첫인상을 주는 첫미팅이 아주 중요하기 때문이다. 여행자들에게 좋은 인상을 주는 것은 해외에서 행사를 진행하는 데 유리하므로 단정한 모습으로 정중하게 맞이해야 하며 출국업무를 빈틈없이 정확하고 신속하게 처리하는 모습을 보여주어야 한다. 그래야 현장에서 국외여행 인솔자의 통솔에 잘 따른다.

❶ 미팅(meeting)

미팅시간 10분 전부터 미팅장소에서 여행자 확인을 위해 여행자 명단과 여행자에게 제공할 네임택, 배지, 확정일정표, 선물 등을 준비하고 대기한다. 여행자가 도착하면 웃는 얼굴로 반갑고 정중하게 인사를 하고 명함을 건네며 본인이 인솔자임을 밝힌다. 이때 국외여행 인솔자는 여행사를 대표하여 여행에 참여해 주신 것에 대한 감사의 인사와 함께 짧게 본인 소개를 한다.

❷ 여권 확인, 여행자 확인 및 서류 전달

여행자들로부터 여권을 확인하면서 여행자 명단에서 확인하는 절차를 진행한다. 본인의 여권인지에서부터 여권의 유효기간, 비자 관련 사항 등도 확인한다. 간혹 유효기간이 지난 구여권을 가져오거나 분실신고된 다른 여권을 가져오거나 혹은 여권을 가져오

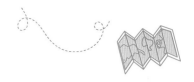

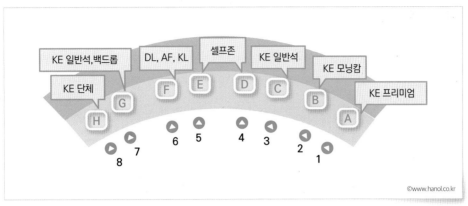

🛫 **그림 4-4_** 인천국제공항 2터미널 항공사 카운터 현황

지 않은 경우도 있으니 꼭 확인하는 절차가 필요하다.

　여권 확인 및 여행자 확인 작업이 완료되면 여행, 출국 및 탑승 관련 서류를 나눠준다. 또한 수하물표(baggage tag)를 나눠주고 수하물에 부착하도록 안내한다. 이 작업이 완료되면 탑승수속 안내를 한다. 탑승수속은 통상 2가지로 진행되는데 단체 카운터를 이용하는 방법과 개별 수속을 진행하는 방법이다.

　항공사별로 단체 수속 카운터가 없는 경우도 있고 단체 수속을 해주지 않는 항공사들도 있으니 항공사에서 단체 수속이 가능한지 여부를 확인하는 것은 여행자와의 미팅 이전에 확인해야 할 일 중 하나이다. 단체 수속을 할 수 없다면 여권 확인 후 여행자들에게 해당 항공사 카운터 위치를 알려주고 개별 수속의 절차를 자세하게 설명하고 여행자들과 같이 동행하여 항공사 수속 카운터로 가서 개별 수속하는 것을 도와주도록 한다. 〈그림 4-4〉의 인천국제공항 2터미널 카운터 현황에서 보는 것처럼 단체 수속 카운터가 있다면 일행들과 같이 탑승 예정 항공사 수속 카운터로 가서 단체 수속을 밟으면 된다. 참고로 웹체크인 및 무인 탑승 수속으로 단체 수속은 점점 사라지고 있는 추세이다.

③ 위탁수하물(baggage tag)의 분류와 정리

국외여행 인솔자는 공항에서의 미팅을 마무리하면서 잊지 말아야 할 것이 수하물 분류이다. 〈그림 4-5〉와 같은 수하물 분류기준 및 허용 및 금지 물품에 대한 내용을 공유하면서 기내로 가져갈 수하물과 위탁수하물을 분류하도록 한다.

여행자의 수하물 분류작업이 완료된 후에는 단체 짐의 식별을 용이하게 하고 회사 홍보에도 도움이 되는 여행사에서 가지고 온 수하물표를 붙이도록 한다. 수하물표는 영문으로 성명·주소·전화번호 등을 반드시 기입하도록 한다. 수하물 분류 및 탁송 전 주의사항은 다음과 같다.

○ 수하물 보내기 전 주의사항

- 타인이 수하물 운송을 부탁할 경우 사고 위험이 있으므로 반드시 거절하도록 한다.
- 카메라, 귀금속류 등 고가의 물품과 도자기, 유리병 등 파손되기 쉬운 물품은 직접 휴대하도록 한다.
- 짐 분실에 대비하여 가방에 소유자의 이름, 주소, 연락처, 목적지 등이 기재된 수하물표를 붙이도록 한다.

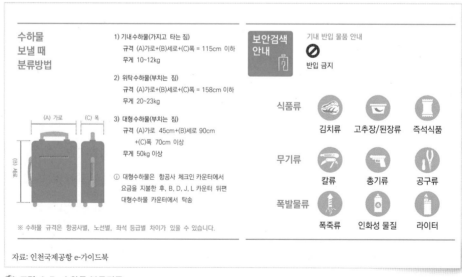

그림 4-5_ 수하물 분류기준

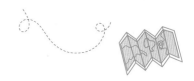

자료: 인천국제공항 e-가이드북

♻ **그림 4-6_** 위탁수하물 금지 물품

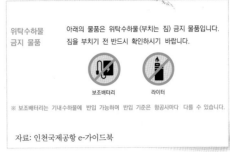

자료: 인천국제공항 e-가이드북

♻ **그림 4-7_** 기내 반입 가능한 물품 및 반입 조건

- 위탁수하물 중에 세관신고가 필요한 경우에는 대형수하물 전용카운터의 세관신고대에서 신고해야 한다.
- 대형수하물은 대형수하물 카운터가 따로 있으니 위치를 파악하고 안내를 해야 한다.

〈그림4-5〉이외에도 조건부 반입이 가능하거나 인천국제공항에서만 가능할 수 있는 것들이 있는데 그것은 다음과 같다. 예를 들어 〈그림 4-6〉과 같이 보조배터리 및 라이터는 위탁수하물에는 금지 품목이지만 대한민국 인천국제공항은 보조배터리의 기내 반입을 허용하고, 라이터는 1인당 1객씩은 기내 반입을 허용하지만 다른 나라는 안 되는 경우가 아주 많으니 유의해야 하고, 항상 여행자들과 관련 정보를 공유하도록 해야 한다(〈그림 4-6〉및 〈그림 4-7〉참조).

④ 탑승수속 및 위탁수하물 탁송

위탁수하물의 분류 및 정리가 끝난 후 탑승수속 안내를 한다. 탑승수속 방법은 크게 3가지로 나뉜다. 항공사 카운터에서 단체 수속을 하는 방법과 개별적으로 수속하는 방법, 그리고 셀프 체크인 키오스크를 이용하는 방법이다. 해당 항공사 탑승수속 방법 중 상황에 맞게 선택하여 안내를 하고 나서 체크인 카운터로 이동한다. 통상적으로 단체 수속은 점점 사라지고 대부분 개별적으로 이뤄지며 다음의 순서대로 진행한다.

🔵 탑승수속 방법(단계)

- 여권과 항공권을 제출하고 탑승수속을 진행하며 수하물 벨트 위에 위탁수하물을 한 개씩 올려 놓는다.
- 좌석 배정을 할 때 원하는 좌석이 있으면 요청하도록 안내한다.
- 좌석 배정이 끝나고 나면 위탁수하물 수속이 이루어진다.
- 수속 후 여권, 항공권, 탑승권, 수하물표(Baggage Claim Tag)를 받고 이상이 없는지 확인한다.
  - 본인의 것인지 확인하고 탑승권의 영문이름이 여권과 동일한지 확인한다.
  - 수하물표에 기재된 최종 도착지 및 이름을 확인하고 잘 보관하도록 안내한다.
- 위탁수하물을 탁송하고 나서는 보안검사에 통과되는지 확인을 해야 하므로 카운터 근처에서 약 5분간 대기하고 나서 출국수속을 위해 이동하도록 한다. 출국수속까지 완료하고 면세구역에 있는데 위탁수하물에 이상이 발견될 경우 상당히 곤란한 상황이 연출되니 꼭 확인하고 출국수속을 해야 한다.

국외여행 인솔자는 탑승수속을 마친 여행자들을 집결시킨 후 출국수속에 대해서 간단하게 안내를 하도록 한다. 세관신고, 보안검색, 출국수속의 순서대로 안내를 하며 항공기 탑승시간, 탑승게이트를 주지시키고 개별적으로 출국수속을 하고 나서 탑승게이트에 늦지 않도록 안내를 한다. 한편 항공사들이 비대면으로 탑승수속을 가능하도록 하기 위해 셀프 체크인(self check-in)

자료: 모닝경제 뉴스 홈페이지

🔵 **그림 4-8_** 에어서울 셀프 체크인 키오스크

키오스크(KIOSK, 무인탑승수속기)가 있다(《그림 4-8》 참조). 이것은 국제항공운송협회(IATA)에서 여행자가 항공사 직원의 도움 없이 좌석 배정, 항공기 탑승, 수하물 탁송, 예약스케줄 조정, 수하물사고 신고 등의 수속과정을 스스로 수행할 수 있도록 한 패스트 트래블(Fast Travel) 시스템이다.

이미 전 세계 항공사에서 시행하고 있으며, IATA에서 패스트 프로그램 6개 항목 중

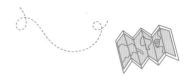

Check-in, Bags-Ready-to-Go, Flight Rebooking을 필수 프로젝트로 정하고 있다. 국외여행 인솔자는 반드시 숙지해야 할 필요가 있다.

◯ 키오스크(무인 탑승 수속기)의 서비스 대상

- 예약이 확약된 e-Ticket(전자항공권) 소지 승객
- 비자 없이 입국이 가능한 국가로 여행하는 승객
- 인천국제공항 출발 미국 비자면제 프로그램(VWP) 대상의 한국 국적 승객
- 인천 · 김포 · 김해국제공항에서 출발하는 중국행 승객

단, 항공편 출발 1시간 전까지 이용이 가능하며, 도움이 필요한 승객(노약자, 휠체어 신청 승객), 타 항공사 공동운항(code share) 승객은 이용이 제한된다.

탑승수속을 진행하면서 국외여행 인솔자는 여행자들의 이름을 숙지하기 위해 여행자 명단(Name List)옆에 여행자들의 좌석번호를 메모해 두는 것이 좋다. 여행자의 이름과 얼굴을 완전히 기억하기 어렵기 때문에 장시간 이동하는 기내에서 여행자들의 좌석과 얼굴을 숙지하면서 좋은 관계를 만들 수 있도록 꼭 메모해 두는 것이 좋다. 유능한 국외여행 인솔자는 이 시간을 적절히 잘 활용하고 있다.

5 병무신고 및 마일리지 안내

체크인, 위탁수하물 탁송 등 탑승수속이 끝나고 나면 환전과 마일리지 안내를 하고 또한 병무신고 대상자는 병무신고를 하도록 한다. 병역의무자는 국외 출국 시 여권과 국외여행 허가증명서를 구비하여 출국 당일 병무신고소에 출국신고를 하여야 하며 귀국 시에도 귀국신고를 해야 한다. 병무신고 대상자는 25세 이상 병역미필 병역의무자(영주권사유 병역연기 및 면제자 포함)에 해당하는 대한민국 남자(병역필자, 제2국민역 제외)가 해당된다. 국내 공항에는 병무청 사무실이 있으니 늘 위치를 확인하고 안내를 해야 한다.

탑승하는 항공사 마일리지 적립에 관한 절차 및 방법을 안내하고 기존의 마일리지 회원이 아닌 경우에는 신규가입을 할 수 있도록 해당 항공사 서비스 카운터의 위치 및 절차를 안내한다. 단, 유의할 점은 항공사별로 혹은 항공료별로 마일리지 적립 가능 여부

가 다르니 확인해야 하고 적립이 가능한지를 먼저 설명을 해줘야 한다.

끝으로 단체로 탑승수속을 할 경우는 마일리지 적립을 해주지 않으니 필요한 여행자들은 수속이 끝나고 나서 따로 마일리지 적립하는 항공사 카운터로 가서 적립을 해야 하며, 개별 수속을 할 경우는 탑승수속을 하면서 마일리지를 적립하도록 안내한다.

③ 출국 안내

① 인원 파악

탑승수속 후 출국 안내를 위해 근처의 여유 공간으로 이동한 뒤 인원 파악을 한다. 인원 파악을 하고 나서는 탑승수속을 하면서 받은 서류를 함께 확인하는 것이 좋다. 항공사에서 받은 탑승권은 이상 없는지 그리고 위탁수하물표는 있는지 등을 확인하고 난 후 탑승할 항공기는 몇 편인지, 탑승게이트는 어디인지 등 탑승권을 보는 방법과 수하물표도 잘 보관해야 하는 이유를 설명해야 한다.

② 일정의 개요 안내 및 출국 순서 안내

인원파악 및 탑승권과 수하물표에 대한 간단한 설명 후에는 출국절차에 대해 자세하게 설명한다. 출국은 '출국장 메인게이트 → CIQ 검사 → 출국라운지 대기(탑승대합실, 면세점) → 탑승'의 순으로 전개된다는 것을 설명하고, 단계별로 제시해야 할 서류, 주의사항 등에 대해서 구체적으로 설명한다.

단체 구성원의 소개와 여행일정, 특이사항 및 주의사항 등에 관해 간단하게 설명을 한다. 단, 공항사정 및 탑승수속의 지연 등 부득이한 사정에 의하여 시간이 없는 경우에는 탑승절차에 대한 안내만 하고 서둘러 출국절

🛫 그림 4-9_ 교통약자우대카드

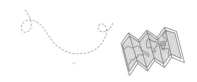

차를 진행한다. 또한 세관에 신고할 물품이 있는가를 확인하고 상황에 따라 검색대 통과 요령, 출국심사, 면세구역에 대한 설명과 주의사항을 안내한다.

탑승시간과 탑승구 번호를 재확인시키고, 특히 면세점에서 쇼핑하다가 탑승시간에 늦지 않도록 다시 한번 강조한다. 간혹 발생할 수 있는 탑승게이트의 변경에 대비하여 항공기 출발 정보 전광판과 안내방송에 주의를 기울여 탑승에 차질이 없도록 당부한다.

끝으로 시간 여유가 있고 상황이 허락된다면 여행자 상호 간 소개하는 시간을 갖도록 한다. 수배여행(인센티브 단체)의 경우에는 여행자들이 서로 알고 있는 경우가 많지만, 주최여행(패키지여행 단체)에서는 설명회에서 혹은 공항에서 처음 만나는 경우가 대부분이므로 기회가 된다면 참가자 명부를 보고 각자 자기소개를 간략하게 하도록 하는 것도 원활한 행사를 위해서 좋은 방법이다.

참고로, 70세 이상 혹은 교통약자를 위해 '교통약자우대카드'를 이용하는 방법인 패스트 트랙을 이용하는 절차를 안내한다(《그림 4-9》 참조). 이 방법은 승무원이 사용하는 문으로 출국수속을 할 수 있도록 한 것이다. 우대카드 한 장으로 보호자와 같이 최대 4명까지 동행할 수 있다.

③ 출국장소 이동

국외여행 인솔자는 가급적 여행자들과 함께 출국장소로 이동하여 출국절차를 밟는 것이 좋으나, 여행자 개인사유나 국외여행 인솔자의 업무가 남아있는 경우 자유롭게 수속절차를 마치고 공지된 탑승시간 및 탑승게이트를 재안내하고 시간에 늦지 않게 탑승게이트 앞에서 다시 집결하도록 한다.

④ 출국수속 및 탑승

① 세관신고(Customs)

고가품 혹은 제한된 물품을 신고하지 않고 출국할 경우에는 귀국할 때, 재반입 시 외

국에서 구입한 물품으로 간주되어 과세대상이 된다. 따라서 출국 시 신고를 하고 출국해야 한다. 세관신고가 필요한 물품으로는 귀국 시 재반입할 귀중품 및 고가의 물품, 수출신고가 수리된 물품, 특히 미화 1만 불을 초과하는 외화 또는 원화는 꼭 신고를 해야 한다.

1) 출국 시 외화신고

국내 거주자는 여행경비로 US$10,000를 초과하는 외화를 휴대 반출할 경우 세관 외환신고대에 신고하면 된다. 국외여행 인솔자도 여행비용을 가지고 출국할 때는 제한금액을 초과하지 않는지 파악하고 초과될 경우에는 필히 신고를 해야 한다. 출국 시 휴대 가능한 금액에 관한 사항을 미리 여행자들에게 안내해야 한다.

2) 휴대물품 반출신고(출국 후 재반입)

국내에서 사용하던 고가품의 물품을 가지고 나갔다가 다시 가져올 물품이라면 반드시 신고를 해야 한다. 신고는 탑승수속을 마치고 출국신고를 하기 전에 세관에 신고를 하며 '휴대물품반출신고(확인)서'를 받아야만 여행을 마치고 귀국편 입국 시에 과세를 면할 수 있다.

세관신고소는 국제선 출국장 안쪽에 위치하며 '여행자 휴대물품반출신고(확인)서' 양식에 품목, 수량, 가격을 작성하여 신고를 하고 출국해야 한다. 이 또한 여행자들에게 탑승수속을 마치고 출국수속 전에 공유하고 안내한다.

2 검역(Quarantine)

일반적으로 출국 시에는 대부분 생략되는 경우가 많다. 출국 시 검역확인은 의무가 아니기에 특별한 경우가 아니면 신고할 필요가 없다. 그러나 예방접종을 미리 받아야 하거나 오염지역으로 지정된 중남미나 아프리카 일부 지역 국가로 여행하는 여행자일 경우는 출국 전에 미리 예방접종을 받아야 한다. 따라서 여행사는 관련 여행상품을 판

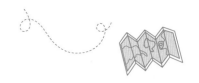

매할 때 미리 여행자들에게 예방접종에 대해 안내를 한다. 국외여행 인솔자 또한 예방접종증명서를 확인해야 한다. 만약 사전에 예방접종을 받지 않은 여행자가 있다면 공항에 도착해서라도 예방접종을 받을 수 있도록 국외여행 인솔자가 조치를 취해야 한다. 인천국제공항의 경우는 사전에 전화예약을 한 뒤 여객터미널 검역소 민원실에서 받을 수 있다. 예방접종증명서를 제출하지 않으면 항공사에서 탑승수속을 할 수가 없는 경우도 있다는 것을 유의해야 한다.

끝으로 반려 동물이나 식물을 가지고 출국할 경우에는 필히 검역신고를 해야 한다. 또한 목장을 경영하거나 종사하는 여행자들도 필히 출국 및 입국 시에 신고를 해야 한다. 국외여행 인솔자는 이러한 점을 고려하여 여행자들에 대한 인적사항을 잘 파악하여 단체여행에 차질이 없도록 한다. 검역관련 자세한 내용은 본서 9장을 참고하면 된다.

③ 보안검색(Security Check)

탑승수속 후 출국절차를 진행하기 위해서는 출국장 메인게이트를 통과해야 한다. 출국장 메인게이트를 통과하기 위해 여행자는 보안검색요원에게 여권·탑승권·E/D카드(한국국적 보유자는 예외)를 제시하여 본인 여부를 확인받고 통과한다. 보안검색 요원 없이 무인검색대로 대신 통과하기도 한다. 메인게이트를 통과하면 보안검색대가 나오는데 검색대로 이동하여 X-ray 등 검색장비로 휴대물품 등을 검사한다.

본인의 순서가 되면 휴대용 가방이나 주머니 속의 소지품(금속성 열쇠나 동전, 지갑, 라이터, 담배 등)을 비치되어 있는 바구니에 올려 금속탐지기를 통과하게 된다. 참고로 노트북이나 태블릿은 가방에서 꺼내두어야 한다. 하지만 X-ray 장비의 발달로 꺼내지 않고 검사하는 공항도 있으니 잘 살펴보면서 대응해야 한다.

검색이 강화되는 시기나 국가에서는 신발을 벗거나 허리띠까지 풀고 검색대를 통과하는 경우도 있다. 가위, 주머니칼(일명 맥가이버 칼 등) 등 기내 반입이 불가한 물품은 몰수 혹은 압수를 하게 된다. 이때 몰수되는 것이 싫으면 다시 나가서 항공사에 RI 봉투(Envelope for Restricted Item)에 담아서 따로 탑재하면 된다. 물품은 목적지 위탁수하물 수취장(Carrousel)에서 찾으면 되는데 물품보관증은 도착 후 수하물 수취장에서 물품을 찾을 때까지 보관하도록 한다.

끝으로 검색대를 통과하면서 주의해야 할 것은 분실사고이다. 특히 여행자들은 지갑이나 여권, 항공권 등을 두고 가는 경우도 있으니 분실물이 생기지 않도록 조심하도록 안내해야 한다.

4 출국심사(Immigration Inspection)

출국심사는 출국이 가능한 여행자인지를 심사하는 과정으로, 출국심사관은 여권의 유효기간과 위조여권의 여부를 조사하고, 방문국의 비자 필요 여부 확인, 체류기간의 확인, 심사대상자의 출국금지 및 정지 여부 등을 확인한다. 여행지는 출국심사대 앞에 대기하고 있다가 차례가 되면 개인별로 여권과 탑승권을 제시하고 심사를 받는다. 여권과 탑승권을 출국심사관에게 제출하여 여권의 사증란에 출국허가 스탬프를 받고 여권과 탑승권을 되돌려 받는다. 여기서 주의할 점은 대한민국 국민은 출입국카드를 제출하지 않지만 대한민국 국적 이외의 여행자들은 출입국카드를 제출해야 한다. 따라서 국외여행 인솔자는 일행 중에 외국인이 있을 때 확인해야 할 서류가 한 가지 더 있다는 점을 잊지 말아야 한다.

자료: 해외문화홍보원

🌀 **그림 4-10_** 자동출입국심사대

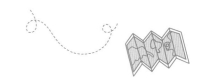

Step 01. 여권 판독	Step 02. 게이트 진입	Step 03. 지문 인식	Step 04. 안면 인식	Step 05. 입국·출국
여권의 인적사항면을 판독기에 올려놓으세요.	입구문이 열리면 게이트 안으로 들어가세요.	등록한 손가락을 지문 인식기에 올려놓으세요. 등록된 손가락은 화면에 표시됩니다.	안면 인식을 위해 카메라를 보세요.	출구문이 열리면 게이트 밖으로 나가세요.

자료: 법무부 홈페이지

➲ 그림 4-11_ 무인 자동출입국 심사절차

2008년 6월부터 공항에서 출입국심사를 받기 위해 장시간 대기하는 불편을 해소하고 국민의 해외여행 편의를 도모하고자 무인 자동출입국심사대를 설치하여 운영하고 있다(〈그림 4-10〉 참조). 심사절차는 〈그림 4-11〉과 같다. 현재 무인 자동출입국심사대가 설치된 공항은 인천국제공항, 김해국제공항, 김포국제공항, 제주국제공항, 대구국제공항, 청주국제공항이며 항만은 부산항과 인천항이다.

무인 자동출입국심사대는 출국 당일 등록센터를 방문하여 간단한 등록절차를 마친 후 바로 이용하여 출국이 가능하다. 이용대상은 대한민국 국민이면 만 7세 이상 누구

🌐 표 4-1_ **자동출입국심사 이용 가능 대상**

국민 (만 7세 이상)	만 19세 이상	사전등록절차 없이 바로 이용 · 단, 개명 등 인적사항 변경 및 주민등록증 발급 후 30년이 경과된 국민은 사전등록 후 이용
	만 7세~만 18세 이하	사전등록 후 이용 · 7세 이상 14세 미만은 법정대리인의 동의 필요(부모 동반 및 가족관계 확인 서류 필요)
외국인 (17세 이상)	17세 이상 등록 외국인(거소신고를 한 재외동포)	사전등록 없이 바로 이용
	17세 이상 단기체류 외국인	사전등록 없이 출국심사장에서 바로 이용 · 입국 시 바이오정보 미제공자는 이용 불가

자료: 법무부 홈페이지 및 인천국제공항 자료에 의거 재구성.

나 이용 가능하다. 단, 주민등록이 되어 있어야 한다. 17세 이상의 등록 외국인도 이용이 가능하다. 이용대상 및 이용방법을 정리하면 〈표 4-1〉과 같다.

⑤ 출국라운지 및 면세구역(Duty Free Zone)

출국라운지는 출국심사대를 통과한 여행자들이 항공기 탑승 전에 대기하는 장소이다. 여행자들이 항공기 탑승을 기다리면서 보내는 출국라운지에는 탑승게이트, 면세점, 항공사 라운지, 약국, 은행 등 각종 편의시설이 있는 장소이다. 여기서 국외여행 인솔자는 출국심사에 문제 없었는지 확인하고 여권과 탑승권 분실주의 및 답승게이트 및 탑승시간을 안내하고 자유시간을 갖도록 한다.

출국하는 여행자들의 쇼핑을 위해 면세점(duty free shop) 이용을 안내한다. 국내의 면세점은 출국장뿐만 아니라 입국장에서도 이용이 가능하다. 입국장 면세점에는 판매되는 품목의 수도 아주 적고 비용도 비싼 편이고 장소도 협소해서 이용이 불편하므로 가능한 출국장의 면세점을 이용하도록 사전에 안내를 하는 것이 좋다. 또한 출국라운지에는 시내의 면세점에서 구입한 면세품을 인도받을 수 있는 인도장이 있으므로 시내에서 면세품을 구입한 여행자들에게 인도장에서 교환증(exchange order)과 물품을 교환할 수 있도록 위치 및 절차를 안내한다.

끝으로 출국라운지의 각종 편의시설에 대해 안내하고 식사 안내를 하는 것도 빠뜨리지 말아야 한다. 특히 탑승 항공기가 식사 제공이 없거나 유료인 저비용 항공(LCC항공)이라면 항공기 탑승시간 등을 감안하여 식사 안내를 꼭 하도록 한다. 항공기 탑승 후에는 메뉴 및 가격 등 식사 해결이 만만치 않다.

⑥ 탑승구(Boarding Gate) 집결 및 탑승

국외여행 인솔자는 여행자들에게 고지한 탑승시간보다 10여분 전에 탑승게이트에 와서 인원 파악 및 여권, 탑승권(Boarding Pass) 등을 체크하면서 탑승 준비를 해야 한다. 인솔자는 항상 미팅시간보다 일찍 장소에서 기다려 줘야 동행하는 여행자들이 안심을 한다. 또 국외여행 인솔자는 출국라운지에서의 휴식 중에도 탑승구가 임의로 변경되는

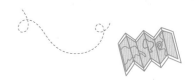

경우가 있을 수 있으므로 출발정보를 알려주는 전광판을 통해 탑승게이트를 수시로 확인하고 안내방송에 주의를 기울여야 한다.

탑승 시에는 탑승권만을 필요로 한다. 따라서 다른 물건들은 손가방에 잘 보관하도록 한다. 국외여행 인솔자는 탑승게이트(boarding gate)에서 여행자의 탑승을 인도하고, 모두 탑승하는지 확인한 후에 탑승하는 것이 원칙이다.

탑승시간이 되어도 나타나지 않은 여행자(No-show 여행자)가 있을 경우에는 여행자에게 직접 연락을 하고 동시에 출국수속을 했는지도 파악한다. 연락이 안 되면 공항의 방송담당자나 항공사에 부탁하여 '사람찾기'(paging)를 한다. 게이트 문이 닫힐 때까지 안나타나면 여행사에 통보하여 추후 진행을 부탁하고 인솔자는 탑승을 한다.

⑤ 기내 업무(inflight work)

탑승 및 이륙 후에는 국외여행 인솔자가 여행자와의 관계 형성을 할 수 있는 시간이다. 더불어 방문하는 국가의 입국을 준비하기도 한다. 우선 기내에서 일행들의 이름과 얼굴을 기억하고, 건강상태를 파악하는 등 여행자들에게 관심을 가져야 한다. 이는 인솔자가 여행자를 세심히 배려한다는 인상을 줄 수 있다. 또 여행자들의 관심 분야가 무엇인지도 알 수 있는 기회도 생기게 된다. 따라서 출입국카드 작성도 도와주고 승무원들의 협조를 받아 여행자들이 원하는 편의를 제공하여 여행자들이 좋은 인상을 갖도록 노력하는 자세가 필요하다.

한편, 기내 환경은 건조한 편이다. 기내의 습도는 약 10~20% 내외로 유지되어 건조하다. 낮은 습도로 인해 피부와 눈 그리고 코의 점막이 건조해져 불편함을 느낄 수 있으니 생수 등 음료를 자주 마시는 것을 권장한다. 또 온도는 약 23~25℃ 정도로 유지되나, 서늘함을 느낄 수 있으니 가벼운 겉옷을 하나 준비하면 좋다. 참고로 대한항공이나 아시아나항공과 같이 FSC 항공사는 담요를 무료로 제공하지만 저비용 항공사(LCC)는 담요를 유료로 제공한다. 이러한 정보들은 여행자들하고 공유하여 대비하도록 한다. 이밖에 기내에서 제공하는 항공사의 부대 서비스 차이를 공유해야 한다.

① 인원 확인 및 좌석 조정

탑승 후에는 여행자 모두가 탑승을 했는지 확인하는 한편, 부부·연인·친구 등 가까운 사람들이 옆자리에 앉았는지 확인한다. 항공사 좌석 배열은 홀수가 많기에 종종 좌석이 떨어지는 경우가 있는데 탑승수속 과정에서 잘 안되었을 경우에는 기내에서 옆사람의 협조를 받아 좌석을 조정하도록 한다.

참고로 이륙 이전에 좌석 배정이 안 된 경우에는 이륙 후 기내 안전벨트 사인이 꺼진 후 좌석을 조정할 수 있다고 안내하고 각자 지정 좌석에 앉도록 안내한다. 이때 유의할 것은 기내는 항공사의 객실승무원(flight attendant)들의 관리영역이므로 필요한 경우를 제외하고는 가급적 나서지 않는 것이 좋다.

② 여행자들과 의사소통

앞서 언급한 바와 같이, 기내에서는 여행자들과 유대관계를 돈독히 할 수 있는 좋은 기회를 제공한다. 기내의 안전벨트 착용사인이 꺼진 후 기내에서 여행자들의 자리를 재확인하고 좌석 조정 등 불편사항을 체크하고 필요사항을 안내하며, 여행 관련 질문 등에 답변을 하며 유대관계를 쌓을 수 있는 기회이다. 착륙지점까지의 소요시간, 시차, 기내식과 음료, 제반 설비의 위치나 이용법을 알려주고, 갑작스러운 기류변화에 대비하기 위해 안전벨트를 다소 느슨하게 해서 항상 착용하도록 안내한다.

또 여권이나 여행자리스트, 좌석 배치 등을 통해 여행자의 얼굴과 이름을 숙지하며, 패키지여행의 경우 단체를 인솔하는 데 도움이 되는 단장이나 총무로 뽑을 여행자를 마음속으로 정해두고 목적지에서 당사자에게 협조를 구할 수 있도록 한다.

③ 객실승무원(flight attendant)과의 협의

기내에서는 승무원의 관리영역을 침범하지 않는 범위에서 필요한 협조를 구한다. 객실승무원에게 자신이 국외여행 인솔자라는 것을 이야기하고, 본인과 동행하는 일행들의 좌석 위치 및 인원수를 알려주면서 목적지의 E/D 카드 및 세관신고서 등의 입국서

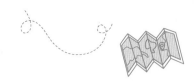

류를 요청하여 작성하도록 한다.

또 기내식이 나오는 대체적인 시각 및 메뉴를 문의하면서 일행들의 식사를 챙겨주도록 한다. 예를 들어 채식만 하는 여행자 등을 파악해서 기내식과 관련해서 혹은 환자가 발생했을 경우 승무원의 빠른 협조가 필요하니 승무원과 좋은 관계를 유지해야 한다.

④ 출입국신고서와 세관신고서 작성

방문지의 출입국신고서 및 세관신고서는 여행자가 직접 작성해야 하나, 노인·어린이

자료: 아시아나항공사 홈페이지

🌀 그림 4-12_ 미국의 세관신고서

와 같이 도움이 필요한 경우에는 국외여행 인솔자가 작성을 도와주되, 서명은 여행자가 직접 하도록 하는 것이 원칙이다. 출입국신고서 기재에 요구되는 사항은 나라마다 유사하지만 국가별 질문이 다른 것들도 있으니 출발 전에 미리 확인해야 한다. 참고로 대한민국을 제외하고는 영문으로 작성해야 한다.

대부분의 국가에서 출입국신고서는 다음 사항들에 대해서 기입할 것을 요구한다.

- 성(sur name, last name, family name), 이름(first name, given name), 성별(sex, male/ female)

출입국 신고서

❶ 성
❷ 이름
❸ 여권번호
❹ 비행기편 번호 혹은 선박 이름
❺ 호주 내에서 체류할 주소
❻ 다음 12개월 동안 호주에 머물 계획이십니까?

❼ 당신이 호주 시민이 아니라면: 결핵을 앓고 있습니까? 범죄 전과가 있습니까?
❽ 서명
❾ 날짜: 일, 월, 년
❿ 호주 국내의 연락처: 전화, 이메일 또는 주소
⓫ 비상연락처(가족 또는 친구의 이름, 이메일, 전화, 우편번호)

⓬ 탑승지
⓭ 직업
⓮ 국적
⓯ 생년월일
⓰ 방문자 혹은 임시 거주자
⓱ 호주에서의 예상 체류기간
⓲ 영구거주 국가명
⓳ 호주를 방문하는 주요 이유

자료: 아시아나항공공사 홈페이지

🔖 **그림 4-13_ 호주의 출입국 카드**

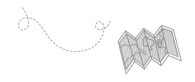

- 생년월일(date of birth), 국적(nationality), 출생지(place of birth)
- 여권번호(passport number), 여권만료기한(date of expiration), 여권발급지(place of issue)
- 여행목적(purpose of visit)
- 체류지(address in), 체재기간(intended length of stay)
- 이용 항공기편명(flight no. 입국 & 출국 항공)
- 비자번호(visa no.), 비자유효기간(date of expiration): 단, 비자 관련은 필요한 경우에만 작성한다.

참고로 전 세계 국가들이 대한민국처럼 출입국카드를 점점 생략하는 추세이니 국외 여행 인솔자는 목적지 국가의 입국서류가 무엇인지 항상 확인하는 습관이 필요하다. 출입국신고서만으로 입국을 허용하는 국가가 있는 반면, 일부 국가에서는 세관신고서도 함께 작성해서 입국심사대에 여권 및 출입국카드와 같이 제출해야 하는 국가도 있다. 또 출입국카드는 필요 없고 세관신고서만 제출하는 경우도 있으니 늘 미리 정확하게 파악하고 대응을 하도록 한다.

⑤ 목적지 도착 전 준비사항

국외여행 인솔자는 목적지 도착 1시간 전에 여행자들에게 항공기에서 하기 후 해야 할 행동에 대해 안내한다. 먼저 도착 잔여시간을 알리고 입국에 필요한 출입국카드, 세관신고서, 검역설문서 등을 제출해야 하니 하기 후 개별 행동을 삼가도록 하고 집결을 요청한다. 그리고 하기하면서 여권 등과 같이 휴대한 물품을 잊지 않도록 하고. 특히 면세점에서 구매한 물품에 대해 상기시켜야 한다.

국외여행 인솔자는 여행자보다 먼저 하기를 할 수 있도록 준비한다. 이를 위해 가급적이면 여행자들보다 앞자리에 앉도록 해야 한다. 이는 하기 후 여행자들이 집결하고 나면 입국 관련 서류를 배부하고 단체로 같이 이동하는 것을 여행자들에게 주지시키기 위해서이다.

한편 하기하는 장소가 목적지가 아닌 경유지라면 하기 후 집결한 곳에서 Transit(경유) 또는 Transfer(환승)에 따른 순서나 수속 방법에 관하여도 간략하게 안내를 한다.

6 경유 및 환승

여행시장의 환경 변화와 더불어 항공사 간 다양한 업무제휴 및 노선확충을 위하여 경유(transit)지역을 통과하는 스케줄이 많으므로 국외여행 인솔자는 경유지역의 입국과 환승(transfer)에 대해 정확한 정보를 가지고 있어야 한다. 이용하는 항공기가 목적지까지 직항편이 아니고 중간지점을 경유하여 목적지까지 가는 경우가 있는데, 이때 이루어지는 업무를 경유지 업무라고 한다. 경유지 업무에는 잠시 쉬었다 가는 경유(transit)와 항공기를 갈아타는 환승(transfer)의 두 가지로 구분된다. 경유는 항공편명이 바뀌지 않으나 환승은 항공편명이 바뀔 뿐만 아니라 새로 탑승수속을 해야 한다.

1) 경유(Transit)

최종 목적지까지 쉬지 않고 가는 직항편이 아니라 중간의 한 지역이나 국가의 공항을 거쳐서 이동하게 되는 것을 경유라고 한다. 이때 경유하는 공항이 목적지인 승객은 하기하여 경유국으로 입국하지만 다음 목적지까지 가는 승객은 잠시 하기하여 공항의 면세구역에서 기다린 후 재탑승을 하게 되는데 이를 경유(transit)라 한다. 다시 말해서, 같은 항공기를 계속해서 타고 가는 경우인데, 이는 항공사 승무원의 교대나 항공기 내의 청소, 연료보급, 중간 기착지 승객의 탑승 등을 이유로 중간 기착지를 경유하게 된다. 경

자료: https://www.indianairmails.com/misc-material.html

🛩 **그림 4-14**_ Transit Card

유하는 승객에게는 〈그림 4-14〉에서 보는 것과 같은 탑승권(transit card)을 교부한다. 혹은 기존의 탑승권을 보여주고 탑승하는 경우도 있으니 탑승권을 잘 보관하는 것이 좋다.

하기 후 국외여행 인솔자는 여행자들에게 탑승시간과 게이트번호를 엄수하도록 안내하고 경유시간에 따라 자유시간을 결정해서 알려준다. 대기시간 중 면세점 이용이 가

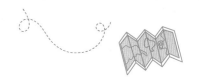

능하므로 목적지 국가의 통화, 환율, 면세범위 및 추천상품 등을 알려주고, 하기 때 받은 Transit Card 및 여권 관리에 유의하도록 한다. 탑승시간이 되면 여행자들의 탑승을 확인하고 탑승 후 기내에서 다시 한번 인원 파악을 한다.

참고로 도중 경유지에 도착하면 비행기에서 내려서 면세구역에서 대기하지 않고 기내에서 대기하는 경우도 있으니 확인 후 공유해야 한다.

○ 경유 업무

- 경유지의 도시명, 공항명, 탑승 및 출발시각, 시차 등을 안내한다.
- 하기 시 모든 소지품은 반드시 휴대하도록 안내한다(분실 우려 및 기내 청소).
- 시계를 현지시간에 맞추도록 한다(탑승시간은 현지시간으로 이루어진다).
- 탑승 예정시각을 전달하고 탑승 안내방송에 항상 귀를 기울이도록 한다.
- 하기하면서 교부받은 탑승권(transit card)은 탑승할 때까지 잃어버리지 않도록 안내한다. 단, 기존의 탑승권으로 진행되는 경우도 있으니 유의해야 한다.
- 탑승게이트를 미리 알고 있는 경우 하기 시 혹은 하기 후 여행자에게 안내한다. 단, 특별한 사정이 없다면 경유 시의 탑승게이트는 통상적으로 하기한 게이트와 동일하다.
- 쇼핑하는 경우 거스름돈은 가급적 최종 여행국가의 통화나 미국 달러로 받도록 안내한다.
- 경유지에서 여행자의 쇼핑에 관한 정보를 제공한다(통화단위, 환율, 면세범위, 특산품 등).

2) 환승(Transfer)

최종 목적지까지 직접 가지 않고 중간에서 다른 항공기로 갈아타는 경우가 있다. 이를 환승(transfer)이라고 한다. 예를 들어 아프리카 요하네스버그까지 직접 가는 항공편이 없기에 홍콩까지는 대한항공(KE)을 타고 가고 홍콩에서 남아프리카 항공(SA)으로 바꿔타는 경우를 말한다.

환승하는 경우에는 〈그림 4-15〉에서 보는 것처럼 경유지 공항의 해당 항공사 환승수속 카운터(면세지역에 위치)로 가서 탑승수속을 마친 후 발급받은 탑승권을 여행자에게 전

달하고, 탑승시각과 탑승게이트를 알려준다.

위탁수하물은 출발지 항공 카운터에서 최종 목적지로 일괄수속(through check-in)을 하는게 일반적이지만 환승 카운터에서 탑승수속을 할 때 위탁수하물표를 제시하고 재확인해야 한다. 환승 시에 위탁수하물의 분실이 생길 확률이 높으니 꼭 재확인을 하도록 한다. 참고로 출국할 때 일괄수속

자료: https://news.abs-cbn.com/business

🔄 그림 4-15_ 환승 카운터(tranfer counter)

을 해서 환승탑승권(boarding pass)을 가지고 있을 때는 환승수속 카운터에서 탑승수속을 하지 않고 환승수속 카운터에서 수하물만 재확인하고 탑승시간에 맞춰서 바로 탑승게이트로 가면 된다.

환승의 경우에는 탑승 터미널이 종종 바뀌기도 하기에 이동방법을 확인해 두어야 한다. 통상적으로 서로 다른 대륙에서 오고 갈 경우에 탑승 터미널이 바뀌는 경우가 있다. 예들 들어 아시아 대륙에서 와서 미주대륙을 거쳐 유럽 대륙으로 가는 경우가 그러하다. 반면에 아시아 대륙에서 와서 유럽 대륙을 거쳐서 유럽 대륙으로 간다면 터미널은 바뀌지 않는 경우가 많다. 또한 국제선에서 국내선으로 갈아탈 때에는 입국수속이 필요하지만, 국제선에서 국제선으로 갈아탈 때에는 입국수속 없이 Transit Area에서 연결편의 탑승수속만으로 끝난다. 단, 미국을 경유할 경우에는 반드시 입국수속이 필요하다. 따라서 환승할 경우에는 터미널 이동을 하는지, 이동하면 이동방법은 무엇인지, 입국 수속은 하는지 등을 미리 확인해 두는 것이 좋다. 현장에서 우왕좌왕하는 모습은 결코 좋은 모습이 아니다.

경험이 적은 국외여행 인솔자가 제한된 시간 안에 처리해야 할 일이 많고 생소하여 업무처리의 어려움을 실감하는 곳이 환승 부분이다. 국외여행 인솔자들이 가장 많은 긴장을 하게 된다. 하지만 공항별, 국가별 혹은 상황별에 따른 정보를 정확하게 알고 있으면 걱정하지 않아도 된다.

끝으로 유의할 점은 환승수속은 최소한의 시간이 필요하다는 사실이다. 다음 구간의 탑승수속시간, 환승터미널 이동시간, 항공기의 지연도착 등의 시간 문제가 발생할 수 있으므로 최소환승시간(minimum connecting time: MCT)에 주의해야 한다. 특히 연결편이 지연

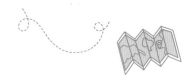

될 경우는 문제가 심각할 수 있다. 단체여행의 경우에는 최소한 약 1시간 30분은 필요하다. 터미널이 바뀌거나 혹은 이동시간이 넉넉하지 않다면 국외여행 인솔자는 필히 탑승게이트까지 여행자들과 같이 이동을 하도록 한다. 시간적인 여유가 있더라도 탑승게이트에 도착하고 난 후 자유시간을 제공하고 탑승시간에 맞춰서 탑승하도록 한다.

센스 있는 인솔자가 되는 팁 _ 좌석 배정

단체여행을 진행하며 국외여행 인솔자가 난감한 상황에 처하는 경우가 종종 있는데, 그중의 하나가 좌석 배정이다. 예를 들어 신혼부부가 신혼여행으로 장거리 여행을 하는데 좌석이 떨어졌을 경우 난감한 상황이 된다. 장거리 여행, 즉 장시간을 기내에서 보내야 하는데 부부, 연인, 가족, 친구들과 떨어져 앉게 되고 오히려 전혀 모르는 사람이나 불편한 좌석에 앉게 되는 것을 불편해하는 것은 당연한 일이다.

항공기의 좌석 배열은 3-3 배열 혹은 3-4-3 배열로 홀수가 많고 개별 항공권을 구매한 사람들은 단체 좌석보다 빨리 사전 웹체크인이 가능하기에 본인들이 원하는 좌석으로 배정을 하니 단체 좌석들은 분리되는 상황이 만들어진다.

불과 얼마 전까지 단체 좌석은 항공사에서 적당히 배정해 주었다. 일반적으로 맨 뒷좌석부터 단체 좌석으로 배정을 하는데 이렇게 블록작업(block work)에서 멈추는 것이 아니고 아예 탑승권(boarding pass)까지 발급하는 경우도 많았다. 그러면 국외여행 인솔자가 블록된 좌석 안에서 재조정을 하면 되었다. 물론 지금도 항공사별로 다르기는 하지만 탑승권 발급은 안하더라도 블록작업을 해주는 경우도 있다.

지금의 추세는 보안 문제 및 개인수하물의 안전 문제 등으로 개별 수속을 원칙으로 하고 있으며 시차를 두고 개별 손님이나 단체여행자들에게 온라인상에서 웹체크인(web check-in)을 할 수 있도록 하고 있다. 또한 최소 24시간 전부터는 탑승수속(early check-in) 제도를 만들고 키오스크(KIOSK, 무인탑승수속기)를 이용하는 분위기에서 국외여행 인솔자로서는 단체 좌석을 원하는 곳으로 배정을 하는 것이 쉽지 않다.

국외여행 인솔자는 좌석 배정 시 본인만의 원칙을 가지고 있어야 한다. 예를 들어 좌석 배정을 미리 할 수 없는 상황일 경우에는 출국 당일 공항에서 탑승수속을 하면서 하거나 지인끼리 바꾸거나 혹여 제대로 배정이 되지 않을 경우 기내에 탑승을 한 후 조정을 하는 것이 좋다. 또한 단체 좌석도 웹체크인이 가능하므로 항공권별로 웹체크인 가능시간을 체크해서 시간에 맞춰서 좌석 배정을 해야 한다. 가장 기본적인 원칙은 여행자들과 상의하고 배정하는 것이 좋다.

좌석 배정의 원칙
- 항공기의 좌석 배열 및 화장실 같은 서비스 시설의 위치를 파악해 둬야 한다.
- 단체는 일반적으로 항공기 맨 뒤쪽에 배정을 받는다. 항공사가 단체 좌석에 블록작

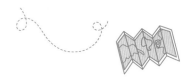

업을 해두었을 경우는 블록 내에서 좌석을 배정한다. 블록작업이 안 되어 있으면 개별 체크인 혹은 사전 웹체크인을 이용해서 원하는 사람끼리 좌석을 배정한다.

- 대부분의 여행자들은 창문 쪽 좌석을 선호한다. 하지만 단체 좌석은 좌석을 늦게 배정받기에 원하는 좌석에 앉는 것이 쉽지 않다는 것을 안내하고 여행을 계속하면서 기회가 있을 때마다 가급적 원하는 좌석을 앉힐 수 있도록 노력하겠다고 안내를 한다.
- 부부·가족·친구끼리는 반드시 옆자리로 배정한다(특히 연인 및 신혼부부에게는 주의를 기울여야 한다).
- 화장실을 자주 가고 다리를 펼 수 있기에 고령자는 복도쪽과 화장실이 다소 가까운 좌석으로 배정한다.
- 대화가 가능하도록 연령층이 비슷한 여행자들을 옆좌석에 배정한다.
- 여행자의 성향 파악이 어려우면 Rooming List에 의해 좌석을 배정한다.
- 수배여행(인센티브 단체) 팀이라면 팀 리더의 조언을 구하고, 연령·조건이 모두 비슷할 때에는 3~4명을 1조로 나누어 단원끼리 또는 조원끼리 좌석을 배정하는 방법이 합리적이다.
- 기내의 중간에 있는 서비스실이나 화장실에 가까운 자리는 사람들의 출입이 많기 때문에 불안정하므로 좌석 배정 시 주의를 요한다. 예민한 성격의 여행자들은 피해서 배정한다.
- 좌석배정표를 만들어 관리하면 기내에서 여행자의 성명을 외우기 좋고, 차후 좌석 배정 시 참고가 된다.
- 국외여행 인솔자 좌석은 동행하는 여행자들보다 앞자리의 통로(복도)측에 배정되도록 한다. 복도측에 있어서 여행자들에게 신속한 서비스를 제공할 수 있을 뿐 아니라, 항공기에서 가장 먼저 내려 미팅장소를 정해 여행자를 맞이하고 입국수속을 안내해야 하기 때문이다.

참고로 사전 좌석 배정은 항공권을 구매한 경우 제공되나 공동운항편(code share), 부정기편 등은 제외된다. 다만, 단체항공권은 사전 좌석 배정이 되는 경우도 있고 안 되는 경우도 있으니 미리 확인해야 한다. 또 추가 비용을 내거나 항공사 마일리지로 좌석 등급을 업그레이드하려는 여행자가 있는지 살펴보는 것도 좋다. 이는 개별적으로 확인하는 것이 좋다. 동행하는 사람들을 의식하기 때문이다.

Chapter

05

입국업무

항공기가 현지에 도착(arrival)하는 경우는 중간 경유지에 도착하는 것과 최종 목적지에 도착하는 두 가지가 있다. 여기서는 최종 목적지에 도착하는 것을 기준으로 알아본다. 최종 목적지 공항에 도착하면 항공기에서 내린 후 검역 → 입국심사 → 세관검사의 순으로 입국수속이 진행되는 것이 일반적이다. 이 기본적인 절차의 흐름을 알아보도록 한다.

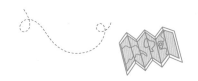

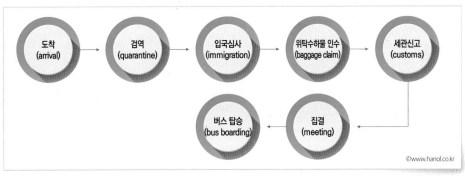

입국 흐름도(arrival process)

1 도착(arrival)

국외여행 인솔자는 가급적 가장 먼저 내려서 적당한 미팅장소를 정해 대기하다, 하기하는 여행자들을 집결시킨 후 모두 항공기에서 내렸는지를 확인하면서 인원 확인을 한다. 이때 중요한 것으로 종종 기내에 휴대품을 두고 나오는 경우도 있으니 여권과 같은 귀중품 및 면세점에서 구매한 물품 등 분실물이 있는지 확인해야 한다. 인원과 휴대품에 이상이 없는 것을 확인하고 나서 여행자들에게 기내승무원에게 받아 작성한 입국서류(출입국카드, 세관신고서, 검역신고서 등)를 배부하고 여권과 함께 소지하도록 한다. 재차 인원 및 서류를 확인한 후 입국심사장으로 향한다. 이때 국외여행 인솔자는 한국에서 출발한 유사한 여행단체와 겹치기도 하여 다른 한국 여행단체를 쫓아가다가 본 여행단체와 떨어지게 된 여행자들이 있을 수 있어 전원이 잘 이동하는지 유의하면서 천천히 걷도록한다. 특히 고령자가 많을 경우에는 더 천천히 걷도록 한다.

처음 출장이고 대도시 공항이라 방향을 잘 알 수 없을 경우 여행인솔자는 단체의 선두에서 침착하게 주위를 관찰하면서 천천히 걷는다. 걷다 보면 입국심사장 안내표지(sign)를 찾을 수 있다. 이 사인은 국가별로 다르지만 일반적으로 Immigration, Arrival, Passport Control, Baggage Claim, Exit, Way Out 등으로 표기되고 있다(《그림 5-1》참조). 공항의 입국장에서 헤매거나 엉뚱한 출구로 인솔하여 고개를 갸우뚱거리거나 하면 여행자로부터 신뢰를 잃을 수 있다. 도착한 공항이 복잡하다고 생각되면 입국서류를 나눠주고 화장실을 다녀오도록 하게 한 뒤 주변을 탐색하는 것도 방법이다. 또 항공기

🛫 그림 5-1_ 입국장 안내표지

에서 내려 옆에 항공사 지상 직원들이 있다면 그 직원들에게 물어보는 것도 좋은 방법이다.

끝으로 이동하기 전에 간단하게 입국 과정을 설명하도록 한다. '검역 → 입국심사 → 위탁수하물 수취 → 세관통과 → 입국'의 과정으로 이루어진다는 것을 설명한다. 입국심사대를 지나 위탁수하물 찾는 곳이 있다는 것을 설명하고, 이곳에서 짐을 찾아 다시 모일 것을 확인시킨다. 개별행동을 삼가야 함을 주지시킨다. 수하물을 찾은 후 일행이 모두 함께 세관을 통과하여 입국장 출구를 나와 현지 가이드와 미팅하도록 한다.

② 검역(quarantine)

대부분의 국가들에서 검역은 특별한 경우를 제외하고는 생략하는 추세이나 실시하고 있는 국가도 있다. 인원 체크 후 입국심사대로 이동하다 보면 첫 번째로 검역신고대가 나타난다. 검역은 예방접종증명서를 보여주거나 기내에서 승무원이 나눠진 검역서류가 있다면 작성해서 제출한다. 하지만 특별한 경우만 적용된다.

유럽은 다른 대륙의 첫 도착지에서 한 번만 검역을 받으면 된다. 유럽 내를 이동할 때는 일반적으로 검역이 필요 없다. 또한 출발지와 경유지에 따라 같은 나

자료: 중앙일보

🛫 그림 5-2_ 열화상 카메라

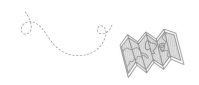

라에 입국할 경우에도 예방접종증명서 제출 여부에 차이가 있다. 따라서 예방접종증명서가 필요한 나라는 검역정보 등에서 사전에 조사해 두고 준비를 하는 것이 필요하다.

참고로 한국으로 귀국할 경우에는 통상적으로 검역은 생략되나 감염병 발생지역이나 의심지역을 여행하고 돌아오는 여행자는 검역질문서를 작성한 후 제출해야 한다. 최근 대부분의 국가는 국제공항에서 승객들의 감염병 여부를 검사하기 위해 열화상 카메라를 설치 운영하여 검역을 실시하는 추세이다.

③ 입국심사(immigration inspection)

입국심사는 입국심사대에서 해당 국가의 입국 허가를 받는 과정이다. 출입국심사대(immigration)의 입국심사관에게 여권과 출입국카드를 제시하면 여권의 사증란에 입국스탬프를 찍어준다. 유럽에는 출입국카드를 사용하지 않는 국가가 많으며, 여권을 제시하는 것만으로 입국수속이 완료된다

🍂 **그림 5-3**_ 유럽 국가의 입국심사대

입국심사대는 일반적으로 'Immigration' 또는 'Passport Control'이라고 표기되어 있으며 이 입국심사대는 '내국인'(resident) 또는 'Nations', 'Foreigners', 'Aliens' 등으로 구분되어 있다. 유럽연합에서는 'EU Passport'와 'Other Passport'로 구분하고 있다(《그림 5-3》 참조).

입국심사는 개별 심사로 이루어지며 통상적으로 정형화된 몇 가지 질문을 하는 경우가 많다. 입국심사관이 방문목적, 체류기간, 투숙하는 호텔 혹은 돌아가는 항공권 유무 등 여행과 귀국 관련 질문을 하는 경우가 많아 이에 대비하고 여행자들과도 공유하는 것이 좋다.

입국심사를 단체로 하는 경우도 있는데 이는 중국여행을 하는 단체관광자의 경우에

해당된다. 그 이유는 비자가 단체비자라서 단체로 입국심사를 받기 때문이다. 하지만 중국에서 개별비자를 받는 경우는 입국심사도 개별 심사를 받는다. 단체비자를 가지고 있어 단체로 수속을 해야 할 경우 개별 여행자 입국수속과는 다르다. 단체비자로 목적지에 입국하는 과정을 정리하면 다음과 같다. 국외여행 인솔자는 여행자와 함께 단체수속 카운터(GROUP)로 이동하여 정렬 후 입국수속 방법을 안내한다.

🔵 단체 입국 방법

- 단체수속 창구 앞에 단체비자 리스트 순서대로 여행자를 정렬한다.
- 맨 앞사람(팀 대표자 혹은 인솔자)이 단체비자의 원본과 사본 그리고 여권을 제출한다.
- 맨 앞사람이 투숙 호텔 및 체류기간 등 관련 질문에 대답한다.
- 2번째 사람부터는 본인 확인 작업만 한다(즉 여권만 제출하고 돌려받고 나오면 된다).
- 맨 마지막 사람도 마찬가지로 여권을 제출하면 된다. 이때 입국심사관은 수속을 마치면 맨 마지막 사람에게 여권과 단체비자의 사본을 돌려주는데 그것을 받아서 나오면 된다.

국외여행 인솔자는 단체비자 사본을 받아서 보관하고 있다가 출국 시 사본을 제출하여 출국수속을 한다. 이때 중국에서 출국 시에는 입국 시와 동일하지만 비자 사본을 돌려주지 않는 차이가 있다.

최근에는 테러와 범죄 예방 차원에서 새로운 입국심사 절차(개인식별 정보 제공 의무화)를 도입하여 입국하는 모든 여행자를 대상으로 지문채취와 안면사진을 찍고 있으며 점차 전 세계로 확산되는 추세이다. 이를 바탕으로 대한민국을 비롯하여 많은 국가들이 자동출입국 관리시스템 구축을 확산하는 추세이다.

무비자 방문 국가수		
일본	1	193개국
싱가포르	2	192개국
한국, 독일	3	191개국
이탈리아, 핀란드, 스페인, 룩셈부르크	4	190개국
덴마크, 오스트리아	5	189개국
스웨덴, 프랑스, 포르투갈, 네덜란드, 아일랜드	6	188개국
스위스, 미국, 영국, 벨기에, 뉴질랜드	7	187개국
노르웨이, 그리스, 몰타, 체코	8	186개국
캐나다, 호주	9	185개국
헝가리	10	184개국

자료: 헨리앤드파트너스

🔄 그림 5-4_ 글로벌 여권 순위

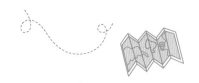

한편, 대한민국 국민이 해외여행을 하면서 순수 관광목적으로 방문할 경우에는 대부분의 국가에서 입국허가서라고 할 수 있는 비자 없이 입국이 가능하다. 한국과 비자 면제 협정을 체결한 국가가 191개국(2021년 기준)으로 '글로벌 여권 순위'가 3위로 평가되고 있다. 하지만 중국, 인도 등 비자를 발급받아야 입국이 가능한 국가도 있으므로 비자를 확인하는 것이 좋다.

참고로 몇몇 국가들은 이른바 '도착비자'(Visa On Arrival: VOA)라고 해서 입국심사할 때 비자를 발급해주기도 한다. 따라서 도착비자를 받을 경우에는 미리 서류 준비에 이상이 없도록 해야 한다. 예를 들어 비자가 필요한 인도도 도착비자제도를 운영하고 있다. 도착비자를 받으려면 VOA 창구로 가서 여권 및 입국카드 그리고 200루피에 해당하는 비자신청료와 도착비자신청서를 제출하면 된다. 참고로 VOA 창구는 통상 입국심사대 근처에 있다.

④ 위탁수하물 인수(Baggage Claim)

입국수속 후 항공사에 위탁한 수하물(checked baggage)을 수령해야 하는데, 이를 위해서는 입국장 안 턴테이블(turn table) 부근에 있는 수하물 도착 안내전광판에서 이용 항공편(Flight Number)이나 탑승 도시명으로 수하물 수취대(Baggage Claim) 번호를 확인하여 여행자에게 안내한다. 수하물 도착 안내전광판은 입국심사대 근처에 있는 경우도 있다.

① 수하물 확인

여행사 수하물표(baggage tag)나 여행자가 개인적으로 해두었던 표시 등으로 자신의 수하물을 확인할 것을 안내하고 장소를 지정하여 집결하도록 한다. 이때 수하물의 확인 작업은 필히 여행자 본인이 해야 한다고 안내하고, 수하물의 파손 혹은 내용물의 분실 등도 확인할 것을 안내해야 한다. 또 가방의 색이나 형태만으로 자신의 것이라 판단하여 들고 나가는 경우가 있으므로 반드시 주의를 하도록 한다. 수하물 확인 작업을 하면서 분실 혹은 파손 등의 문제가 있는 경우에는 반드시 세관을 통과하기 전에 해당

항공사에 신고하여 보상 및 배상을 받도록 한다. 통과 후에는 안 된다라는 점을 유의해야 한다.

② 파손과 분실

모든 위탁수하물을 온전한 상태로 인수할 수 있어야 하지만, 가끔씩 수하물이 파손되거나 분실 및 지연도착되는 경우가 발생한다. 국외여행 인솔자는 수하물 사고를 당한 여행자와 함께 해당 항공사의 수하물 분실신고 사무소(Lost & Found Office)로 이동한 후 수하물 사고보고서(Property Irregu-

그림 5-5_ Lost & Found Office

larity Report: PIR) 작성과 관련해서 안내를 해야 한다(〈그림 5-5〉 참조). 신고 시에는 여권과 탑승권, 항공권, 수하물표 등이 필요하다. 작성한 수하물 사고보고서 1부는 분실된 짐이 도착할 때까지 혹은 보상을 받을 때까지는 보관해야 한다.

수하물 파손 및 내용물 분실 등에 따른 보상 및 배상은 항공사별로 다르다. 예를 들어 파손이 발생하면 대한항공 같이 가방을 교체해주기도 하지만 현금으로 주기도 한다. 또 여행자보험으로도 보상받을 수 있으니 사고보고서를 잘 보관해야 한다.

수하물의 지연 도착은 항공 환승을 하는 경우에 주로 발생하지만 그렇지 않은 경우에도 가끔씩 발생한다. 다음 비행기로 하루나 이틀, 혹은 3일 이상도 늦어지는 경우가 있다. 이런 경우에 지연 도착한 수하물은 요청하면 항공사에서 호텔이나 원하는 장소로 배달해준다. 이때 공항의 소재지에서 즉시 이동하는 경우에는 수하물이 도착하면 어디로 배달해야 하는지를 알려둘 필요가 있기에 국외여행 인솔자는 숙박 예정인 호텔명·전화번호 등을 통보한다.

끝으로 지연 도착이 많은 항공 노선이나 지역은 필히 위탁수하물이 없어도 하루 이틀 정도는 견딜 수 있도록 개별 수하물을 준비하도록 안내하는 것이 좋다. 수하물의 분실이나 지연 도착은 보통 다른 단체나 개인 승객의 수하물에 포함되거나 수하물 수취가

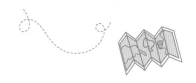

끝난 위탁수하물(checked baggage) 가운데 놓아두고 있는 경우 혹은 수하물을 분류하면서 잘못 분류해서 발생하는 경우 등이다. 이를 방지하기 위한 확실한 방법은 항상 각자의 짐은 각자가 잘 챙기라고 안내하고 자기 여행단체의 수하물표를 확인하면서 수량을 맞추고 확인하고 환승수속 시 수하물 재확인 작업을 꼭 해둬야 한다.

⑤ 세관(Custom Declaration)

수하물을 수취한 후에는 모두 각자의 휴대품 및 수하물에 대해서 세관검사를 받아야 한다. 국외여행 인솔자는 수하물에 이상이 없는지 확인을 한 후 가장 선두에서 세관검사를 받는다. 이때 세관검사를 통과하면서 기내에서 작성한 세관신고서를 검사관에게 제출할 수 있도록 안내를 한다. 단, 여행자들에게 신고할 물품이 없다는 것을 확인하면 녹색라인(Nothing to Declare) 쪽으로 진행한다. 만일 신고해야 할 물품이 있는 여행자에 대해서는 과세출구(Goods to declare) 쪽으로 안내한다.

유의할 것은 입국수속을 마치고 현지 여행사 담당자와 만나기 전까지 개인적으로 입국장을 빠져 나가는 일이 없도록 해야 한다. 개별적으로 입국장을 빠져 나가면 공항에서 인원을 확인하는 데 많은 시간을 소비하게 된다. 또한 카트(cart) 이용은 무료인 경우가 대부분이지만 유료인 경우도 있고 거기에 현지 통화의 동전이 필요한 경우가 있으니 미리 확인하는 것이 좋다.

끝으로 세관검사대를 통과하면 공항에서 필요한 수속은 모두 마치게 된다. 국외여행 인솔자는 여행자들의 신변과 수하물에 문제가 없는지를 재확인하고, 입국자를 맞이하는 로비로 인솔하게 되면 여행단체의 단체명으로 된 미팅보드(meeting board)를 들고 있는 현지 가이드(local guide)를 만나게 된다.

① 세관 통관

세관검사는 국가에 따라 차이가 있으나 일반적으로 우리나라를 포함한 대부분의 국가들은 세관신고 물품이 없는 경우에는 녹색라인(Nothing to Declare)으로 세관검사 없이

통과하며, 세관신고 물품이 있는 경우에는 적색 또는 황색라인(Goods to Declare)에서 세관신고 및 검사를 받는다(《그림 5-6》 참조). 만약 세관신고 물품이 있음에도 녹색라인(Nothing to Declare)으로 통과하다 적발되면 중과세를 받거나 혹은 그 이상의 처벌을 받을 수 있으니 주의해야 한다.

한편 세관 통관은 보통 자진신고로 운영되지만 국가마다 운영하는 방식이 다르다. 여행자의 수하물을 강제로 전수조사하는 경우도 있고, 일부 수하물에 대해서만 실시하는 등 국가마다 상이하다. 따라서 국외여행 인솔자는 해당 국가의 세관 통관 방식, 면세범위나 반입금지품목 등에 관한 내용을 사전에 파악하여 여행자들에게 안내해야 한다. 특히 호주와 뉴질랜드와 같이 전수조사를 하는 까다로운 국가에 대해서는 여행자들에게 신고 품목, 금지 품목 및 외환 소지 한도액 등 유의사항을 안내해야 한다.

1) 면세출구(Nothing to Declare)

출구의 간판이나 램프, 바닥의 라인이 녹색으로 되어 있으며 신고할 물품이 없는 비과세 대상자가 통과한다.

2) 과세출구(Goods to Declare)

출구의 간판이나 램프, 바닥의 라인 등이 빨강색(또는 주황색)으로 되어 있으며 신고할

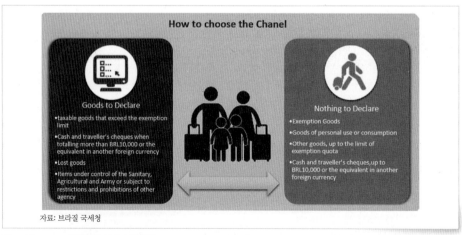

자료: 브라질 국세청

🛬 **그림 5-6_** 브라질공항 세관검사 안내

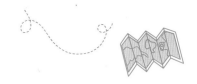

물품이 있는 과세 대상자가 통과한다. 과세 대상 물품이 있을 경우에는 적정한 세금이 부과되며 또한 품목마다 다르지만 반입금지 품목 중에서 압수 폐기하는 경우도 있고, 예치(bond)시켜 놓고 입국한 후에 출국 시 되찾도록 하는 경우도 있다.

❷ 예치

현지에서 불필요한 물품은 입국 시 세관 내에 보관해 둘 수 있는데, 이를 세관 예치라 한다. 여행자가 입국 시에 휴대 반입한 물품이지만 통관할 의사가 없는 물품으로, 세관에 신고하고 일시적으로 보관하였다가 출국할 때 찾아가는 제도이다. 면세 허용한도를 넘는 물건, 현지 체류 중 불필요한 물건, 반입금지 물품 등은 세관 예치 제도를 활용하면 편리하다. 물품을 예치시킨 경우에는 보관표를 받아 출국일자·항공편명 등을 알린다. 입국 시와 동일한 공항에서 출국할 경우는 항공사 카운터에서 예치품을 인수하지만, 입국 시와 다른 공항에서 출국을 할 경우는 항공사의 책임보관으로 처리되어 그 나라를 출국하여 최초의 도착 공항에서 인수하게 되어 있다. 세관 예치는 국가별로 항공사별로 상이할 수 있으니 예치 가능 여부를 재확인하여야 한다. 단, 세관 예치를 하는 경우, 시간이 많이 소요되고. 예치비용이 발생한다는 점에 유의해야 한다. 따라서 단체로 행동하는 패키지일 경우에는 이용하기에는 쉽지 않음을 인지하고 이런 일이 일어나지 않도록 여행자들에게 주의사항을 안내한다.

참고로 관광을 즐기고 나서 예치한 물품을 되찾는 방법은 〈그림 5-7〉과 같다. 공항에 도착한 후에 탑승수속을 먼저 하여 보딩패스(탑승권)를 발급받은 후, 입국 시에 예치했던 세관사무실로 가서 여권, 예치접수증, 보딩패스를 제출하면 되찾을 수 있다. 물론 예치금을 지불해야 한다. 단, 현금만 받는 경우가 있으니 필히 현지 화폐를 일부 가지고 있어야 한다.

🌀 **그림 5-7_** 예치한 물품 찾는 절차 안내

⑥ 집결

1 미팅(meeting)

    국외여행 인솔자는 여행자들을 인솔하여 입국장 로비에서 현지 가이드를 만나게 된다. 통상적으로 현지 가이드와의 미팅 후부터는 현지 가이드의 안내에 따르면 된다. 하지만 국가별로 공항별로 미팅 절차나 방법이 다른 경우가 있기에 현지 가이드가 없다고 당황하지 말고 차분하게 인솔할 수 있도록 미팅 전에 방문국가의 공항에서의 미팅 절차를 파악하고 있어야 한다. 예를 들어 현지의 한국인 가이드가 공항 내부에 들어올 수 없어 현지인 공항 영접자와 미팅을 해야 하기도 하며 공항 이외의 다른 미팅장소에서 현지 가이드를 미팅하는 경우도 있으며 혹은 저녁에 도착할 경우에는 다음 날 아침에 호텔 로비에서 미팅하는 경우도 있다. 따라서 공항에서 운전기사만 먼저 미팅하는 경우도 있다.

    한편 현지 가이드와의 미팅이나 혹은 미팅 전에 우선적으로 여행자들에게 화장실을 다녀오도록 하는 것이 좋다. 공항 출발 후 다음 여정으로 호텔이나, 관광지 혹은 식당으로 이동하게 되는데, 공항이 대부분 도시 외곽에 위치하고 있어서 목적지까지 상당한 시간 이동하게 될 수 있기 때문이다.

    현지 가이드와 만나게 되면 통상적으로 가이드는 바로 차량을 호출하고 차량 탑승장소로 이동하게 된다. 이때 참고할 점은 주차장으로 바로 이동하여 탑승을 하면 상관없지만 수하물 수취장 가까이에 주차가 불가능할 경우나 주차장이 멀면 예약된 차량이 공항 주변을 돌고 있을 가능성이 높아 여행자들이 차량 도착을 기다려야 한다는 점이다. 현지 가이드가 있을 경우는 가이드가 알아서 차량과 연락을 하니 그동안 국외여행 인솔자는 여행자들을 잘 인솔하면 된다. 현지 가이드가 없을 경우에는 기사와 미팅을 한 후에 기사와 상의하면서 이동하면 된다.

    끝으로 이른바 '미팅 미스', 즉 현지 가이드 혹은 운전기사가 보이지 않을 경우에는 당황하지 말고 인원 파악을 한 후 화장실을 권유하는 등의 여유시간을 가지게 하고 가이드나 기사 혹은 현지 업체와 통화하여 상황판단 후 적절한 행동을 취하도록 한다.

    참고로 국외여행 인솔자는 현지 여행사 가이드 등에 대해서 고압적 태도를 보이거나,

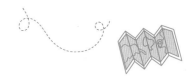

또는 필요 이상으로 친밀감을 과시하지 않도록 주의해야 한다. 인솔자의 말과 행동은 여행자들이 늘 주시하고 있으니 사소한 행동으로 자칫 나쁜 인상을 줄 수도 있으므로 항상 사려 깊게 행동해야 한다. 여행자들이 차량에 탑승하고 수하물을 버스에 탑재하는 동안 현지 가이드와는 이름을 확인하고 인원수와 수하물의 개수를 알려주고 향후 여행일정을 간략하게 협의한 후에 차량에 탑승하도록 한다.

② 환전(exchange)

해외여행을 하는 여행자들은 해외에서 쇼핑, 선택관광 등을 해야 하기에 현지에서 통용되는 통화가 필요하므로 현지 통화를 준비해야 할 경우가 있다. 따라서 국외여행 인솔자는 방문지에서 전 세계적으로 사용되는 미국 달러가 통용되는지, 현지 통화가 국내에서 환전이 가능한 통화인지, 호텔에서 환전이 가능한지 등을 파악해서 여행자들과 공유를 해야 한다. 환전은 출국 전에 주거래 은행에서 환전을 할 수 있도록 안내를 한다. 환율 적용도 좋은 조건으로 할 수 있고, 현지에서 사정상 환전을 못할 수도 있기에 출발 전에 환전을 하도록 안내를 한다.

현지에서 환전을 해야 한다면 호텔에서 하도록 하고 호텔에서 안 되는 것으로 파악되었다면 공항에서 환전하도록 한다. 환전을 못한 여행자들은 여행 내내 불편을 호소하기 때문이다. 참고로 베테랑 인솔자들은 전 세계 통화를 늘 가지고 있기에 출장 시 가지고 다니면서 여행자들에게 직접 환전을 할 경우도 있으니 여유가 있다면 국외여행 인솔자가 현지 통화를 준비하는 것도 좋다.

③ 기타 그리고 유심 칩

스마트폰은 이젠 누구에게나 필수품이 되었다. 전화와 문자 그리고 이메일 확인은 물론 카메라 및 SNS를 넘어 모바일 뱅킹까지 할 수 있다. 따라서 스마트폰은 해외여행을 하면서도 필수품이 되었다. 하지만 스마트폰은 해외에서 잘못 사용하면 국제전화 수준의 높은 비용을 지불해야 하는 것이다. 로밍서비스, 유심칩 구입 등 해외여행을 하면서 저렴한 가격으로 이용하기 위한 방법을 여행자들에게 안내하는 것도 필요하다. 유심칩

을 구매하여 사용하는 것이 가장 저렴하다 보니 유심칩을 구매하려는 여행자들이 늘어나는 추세이다. 아직까지는 비교적 젊은 층에서 주로 이용하지만 계속적으로 연령대가 높아가는 추세이기에 곧 많은 사람들이 이용하니 국외여행 인솔자는 호텔에서 구매가 가능한지 혹은 공항에서 구매가 가능한지 등 유심칩 구매관련 정보를 공유하는 것이 좋다. 입국한 공항에서 구매가 가능하고 시간적인 여유가 있다면 공항에서 구매하는 것을 추천하거나 안내를 해야 할 것이다.

⑦ 버스 탑승

① 수하물 탑재

현지 가이드를 선두로 차량으로 이동하고 국외여행 인솔자는 뒤에서 이탈자가 없는지 확인하며 뒤따른다. 차량에 도착하면 여행자 본인에게 수하물의 탑재를 확인하게 한 후 차량에 탑승토록 하고 인솔자도 수하물 이상 유무 등 최종적으로 확인한 후 차량에 탑승한다. 이때 수하물 수량은 현지 가이드 및 기사와 공유하도록 한다.

참고로 수하물 관련해서 포터(porter)를 이용할 경우에는 포터에게 하물을 버스에 옮기게 한 다음, 짐이 실렸는지를 확인한 후 포터비를 지불한다. 현지 가이드와 함께 여행자의 수, 하물의 수, 각자 여권은 가지고 있는지, 잊은 물건은 없는지, 포터비는 지불했는지 등을 확인한다. 포터를 이용하지 않은 경우에는 여행자 스스로 수하물을 가지고 이동한 후 탑승할 차량 앞으로 전부 모아두게 한 후 버스기사 및 현지 가이드와 함께 차량에 싣도록 한다.

끝으로 국외여행 인솔자는 미리 준비한 버스에 부착할 피켓을 기사의 도움을 받아 버스 앞 유리창에 부착하여 차량이 많은 주차장에서 모든 여행자들이 쉽게 버스를 인지할 수 있도록 한다. 피켓 부착이 완료된 후 모든 인원이 탑승했는지 확인한 후 출발한다.

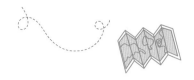

❷ 현지 가이드와 버스기사 소개

버스 탑승 및 인원을 확인하는 과정 등에서 급정거 등 사고에 대비해 여행자들의 안전을 위하여 버스 맨 앞줄은 비워달라고 협조를 구하고 더불어 안전벨트 착용 등 안전에 유의토록 안내한다. 국외여행 인솔자는 마이크를 잡고 밝고 경쾌한 목소리로 "장시간 비행에 수고하셨습니다." 등의 인사말과 본인 소개, 간단한 일정 소개, 주의사항 및 필요사항 등을 설명한 후, 현지 가이드를 정식으로 소개한다. 그리고 현지 가이드로 하여금 운전기사·현지인 가이드·사진사 등을 소개하도록 하고, 각자의 역할을 설명하도록 한다.

인센티브 단체일 경우에는 단체조직자(tour organizer)로 하여금 인사말이나 공지사항을 말할 수 있도록 한다. 마이크를 현지 가이드에게 넘긴 국외여행 인솔자는 버스의 앞좌석에 앉는다. 항상 현지 가이드와 가까이 앉아 일정의 원활한 진행을 위한 협조, 일정 진행의 관리·감독을 해야 한다. 주의할 점은 현지 가이드에게 마이크를 넘기기까지 오랜 시간을 사용하기보다는 가급적이면 짧고 명료하게 멘트를 하도록 한다.

❸ 일정 및 목적지 소개

공항을 출발하여 다음 목적지(호텔, 식당, 관광지 등)까지 이동하는 시간은 여행 전반에 대해서 여행자에게 해설할 수 있는 귀중한 기회이기 때문에 현지 가이드와 같이 적절하게 잘 활용해야 한다. 여행일정표를 배부하거나 혹은 간단하게 현지에 대해 설명을 하거나 여행 시 주의사항 등을 안내하도록 한다. 현지 가이드가 없는 경우에는 국외여행 인솔자가 직접 안내사항을 전달해야 하기에 다음의 사항을 잘 준비하여야 한다. 단, 지역에 따라서는 현지 가이드나 인솔자가 서서 마이크를 잡고 설명하는 것이 불가능한 경우도 있으니 상황을 보면서 해야 한다. 예를 들어 동남아나 일본 등지에서는 서서 말을 해도 되지만 유럽 등지에서는 안전 등의 이유로 서서 할 수 없도록 하고 있다. 또한 밤 비행기를 이용하여 아침에 도착했다면 인사, 소개 및 주의사항만 짧게 이야기하고 잠시 휴식을 취할 수 있도록 한다.

⊙ 안내 사항

- 현지 가이드 및 국외여행 인솔자의 전화번호와 통화방법을 설명한다.
- 도착공항(공항명, 시내까지 소요시간 등), 도시, 나라 등을 간략하게 설명한다.
- 한국과의 시차를 설명하고 시계를 현지 시간으로 조정한다.
- 공항에서 호텔 또는 다음 목적지까지의 거리, 방향, 시간 등을 안내한다.
- 일정이나 여행조건 등의 개요를 설명한다.
- 현지 기후와 날씨에 맞는 적절한 복장과 풍속이나 관습의 차이에 따른 행동이나 복장을 설명한다.
- 통용되는 통화명 및 종류, 원화와의 환율 그리고 호텔 환전 가능 여부 등 환전에 관한 설명도 한다.
- 투숙할 호텔의 명칭, 연락처, 객실키 사용방법, 위치 및 부대시설 등에 대해 설명한다(외출 시 호텔 명함 지참).
- 각종 팁(호텔, 식당, 관광지 등)에 관한 설명을 한다.
- 방문국의 특산물과 선물용품, 가격 흥정방법 유무 등 쇼핑에 대해 안내한다.
- 방문국의 치안상황(도난, 소매치기, 사기), 위생 등에 관한 설명을 한다.
- 여권, 지갑, 가방 등 휴대품(귀중품) 관리 및 호텔 귀중품 보관소에 관한 설명을 한다.
- 스마트폰 이용방법 및 국제전화(수신자 부담전화), 시내전화에 관한 설명을 한다.
- 시간적인 여유가 되면 국가 및 도시개요, 정치, 경제, 문화, 역사 등에 관한 설명을 한다.
- 예정된 다음 일정에 관한 설명을 한다. 단, 2~3회 정도 반복해서 설명하는 것이 좋다.

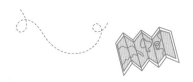

여행자 미팅 시 자기소개와 감사인사 등은 현장에서 꼭 필요한 업무이다. 국외여행 인솔자가 되기 위해서는 마이크를 잡고 여행자들 앞에서 인사 및 안내를 해야 하는 경우가 많이 생긴다. 처음이라면 많은 연습이 필요하며 우선 기본적인 것부터 연습을 해보는 것을 추천한다. 필자의 경험을 토대로 소개한다. 첫째, 큰 거울 앞에서 연습한다. 둘째, 자신이 한 멘트를 녹음해서 들어본다. 들어보면 어디를 수정하고 고쳐야 하는지 알 수 있다. 셋째, 지속적인 연습이 필요하다. 물론 인솔자 멘트는 자신과 잘 어울리는 어투로 상황에 맞는 몇 가지 시나리오를 만들어 두면 좋다.

1) 공항에서의 여행자 미팅 시 국외여행 인솔자로서 해야 할 멘트하기

[샘플]

"안녕하세요. 이번 유럽 5개국 일주를 동행하면서 인솔하게 된 ○○○ 여행사의 ○○○입니다.

여러분들의 즐거운 여행을 위해서 최선을 다하겠습니다. 잘 부탁드리겠습니다.

우선 오늘 탑승수속 및 출국수속에 대해서 안내해 드리겠습니다. 먼저 여권 확인부터 하고 나서 제가 여행을 하면서 필요한 몇 가지 자료를 나눠드리겠습니다.

참고로 여러분 대부분이 많은 여행 경험이 있으시겠지만 저는 이제 여행을 처음 가보는 분들을 기준으로 말씀을 해 드릴 테니 혹시 아는 부분이 있더라도 조금만 참아주시고 제 말에 귀를 기울여 주시면 감사하겠습니다."

"먼저 여권 확인을 하겠습니다…."

2) 방문지 입국수속 완료 및 버스 탑승 후 국외여행 인솔자로서 해야 할 멘트하기

[샘플]

"안녕하세요. 불편한 기내에서 장시간 여행하시느라 고생하셨습니다. 어디 불편하신 것은 없으시죠? 그럼 우리 이제 본격적으로 여행을 시작하기 전에 제가 몇 가지 광고를 좀 하겠습니다. 여러분들이 도착한 곳은 태국의 방콕 공항입니다."

"어디라고요?"

"네, 태국 방콕 공항입니다. 여기 태국은 아주 더운 곳이니 주의할 사항을 말씀드리

겠습니다. 날씨가 더운 곳이니만큼 어디나 에어컨이 잘 구비되어 있습니다. 그러다 보니 호텔 객실이나 버스에서도 추운 경우가 있으니 가벼운 카디건이나 얇은 잠바 등을 준비해서 감기에 걸리지 않도록 조심해 주세요. 여행은 건강이 최고입니다. 아프면 만사가 귀찮습니다. 아셨죠?

그리고 두 번째로 분실물에 주의해야 합니다. 특히 여권을 분실하지 않도록 조심하세요. 늘 몸에 지니고 다녀야 합니다. 한국 여권이 암시장에서 인기가 많다고 하니 많은 도둑님들이 노리고 있습니다. 꼭, 필히 여권을 잘 관리하시기 바랍니다. 제가 드릴 말씀은 이 2가지 입니다. 그럼 이번 여행을 안내해 줄 가이드를 소개해 드리겠습니다."

"부장 ○○○입니다."

"뜨거운 박수로 환영해 주시기 바랍니다. 그리고 우리 여행을 안전하게 해줄 기사분 ○○○입니다. 역시 감사의 박수로 환영해 주시기 바랍니다. 그럼 가이드에게 마이크를 넘기겠습니다."

3) 귀국 항공편을 탑승하러 공항가는 길 버스 안에서 감사인사 하기
[샘플]

"안녕하세요. 이번 여행을 맡아서 인솔을 진행한 ○○○입니다. 우선 여행 내내 여러분 건강하고 무사히 여행을 마치게 된 것을 진심으로 기쁘게 생각합니다. 인솔 경험이 많지 않아서 저는 늘 무사히 건강하게 여행을 잘 마칠 수 있도록 기도한답니다. 이번 여행을 인솔하며 제가 부족한 부분이 있었을텐데 이해해 주시고 믿어주셔서 깊이 감사드립니다. 모쪼록 귀국한 후 하시는 일마다 대박나시고 늘 건강과 행복도 같이 하시기를 기원해 드리겠습니다."

"더불어서 상세하고 현장감 있게 우리 관광지를 안내해준 친절한 가이드 ○○○님께 감사의 박수를 부탁드립니다. 또한 여행 내내 안전하게 운전을 해준 ○○○ 기사님께도 감사의 박수를 부탁드립니다.

어느덧 공항에 도착했습니다. 여행의 마무리를 해야겠습니다. 내리기 전에 버스좌석에 휴대품을 두고 내리지 않도록 다시 한번 잘 확인하시기 바랍니다. 그리고 공항에 들어서면 가이드도 없으니 제 안내에 잘 따라주시기 바랍니다. 빨리 끝내야 여러분들에게 면세구역에서 자유시간을 드릴 수 있으니 제 안내에 잘 따라주시기 바랍니다."

"감사합니다."

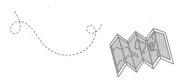

국외여행 인솔
실무

Chapter

06

호텔업무

여행자들이 여행일정 중에서 가장 많은 시간을 보내는 곳이 호텔이다. 따라서 많은 에피소드와 즐거운 추억이 생기는 곳이기도 하다. 국외여행 인솔자는 여행자들이 만족할 만한, 기억에 남는 추억을 가질 수 있도록 호텔에서 진행되는 모든 것들을 이해하고 숙지해야 한다. 호텔에 도착하는 순간부터 체크인(check-in), 호텔 체류, 체크아웃(check-out)을 하여 다음의 여정을 시작할 때까지 숙소인 호텔에서 이루어지는 과정을 국외여행 인솔자의 관점에서 살펴 본다.

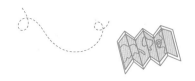

① 체크인(check-in)

호텔에 도착하면 버스에서 내릴 때 휴대품을 버스에 두고 내리는 일이 없도록 선반이나 의자 뒤의 그물망 등을 확인해달라고 안내를 하고 하차 후 천천히 여행자들을 로비의 한 공간으로 이동하게 한다. 동시에 국외여행 인솔자는 운전기사와 다음 날 여정에 대해서 간단하게 정리한다. 다음 날 미팅시간을 다시 한번 확인하고 "오늘 하루 수고하셨습니다."라는 말을 전한다. 물론 버스기사와의 미팅시간은 여행자 집결시간보다 좀 일찍 나와달라고 부탁하는 것이 좋다.

국외여행 인솔자는 여행자들과 로비로 이동 후 여행자들에게 본인의 수하물 확인을 안내하면서 화장실 등의 편의시설 안내 및 잠시 기다리게 한 후에 체크인 수속을 시작한다.

① 등록

프런트데스크에 호텔 바우처(Boucher) 혹은 확정서(confirm sheet)를 제시한다. 지역, 국가에 따라 체크인 시 여행자 전체의 성명, 생년월일, 여권번호 등 신상정보와 여권을 요구하는 경우에는 준비된 여행자 명단(Passenger List, Name List)을 제시하면 된다. 통상 국외여행 인솔자가 대표로 신상정보를 기재하는 것으로 체크인 수속을 한다. 단, 중국과 같은 국가에서는 예외적으로 여권을 전부 회수하는 경우도 있으니 미리 파악하고 버스안에서 미리 고지하고 준비를 하는 것도 좋다. 물론 체크아웃할 때 돌려 받는다.

단체의 경우 그룹 카운터에서 입실수속을 하는 경우와 리셉션에서 수속을 하는 경우가 있다. 반드시 '그룹 체크인'이라는 말을 한 다음 안내를 기다린다. 4성 혹은 5성급 이상의 호텔들은 단체 카운터를 따로 운영하는 경향이 있다. 바우처(voucher)의 내용을 확인한 후 그 내용에 비추어 바우처를 제시하고 단체명·인원수를 말하고, 객실배정표를 꺼내 트윈·싱글 등 필요한 객실수, 침대(bed)수, 숙박일 수 등을 기입하는 순서로 체크인 작업을 진행한다. 이때 주소, 연령, 직업, 여권번호 등 필요사항을 기입할 때 필요하니 여행자 명부도 준비해야 한다. 숙박등록(registration)을 마치면 객실번호가 적힌 리스트와 객실 키를 수령한 후 바로 그 자리에서 객실 배정을 한다.

호텔의 체크인(check-in)은 통상 저녁 8시까지는 가능하다. 하지만 항공일정 등 늦은 체크인으로 예약 취소가 될 수 있으니 미리 체크인 가능 시간을 호텔에 연락해서 알려 줘야 한다. 더불어 투숙하는 호텔에서 식사를 하는 경우에도 식사에 맞춰서 식사를 준비해달라고 이야기한다. 혹시 늦은 체크인을 함과 동시에 저녁식사도 늦게 할 경우에는 호텔에 도착하자마자 컨시어지(concierge)에 부탁을 해서 가방을 보관하고 여행자들을 식당으로 안내하고 식사를 기다리는 동안에 체크인 수속을 밟도록 한다.

🔘 호텔 체크인 시 TC의 유의사항

호텔 측과 바우처(voucher)의 내용과 비교하면서 숙박조건을 확인한다.

- 객실형태(트윈, 더블 등) 및 설비, 특히 욕조의 유무 등
- 객실 전망의 좋음과 나쁨(객실 배정에 참고)
- 체재일수와 숙박조건(half pension, full pension)의 확인
- 식사 관련(meal service) 확인(시간, 장소 등)
- 서비스료, 세금, 포터(porter)비 등의 포함 유무 확인
- 정산 시 유의사항: 국외여행 인솔자가 지불해야 할 비용, 미니바, 룸서비스 등
- 체크아웃 일시

② 객실 배정

객실번호 및 객실 키를 수령한 후에는 객실의 형태와 수, 아침식사 장소와 시간, 퇴실 시간 등을 점검한 후, 사전에 준비한 객실 배정 리스트(Rooming List)를 작성해야 한다. 우선 객실형태별(single, twin, double 등)로 객실 수를 확인하면서 수배 요청한 내용과 동일한 지 확인한다. 성수기에는 호텔측이 임의로 객실 형태와 수를 변경(예: 싱글룸 2개를 트윈룸 1개로 변경)하기도 한다. 이 경우에는 수배 요청대로 변경을 요구하여야 한다. 객실의 조건이 전부 동일하거나 이상이 없으면 다음의 내용을 참고해서 객실 배정을 한다.

(1) 객실의 전망(view) 체크

단체로 체크인하다 보면 동일한 조건의 객실을 배정받지 못하는 경우가 있다. 배정

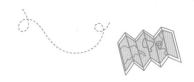

받은 호텔의 객실이 시설 및 뷰(view) 등에서 차이가 있는지 체크인을 하면서 확인한 후 다를 경우에 호텔측의 협조를 구해 원하는 객실을 최대한 배정받는다. 인센티브 투어일 경우 단체 리더와 상담하여 객실 배정을 한다. 이때 주의할 것은 층이 바뀌더라도 뷰나 시설 등은 가급적 동일하게 하는 것이 좋다.

(2) 객실 부대시설 체크

욕조가 없는 객실이 늘어나는 것이 추세이기는 하지만 욕조가 있는 방은 고연령자·부부·여성을 우선적으로 배정하는 것을 추천한다. 보통 젊은 사람은 샤워만으로도 그다지 불만은 없으나, 고령자들은 욕조에 들어가려는 욕구가 강하다. 여행자 간의 불만을 최소화하도록 주의하는 것이 국외여행 인솔자의 중요한 업무이기에 공평을 기하기 위해 순환(rotation)배정을 할 수 있도록 한다.

(3) 여행자 구성형태 체크

가족이나 일행 등 여행자 구성형태를 파악하여 객실 배정 시 가까운 객실로 배정함을 잊지 말아야 하며 연장자, 환자, 유아동반가족 등은 가능한 아래층으로 혹은 엘리베이터가 가까운 곳으로 배정하는 것이 좋다.

(4) 인솔자의 객실 체크

인솔자의 객실은 가급적 연장자나 고령자들이 투숙하는 객실과 가까운 객실을 사용하는 것이 좋다. 문제가 생겼을 경우 바로 조치를 취해야 하기 때문이다. 호텔 측은 정책적으로 국외여행 인솔자의 객실을 좋은 방으로 배정하는 경우가 있다. 이때 인솔자의 객실 변경 여부가 오해를 사지 않도록 상황에 따라 현명한 판단을 해야 할 것이다.

❸ 객실열쇠(카드) 및 공지사항 전달

객실 배정이 끝나면 객실배정표(rooming list)에 전달할 내용을 기재하여 복사한 후 여행자들에게객실 키와 함께 나누어 주고 안내사항을 전달한다. 여기서 '필요한 부분'이란 인솔자의 객실번호 및 연락처, 기상시간, 아침식사 시간과 장소, 다음 날 호텔 출발시

간, 와이파이 사용법, 전화 이용방법 등을 말한다. 최근에는 객실배정표를 배부하는 대신 스마트폰을 이용해서 사진을 찍어두라고 하면 분실 염려가 없어서 훨씬 효과적이다. 여행자 단체 카톡방과 같은 SNS를 이용하여 객실배정표를 공유하는 것도 방법이다.

객실 키를 나눠주기 전에 다음 날 여정 안내 및 공지사항 안내를 한 후에 객실 키를 나눠준다. 객실 키를 나눠주면서는 객실번호를 알려주면서 주의사항을 재차 안내한다. 여행일정 중 처음 숙박하는 호텔은 객실을 돌며 객실사용법, 주의사항 등을 안내하는 것이 바람직하다.

🛟 호텔 체크인 시 투숙객들을 위한 공지사항

- 국외여행 인솔자의 객실번호를 안내하여 필요사항이나 비상 시 연락을 할 수 있도록 한다.
- 객실열쇠(카드)의 취급방법: 대부분의 호텔은 자동잠금장치가 되어 있기 때문에 객실을 나올 때는 반드시 열쇠를 가지고 나오도록 주의한다. 특히 고령자나 여행 경험이 적은 대상자들에게 주의를 줘야 한다.
- 수하물의 팁은 국외여행 인솔자가 일괄하여 지불하는 경우도 있고 여행자들이 각자 지불하는 경우도 있으니 미리 파악한 후에 수하물 팁(금액, 건네는 방법 등)을 설명한다. 가급적 여행자들이 직접 지불하는 것이 좋다.
- 식사 관련 정보, 즉 식사장소, 식사시간, 집결장소(로비, 식당 등), 복장 등에 대해서 설명한다. 특히, 특급호텔이나 대형 호텔들은 여러 개의 식당을 운영하기에 식사 장소와 시간을 반드시 안내해야 한다. 물론 메뉴까지 안내하면 더욱 좋다. 더불어 식사 쿠폰 유무도 확인하고, 쿠폰이 있는 경우 및 없는 경우의 이용방법(쿠폰제시 혹은 방번호 기재 등)을 안내한다.
- 다음 일정을 위한 집결장소와 시각 그리고 복장과 같은 준비물을 설명한다.
- 시차에 따른 문제를 예방하기 위해 시계를 현지시각으로 변경하도록 한다.
- 전화 사용방법 안내: 스마트폰을 이용하여 전화하는 방법, 객실끼리 전화하는 방법 등을 안내한다.
- 스마트폰을 이용한 인터넷 등을 이용하는 방법(유료 및 무료 방법, WIFI 사용방법 등)을 안내한다.

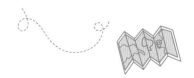

- 대부분의 호텔이 제공하는 무료 wifi를 이용하여 단체 대화방을 이용하여 여행자와 소통을 원활하게 한다. 관광하면서 찍었던 사진, 준비물과 같은 공지사항 그리고 여행자 건강상태 등을 공유한다.
- 통상적으로 호텔 사용은 비슷하지만 필요에 따라서는 객실 키 사용법(전자키, 열쇠키 등), 호텔 부대시설 이용안내, 엘리베이터, 객실 내 미니바, 유료방송, 전화, 안전금고 등의 이용법을 안내한다. 특히 해외여행이 처음이거나 고령자들에게는 유료 방송에 대해서 자세하게 안내를 해야 한다.
- 호텔에서 외출할 때는 호텔명함을 반드시 지참하여 만일의 사태에 대비토록 하고 치안상태에 따라서 야간 외출을 자제토록 안내한다. 하지만 치안 상태가 좋은 지역이라면 자유행동으로 옮길 경우에는 상점가라든지, 산보에 좋은 장소에 가는 방법 및 호텔로의 귀환 방법 등을 알려준다.

유의할 것은 객실열쇠를 분실했을 경우에는 소정의 페널티를 지불하는 경우도 있으니 여행자에게 분실하지 않도록 주의를 줘야 한다. 물론 호텔마다 다르니 확인하는 것이 좋다. 참고로 객실당 복수의 키를 주는 경우는 분실해도 크게 문제가 되지 않지만 객실당 한 개의 키만 주거나 메탈 키를 제공하는 호텔은 분실 시 보상을 해야 한다.

4 수하물 배달 확인

수하물은 여행자 책임하에 각자 가지고 객실로 가게 하거나 포터(porter)에게 의뢰하는 경우가 있다. 포터들이 적은 경우, 바쁜 시간대에는 직접 가지고 올라가는 것이 좋다. 포터에게 의뢰하면 시간도 많이 걸리고 가끔 배달에 차질이 생기는 경우도 있으므로 주의한다. 참고로 호텔 등급이 떨어지거나 아주 늦은 시간에 체크인할 경우는 포터들이 없는 경우가 있다.

수하물 짐표(baggage tag)의 누락은 분실이나 잘못 배달되는 원인이 되므로 국외여행 인솔자는 수하물 짐표를 여유 있게 가지고 다니면서 짐표가 없는 수하물에 새로운 짐표를 붙여서 항상 대비를 해야 한다. 또한 최종적으로 확정된 객실배정표를 포터에게 전달하여 문제가 생기지 않도록 미연에 방지를 해야 한다. 포터를 이용했는데 수하물이

방에 배달되지 않으면 컨시어지(concierge) 또는 벨 캡틴(bell captain)에게 얘기하여 원인을 찾아 해결되도록 한다. 객실 점검을 통해서 수하물의 도착 여부까지 확인하는 습관은 프로다운 센스 있는 인솔자의 길이다.

체크인이나 체크아웃을 할 때 수하물 배달방법을 미리 여행자들하고 상의를 하는 것이 좋다. 수하물을 직접 가지고 가려는 여행자도 있고, 포터에게 맡기고 싶은 여행자도 있기 때문에 여행자들과 미리 상의한 다음 컨시어지(concierge) 또는 벨 캡틴(bell captain)에 의뢰한다. 5성급과 같이 특급 숙박시설이라면 분위기상 가급적 수하물을 맡기는 것이 좋다. 특히 포터들의 시선이 따가울 수 있다.

❺ 객실 점검

객실은 여행자들이 하루의 피로를 풀고 즐거운 추억을 만들 수 있는 공간이다. 객실 관련 불만사항이 발생하지 않도록 하기 위해서는 필히 객실 점검을 해두는 것이 좋다. 우선 객실 키와 번호를 나눠주면서 객실 이동 안내를 한 후에 국외여행 인솔자는 먼저 자신의 객실에 가서 객실에 있는 설비의 사용법을 확인한다. 그리고 나서 여행자들의 객실을 점검하는 것이 좋다. 단순히 물이 잘 나오는지, 타월은 있는지만 살피는 것이 아니라 수하물이 잘 도착했는지부터 여행자들이 원하는 것을 살핀다. 혹시 객실의 상태가 좋지 않은 호텔이라면 발생하게 되는 여행자들의 불만에 빠른 조치를 취하고 또한 진심으로 청취하고, 조치가 안 되면 다음에 배려하겠다는 취지의 언급을 해둔다. 객실 점검이 필요하지 않은 경우에는 여행자들이 각자의 객실로 이동한 후 인솔자는 로비에서 대기한다고 공지하고 적어도 20~30분간은 로비에서 문제점, 필요한 것들 혹은 불만사항에 대처하도록 한다.

⭕ 객실 점검 시 확인해야 하는 사항
- 침대의 형태(twin, single, double 등) 확인
- 침대의 부속품 유무 체크(pillow, blanket 등)
- 개인적인 팁의 지불방법
- 냉난방 장치(에어컨)·전화·텔레비전의 사용법

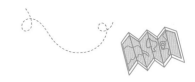

- 문구류(stationery, 편지지, 봉투 등의 비품) 확인
- 욕실 시설의 이상 유무 확인: 세면대, 욕조(bath), 샤워, 변기, 타월, 비데 등
- '더운 물이 안 나온다', '물이 안 나온다', '불이 안 켜진다', '열쇠가 고장 났다', '베드가 한 개뿐이다', '옆방의 소음이 심하다' 등의 불만이 없는지 확인
- 수하물의 이상 유무 확인
- 여행자들의 건강상태 확인
- 다음 집결장소 및 시각에 대해 재공지
- 상태가 좋지 않은 객실 변경

6 기타

① 프런트에 모닝콜(wake-up call)을 재확인한다.
② 객실 점검을 하면서 발생한 여행자들의 불만을 처리한다.
③ 업무 관련해서 스마트폰으로 직접 연락하는 것이 추세이나 국외여행 인솔자에게 연락온 메시지 유무를 확인한다.
④ 포터 등을 이용할 경우에는 컨시어지(concierge) 또는 리셉셔니스트에게 소정의 팁(수하물당 약 1달러 정도)을 제공하여 빠르고 정중한 서비스를 받을 수 있도록 한다.

② 호텔 이용

1 객실열쇠(room-key)

최근에는 대부분의 호텔들이 카드형 키를 사용하고 있다. 이 카드 시스템은 카드형태의 키를 키박스에 터치하거나 혹은 삽입하여 문을 여는 시스템이다. 키를 키박스에 근접시키거나 터치하는 카드는 RFID Card라고 하고 키박스에 삽입해서 사용하는 카드는 마그네틱 키 카드이다. 또한 이 카드를 객실 안에 부착된 포켓에 삽입해야 객실 내전원이 작동한다.

자료: https://www.acslocks.com/ko/what-is-hotel-key-cards-how-hotel-key-cards-work/

🛫 **그림 6-1_** 호텔 키 유형

객실 문은 자동잠금장치로 되어 있어서 옆 객실을 가더라도 외출 시 항상 키를 휴대하도록 한다. 자동잠금장치가 있더라도 항상 잠겨 있는지 확인하도록 해야 한다. 안에서 거는 걸쇠나 체인(chain)이 있으면 그것도 잊지 말고 걸도록 안내한다. 또한 누군가 방문 밖에서 노크한다고 하여 불쑥 문을 열어 주는 일이 없도록 주의를 환기시키는 것도 잊지 않도록 한다.

무엇보다도 보안의 이유로 카드에는 객실번호가 표시되어 있지 않기에 객실번호를 숙지하라고 안내한다. 참고로 금속으로 된 메탈 키의 경우는 자동으로 문이 잠기지 않는 시스템임을 감안하고 또한 두 번 이상 돌려야 열리고 잠기는 경우가 있으니 잠그고 나서 항상 잠겨 있는지를 확인해야 한다는 것을 안내한다.

2 욕실(bathroom)

호텔마다 다르지만 욕실에는 매트용으로 사용하는 타월, 손을 씻고 사용하는 핸드타월, 세면과 샤워 후에 사용하는 페이스 타월, 샤워 후 몸을 감싸는 전신 타월 등 3-4종류의 타월류가 잘 비치되었는지 확인한다.

하루의 피로를 풀기 위해 반신욕을 하기 위해 욕조의 물을 튼 채로 옆 객실을 가거나, 혹은 깜박 잠이 들거나 해서 욕조 밖으로 물이 넘치는 경우가 종종 있다. 유럽, 미국의 호텔들은 욕실바닥에 배수시설이 없는 경우가 많다. 이 때문에 욕조를 넘친 물이 객실로 흐르게 되면 호텔측으로부터 손해배상을 청구당하게 된다. 따라서 욕조를 사용할

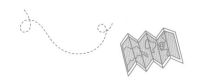

때는 유의해야 한다. 특히 샤워기를 사용할 때는 반드시 샤워커튼을 욕조안으로 밀어 넣어 물이 욕조 밖으로 튀지 않도록 주의하며 사용하도록 안내해야 한다. 샤워를 한 후에는 샤워코크 및 샤워커튼을 원래의 위치로 환원시키도록 한다.

몇몇 호텔에서는 입욕 중 몸상태가 좋지 않을 때를 대비하여 천장에 비상용 끈이 매달려 있는 것을 볼 수 있는데 이 끈을 잡아당기면 룸메이드(room maid)나 벨맨(bell man)이 출동하게 되므로 주의한다.

3 미니바(mini-bar)

객실 내에 비치된 냉장고에는 생수는 물론 각종 음료와 주류, 초콜릿 등이 비치되어 있다. 또한 냉장고 주변에는 면도기, 치약 같은 세면도구, 스타킹, 양말, 속옷, 일회용품 등이 비치되어 있다. 이를 미니바라고 한다. 미니바의 가격은 시중에 비해 2~3배 이상으로 비싼 편이다. 미니바를 이용할 때에는 미니바에 비치된 청구서(bill)에 표시된 금액을 확인하고 이용한다. 미니바 이용을 정산할 때는 이용수량이 기입된 청구서를 체크아웃 시 제출하고 정산하면 된다. 체크아웃 시간대에는 프런트가 항상 바쁘기 때문에 인솔자는 단체여행 일정에 차질이 없도록 하기 위해 미니바 이용 여행자에게 체크아웃 20여 분 전에 미니바 정산을 하도록 안내를 한다.

4 룸서비스(room-service)

여행자의 요청에 따라 객실 내에서 식사, 음료 등의 서비스를 받을 수 있도록 하는 것이 룸서비스이다. 통상 룸서비스는 이른 항공 탑승시간으로 인해 식사시간이 없거나 혹은 비즈니스 업무가 바쁜 사람, 환자가 있을 경우 등에 이용하는 경우가 많다. 특히, 이른 출발 시에 별도의 요금을 주고 룸서비스를 이용하면 편리하다. 다만, 호텔 이용 시 조식이 포함된 조건이라면 무료로도 이용할 수 있으니 상황에 맞게 룸서비스를 활용하는 것도 좋다. 물론 팁을 주는 것은 예의이다.

⚙ 룸서비스의 특징
- 객실에서 주문할 수 있는 식사와 음료의 범위는 각 객실의 메뉴에 표시된다.

- 고품격 호텔은 손님에게 손님의 취향대로 객실 요리를 주문할 수 있는 기회를 제공한다.
- 객실 내 개별 서비스는 24시간 주문할 수 있다.
- 룸서비스는 통상 30분 이내에 제공된다.
- 서비스를 받은 식사와 음료는 일정한 청소가 있을 때까지 복도 혹은 객실에 놔둔다.
- 주문한 식사와 음료의 배달을 위해 특수장비 및 서빙용품(서빙 카트, 트레이, 테이블, 열 용기 등)이 사용된다.
- 비용은 숙박비용에 포함되거나 혹은 별도로 지불하기도 하나.
- 룸서비스로 제공되는 식사 및 음료 비용에는 서비스 비용이 포함될 수 있다(약 10-15%).
- 결제는 객실에서 바로 하거나 혹은 체크아웃할 때 결제하면 된다.
- 룸서비스 직원에게 팁을 주어야 한다.

5 안전금고(safety box)

대부분의 호텔은 여행자의 귀중품 보관을 위해 안전금고를 운영하고 있으며, 안전금고는 프런트데스크와 객실에 설치하는 경우가 있다. 하룻밤 투숙할 경우에는 별 의미가 없겠지만, 2박 이상의 장기 체류를 하거나 혹은 해변 리조트에 투숙할 경우에는 여권과 같은 귀중품의 보관에 신경을 써야 한다. 이런 경우 국외여행 인솔자는 호텔에서 운영하는 안전금고 이용을 추천한다.

프런트데스트 안전금고 이용은 귀중품과 소정의 보관료(찾을 때 돌려 받음)를 맡기고 보관증을 받으면 된다. 객실 내 안전금고의 이용은 금고를 연 후 귀중품을 넣고 문을 닫고 비밀번호를 지정하면 자동으로 잠기게 된다. 이때 주의할 점이 두 가지이다. 첫째, 처음에는 먼저 테스트를 해보는 것이 좋다. 비밀번호를 잘못 인식하는 금고가 있을 수 있으니 꼭 테스트를 먼저 하고 사용하는 것이 좋다. 둘째, 비밀번호를 잊지 않도록 안내해야 한다.

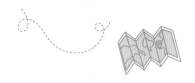

6 청소와 세탁(make up & laundry)

여행자가 객실을 사용하고 나면 룸메이드(room maid)가 침구류, 타월 및 세면도구 등 비품을 교환하고 휴지통을 비우는 등 객실을 정비하고 청소하게 된다. 이에 그들에게 고마움의 표시로 외출이나 체크아웃 시 1달러 내외의 팁(tip)을 놓아두는 것이 국제적인 에티켓이다.

오전에 객실에서 쉬고 싶거나 혹은 자유시간에 호텔 밖으로 나설 때는 〈그림 6-2〉와 같이 원하는 내용의 호텔 DD 카드를 선택하여 객실 문 밖의 고리에 걸어두는 것이 좋다.

세탁 서비스는 비즈니스맨들이 많이 사용하는데 필요한 경우는 세탁해야 할 물품을 객실의 서랍장 혹은 신발장에 비치된 세탁물 봉투에 담고 〈그림 6-3〉과 같은 세탁요청서(laundry slip)에 필요한 서비스를 작성해서 객실문 안쪽에 두면 룸메이드가 수거하여 세탁서비스에 의뢰한다. 세탁서비스 소요시간은 통상 몇 시간 이상이 걸리는 점을 안내한다. 또 세탁뿐 아니라 다림질까지 의뢰할 수 있으며 서비스 신청 요령은 동일하다. 1박만 할 경우에는 서비스받을 수 없을 경우도 있으니 확인하는 것이 좋다.

자료: https://kimssine51.tistory.com/429

🔄 **그림 6-2_** 호텔 DD 카드

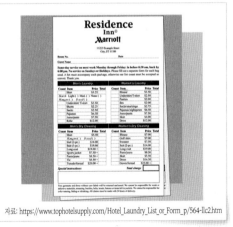

자료: https://www.tophotelsupply.com/Hotel_Laundry_List_or_Form_p/564-llc2.htm

🔄 **그림 6-3_** 세탁요청서(laundry slip)

7 에티켓과 매너(etiquette & manner)

"로마에 가면 로마법을 따르라."는 격언이 있듯이 그 나라의 풍속이나 관습을 존중하며 행동을 하는 것이 여행자들이 방문지에서 해야 할 에티켓이다. 국외여행 인솔자가 방문하는 국가의 문화를 조사하여 지켜야 할 에티켓과 매너를 여행자들과 공유하는 것은 문화의 차이에서 생기는 오해를 방지할 수 있는 중요한 방법이다. 특히 호텔 같이 장시간 체류하는 공간에서 중요하다.

에티켓이나 매너에 반하는 여행자들에게 다른 사람의 면전에서 주의를 주거나 비난하거나 해서는 안 된다. "~해서는 안 됩니다.", "~해야 합니다." 등의 표현 등은 오히려 인솔자에 대한 반감을 살 우려가 있으니 우회적인 방법으로 전달하는 것이 좋다. 가령, "이전에 투숙했던 아름다운 호텔이 너무 마음에 들어 다음 해 방문할 때 수배 요청을 했더니 문을 쾅쾅 닫고 문 열어두고 시끄럽게 해서 다른 투숙객들에게 컴플레인이 발생해서 수배 거절당한 적이 있었습니다."라거나 "저도 이러한 것을 잘 몰라 망신을 당한 일이 있었습니다."라는 식으로 가공의 이야기라도 체험적으로 이야기해 주는 것이 훨씬 유효하다. 특정 여행자에게만 전할 이야기라면 다른 사람들이 없을 때를 이용하여 듣는 이의 감정이 상하지 않도록 배려하면서 전달하는 것이 좋다.

> ### ⊙ 호텔 내에서의 에티켓과 매너
> · 국외여행 인솔자라면 체크인·체크아웃할 때 호텔종업원에게 가벼운 인사말 정도는 현지어로 말하면 업무 볼 때 유리한 점이 있다.
> · 특별한 상황이 아니면 절대로 호텔 내에서는 뛰어다녀서는 안 되고 정숙한 행동을 하도록 한다.
> · 로비, 복도, 바(bar) 등 호텔 내에서는 큰소리로 떠들거나 잠옷이나 슬리퍼 차림으로 다니는 것은 금물이다.
> · 문을 연 채로 큰소리로 장시간 대화하는 것도 옆방 손님에게 실례이다. 문은 늘 닫아두어야 한다.
> · 대부분의 호텔은 전부 금연이다. 예전 호텔들은 가끔씩 재털이가 있는 곳도 있지만 확인하고 공유해야 한다.
> · 호텔 내에서 탈모할 때를 안내한다. 식당에서, 엘리베이터에서 여성과 함께 있을 때, 로비를 지나칠 때 등은 반드시 탈모하는 것이 예의이다. 단, 여성의 경우에는 특히 햇빛가리개로 사용하는 것이라면 무방하다.
> · 객실에 부착되어 있는 라디오·텔레비전도 밤늦은 시간에는 음량을 줄여서 사용하거나 스위치를 꺼야 한다.

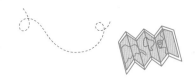

- 객실에서 쉬고 싶을 때는 "Please Don't Disturb" 객실의 청소를 원하면 "Please Make up Room"이 기재된 DD카드를 문밖의 고리에 걸어 두어야 한다. 객실 문에 "Please Don't Disturb"라는 DD카드가 걸려 있으면 무리하게 문을 비틀거나 노크하거나 하여 상대방을 방해해서는 안 된다.
- 엘리베이터 이용 시에는 여성우선 원칙을 지키도록 한다. 거꾸로 한국여성들은 남성이 타고 내리기를 기다리는 경우도 있는데, 이는 바람직하지 않다. 외국인들은 가벼운 신체접촉이라도 싫어하니 신체접촉이 없도록 해야 한다. 엘리베이터가 정지하자마자 먼저 내릴려고 문쪽으로 이동하거나 엘리베이터에 타려고 닫히는 문을 정지시켜 타는 행위도 금물이다. 또한 탑승 후에는 문쪽을 향에 서있는 것이 예의이다.
- 호텔에서 방문자가 있는 경우는 로비 혹은 식당에서 만나는 것이 상식이다. 특히 여성 혼자 있는 객실은 방문해서는 안 된다. 방문하지 않으면 안 되는 경우에는 반드시 문을 조금 열어놓은 채 입실하는 것이 예의다.
- 객실 내에서 가볍게 세탁한 것이 있는 경우는 가급적 눈에 띄지 않는 곳인 욕조에서 말리는 것이 좋다.
- 한국사람에게는 아직 다소 낯선 모습이지만 국제적으로 대부분의 호텔에서는 팁이 생활화되어 있다. 호텔에서 baggage-up & baggage-down 서비스나 룸메이드(room maid)서비스 및 룸서비스 등 특별한 용무로 호텔종업원의 서비스를 받는 경우에는 개별적으로 팁을 주도록 안내한다.

③ 호텔에서의 식사

① 메뉴

단체여행자들은 특별한 경우를 제외하면 낮에는 관광활동을 하기 때문에 조식을 제외한 중식과 석식은 대부분 외부에서 한다. 물론 조식은 투숙하는 호텔에서 하는 것이 일반적이다. 참고로 지역에 따라서는 석식을 투숙하는 호텔에서 하기도 한다. 그런데 이러한 모든 단체 식사는 미리 결정되어 있다는 것이다. 여기서 국외여행 인솔자는 식사 메뉴에 대해서 고민을 해야 한다. 여행자들은 단순히 보고 체험하는 것뿐만 아니라 먹는, 즉 식도락 관광도 무척이나 중요하게 생각한다. 먹는 즐거움 또한 여행자들에게는 아주 중요한 체험인 것이다. 그래서 결정된 식사 메뉴라도 시간적인 여유가 있을 경우 레스토랑 책임자와 상담하여 메뉴를 정할 수도 있으니 여행자의 요청이 있거나 변경을 해야 할 상황이면 메뉴 변경을 시도해 보는 것이 좋다. 추천하고 싶은 지역 특색 음식이

있을 경우에는 추가비용이 발생하더라도 여행자와 상의해서 정하는 것도 좋은 방법이니 참고해야 한다. 여행자들은 새로운 체험과 추억을 만들 기회가 있으면 기꺼이 비용을 지출한다는 점을 기억하자.

한편 여행자들 중에는 음식을 조심해야 하는 사람들이 있다. 예를 들어 위가 약한 사람, 당뇨병이나 고혈압환자 혹은 채식주의자 등이 그러하다. 이들을 위해 미리 레스토랑 매니저와 상의하여 적절한 음식을 준비해둔다면 여행자들에게 더욱 만족스러운 여행이 될 것이다. 환자가 발생했을 경우에는 룸서비스를 이용하는 것도 고려할 수 있다. 스프·빵·오믈렛 정도의 간단한 음식이라면 별도의 요금 없이 객실까지 배달해준다. 국외여행 인솔자는 항상 여행자들의 건강상태를 파악하여 적절한 식사를 제공할 필요가 있다.

➲ 레스토랑과 협의사항

식사를 하는 시간과 장소
- 인원에 따른 좌석 배치. 가족끼리 지인끼리 같이 앉을 수 있도록 노력한다.
- 메뉴 선정(소고기·생선요리·날짐승요리 등)
- 음료 비용의 결제방법(개인지불, 청구서에 포함하는 경우)
- Half-pension의 경우 식당, 중식 혹은 석식, 메뉴까지 선정
- 지불방법(현금 결제인지, 바우처 결제인지)을 확인

❷ 음료

단체 식사에서 음료의 선정 및 주문에 대해서는 개별적으로 주문하고 결제도 개인이 지불하는 것을 원칙으로 해야 한다. 이러한 내용을 여행자에게 안내하고 공유해야 한다. 우리나라를 비롯하여 아시아 지역에서는 물(plain water, natural water, iced water)이 무료인 경우가 많다. 하지만 서양에서는 물을 비롯해 모든 음료수가 유료라는 것을 여행자들에게 안내해야 한다.

좌석에 앉으면 웨이터가 주문을 받으러 온다. 고급 호텔에서는 음료 주문 담당으로 와인웨이터(wine waiter), 소믈리에(sommelier, 프랑스어권), 바인케너(weinkenner, 독일어권)가 있는 곳도 있으니 참고해야 한다. 여행자가 주문에 익숙하지 않을 때는 국외여행 인솔자가 좌

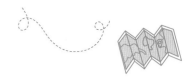

석을 돌면서 도와주면 좋다. 여행자들이 어느 정도 익숙해졌을 여행 후반 즈음에는 스스로 직접 주문하도록 하는 것이 좋다. 한국인은 대개 탄산가스 함유의 Sparkling 성향의 물은 선호하지 않으므로 탄산가스가 함유되어 있지 않은 물을 주문한다.

　지불은 현장에서 직접하도록 안내한다. 하지만 의사소통의 어려움이나 결제방법의 문제(현금 결제만 가능하거나 현지 화폐로만 가능 등)로 현장 결제에 상당한 시간이 소요되므로 국외여행 인솔자가 일괄 결제하는 것도 좋은 방법이다. 또한 팁의 포함 여부를 미리 확인하여 혼선이 발생하지 않도록 한다.

◎ 식당에서 확인할 사항 및 주의사항

- 식사는 대화의 장이기도 하기에 여행자들이 대화를 즐기면서 여유 있게 식사를 할 수 있게 해야 한다. 인솔자는 여행자가 여유를 가지고 식사할 수 있도록 항상 시간적으로 배려해야 한다.
- 드레스 코드(dress code) 확인. 정장을 필요로 하는 곳도 있으니 미리 확인해 둘 필요가 있다.
- 호텔의 다이닝룸(레스토랑)은 밀서비스(meal service) 시간이 정해져 있으니 사전에 확인한다.
- 호텔에서는 아침·점심·저녁 모두 같은 장소에서 먹는 경우가 많으나 호텔마다 다르니 사전에 확인한다.
- 호텔은 일반적으로 조식이 포함이지만 호텔 등급, 위치 및 성격에 따라 다르다. 확인 후 안내한다.
  - 유럽 중심의 가벼운 콘티넨털 조식(Continental breakfast)
  - 콘티넨털 조식에 비해 무거운 아메리칸 조식(American breakfast)
- 추가로 발생하는 음료 비용(혹은 식사 비용)은 가급적 현장에서 결제를 하는 것을 추천한다. 객실번호를 말하고 사인을 하게 될 경우 금액이 잘못되는 경우가 종종 발생하니 유의해야 한다.
- 대부분의 호텔에는 복도의 한쪽 구석에 무료 제빙기(ice cube)가 있어서 술을 즐기는 사람들에게는 편리하다. 따라서 국외여행 인솔자는 이를 확인하고 여행자들과 공유하도록 한다.

- 다양한 계란 요리의 메뉴는 숙지하는 것이 좋다. 여행자들이 요청 시 도움을 줄 수 있어야 한다.
  예를 들어 프라이[fried egg: Sunny Side-up, Over Easy eggs, Turn Over eggs]
  삶는 요리[boiled egg: Hard boiled, Half done egg(three minute egg)]
  기타 요리[scrambled egg, poached egg(수란)]
- 효율적인 일정, 예를 들어 호텔 체크인 후의 석식이나 출국 직전의 식사 등 시간상 이유나 혹은 건강상 이유가 생기면 가급적 호텔에서의 식사를 추천한다.
- 호텔이나 고급 레스토랑에서는 웨이터의 업무영역이 있다. 웨이터에게는 좌석 배정권이 주어지기에 여행자에게 웨이터의 안내를 따르도록 안내하며 단체의 테이블담당 웨이터의 얼굴 및 이름을 기억해둬야 한다.
- 대부분의 청구서에는 서비스료가 포함되어 있지 않다. 청구서의 약 5% 정도의 팁을 가산하는 것이 통례이다. 식사료는 계산대에서 지불하나, 팁은 테이블에 놓는 것이 상례이다. 단체가 일률적으로 식사를 할 때에는 국외여행 인솔자가 팁의 금액도 일괄하여 함께 지불하는 편이 좋다. 서비스료가 포함되었어도 국외여행 인솔자가 약간의 팁을 줄 것을 기대하고 있는 곳이 많은데 자주 방문하는 식당이라면 팁을 주는 것도 좋다. 뷔페와 같은 셀프 서비스 식당에서는 원칙적으로 팁이 필요 없다.
- 식당에서 국외여행 인솔자의 자리는 여행자 전체를 볼 수 있으면서도 움직이기 쉬운 자리를 선택하는 것이 좋다. 식사 중에도 음식이 제대로 나오는지, 통역을 필요로 하는지 등 항상 신경을 쓰고 있어야 하기 때문이다.

국외여행 인솔자는 여행자와 좋은 관계를 형성하고 유지하기 위해 가급적이면 여행자들과 식사자리를 함께 하도록 노력해야 한다. 다만, 매번 동일한 사람들과 동석하면 예상하지 못한 불만을 유발할 수 있으니 조심한다. 식사 중에 여행자들과 자연스런 대화를 통해 여행자들이 국외여행 인솔자에 대해 친밀감을 느낀다는 것을 잊지 않도록 하자. 또한 식당에서 너무 나서는 것도 좋은 모습은 아니다. 서비스를 제공하는 웨이터에게 방해가 되지 않도록 여행자들의 불만이 생기지 않도록 유의하면서 행동하는 것이 좋다.

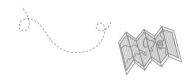

④ 호텔 내에서의 일상 업무

객실 점검이 끝나면 국외여행 인솔자에게는 여유가 생기는 시간이다. 긴장과 스트레스로 쌓인 피로를 푸는 휴식을 취하며, 또한 원활한 다음 여정을 위해 정산 및 수배 상황 등을 점검하고 미래를 위한 출장보고서를 작성하는 시간을 갖게 된다. 원칙을 가지고 시간을 잘 활용하는 것이 중요하다.

1 기본원칙

① 긴장으로 행사를 진행하며 생긴 피로와 스트레스를 풀 수 있는 것을 실행하는 것이 좋다. 예를 들어 반신욕을 한다든지 가벼운 체조를 하는 식의 나름의 방법을 찾아서 하는 것이 좋다.

② 일상의 업무에 필요한 사항을 확인하고, 누락되어 있는 점이 없는지를 매뉴얼(manual)과 비교·분석하며 검토한다.

③ 매일 출장보고서를 작성하고, 지출과 수입도 같이 정리한다.

④ 국외여행 인솔자는 가급적 개별적인 자유행동을 삼간다. 혹시 개인적인 볼 일이 있을 경우에는 발생할 수 있는 상황에 대비하여 단체 대표에게 말하고 다녀 온다.

⑤ 체크인 등이 마무리되고 나면 숙소에서 술자리가 만들어지기도 하는데 이때 국외여행 인솔자는 술자리에서 신뢰를 잃을 수 있는 실수를 해서는 안 된다. 매번 참석하는 것도 삼가는 것이 좋다.

⑥ 외출하는 인원 확인을 한다. 호텔에서 쉬는 동안에도 여행자들의 움직임을 살펴봐야 한다.

⑦ 당일 진행한 여정을 확인하고 새로운 것은 학습하고 다음 여정도 확인하여 여행자들과 공유하고 설명할 내용을 작성·수정한다.

⑧ 여정과 관련한 공지사항을 둘러싸고 시비를 가려야 하는 문제가 생기는 것을 방지하기 위해 구두는 물론 단체 SNS(단체 카톡, 문자 등)를 활용하여 여행자들과 공유한다.

⑨ 현지 가이드와의 미팅은 여행자와의 미팅시간보다 20~30분쯤 일찍 잡도록 한다. 현지 가이드와 미리 만나 예정된 일정 등을 자세하게 확인하면서 행사 진행을 준비한다.

② 수배 재확인

예약되어 있는 호텔, 항공기, 식당 등은 현지에 도착하면 반드시 예약을 재확인(recon-firmation)해야 한다. 예약의 누락, 취소 그리고 잘못된 예약으로 발생하는 문제는 온전히 여행사 책임으로 되어 버린다. 누구의 잘못을 떠나 여행사는 신뢰가 떨어진다. 특히 오지나 낙후된 지역은 조심해야 한다. 예약 재확인을 할 때는 반드시 상대방의 이름을 메모해 두는 것이 필요하다.

1) 항공편의 확인

목적지 도착 후 즉시 다음 항공편의 예약을 확인한다. 이때 예약된 단체명, 인원, 탑승일, 편명(flight number), 탑승구간 등을 확인하며 예약 확인을 하고 또한 웹 체크인이 언제부터 가능한지 알아두는 것이 필요하다. 통상적으로 단체의 경우 웹 체크인은 최소 출발 24시간 전부터 최대 72시간 전까지 가능하다. 웹 체크인을 통해 좌석을 배정하면 공항에서 시간도 아끼고 탑승수속도 편리해진다.

2) 지상수배의 확인

현지 여행사와 일정·숙소·관광·식사·가이드와 차량의 미팅 및 센딩 등의 예약에 대해서 재확인한다.

수배 종류별 구체적 확인사항
- 가이드 확인: 현지 가이드의 이름 및 성별, 특징, 미팅일자·시간·장소·일정의 개요, 언어 체크(한국어, 영어 등)
  현지 가이드 수배만 이상 없으면 가이드의 협조로 나머지는 자연스럽게 확인된다.

- 버스 확인: 출국 전 기사의 이름과 연락처를 메모해서 현지에서 확인한다. 버스 회사 연락처만 있을 경우는 배차과(Dispatch), 전세과, 판매과로 재확인한다. 단체명 및 인원, 배치월일, 배차시간, 배차장소 사용시간, 개략적인 코스, 버스의 번호, 운전기사의 이름, 전화, 상대방의 이름을 확인한다.
- 레스토랑 확인: 식당 매니저에게 재확인하는데, 단체명 및 인원, 이용일자 및 시각, 가격, 메뉴 등을 확인한다.
- 호텔 확인: 통상 그룹데스크에 재확인하는데, 단체명 및 인원, 숙박일수, 객실형태 및 객실수, 객실의 시설(욕조 유무, 드라이기, 포트), 객실의 종류, 호텔에서의 식사시간과 장소 등을 확인한다.
- 방문지 확인: 박물관, 미술관 및 고궁 등에 필요한 현지 통역가이드 또한 꼭 예약 확인한다.
- 공식 방문 확인: 방문 담당자에게 연락을 취하여 약속을 확인하도록 한다. 방문시간, 미팅장소, 소요시간, 통역가이드 유무, 준비물, 인원 등을 확인한다.

❸ 결제 및 정산 업무

국외여행 인솔자는 일반적으로 바우처 등으로 현장에서 결제를 하지만 각종 팁과 같이 현금으로 결제를 해야 하는 경우도 있다. 따라서 가급적이면 현금이나 현지 통화를 준비하는 것이 필요하다. 예정된 지불계획에 따라 지불을 하도록 하며 결제한 내역은 출장보고서 혹은 행사보고서에 자세하게 기록한다. 행사 후에 하려다가 지불내역이 기억나지 않는 경우가 있으니 철저하게 기록한다.

⑤ 체크아웃(Check-Out)

여정을 마치고 호텔 체크아웃(Check-Out)을 하는 날, 특히 '이른 출발'을 해야 한다면 체크아웃 전날 모든 것을 마무리하고 잠자리에 들어야 한다. 모닝콜(wake-up call) 및 조식 예약시간을 재확인하고 수하물 처리방법도 확인한다. 수하물 수거는 여행자들과 상

의를 한 후에 수거가 필요하면 컨시어지(concierge)나 벨 캡틴(bell captain)에게 의뢰한다. 체크아웃 당일 날 일찍 미리 프런트에 팀 체크아웃을 요청하면서 프런트 회계원에게 마스터빌(master bill)의 작성을 의뢰해두고 가능한 정산은 체크아웃보다 일찍 여유를 가지고 해야 한다. 체크아웃 후 버스 탑승을 안내하고 탑승 후에는 인원파악 그리고 분실물이 있는지 확인하는 과정이 필요하다. 확인 후 다음 여정을 시작한다.

여행자들에게는 출발일에 대한 사항, 즉 모닝콜 시각, 조식시간 및 장소, 미팅장소, 수하물 수거 관련 사항, 미니바 사용에 대한 정산, 출발시각 등을 전달하는 것을 잊지 않도록 한다. 참고로 아직 공항이용료를 현장에서 지불하는 공항이 있으니 미리 확인하는 것도 잊지 말아야 한다.

1 모닝콜(wake-up call)

숙소에서는 출발 전날 반드시 모닝콜을 요청한다. 체크인 시에 요청을 했더라도 재확인해야 한다. 모닝콜은 조식시간 30~60분 전에 한다. 남성 여행자보다 여성 여행자가 시간이 더 필요하므로 여성 여행자들은 약 1시간 전, 남성 여행자들은 30~40분 전에 하면 된다. 호텔 출발 시의 모닝콜은 다음 여정에 많은 영향을 미치므로 누락되지 않도록 한다.

호텔에서 모닝콜이 누락되더라도 그것을 미리 알고 대처를 할 수 있도록 인솔자는 일행들보다 약 30분 정도 일찍 일어나도록 하며 인솔자 본인의 방도 모닝콜을 요청해서 일행들 객실에 모닝콜이 누락되었는지 확인하도록 한다. 만약 모닝콜에 이상이 생기면 심각한 사태를 불러올 수 있기 때문이다.

2 조식(breakfast)

조식은 호텔 출발 30~60분 전에 식사를 할 수 있도록 예약한다. 식사시간은 여행자 수, 식사시간대에 따라 다르지만 한 시간 정도를 추천하며 최소한 30분 이상을 배정하

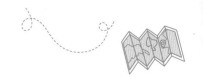

는 것이 좋다. 여유가 있는 여행이 되도록 가급적 식사를 즐길 수 있는 시간을 제공하도록 조절해야 한다.

인솔자는 언제나 여행자들보다 식당에 먼저 도착해서 특별한 메뉴가 있는지 등의 메뉴도 체크하고 단체가 앉을 자리도 미리 확인하고 여행자를 맞이하는 것이 좋다. 이때 간밤에 잠자리는 어떠했는지, 불편한 것은 없었는지 등 안부를 챙기는 것은 믿음직한 인솔자가 되는 길이기도 하다.

이른 새벽 출발이라 조식 제공이 안 되면 담당자와 협의하여 룸서비스나 도시락으로 준비를 할 수 있도록 해야 한다. 더불어 룸서비스나 도시락은 레스토랑보다는 식사의 내용이 부실하니 이런 상황 등을 미리 여행자들과 공유해야 한다. 여행자들의 불만이 발생하지 않도록 말이다.

❸ 수하물 집하

출발 전날 밤에 컨시어지(concierge)나 벨 캡틴(bell captain)에게 의뢰한 수하물 수거를 재확인한다. 더불어 동일한 시간대에 출발하는 다른 여행단체는 없는지 파악하고, 조식시간 등을 고려해 여행자들과 상의하며 수하물 집하(baggage down)시간을 결정하는 것이 좋다. 통상 조식시간에 맞춰서 수하물 집하를 하는 것을 추천한다. 즉, 출발 60분 전에 하는 것이 무난하다.

포터, 벨 캡틴 또는 담당자에게 수하물 집하를 요청할 때는 객실번호를 알려주고 수하물 특징 등을 알려주면 좋다. 여행단체가 많이 붐비는 경우에는 항공시간을 이야기하며 우선적으로 처리해 줄 수 있도록 협조를 요청하며 다른 단체와 섞이지 않도록 주의를 주어야 한다.

동시에 여행자들에게 수하물 수거시간을 이야기하고 정해진 시각보다 이르게 수하물을 객실문 바깥쪽에 놓아두도록 한다. 포터를 이용한 수하물 수거가 여의치 않은 상황이면 여행자 본인이 직접 수하물을 로비로 가져오도록 한다. 수하물은 전부 단체수하물이 집하되어 있는 곳에 모아 두도록 하고, 귀중품은 분실사고를 대비해서 꼭 본인

이 휴대하도록 각별히 주의하도록 한다.

　수하물의 수거가 끝나고, 식사를 마치고 나면 여행자들로 하여금 본인이 수하물을 확인하게 하고, 벨맨, 포터 혹은 차량기사에게 버스로 짐을 옮기도록 한다. 또 여행자들에게 버스에 탑승하기 전에 본인의 수하물이 있는지 재확인하면서 탑승하라고 이야기한다. 물론 인솔자는 수하물의 수량과 여행자의 짐이 확실한지의 여부를 반드시 확인한다.

　참고로 수하물 집하를 확인하는 과정에서 국외여행 인솔자는 항상 수하물을 정리하는 데 신경 써야 한다. 예를 들어 수하물에 붙어있는 낡은 짐표(baggage claim, 지나간 항공의 짐표, 지나간 호텔에서 포터가 붙인 객실번호표 등)는 없애버려야 한다. 다음 여정의 항공 탑승 및 호텔 체크인 등에서 혼동을 줄 수 있기 때문이다.

④ 정산(balance)

　조식 후 바로 체크아웃을 해야 할 경우 인솔자는 빨리 조식을 마치고 지불 등의 결제를 한다. 개별 여행자는 물론 여러 단체 투숙객들이 대부분 8~9시 사이에 체크아웃을 하므로 아침에는 프런트데스크가 늘 복잡하다. 국외여행 인솔자는 이를 감안하여 체크아웃 수속을 빨리 진행해야 한다. 많은 투숙객들로 인해 처리가 늦어져 곤란을 겪게 되는 경우가 있다. 이런 경우에는 별도의 입구를 통해 사무실로 들어가 국외여행 인솔자임을 밝히고 특별한 절차에 의해 결제를 해달라고 요구한다. 단체 투숙객 처리에 익숙하지 않은 호텔에서는 결제시스템에 혼선이 있을 수 있으니 체크인 시와 체크아웃 전날 체크아웃 수속 시스템을 미리 확인한다.

> ○ **정산의 포인트**
> · 단체명 및 국외여행 인솔자의 이름과 객실번호를 확인한다.
> · 마스터 빌(master bill)의 내용이 정확한지 꼼꼼하게 확인한다.
> · 개인적 비용이 있다면 여행자가 사용한 것이 맞는지 확인하고 결제하는 것을 도와준다.
> · 개인 혹은 단체 영수증을 반드시 챙긴다.

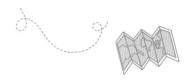

⑤ 버스 탑승 및 출발

출발 10여 분 전에 버스가 왔는지 확인하고 수하물 수거가 끝나면 버스를 호텔 로비 앞으로 부른다. 여행자를 탑승시킨 후에 다시 한번 인원수를 확인하고 주의사항을 확인한다. 여권은 소지하고 있는지 확인하면서 귀중품을 체크해야 한다. 특히 분실이 많이 생기는 물품, 예를 들어 지갑, 액세서리, 충전기 등과 귀중품이 있는지, 안전금고 (safety deposit box)에 두거나 맡긴 휴대품을 찾았는지, 객실열쇠는 반환했는지, 개인적인 비용의 정산은 마쳤는지 등을 재차 확인한다.

유의할 점은 객실열쇠를 분실했을 경우에는 소정의 페널티를 지불하는 경우도 있다. 객실당 복수의 키를 주는 경우는 분실해도 크게 문제가 되지 않지만 객실당 한 개의 키만 주거나 메탈 키를 제공하는 호텔은 분실 시 보상을 해야 한다. 터무니 없는 요금을 요청하는 경우도 있으며 최악의 경우는 보상하지 않으면 버스를 출발할 수 없는 경우도 있다는 것을 국외여행 인솔자는 인지하고 있어야 한다.

호텔 체크인 시스템 및 체크아웃 포인트

호텔 체크인 시스템

호텔의 프런트는 여행자를 가장 먼저 맞이하여 호텔의 첫인상을 형성하는 포인트이기에 호텔의 중추라고 할 수 있다. 호텔의 프런트는 크게 유럽형과 미국형이 있다. 국외여행 인솔자는 호텔에서의 업무를 원활히 진행하기 위해서는 이 2가지 형태의 특징과 차이점을 이해할 필요가 있다. 단, 중국과 러시아는 다소 상이하다는 점도 유의하자.

1) 미국형 프런트

한국은 호텔 프런트는 미국형과 유사한 형태를 띠고 있는 경우가 많다. 미국형 프런트는 다음과 같이 3개의 부서로 이루어진다.

• 프런트 데스크

통상적으로 'Reception'이라는 표시를 하고 있으며 가끔씩 'Registration Rooms' 등으로 표시되기도 한다. 주 기능은 체크인, 즉 객실 배정 및 등록, 객실 키 발급 및 배부, 우편물 취급 및 투숙객들이 필요로 하는 서비스 제공 및 여행정보 제공이다.

규모가 크거나 5성급 혹은 4성급 이상의 호텔들은 프런트에 Mail Desk, Information Desk라고 표시하는 곳도 있다. 또한 로비의 한쪽 편에 Assistant Manager가 데스크에 앉아 투숙객의 상담에 응하거나 고충처리를 하고 있는 곳도 있다.

• 캐셔

통상적으로 프런트의 한쪽 끝이나 혹은 인접한 곳에 위치하며, 환전과 정산 및 귀중품의 보관 등의 관리 업무를 수행한다.

• 벨 캡틴

로비의 한쪽에 데스크를 설치하고, 벨멘이나 포터의 감독, 수하물의 취급만을 전담한다. 다만, 유럽형에서 수하물 취급을 하는 컨시어지와는 달리 정보제공 등은 하지 않는다.

2) 유럽형 프런트

유럽형 프런트는 유럽의 호텔에서 운용되는 시스템인데 유럽 이외에 중동·아프리카·남미 일부 호텔에서도 유럽형 프런트가 운영된다. 이 시스템은 다음과 같이 크게 2개 부서로 구성된다.

• 리셉션

리셉션(reception)은 객실의 예약 및 배정을 취급한다. 리셉션 데스크의 한편에는 회계업무를 맡는 캐셔(cashier; 프랑스는 caissier, 독일은 kassa)가 있어서 외화의 환전이나 체크아웃 업무를 진행한다. 규모나 등급이 작은 호텔은 캐셔가 따로 없이 전부 다 처리한다.

• 컨시어지

특급호텔 등의 로비에 들어서면 한켠에 옷소매에 금장을 두른 화려한 제복을 입고 있는 사람이 눈에 띈다. 홀포터(hall porter)라고 불리우는 컨시어지(concierge)이다. 컨시어지의 직무는 포터(porter)의 감독, 객실 열쇠 보관, 우편물·전보의 취급, 교통편 등의 안내, 극장·영화관 나이트클럽의 안내, 지

자료: https://sanecovision.com/hospitality/hotel-concierge-bellboy/

🔄 호텔의 컨시어지와 벨보이

역 축제 등 여행정보 제공, 식당·관광버스·관광선 등의 정보 제공 및 예약 그리고 숙박객이 필요로 하는 모든 정보나 서비스의 제공 등이다.

국외여행 인솔자는 컨시어지와 친밀한 관계를 유지하는 것이 좋다. 생생한 현지 정보를 얻을 수 있을 뿐만 아니라 호텔 내에서 여러 가지 일을 부탁할 수 있기에 여행자들에게 보다 좋은 정보를 제공하기를 원한다면 그들과 좋은 관계를 형성해야 한다. 따라서 호텔에 들어갈 때 미리 눈인사도 하고 수하물 협조를 구할 때 미리 컨시어지에게 5~10달러 정도의 사례비를 주는 것이 좋다.

체크아웃 시 고려할 사항

- 체크아웃 시간은 통상 오전 11시 이전에 하는 호텔이 많지만, 늦은 경우는 오후 2시까지도 체크아웃이 가능하기도 하다. 즉, 체크아웃 시간은 호텔마다 다르니 미리 확인해 두는 것이 좋다. 특히 체크아웃 당일 여행일정이 자유일정인지 해변 리조트인지 등에 따라 체크아웃 시간을 여유롭게 이용할 수 있다. 예를 들어 오전에는 해변 리조트에서 자유시간을 갖고 중식 후 공항을 가는 여정인 경우라면 체크아웃 시간에 따라 여행일정에 큰 영향을 받게 된다. 체크아웃 시간을 경과하면 소정의 할증요금이 추가되기 때문에 사전에 체크아웃 시간을 확인하여 체크아웃 후 출발시간까지 수하물을 맡길 장소를 확인해둔다.

- 주말 혹은 현지의 특별한 날(예: 공휴일 등)에 체크아웃을 하는 경우에는 호텔에 맡겨둔 안전금고(safety deposit box)에서 귀중품을 찾거나, 세탁물을 찾는 것 등이 불가능할 수도 있으니 미리 확인해둔다.

- 여행일정상 늦은 오후나 야간에 호텔을 출발해야 하는 경우에는 호텔측과 교섭하여 체크아웃 시간 이후에 투숙객에게 편의를 제공하는 방(courtesy room)을 몇 실 배정받아 활용한다. Courtesy Room에서는 수하물의 보관, 세면, 탈의, 피곤한 여행자의 휴식 등이 가능하다. Courtesy Room의 제공은 호텔의 사정에 따라 다르나, 통상적으로는 객실 8개당 1개의 객실이 제공되곤 한다. 국외여행 인솔자 입장에서는 가급적 객실 2개를 확보하는 것이 좋다. 물론 성수기 등에는 객실 배정이 힘들 수 있다.

- 만약 체크아웃 후 공항으로 가는 여정이라면 호텔 출발 시 직접 항공사나 공항에 연락하여 항공편 출발시각을 확인한다. 가끔씩 항공편이 지연되는 경우가 있다. 공항에서 마냥 기다리는 것은 여행자에게 많은 고통을 준다.

국외여행 인솔
실무

Chapter
07

관광업무_01

여행자의 목적은 여행을 통해서 행복을 만끽하는 것이라 할 수 있다. 특히 지루하고 스트레스가 일상인 삶에서 탈출이라는 해방감을 느끼고 싶어하고, 스트레스를 해소하여 재충전을 할 수 있는 휴식을 갖고 싶은 것이다. 또한 이를 넘어서 특별한 추억을 만들기 위해 이국적인 볼거리 및 먹거리 등 다양한 문화를 접하고 색다른 문화체험을 하려고 한다. 아주 다양한 여행형태를 통해서 말이다. 다양한 여행형태는 시내관광, 버스관광, 열차관광, 선박관광 등으로 구분할 수 있다.

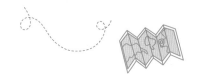

① 시내관광

특별한 목적이 없는 한 여행은 방문국가의 수도나 주요 도시 등 시내를 돌아보는 것부터 시작한다. 단순해 보이는 시내관광에서도 국외여행 인솔자는 해야 할 업무들이 있다. 날씨에 따른 여행자 복장 안내에서부터 교통상황에 따른 여행 일정의 조정까지 크고 작은 일들을 확인하고 조정해야 한다. 또 많은 부분들을 여행자들과 공유해야 한다.

국외여행 인솔자는 사전에 정보를 수집하여 원활한 시내관광을 위해서 필요한 준비물 및 유의사항을 안내해야 한다. 날씨에 따른 혹은 관광지에 따른 복장관계를 그리고 준비물 등을 여행자들과 공유해야 한다.

끝으로 현지 정보에 따라 일정을 조정할 수도 있어야 한다. 교통 상황에 따른 일정을 조정하거나 혹은 방문 예정이던 관광지의 휴관일 및 날씨 등으로 불가피하게 수정해야 한다.

① 사전 정보 수집

국외여행 인솔자는 방문 예정인 관광지에 대해서 여러 경로를 통해서 많은 정보를 가지고 있어야 한다. 특히, 본인이 여행이나 인솔을 다녀온 지역이라면 더욱 그렇다. 하지만, 목적지에 도착하고 나서도 새로운 정보를 습득하는 것을 게을리하지 말아야 한다. 현지 상황은 늘 변하고 있기 때문이다.

❶ 처음으로 방문하는 곳은 자유시간이나 여유시간에 대중교통 수단을 이용하여 방문지를 돌아보면서 정보를 취득한다.

❷ 여유시간이나 적절한 방법이 없다면 출국 전에 방문국가의 관광청과 인터넷 등에서 취득한 자료를 숙지하면서 현지 가이드와 협의하여 도움을 받는 것도 하나의 방법이다. 하루 업무가 끝나면 현지 가이드와의 교류시간을 통해서 궁금한 것들, 변화된 것들에 대한 정보를 얻는 방법도 좋다.

2 현지 가이드와 협의

현지 가이드들은 현지 사정을 잘 알고 있기에 출발 전날 국외여행 인솔자는 현지 가이드 혹은 버스기사와 상의하여 다음 날 일정에 대해서 현지 상황에 맞게 합리적으로 일정을 조정한다. 일정을 조정하면서 중요한 것은 우선적으로 관광을 시작하기 전에 국외여행 인솔자는 여행자들에게 조정된 일정을 안내하고 조정되는 이유를 설명하고 시작하도록 한다.

두 번째로는 국외여행 인솔자는 현지 가이드가 인지하고 있는 일정과 여행자에게 나눠준 일정표에 명기되어 있는 관광지 등(특히, 유료 입장 관광지)이 모두 포함되어 있는지 여부를 확인하여야 한다. 현지 가이드는 일상으로 반복되는 일을 하는 것이다 보니 유료 관광지 누락과 같은 실수를 하는 경우도 발생할 수 있다. 따라서 이런 일이 생기지 않도록 미리 가이드와 상의하고 확인해야 한다.

세 번째는 여행자들의 성향을 잘 알고 있는 국외여행 인솔자는 시간이 날 때마다 현지 가이드와 일정의 세세한 부분까지 협의를 하는 것이 좋다. 예를 들어 한국 여행자들은 기념사진 찍기를 좋아하니 설명을 줄이고 가급적 시간을 여유 있게 배정을 하거나 연세가 있는 분들은 화장실을 자주 가야 하니 감안해서 일정을 조정하는 것이 좋다.

끝으로 현지에 도착해보니 혹은 사전 정보 수집을 통해서 당초 여행일정에는 표시되지 않은 행사가 있을 경우는 가이드와 상의를 하면서 일정을 조정하는 것이 좋다. 예를 들어 축제행사 등이 있는 날에 관광이 있다면 시간적 여유를 확인하면서 방문하게 되면 여행자들에게 강한 인상을 남기게 된다.

○ 현지 가이드의 유형에 따른 고려사항

❶ 한국어 가이드

1989년 전국민의 해외여행 자율화 이후 30년이 지난 지금은 한국인 여행자가 많이 가는 지역에는 대부분 한국인 가이드가 있다. 물론 행사의 진행은 국외여행 인솔자가 주도권을 가지고 있지만 실제의 관광지 소개·설명·안내 등은 현지 가이드에게 일임하는 것이 좋다. 대부분의 현지 가이드는 성의 있게 열정적으로 안내를 하지만 가끔씩 여행자들에게 컴플레인을 받는 가이드도 있다. 예를 들어 경험이 적은 가이드, 현지 언어

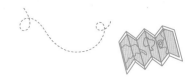

에 익숙지 않은 가이드, 주변을 무시하는 잘난 척하는 경향을 가진 가이드 등이 그렇다. 따라서 국외여행 인솔자도 방문지에 대해서 공부를 하고 출장을 가야 한다. 아무것도 모르면 여행자들에게 무시당하는 것도 문제지만 현지 가이드를 통제하는 것이 힘들어지고 오히려 끌려다니게 된다. 결국 자기 인솔 여행단체의 성격 및 여행자의 희망에 맞는 관광내용을 실현하기가 아주 힘들어질 수 있다.

한국어 가이드에는 한국 사람도 있지만, 한국말을 하는 외국인도 있다. 예를 들어 쿠바 가이드, 인도네시아 가이드, 특히 중국에서 가이드로 활동하는 조선족 가이드는 한국말을 구사하기에 한국인으로 착각하게 된다. 또 외국인은 아니지만 외국에서 오래 생활한 한국인 가이드는 한국적인 감각이 무디고, 최근의 한국 사정에 어두워 상황에 맞지 않는 표현을 하는 경우도 있다. 그럴 때에는 조용히 불러 정정해주거나 새로운 사실을 가르쳐주면 현지 가이드도 좋아한다. 또 잘 모르는 것이 있으면 그냥 모른다고 하고 있는 그대로 성의 있게 안내를 해달라고 협조를 구해야 한다.

② 영어 가이드

현지 가이드는 설명을 할 때 주로 영어를 사용한다. 또한, 내용이나 관점은 현지 국가 혹은 서양의 관점에서 하기에 직역을 하게 되면 한국인으로서 이해하기 어려운 부분이 생긴다. 국외여행 인솔자는 가이드가 설명하는 것을 일단 새겨두고 한국인에게 불필요한 것은 과감하게 생략하여 한국인 여행자가 알기 쉽도록 보충설명을 해주어야 여행자들의 이해가 빠르고 또한 국외여행 인솔자로서 신뢰를 얻을 수 있다.

- 현지 가이드에게 버스 주행 중 설명할 때 주행시간의 1/3시간에서 마무리해 달라고 하고 나머지 2/3의 시간을 할애하여 한국말로 해설을 한다.
- 가급적 설명은 버스에서 하도록 하고 상황이 여의치 않으면 하차하여 관광지까지 걸어가거나 도착해서 짧게 설명을 하라고 한 후 국외여행 인솔자가 한국어로 설명을 할 수 있도록 한다. 영어로 하는 설명이 길어지면 통상적으로 지루해하기에 조심해야 한다. 또 유의할 것은 설명은 간략하게 하고 전체적인 여정이 허락하는 한 사진을 찍을 수 있는 시간을 꼭 넉넉하게 할애해야 한다.

- 한국인에게 흥미가 없을 듯한 점은 여행자들을 지루하게 하므로 생략하고, 또 시간절약을 위해서도 생략한다.
- 국외여행 인솔자는 사전에 공부를 많이 해두어야 현지 가이드의 설명을 이해하고 또한 여행자들에게 필요한 설명을 해줄 수 있다. 많은 훈련이 필요하다.
- 고유명사는 한국에서 관용적으로 사용하고 있는 쪽으로 설명을 한다. 예를 들면, Joan of Arc는 존오브아크가 아니라 잔다르크라는 식으로 해설한다.

❸ 출발

여행자들이 버스에 탑승한 후 인원 체크와 더불어 관광이 시작되는데 통상적으로 관광은 숙박시설에서부터 시작하게 된다. 이때 국외여행 인솔자는 가급적 출발 전에 일정 관련 협의를 마무리해야 한다. 현지 가이드가 있을 경우에는 현지 가이드 및 기사와, 현지 가이드가 없을 경우에는 차량기사와 협의하면서 일정을 정리해야 한다. 시내관광은 항상 교통 상황이 문제가 되기에 현지 사정을 잘 아는 가이드나 기사와 협의해서 지루함이 없이 알차게 일정을 진행할 수 있도록 정리해야 한다. 동시에 정리된 일정은 관광을 시작하면서 여행자들과 공유하도록 한다.

✪ 관광 출발 전에 주의 및 안내 사항

❶ 출발 전 현지 가이드 혹은 기사와 동선 및 소요시간 등 일정을 확인한다.

- 전 코스에 대해 일정(포함 여부, 순서, 소요시간 등)을 확인한다. 무리하게 다니는 것은 피하는 것이 좋다.
- 쇼핑을 해야 하는 패키지 상품이라면 쇼핑만 하는 것처럼 보이지 않게 일정을 쏠리게 하지 말고 쇼핑시간을 적절하게 배분한다.
- 적어도 두 시간에 한 번 화장실에 가도록 한다. 특히 고령자에게는 가장 중요한 부분이다.
- 자유시간이 있는 일정이라면 관광하면서 여행자와 가이드 그리고 기사와 자유시간을 보낼 수 있는 방법을 상의하고 진행한다. 특히 자유시간에는 여행자들이 길을 잃지 않도록 대비책을 세워야 한다.

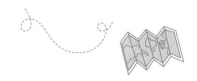

② 여행자들의 복장이나 휴대물품의 상태가 일정과 어울리는지를 체크한다. 국경을 넘나드는 여정이거나 유람선 혹은 항공을 이용하는 여정은 여권이 필요하기에 바로 꺼낼 수 있도록 소지하라고 하고 오후에 비가 오는 날씨는 우산이 필요하다는 것, 많이 걷는 여정은 부담이 적은 편안한 신발인지 등을 안내한다.

③ 여행자들에게 시간 약속을 철저하게 지켜달라고 안내한다.

단체활동에서 한 사람이라도 시간 약속을 안 지키면 많은 사람들에게 불편함을 초래하니 사전에 주의를 준다.

④ 여행자들에게 자신들이 타고 있는 버스의 식별방법(버스번호, 색깔 혹은 스티커 등)을 설명한다.

국외여행 인솔자는 한국에서 출발 전에 한글로 작성한 차량용 스티커를 꼭 여유 있게 준비해야 한다.

⑤ 관광 시 혹은 이동 시 일행과의 이탈 시 대처방안을 설명한다.

일행과 떨어졌다는 것을 인식했을 경우 그 자리에 가만히 서 있게 한다. 가만히 있으면 현지 가이드와 인솔자가 쉽게 찾을 수 있지만 일행을 찾느라 돌아다니면 오히려 찾기가 더 힘들어진다고 이야기해서 주의를 준다.

⑥ 협의된 당일 일정에 대해서 여행자들과 공유하도록 한다. 예를 들어 교통 상황으로 순서를 바꾸거나 휴관 등의 이유로 방문이 안 돼서 다른 것으로 대치하는 일정에 대해서 미리 공유하여 이해시켜야 한다.

④ 관광지

관광지에 도착하기 전 버스 안에서 해당 관광지에서의 대략적인 관광소요시간, 관광 진행방법 등을 안내하고 도착해서는 설명을 가급적 짧게 하도록 유도한다. 현장에서 설명시간은 30~40%, 사진촬영 같은 자유시간은 60~70% 정도의 비율로 하는 것이 좋다. 그래서 진행은 먼저 관광지 설명을 하고 설명이 끝나면 버스 탑승 시간과 버스 위치 등 약속장소를 정하고 자유시간을 준다.

이동하면서는 현지 가이드가 앞장을 서고 국외여행 인솔자는 버스에 남아있는 여행 자가 있는지, 일행에서 떨어지는 여행자의 유무를 항상 체크하면서 뒤따라간다. 물론

관광이 끝나고 탑승 후 출발 전에도 다시 한번 인원 체크도 잊지 말아야 하는 것은 인솔자의 가장 중요한 업무 중 하나이다.

⭕ **관광 중에 안내해야 할 내용**

- 버스에서 하차 전 반드시 버스 출발시간 및 주차장소를 전달하면서 버스 식별 방법을 고지한다.
- 시간을 엄수하도록 한다(특히, 유명 관광지 및 쇼핑 거리지역에서는 더욱 강조를 해야 한다).
- 버스에서의 분실사건을 상기시켜 귀중품을 버스에 두고 관광하는 일이 없도록 주의를 환기한다.
- 관광지에서의 복장이나 신발에 대해서 안내한다(특히 사찰, 성당, 사원, 교회 등).
- 관련없는 친절에 특히 조심하라고 강조하고 소매치기나 강매에 주의하도록 한다.
- 승차 및 하차 장소가 다른 경우가 많으므로 국외여행 인솔자는 사전에 승차 및 미팅장소를 숙지하여 현지 가이드와 떨어져도 여행자를 인솔할 수 있어야 한다.
- 국외여행 인솔자는 항상 화장실의 위치를 확인해 여행자의 요구 시 안내할 수 있어야 한다. 참고로 고령자가 많으면 꼭 탑승 전에 화장실을 다녀오도록 하는 것이 좋다. 시내관광 시에는 단체가 화장실 가는 것이 쉽지 않다는 것을 인지하고 인솔을 해야 한다.

② **버스관광**(LDC tour)

여기서 말하는 버스관광은 장거리 여행 버스(long distance coach: LDC)를 말한다. 이 장거리 버스관광은 한두 가지 규칙만 잘 지키면 오히려 많은 장점을 가진 매력적인 여행으로 만들 수 있다.

지켜야 할 규칙으로는 첫째, 기사의 운전시간 준수이다. 국가별로 다르지만 대표적

⤵ 그림 7-1_ LDC tour

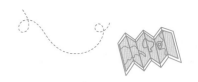

으로 유럽은 하루 8시간 이상 운전을 할 수 없다. 둘째는 기사의 휴식시간이다. 처음 2시간 운전하면 15분을 쉬어야 하며 2시간을 더 운전하고 나면 30분을 쉬어야 한다. 이는 안전운전을 하기 위함이다. 따라서 이러한 규칙을 지키면서 현지 사정을 아주 잘아는 기사와 상의하면서 일정을 조정하면 아름답고 멋진 광경을 만날 수 있도록 할 뿐만 아니라 출도착 시간을 조정하여 여유를 느끼는 여정으로 만들거나 혹은 멋진 전망대에서 커피 한 잔을 즐길수 있도록 하는 등 많은 상황을 연출할 수 있다. 장거리 버스여행에서 즐거운 추억을 가질 수 있도록 진행하기 위하여 해야 하는 업무들을 구체적으로 알아보면 다음과 같다.

① 준비사항

첫째, 버스 출발 시간은 일정을 감안하면서 여유 있게 한다. 일반적으로 한국 여행자는 아침 일찍부터 출발하는 것을 좋아하는 경향이 있다. 또한 도중에 기념사진도 많이 찍으며, 목적지에서의 쇼핑도 큰 즐거움으로 생각하고 있다. 이러한 성향을 충족시키기 위해서는 아침식사를 끝내자마자 이른 시간에 출발하는 것이 좋다. 또한 대부분의 운전기사도 아침 일찍 출발하여 목적지에 빨리 도착해서 쉬는 것을 좋아한다.

자료: https://www.aliexpress.com/item/4000072222259.html

🚐 그림 7-2_ 타코그래프

물론 기존의 위치가 예쁘고 아름다운 곳이라면 오히려 여유를 즐기고 출발할 수 있도록 하는 것이 좋다.

물론 이는 앞에서 언급한 바와 같이, 유럽과 같은 선진국에서는 운전기사의 운전시간 및 휴식시간을 통제한다는 것을 염두에 두고 일정을 조정해야 한다. 위반하면 벌금도 많이 발생하기에 운전기사들은 무리하게 운전을 하지 않는 점을 고려해야 한다. 유럽에서는 〈그림 7-2〉에서 보는 것처럼 버스의 운행을 전부 기록하는 타코그래프가 설치되어 있기에 경찰들은 순찰하다가 의심스러운 버스는 세워서 그 타코그래프를 확인한다.

따라서 기사들은 절대로 위법을 하지 않으려고 한다. 따라서 출발 전이나 전날에 운전기사와 최초의 목적지까지의 소요시간·경로 및 점심장소 등을 협의하고, 협의한 내용은 여행자들과 공유해야 한다.

둘째, 휴대품과 수하물 정리 관련 안내를 한다. 장거리 버스여행을 하다 보면 국경을 통과하는 경우도 많다. 따라서 출국 및 입국 수속을 원활하게 하기 위해서 여권을 쉽게 제시할 수 있도록 수하물 가방에 두지 말고 항상 몸에 지니도록 안내한다. 또한, 비가 올 경우를 대비한 복장, 더운 지역이나 여름에 여행을 하다 보면 필수적으로 항상 에어컨을 틀어주기에 여기에 대비한 복장, 하루 종일 이동을 하는 장거리 버스여행에서 필요한 가벼운 먹거리 등을 안내해야 한다. 이때 주의할 점이 하나 있다. 버스 안에서 취식이 안 될 수 있다. 버스기사가 완강히 반대하는 경우가 있으니 미리 기사에게 확인한 후에 버스 안에서 취식 여부를 안내해야 한다.

셋째, 화장실을 이용하는 방법을 안내한다. 특히 고령자들이 많은 여행단체는 신경을 많이 써야 하는 부분이다. 또한 유럽에서와 같이 유료 화장실이 대부분이고 또한 현지 통화만 통용이 되는 경우를 준비하도록 안내한다. 물론 국외여행 인솔자도 현지 통화를 여유 있게 준비해야 한다.

❷ 역할

일반적으로 장거리 버스여행이 있는 여행지역은 유럽, 미주(북미, 남미), 호주, 뉴질랜드 지역이 대표적이다. 여기서 미주, 호주, 뉴질랜드 지역은 대부분 현지 가이드가 동행을 하기에 국외여행 인솔자는 자신의 업무에만 충실하면 되지만 유럽 지역의 경우는 대부분 전 일정의 일부는 국외여행 인솔자 혼자서 진행을 하게 되는데 그 이유는 유럽 여행은 여러 나라를 다니다 보니 국경을 통과하게 되는데 이런 경우에는 가이드가 없는 경우가 많기 때문이다. 더불어 국외여행 인솔자의 능력이 베테랑이라면 꼭 필요한 경우가 아니면 현지 가이드 없는 여정들이 많다. 따라서 가이드 없는 장거리 버스여행을 하다 보면 국외여행 인솔자는 많은 역할을 해야 한다.

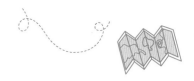

1) 해설자(현지 가이드의 역할)

방문하려는 지역이나 방문했던 지역의 역사, 경제, 사회, 문화 등 전반적인 설명을 하거나 혹은 재미있는 에피소드, 관심을 가지고 있는 시사적인 내용을 소개하게 되면 여행자들과 관광할 때 많은 도움이 된다. 이때 공항이나 호텔 혹은 관광청에서 구한 안내책자·지도 등을 나눠주면 좋다. 방문한 지역 관련 유적지 등을 되살리면서 정리하면 즐거운 회상의 시간도 가질 수 있다.

또한 그 지역의 관광지 관련 안내뿐만 아니라 문화적 차이에서 발생할 수 있는 실수나 오해가 생기지 않도록 매너, 에티켓 등을 사례와 경험담을 통해 전달하거나 혹은 선배 인솔자들의 이야기를 통해서 전달한다. 가끔씩은 여행자들에게 질문을 하도록 유도하는 것도 좋다.

많은 내용의 설명은 지루한 감을 줄 수 있기에 좋은 것만은 아니다. 여행자의 특성이나 피로의 정도 그리고 버스 안의 분위기를 감안하여 설명을 적절하게 하는 것이 바람직하다. 특히 시차적응이 필요한 곳은 적절하게 휴식을 취하게 하는 것이 바람직하다.

2) 엔터테이너

버스여행은 유럽의 오스트리아, 노르웨이, 아이슬란드, 혹은 파타고니아 등과 같은 아름다운 풍경을 지날 때를 제외하면 무료할 수 있다. 이러한 무료함을 달래주기 위해서 국외여행 인솔자는 버스 안에서 즐길 수 있는 다양한 게임, 퀴즈 등을 통해서 여행자들에게 즐거움을 줄 수 있어야 한다. 따라서 연령별, 성별에 맞는 게임, 퀴즈 등을 늘 준비하고 있는 것이 바람직하다. 하지만 유의할 것은 게임 혹은 퀴즈 등의 오락시간을 갖기 위해서는 동행하는 여행자들과 좋은 관계를 유지해야 할 것이다. 그래야만 좀 더 유쾌하고 재미있게 진행할 수 있다.

더불어 방문지역과 관련된 음악이나 그 지역을 배경으로 한 영화 등을 준비하면 좋다. 단, 여행자들의 이해를 돕고 감동을 받을 수 있도록 음악과 영화와 관련된 배경설명을 간략하게 해주어야 한다. 물론 탑승하려는 영화 상영과 관련된 차량의 기능을 확인해야 하는 것은 당연하다.

3) 사회자 및 해결사

여정을 진행하다 보면 현지인, 기사 그리고 현지 가이드 등과 여행자 사이에, 또 여행자들 사이에 트러블이 생길 수 있다. 국외여행 인솔자는 사소한 문제라도 빨리 파악하여 문제를 해결해야 한다. 절대로 방관자 입장이 되어서는 안 된다. 따라서 국외여행 인솔자는 맨 앞자리에 앉아있지만, 때때로 맨 뒷자리까지 순회하면서 여행자를 살피면서 불편함이 없도록 노력한다. 예를 들어 장거리 여행에서 가장 예민한 것이 좌석, 여행자 대부분은 앞좌석을 선호지만 이 욕구를 전부 만족시킬 수 없기에 자리를 매일 매일 바꿔서 버스좌석에 대한 불만이 발생하지 않도록 각별히 신경 써야 하는 것처럼 말이다.

그리고 인솔자는 여행단체가 만들어진 과정과 자신을 소개하는 시간을 갖도록 하고 여행단체 구성원들로 하여금 서로 소개를 할 수 있는 시간을 갖는 것도 좋다. 이렇게 해야만 사소한 오해 같은 것이 생기지 않고 서로를 잘 배려하면서 지낼 수 있는 즐거운 여행이 된다.

참고로 호텔을 출발하면서 인원 확인하고 그날의 일정을 간단하게 말씀드리고 잠시 동안은 여행자들끼리 대화할 수 있는 시간을 갖도록 한다. 여행자들이 숙소에서 겪은 간밤의 에피소드를 가지고 웃고 즐기는 시간을 갖도록 하고 오히려 여행자들의 이야기 속으로 들어가 보는 것도 좋다.

끝으로 장거리 여행에서 가장 중요한 점은 운전기사를 챙겨야 한다. 즉, 안전운행을 위해서 늘 기사와 협의하여 휴식을 취하게 하는 등 기사의 상태를 항상 확인하는 자세도 중요하다.

③ 철도여행

철도여행은 〈그림 7-3〉에서 보는 것처럼 또 다른 여행의 묘미를 전해 준다. 뭔가 일어날 것 같은 기대감을 가지고 출발하는 열차여행은 많은 장점을 가지고 있다. 빠르고 정확하게 목적지에 도착할 수 있고, 화장실·식당칸·침대칸 등과 같은 편의시설이 있어 장거리 여행에 편안함을 준다. 무엇보다 불편한 좁은 좌석에서 장시간 대기하고 공항

자료: 유레일 홈페이지

🔖 **그림 7-3_** 유럽 열차 노르웨이 베르겐 레일웨이(좌), 이탈리아-스위스 베르니니 익스프레스(우)

도착 후 다시 도심까지 이동해야 하는 항공여행 그리고 교통 사정에 따라 도착시간을 정확하게 파악하기 힘든 버스여행과 같은 불편함이 없다는 것이 철도여행의 또 다른 장점이다. 그래서 여행자들은 기차로 이동 가능한 거리라면 항공기보다는 열차를 선호한다.

일반적으로 한국의 여행자가 해외여행에서 이용하는 열차는 대부분 유럽 지역에서 운행되는 열차이다. 초고속열차 시스템이 잘 발달되어 있고 수월한 국경 통과 그리고 비교적 저렴한 비용 등이 철도여행을 하기에 무리가 없어서이다. 유럽의 철도로는 런던과 파리를 연결하는 유로스타(Eurostar), 한국에도 잘 알려진 프랑스 내륙과 스위스 간을 오가는 프랑스의 떼제베(TGV), 독일과 유럽 전역을 오가는 독일의 이체(ICE), 이탈리아의 에우로스타(ES), 화려함을 자랑하는 스페인의 아베(AVE) 등이 있다. 또한 일본 전역을 연결하는 신칸센, 미국 본토를 운행하는 암트랙(Amtrak) 그리고 한 겨울에도 인기가 있는 러시아의 블라디보스톡에서 시작하여 바이칼 호수, 모스크바, 상트페테르부르크와 핀란드의 헬싱키를 오가는 시베리아 횡단열차도 여행자들이 많이 이용한다.

① 출발준비

항공기를 이용하여 파리에 도착하는 공항은 북쪽에 위치한 샤를 드골 공항(Charles de Gaulle Airport, CDG)과 남쪽에 위치한 오를리 공항(Paris Orly, ORY)이 있다. 공항이 2개이기에 비행기를 타러 가거나 환승하거나 할 때는 정확한 공항명을 확인해야 한다. 마찬가

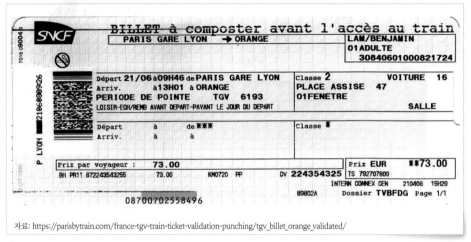

자료: https://parisbytrain.com/france-tgv-train-ticket-validation-punching/tgv_billet_orange_validated/

그림 7-4_ TGV 승차권

지로 열차를 이용하여 파리를 가기 위해서도 정확한 기차역명을 확인해야 한다. 파리에는 파리 북역, 파리 동역 등 대규모 역이 6개나 된다. 수도를 비롯한 유럽 대도시의 경우에는 유사한 열차역이 여러 개이다. 따라서 출발역과 도착역의 정확한 명칭과 위치를 확인해야 하는 것은 기본이다. 또 현지의 교통 상황을 미리 파악하여 역에 1시간 전에는 도착할 수 있도록 한다. 여행자들과도 출발 기차역의 이름, 출발시간, 이동구간, 소요시간, 경유지, 도착기차역의 이름, 도착시간 등을 공유한다.

기차역에 도착하면 버스의 모든 짐을 내려 역사 안쪽의 한적한 장소를 지정해 여행자를 대기하게 하고 탑승 시까지 특별한 상황을 제외하고 개인 행동을 삼가도록 협조를 요청한다. 모아둔 수하물을 확인하면서 화장실은 교대로 다녀오게 한다.

국외여행 인솔자는 승차권에 기재된 내용을 참고하면서 출발 전광판에서 행선지, 열차번호와 플랫폼 번호를 확인한 후 여행자들이 대기하고 있는 장소로 돌아와 여행자들과 함께 플랫폼으로 이동한다. 이동하기 전에 여행자들에게 승차권을 나눠주고 플랫폼 번호, 기차의 일정, 객차번호, 출발·도착시간, 좌석번호 등 승차권 보는 법을 간단히 설명하고 여행자들이 직접 수하물을 잘 챙겨서 이동하도록 한다(〈그림 7-4〉 참조).

동행하는 여행자들이 고령이거나 수하물이 많을 경우에는 포터(porter)를 수배하여 목적지, 열차번호, 차량번호, 하물갯수 등을 알려주고 수하물을 열차에 싣도록 한다. 열

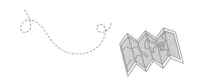

차여행 시에는 수하물을 위탁하는 것이 따로 없이 본인이 직접 위탁해야 하니 포터를 이용하는 경우가 있는데 가급적 포터와 동행을 하도록 한다. 기차역은 항상 매우 혼잡하고 소매치기가 많은 지역임을 인지하고 포터에게만 맡길 경우 분실 사건이 발행할 수 있으니 유의해야 한다. 물론 여행자들에게 공지하여 수하물 및 휴대품 관리를 철저히 하게 하고 단체에서의 이탈 사고가 발생하지 않도록 주의를 한다.

② 탑승 및 하차

기차여행을 하면서 유의할 점은 유럽 국가의 열차는 출발 시에 출발 벨이나 안내방송을 하지 않고 출발하므로 출발시간 전에 자리에 앉아 있도록 안내를 한다. 특히 중간역에서 승하차하는 경우에 정차시간이 다소 짧은편이고 안내 방송도 없기에 혹시 내렸다 하더라도 출발시간 전에 신속히 탑승하도록 주의를 주는 것이 좋다. 목적지가 열차의 종착역이라면 문제될 것이 없지만 종착역이 아닐 경우에는 목적지 도착 10여분 전부터 여행자들에게 곧 도착되는 것을 알리고 하차 준비를 안내하고 휴대품 분실에 각별히 주의하도록 한다. 또한 고령자가 많은 여행단체라면 모든 수하물은 가급적 출구쪽으로 미리 이동시켜 신속한 하차를 할 수 있도록 준비한다.

기차에서 내리고 나면 인원 파악과 수하물을 확인한 후 개찰구를 통해서 대합실로 나가면 된다. 현지 가이드의 서비스가 있다면 현지 가이드가 대합실에서 피켓을 들고 서 있으니 만나서 서로 간단하게 일정을 상의하고 여행자들에게 소개한 후 다음 여정을 시작하면 된다. 하지만 현지 가이드가 없을 경우에는 차량기사를 만나서 다음 여정을 진행하면 된다.

③ 열차 내

장거리 열차여행은 아름다운 추억이 되기도 하지만 이런저런 사건 사고도 많이 생긴다. 예상치 못한 일이 발생할 수 있기에 국외여행 인솔자는 세심하게 살펴보면서 편안한 열차여행이 되도록 노력해야 한다. 통상 열차 탑승시간은 4~5시간인 경우가 많기에 가벼운 읽을거리 등을 준비하라고 안내하는 것도 좋다.

1) 분실주의

열차 내에서 주변 풍광을 보거나 잠을 자다가 승차권·여권·현금·귀중품 등을 분실하는 경우가 생길 수 있어 반드시 잘 보관하도록 주의를 한다. 특히 야간열차 이용 시에는 더욱 조심해야 한다. 승차권은 개별 승차권과 단체 승차권으로 구분되는데 개별 승차권은 분실하지 않도록 주의를 주고 단체 승차권은 국외여행 인솔자가 꺼내기 쉽게 하여 검표 시에 항상 대비하도록 한다.

식당칸이 있어 식당칸에서 식사를 할 경우에 귀중품을 선반(compartment)이나 좌석 밑에 두지 않도록 철저하게 주의를 하고 국외여행 인솔자는 가급적 마지막에 식사를 하도록 하고 바우처(voucher)와 팁을 건네고 여행자들이 두고 간 것이 있는지 확인하면서 마무리를 한다.

2) 여행자 관리

국외여행 인솔자는 중간중간에 여행자의 상태를 살피기도 하고 주변의 풍경에 대해서 안내를 하기도 하고 여행자들과 여행 관련 이야기를 나누면서 여행이 지루하지 않도록 하는 것이 좋다. 유럽 열차여행에서 주의할 점은 열차 차량마다 행선지가 다르다는 점이다. 따라서 도중에 열차가 분리되어 서로 다른 방향으로 가곤 하기 때문에 정차되었을 경우에는 열차 내를 필요 이상으로 돌아다니지 않도록 해야 한다.

3) 하차준비

목적지에 도착하기 10여 분 전부터 여행자에게 하차준비를 하도록 전달하고, 휴대품 분실주의도 같이 안내한다. 국외여행 인솔자는 다시 한번 열차 내를 확인한 후에 하차한다. 또한 목적지가 종착역이 아닌 중간의 역에서 하차할 경우에는 정차시간이 짧기 때문에 미리 여행자들의 협조를 받아 수하물을 옮기는 등 여행 일정에 차질이 없도록 하차준비를 해야 한다.

4) 국경 통과

유럽의 열차여행에서는 국경을 통과하는 경우가 많다. 서유럽은 국경 통과 시 가끔씩 하는 승차권 검사 이외는 별다른 입국절차가 없다. 하지만 동유럽 등은 여권 검사를 한다. 따라서 국가별로 차량별로 국경 통과 절차가 다소 다르니 확인하고 대비를 해야 한다. 예를 들어 런던 출도착을 하는 유로스타는 탑승하는 곳에서 출국과 입국수속을 미리 하고 탑승하며 서유럽에서는 검사나 수속이 없지만 발칸 반도는 중간에 여권 검사를 실시하기도 한다.

5) 숙박(침대칸 이용)

침대칸을 이용할 경우에는 우선적으로 침대 배정에 유의해야 한다. 침대칸의 침대 배정도 호텔 객실 배정처럼 하면 된다. 통상적으로는 패키지여행(주최여행)의 경우 대부분 4인 1실 혹은 6인 1실인 경우가 많은데, 각 실별로 인원을 배정하고 대표를 선발하여 객실배정표를 만들어 배포한다.

단체팀들은 열차의 한 량에 다 같이 모여 있는 것이 어렵기 때문에 여행자들의 성향을 파악해야 한다. 한 량에는 국외여행 인솔자가 있고 다른 차량에는 영어를 잘하거나 순발력, 적응능력이 뛰어난 여행자를 배정하고 도움을 요청한다. 가령, 열차 차장이 승차권을 검표하러 올 때 "단체 승차권(group ticket)을 가지고 있는 인솔자는 몇 호차에 있다."라는 것을 안내할 수 있도록 말이다.

④ 식사

장거리 열차여행 시 식사를 하는 방법은 열차 식당칸을 이용하거나 도시락을 준비한다. 식당차를 이용할 때에는 국외여행 인솔자는 열차 탑승 후 바로 식당 책임자를 만나예약 여부를 확인하고 동시에 좌석과 식사시간을 확약해 둔다. 일행 전원이 일시에 식사를 하게 되면 식당칸의 테이블이 적거나 수하물 등의 도난 염려가 있으니 두 개 조로나누어 시차를 두고 식당칸을 이용하는 것이 좋다. 반면에 도시락을 준비하는 경우에

는 통상 탑승 전에 인수하는데 미리 확인하면서 인수방법을 상의한다. 물론 가이드가 있는 경우에는 가이드를 통해서 전달받으면 된다.

5 기차의 내부 구조

기차는 항공기와 다르게 기차 타입이 다양하다. 따라서 국외여행 인솔자가 유럽 기차의 내부 구조를 숙지하면 좌석 배정 시에 편리하다. 특히 유럽 열차는 크게 살롱(salon) 타입, 컴파트먼트(compartment) 타입, 쿠셋(couchette) 타입, 침대칸 (sleeping car) 타입으로 구분할 수 있다. 패키지 단체여행자들은 주로 살롱 타입을

🛬 **그림 7-5_** salon type

많이 이용하고 젊은 사람들이 선호하는 배낭여행은 쿠셋 타입을 많이 이용한다.

1) 살롱(salon) 형태

살롱은 우리나라 기차 구조와 유사하다. 일반적으로 많이 이용하는 이등석은 〈그림 7-5〉와 같다. 주로 주간에 많이 이용하는 기차 타입이다.

여행자들이 한 량에 모여 있을 경우에는 좌석번호를 공지하여 원하는 좌석에 앉도록 한다. 하지만 인원이 많을 경우에는 대부분 창가를 원하다 보니 혼란을 불러 일으킬 수 있으니 미리 좌석을 배정해서 지정된 좌석에 앉도록 하는 것이 좋다.

2) 컴파트먼트(compartment) 형태

컴파트먼트는 〈그림 7-6〉과 같이 한 량 안에 여러 개의 객실이 있는 타입으로 칸막이가 있어 완전히 독립된 객실이다. 또한 〈그림 7-6〉과 같이 창가쪽으로 복도가 있다.

일반적으로 3인씩 마주보는 좌석구조로 6인 또는 8인 1실로 구성되어 있다. 객실 내에는 독립된 쿠션과 개별 조명과 커튼 그리고 선반 테이블 등이 있어 독립적인 공간을

만들어 줄 뿐만 아니라 좌석 구조를 변경할 수 있어 수면을 취할 수도 있다.

🔖 그림 7-6_ compartment type

3) 쿠셋(couchette) 형태

쿠셋은 주간에는 좌석으로 이용하다가 야간에는 간이침대로 사용할 수 있는 형태이다. 앞에서 언급한 것처럼 컴파트먼트의 형태를 띠는 객실 타입이고 다른 점은 좌석을 간이침대로 변경하여 이용할 수 있다는 점이다.

이 쿠셋은 6인 1실로 되어 있으며 양쪽에 3단으로 된 침대를 이용할 수 있다. 또한 침대가 있기에 당연히 베개 및 시트가 있다. 기차마다 다르지만 이용 시에는 유료로 이용해야 하니 미리 확인하는 것이 좋다. 통상적으로 약 20~30유로의 비용이 발생한다. 쿠셋 타입은 장거리 야간 이동 시에 가장 많이 이용된다. 다만, 야간 이동 시에는 안전에 유의해야 한다.

4) 침대칸(sleeping car) 형태

침대칸 기차 타입은 쿠셋하고 비슷한 형태이다. 침대칸 객실은 일반적으로 1인실에서 4인실까지 있으며 베개와 모포, 시트 등을 제공할 뿐만 아니라 세면대까지 갖추고 있다. 물론 세면대는 공동으로 사용한다.

🔖 그림 7-7_ sleeping car type

생수와 커피를 제공하며 조식까지 서비스를 하는 최고급 형태이다. 침대칸은 준비가 필요한 서비스가 있으므로 미리 예약을 해야 하는 것이 필수이다.

④ **선박**(크루즈)**여행**

통상 '여행의 마지막'이라고 불리는 것이 크루즈 여행이다. 이는 크루즈 여행이 가지고 있는 특징 때문이다.

크루즈 여행이 가지고 있는 대표적인 특징은 숙소의 이동이 없다는 것이다. 호텔을 바꾸지 않고 여행을 할 수 있기에 편리하게 여행을 할 수 있다는 것이 크루즈 여행의 최대 장점이라고 할 수 있다.

자료: https://rccl.kr/web/ship/cruiseDetail?ship_no=69

🚢 **그림 7-8_** 세계 최대 230,000톤 로열캐리비안 심포니호

반면에 크루즈 여행은 비용이 다소 비싼 편이고, 또 여행기간이 비교적 길어 시간적으로나 경제적으로 여유가 있어야 한다. 이로 인해 유람선을 이용하는 여행은 제한적이다.

① 유람선 여행의 개요

선박여행은 크게 2가지로 나뉜다. 이동을 목적으로 하는 여객선과 레저를 목적으로 하는 유람선이 있다. 여객선은 수송이 주된 목적이고, 유람선은 위락을 주목적으로 하는 선박여행이다. 유람선은 여행자를 위해 다양하고 화려한 식음시설 및 오락시설, 숙박시설 등과 같은 각종 편의시설을 갖춰 놓고 수준 높은 서비스를 제공한다. 장거리 여객선도 숙박·식사·오락시설 등을 갖추고 수준 높은 서비스를 제공한다. 따라서 목적은 다르지만 제공하는 서비스나 절차는 비슷한 편이다. 대표적인 예가 바로 영화로 유명한 타이타닉이다. 타이타닉은 유람선이 아니고 여객선이다.

해운법에 따르면 크루즈업은 관광을 목적으로 하는 의미를 갖는 '순항(巡航) 여객운송사업'으로써 '해당 선박 안에 숙박시설, 식음료시설, 위락시설 등 편의시설을 갖춘 대통령령으로 정하는 규모 이상의 여객선을 이용하여 관광을 목적으로 해상을 순회하여 운항(국내외의 관광지에 기항하는 경우를 포함한다)하는 해상여객운송사업'이다(제3조 5항). 크루즈는 목적지 간을 오가는 여객선이 아니라 관광을 목적으로 유람하는 것으로 관광자를 모집하여 운항하는 선박이라고 할 수 있다. 선박 안에 숙박시설 및 부대시설이 화려하기

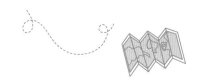

에 '떠다니는 리조트' 혹은 '떠다니는 호화 호텔'이라고 불리기도 한다.

크루즈는 수용능력 및 목적에 따라 구분하는데, 1,500명 이상 수용할 수 있는 대형 크루즈(mega cruises), 200~1,500명 사이를 수용할 수 있는 중형 크루즈(midsize cruises), 200명 이하의 승객을 수용할 수 있는 소형 크루즈(small cruises) 그리고 특수 목적으로 운항하는 특수 크루즈(speciality cruises) 등으로 나누기도 한다.

대표적인 선사로는 전 세계를 운항하는 로열캐리비안 인터내셔널 앤드 셀러브리티 크루즈(Royal Caribbean International & Celebrity Cruises), 아시아 태평양을 위주로 운항하는 스타크루즈(Star Cruises), 지중해 및 에게해 그리고 흑해를 중심으로 운행하는 로열 올림픽 크루즈(Royal Olympic Cruise), 지중해 및 북유럽 등을 운항하는 코스타 크루즈(Costa Cruises) 등이 있다.

유람선 여행은 국가 간 이동(영국 ↔ 유럽대륙, 그리스 ↔ 터키, 핀란드 ↔ 스웨덴, 홍콩 ↔ 마카오, 싱가포르 ↔ 푸껫, 한국 ↔ 일본, 한국 ↔ 중국 등)과 국내 이동(파리 세느강 유람선, 중국 계림 유람선, 뉴질랜드 남부의 밀포드사운드 유람선 등)으로 구분할 수 있다.

❷ 승선

1) 승선 전 확인사항

국외여행 인솔자는 선박여행에 대한 기본적인 지식을 습득하고 선박여행 전에는 승선 전에 이루어지는 출입국 수속, 승선 수속과정, 승선 및 하선 장소, 승선시간 및 하선시간, 이동 소요시간, 선박명, 기항지 관광, 선박구조 및 편의시설 등에 대해서 숙지하고 있어야 한다.

2) 승선

규모가 작거나 국내 이동의 경우에는 출항 30분 전부터 승선을 하지만 대형 여객선이나 유람선인 경우에는 출항 3시간 전부터 승선을 시작하여 출항 2시간 전까지는 승선이 완료되는 경우가 대부분이다. 국외여행 인솔자는 항구에서 대기하더라도 가급적 일찍 도착하여 승선 수속을 빨리 하는 것이 좋다. 선박여행은 현지 가이드가 없을 뿐더

러 승선권 이상 유무 확인, 승선 후 선실 확인, 석식장소 예약 및 테이블 위치 확인 등을 확인하느라 많은 시간이 소요된다.

(1) 승선권 교부

항구 도착 후 국외여행 인솔자는 항구 카운터의 로비의 한 곳을 선정하여 여행자들을 대기하도록 한 후, 수속 카운터에 가서 바우처 및 예약번호로 승선권을 교부받는다(《그림 7-9》참조). 승선권을 교부받으면서 승선권 매수 및 선실 등급이 예약한 내용과 동일한지 확인한다.

선박배치도(deck plan)를 통해서 여행자의 선실 위치를 확인하고 미리 준비한 객

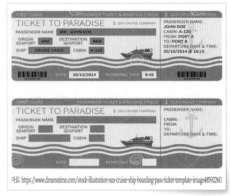

자료: https://www.dreamstime.com/stock-illustration-sea-cruise-ship-boarding-pass-ticket-template-image48592260

🛬 **그림 7-9_** CRUISE 탑승권

실배정표에 선실번호를 기재한다(《그림 7-10》참조). 또 선박회사에서 나눠주는 선박배치도 및 리플릿(Leaflet), 팸플릿(Pamphlet) 등에는 선박의 각종 편의시설들의 위치 및 설명이 기재되어 있으므로 인원수보다 여유 있게 챙긴다.

여행자와의 미팅장소에서 인원을 확인한 후 승선권 및 관련 서류를 교부한다. 교부후 승선수속 과정을 설명한다. 승선과정은 항공기를 이용한 출국과정과 유사하며 절차

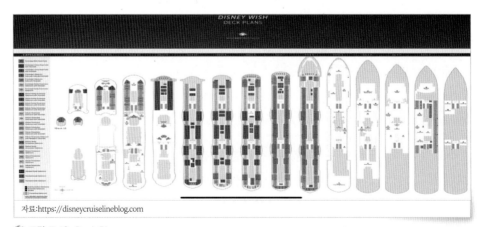

자료:https://disneycruiselineblog.com

🛬 **그림 7-10_** Deck Plan

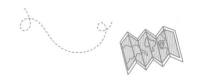

는 훨씬 간단하다. 일반적으로는 승선권에는 선실번호가 기재되어 있을 뿐만 아니라 선실열쇠(cabin key) 기능을 하는 경우가 대부분이니 훼손되지 않도록 주의하도록 한다.

(2) 승선수속 및 선실(cabin) 이동

국가 간 이동을 하는 경우에는 항공기 출국 시 공항의 CIQ 절차대로 진행을 한다. 다만, 출국관리와 세관이 떨어진 장소에 있는 곳도 있으니, 단체여행을 인솔하는 경우에는 항구 카운터에서 체크인하면서 출국 과정 절차, 세관위치, 선박위치를 확인하고 여행자들과 공유해야 한다.

출국수속 시에는 여권과 승선권을 제시하면 되고 출국수속이 끝나면 이동경로를 따라서 선박으로 이동한다. 본선에 승선을 하면 포이어(foyer: 호텔의 로비에 해당)에서 승무원들이 승선권을 재확인하면서 선실(cabin)의 위치를 알려준다. 선박회사마다 다르지만 선실의 문에는 승객의 이름이 붙여져 있는 경우가 있다. 인기 있는 지역을 순항하는 10만 톤 이상의 대형 유람선이라면 선실이 이어지는 것이 아니라 떨어져 있는 경우가 대부분이라 엘리베이터 이용도 다르다. 따라서 미리 승선 전에 Deck Plan을 통해서 선실 위치를 알려주고 엘리베이터를 이용하는 방법을 안내해야 한다. 통상 엘리베이터는 3군데(선수, 가운데, 선미)가 있으니 캐빈(선실)의 위치를 미리 파악하고 엘리베이터를 이용해야 한다. 잘못하면 무거운 수하물을 가지고 선실로 이동하는 데 많은 시간과 에너지를 낭비하고 여행자의 컴플레인을 유발하여 인솔자의 신뢰도가 떨어질 수 있으니 유의해야 한다.

(3) 수하물 운반

수하물 운반은 일반적으로 개인이 직접 운반하는 경우가 대부분이나 포터에게 캐빈번호를 알려주고 포터로 하여금 운반하게 하는 경우도 있다. 또 항공기처럼 수하물에 꼬리표를 붙이고 수하물인수증(baggage claim tag)을 받고 운송하는 경우가 있지만 이 경우는 여행 중 수하물을 열어보지 않아도 되는 경우에 해당하기에 순수 여행자에게는 해당되지 않는다. 국외여행 인솔자는 포터를 통한 수하물 운반은 시간이 많이 소요된다는 것을 안내해야 한다. 따라서 수하물 운반은 항상 상황에 맞춰야 하며 여행자들과 협의하면서 결정하는 것이 좋다.

> ### ◑ 뱃멀미에 대하여
>
> 선박여행을 하면서 뱃멀미를 하게 되면 여행이고 뭐고 다 그만두고 하선을 요청하게 된다. 따라서 국외여행 인솔자에게 선박여행의 뱃멀미는 가장 큰 걱정거리이다. 태평양이나 대서양은 잔잔한 바다처럼 보여도 파도가 높기 때문에 아무리 대형 유람선이라도 뱃멀미의 가능성이 항상 있다. 그나마 유럽 대륙과 아프리카 대륙으로 막힌 지중해나 에게해(Aegean Sea)는 파도가 작은 편이라 뱃멀미가 적은 편이다. 물론 파도가 심한 겨울과 같은 시기에는 유람선 여행을 피하는 것이 좋다. 뱃멀미를 대비하기 위해서 뱃멀미 약을 여유 있게 미리 준비하라고 여행자들에게 안내를 하고 또한 국외여행 인솔자도 여분의 멀미약을 준비한다. 또한 멀미약의 효과가 시작되는 시간을 상담하고 유람선 승선시간을 고려하여 약을 복용하는 시간까지 안내하여 뱃멀미를 방지할 수 있도록 해야 한다.

3) 선내 업무

선박여행은 일반적으로 승선을 하면 석식을 시작으로 여정이 시작된다. 따라서 국외여행 인솔사는 승선 후 도비로 이농한 다음 식당의 위치, 식사시간, 단체 테이블 위치를 확인하고 선내 안내 자료 및 다음 날 여정 등을 확인한다. 동시에 여행자들의 선실을 돌아보면서 여행자의 선실 위치를 파악하고 선실에 이상이 없는지, 수하물은 이상 없는지 등을 확인한다. 여행자들에게 선박에서 선실의 위치, 석식을 하는 식당의 위치와 식사시간을 안내한다.

또 국외여행 인솔자는 선내를 구석구석 다니면서 여행자들에게 안내할 수 있도록 여러 시설을 파악한 후 저녁식사를 하면서 선박여행에서 주의할 점, 선박시설을 이용하는 방법, 기항지 선택관광, 하선시간 및 방법 등에 대해 상세하게 안내를 한다. 선내 업무는 여객선이나 유람선이나 유사하지만 몇 가지 다른 점도 있다.

(1) 여객선

승선 후 여행자들과 만날 시간과 장소를 정해 안내하고 각자 좌석 혹은 선실을 확인하고 집결한다. 이후 다음의 사항을 알린 후 하선시간까지 자유시간을 제공한다. 일반적으로는 유람선에 비해서 여객선의 편의시설은 적지만 숙박이 가능한 여객선일 경우에는 유람선과 거의 유사하다. 여행자들이 여객선을 편리하게 이용하도록 자세하게 알려준다.

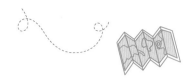

❶ 하선을 위한 집결시간과 집결장소를 정하여 알려준다.

❷ 분실물에 대한 주의를 준다.

❸ 식사를 안내한다.

　식사가 포함된 여정이면 식사장소와 시간을 알려주고 여행 경험이 적은 여행자들의 경우에는 단체로 식사를 할 수 있도록 하고, 여행 경험이 많다면 자유롭게 식사를 하도록 하는 것이 좋다.

❹ 편의시설에 대한 안내를 한다.

　식당, 편의점, 면세점, 오락실, 영화관, 카지노 등의 위치와 이용방법을 안내한다. 선내에서는 보통 미국달러, 현지 통화, 신용카드로 결제를 하면 되는데 가끔 현지 통화만 되는 경우도 있으니 선내에서 사용이 가능한 결제수단을 안내해야 한다.

(2) 유람선

　유람선의 업무도 여객선의 경우와 전반적으로 유사하나, 유람선이 위락을 목적으로 하기에 즐거움을 느낄 수 있는 것들이 많다. 인솔자는 다음의 사항을 유의하면서 안내를 한다. 특히 유람선은 석식을 진행하면서 일정이 시작되기에 가급적 천천히 식사를 즐기면서 안내를 하는 것이 좋다.

❶ 식사 안내

　유람선 여행은 1일 3회 기준으로 모든 식사 일체를 제공한다. 메뉴 또한 뷔페·중식·양식·일식 등 다양하고, 조식과 석식은 뷔페로 진행되는 경우가 많다. 따라서 식사별·날짜별로 예약되어 있는 식사장소 및 메뉴를 안내하도록 한다.

　일반적으로 식당에서는 특히 단체가 석식을 할 경우에는 인원수에 맞게 테이블이 지정되어 있다. 테이블 지정은 레스토랑 책임자의 권한이다. 국외여행 인솔자는 유람선 탑승 후 선실을 확인한 다음 바로 레스토랑에 가서 테이블 확인을 한다. 만약에 비선호 좌석으로 배정되었으면 의연한 태도로 공평한 좌석 배정을 요구하도록 한다.

　또 확인해야 하는 것이 '시팅'(sitting)이라고 하는 식사시간이다. 통상 퍼스트시팅(1st sitting)과 세컨드시팅(2nd sitting)으로 나누어 서비스되는 것이 일반적이나 가끔 3차 시팅(3rd sitting)도 있을 수 있다. 따라서 국외여행 인솔자는 기항지 관광시간, 여행자들의 연령을 고려하여 신중하게 식사시간을 조정한다. 예컨대, 석식의 경우 고령자층을 첫 번

째로 배정하는 것이 좋은 반면, 젊은층이나 여성이 많은 단체는 좌석을 비켜줘야 하는 부담이 없는 마지막 식사 타임을 추천하는 것이 좋다.

유람선 여행은 자유롭게 개별적으로 선상의 편의시설 및 오락시설을 이용해야 하기에 첫날 첫 식사만 단체로 같이 하고 그 이후부터는 개별적으로 자유롭게 하는 것으로 진행하고 식사비용은 포함되어 있지만 음료 및 주류 그리고 팁은 유람선마다 다르니 확인하고 안내를 해야 한다.

❷ 기항지 관광 안내

기항지 관광(shore excursion)은 유람선에만 있는 선택관광이다. 기항지 관광은 유람선에서 일시적으로 관광지 인근에 하선하여 하게 되는 관광활동으로 상륙허가(shore pass)를 미리 받아야 한다. 물론 기항지 관광을 예약하면 상륙허가 등은 선사에서 알아서 처리한다. 유람선을 탑승한 여행자들에게 기항지 관광은 또 다른 즐거움을 제공한다. 인솔자는 기항지 관광비용, 소요시간 등을 설명하고 원하는 여행자들을 위해 예약을 도와준다. 기항지 관광지에 도착하면 관광 진행에 문제되지 않도록 한다.

단체여행의 경우는 한국을 출발하기 전에 기항지 관광을 미리 신청하고 출발하는 경우가 일반적이다. 유람선사에서는 여행자들이 기항지 도착을 하기 전에 예약된 것을 참고하여 버스를 준비한다. 또한 버스는 참가자 수에 따라 영어, 독일어, 스페인어 등 언어별로 준비를 하게 되는데 국외여행 인솔자는 참가자가 가능한 30명 이상이 되도록 하여 한국인 전용버스를 확보하면 좋다. 버스 1대를 전용으로 사용한다면 사진촬영 등의 배정시간을 조정할 수 있으니 이는 여행자들의 만족도를 높일 수 있을 것이다. 전용 버스 인원이 부족하면 한국인 여행단체가 있는지 확인하는 등 미리 조율을 하면 좋다. 영어 버스에 탑승하여 영어 가이드가 있어도 양해를 구하여 한국어로 보충설명을 할 수 있다는 점도 참고하자.

❸ 선내 프로그램 안내

유람선은 매일 늦은 오후 소식지를 발행하여 각 선실로 배달한다. 소식지에는 다음 날 진행되는 선내 프로그램, 즉 레저 활동, 파티, 유흥, 선내 특별 이벤트, 뉴스, 기항지 관광 등에 대한 정보가 정리되어 있다(《그림 7-11》 참조). 국외여행 인솔자는 이 소식지를 자세하게 살피고 외국어로 의사소통이 쉽지 않은 여행자들에게 적절한 정보를 제공하

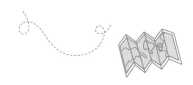

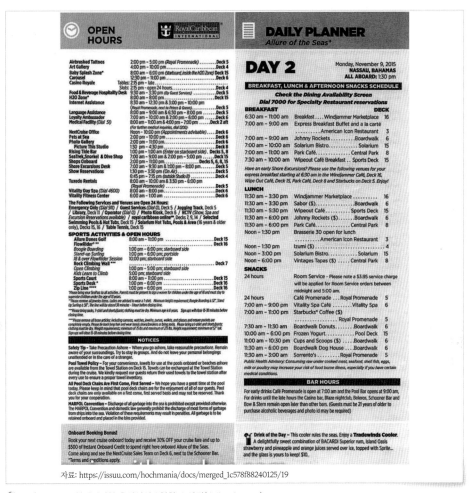

자료: https://issuu.com/hochmania/docs/merged_1c578f88240125/19

🐚 **그림 7-11_** 로열캐리비안 유람선의 2일차 소식지(daily planner)

며 선내 부대시설과 각종 편의시설, 오락시설 등을 안내하면서 여행자들이 본인한테 잘 맞는 것을 선택할 수 있도록 한다.

유람선 여행은 잘못하면 지루할 수 있다. 따라서 다양한 선상 행사에 참여하도록 안내해줘야 한다. 예를 들어 선장이 주최하는 환영파티(welcome party)나 칵테일파티(cocktail party) 이외에도 가장파티, 댄스파티, 빙고게임, 굴렁쇠 던지기대회, 민족무용대회, 현지 민속무용지도 등 승객이 참가하는 각종 축제 등 다양한 이벤트와 볼거리가 있으니 적극적으로 참여하여 즐거움을 배가되도록 한다.

④ **결제 시스템 안내**

선내 업무 중 여행자들에게 꼭 공유해야 하는 것은 결제 시스템이다. 대형 유람선이나 여객선들의 선내에서 쇼핑이나 식사 혹은 유료 편의시설을 이용할 때 선내 결제 시스템을 이용해야 한다. 결제를 할 때 현금이나 신용카드를 사용하는 것이 아니라 선실 키로 결제를 하고 하선 전날 밤부터 하선 전까지 결제를 한 전체 금액을 지불하는 시스템이다. 최근에는 여행자들에게 팔찌를 나눠주고 이 팔찌로써 결제를 하는 시스템을 운용하는 추세이다.

끝으로 결제관련 지불을 다 하고 난 다음에는 꼭 기억해야 할 것은 팁이다. 유람선은 팁이 정해져 있다. 유람선마다 다소 다르지만 1인당 하루 몇 달러인지 고시를 한다. 팁 또한 하선 하루 전날 밤에 결제를 해야 한다. 이러한 결제 및 팁 관련 정보를 안내하고 처리하도록 해야 한다.

3 하선과 입국수속

유람선 하선 시에는 본인의 수하물을 분실하지 않도록 한다. 특히, 여행자에게 선실에 두고온 휴대품이나 귀중품이 있는지 주의해서 살피도록 요청한다. 하선 후에는 항공 여행에서와 마찬가지로 입국심사를 하고 세관을 통과하게 된다. 혹은 검역관이 승선하여 선내에서 검역을 마치기도 한다. 그다음에 입국심사관을 통해서 입국수속을 하는 것이 보통이다. 참고로 유람선을 승선할 때 출국수속 및 입국수속을 하고 나서 승선하는 경우에는 하선 후 입국수속 절차가 없다.

하선과 입국수속이 끝나면 수하물의 총 개수와 함께 단체여행자의 인원을 점검한다. 점검이 다 끝나면 다음 여정을 시작하면 된다. 통상적으로는 하선하는 항구에 현지 가이드나 차량 기사가 마중나와 있다. 미팅한 후 다음 여정을 시작하면 된다.

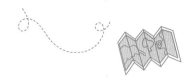

버스 안에서 즐길 수 있는 게임

게임 01_숫자 맞추기 놀이

- 준비물 - 객실배정표, 메모지, 필기류, 모자, 1달러 20~30장(교환 대비)
- 전제조건 - 국외여행 인솔자를 비롯하여 여행자들 사이에 어느 정도 친밀감이 형성된 후 진행하며 특히 유럽여행 같이 장거리 여행 및 장거리 버스투어에 적합하다.
- 게임방법 - 국외여행 인솔자가 사회자가 되어서 게임을 주도한다.

  게임하는 방법을 설명한다.

  방법 "가만히 앉아서 숫자만 고르는 게임으로 아주 단순하다."

  묘미 "숫자를 맞추는 사람이 벌금내는 것이다."

* 조건: 숫자는 1~100 사이, 벌금은 1회당 1달러(1유로 정도 혹은 1,000원가량 부담 없이)

• 숫자 선택

사회자는 아무도 모르게 1~100 사이 숫자를 선택하여 메모지에 기재한다.

• 발표 순서 정하기

발표 순서는 정하기 나름이지만 앞에서 시작할 경우, 맨 앞에 있는 사람부터 숫자 하나를 고르게 한다. 그리고 그 다음 사람이 숫자를 고르고 또 그 다음 사람이 숫자를 고르면 되는 것이다.

• 숫자 범위 조정

첫 번째 일행이 숫자를 고르기 시작하면서부터 맞추는 범위를 조정하기 시작한다. 숫자 범위가 줄어들기 시작한다. 예를 들어, 사회자가 아무도 모르게 77이란 숫자를 메모지에 기재를 한 후 1부터 100 사이의 숫자를 적었다고 하면서 여행자들에게 숫자를 선택하게 한다. 첫 번째 사람이 66이라고 하나를 골랐다면 사회자는 66부터 100 사이 숫자라고 이야기를 한다. 두 번째는 88이라고 하면 이번에는 사회자가 66부터 88 사이라고 이야기를 한다. 세 번째는 75라고 하면 사회자는 75부터 88 사이라고 하는 것이다. 이렇게 범위를 줄이다 보면 결국 누군가는 숫자를 맞추게 되고 맞추면 결국 벌금을 내는 것이다.

- **벌금 걷기**

  벌금은 모자 하나를 준비해서 걷으면 된다. 가급적 바로바로 걷는 것이 좋다.

- **반복**

  사회자는 벌금을 걷고 나서 역시 아무도 모르게 메모지에 1부터 100 사이 숫자 하나를 적는다. 이때 첫 번째 사람은 벌금을 낸 사람을 첫 번째로 숫자를 고르게 한다. 첫 번째로 해야 맞출 확률이 적기에 부담감이 적다. 또 그래야 전 일행이 다 돌아가면서 숫자를 고르게 된다.

- **응용**

  - 상금 만들기: 10여 차례 하고 벌금이 모였으면 상금을 만든다. 즉, 숫자를 맞춰서 벌금을 낸 사람에게 이젠 반대로 숫자를 맞추면 상금 10달러를 주는 것이다. 물론 방금 벌금 낸 사람에게만 적용된다. 두 번째부터 고르는 사람은 해당 사항이 없고 맞추면 당연히 벌금을 내는 것이다. 즉, 방금 벌금을 냈으니 맞추면 상금을 주자는 의미이다. 게임의 참여도가 올라간다.

  - 또 다른 게임의 묘미

  게임의 묘미는 숫자를 맞추는 것이 타인에 의해서 어쩔 수 없이 선택한다는 것이다. 예를 들어 숫자 범위를 줄이다 보면 55부터 59 사이가 되는 경우가 종종 생긴다. 이제 남은 숫자는 56, 57, 58이 남았다. 만약 정답의 숫자가 58인데 다음 차례 사람이 57를 고르면 그 다음 사람은 말도 못하고 벌금을 내야 한다. 이때 당첨된 사람이 "내가 이웃을 잘못 만났어. 이웃을 잘 만나야 해."하고 웃으면서 부담이 없는 벌금을 낸다.

- **마무리**

  사회를 보는 인솔자는 모인 벌금을 그날 저녁에 사용해야 한다. 즉, 와인파티 혹은 치맥파티를 여는 것이다. 가벼운 파티와 같은 이벤트는 여행자들의 즐거움을 배가 되게 한다. 그리고 게임을 진행하다 보면 여행자들의 이름을 전부 숙지할 수 있다는 것이다.

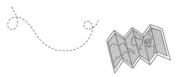

국외여행 인솔
실무

Chapter

08

관광업무_02

일상을 탈출한 여행자들은 비록 제한된 시간이기는 하지만 주어진 여행시간을 소중하게 여긴다. 따라서 여행시간을 가성비 높게 잘 활용하려고 최대한 노력한다. 추가적으로 발생하는 여행비용은 문제가 아니다. 오히려 할 수 없을까봐 신경을 쓴다. 계획하던 것을 취소하거나 혹은 호기심이 생겨서 즉흥적으로 행동을 하기도 한다. 이러한 행동은 정해져 있는 정규 여행일정 이외에 나타난다. 이번 장에서는 정규 여행일정 이외에 진행되는 관광형태를 알아본다.

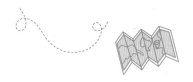

① 자유관광

① 자유시간 활용

사람은 자유롭고 싶어서 일상을 탈출한다. 일상을 탈출하는 여행자들은 누구에게 통제받는 것을 좋아하지 않는다. 본인이 하고 싶은 것을 자유롭게 하고 싶은 것이다. 따라서 패키지여행, 즉 단체여행을 하더라도 여행자들은 자유로움, 힐링, 보고 싶은 것, 먹고 싶은 것, 사고 싶은 것 등의 다양한 자기만의 욕구를 채우기 위해 자유시간을 가지려 한다. 그래서 상황이 가능하면 가급적 자유시간을 짧더라도 자주 만들어 주는 것이 좋다. 여행자들이 원하는 자유시간은 당초 일정상에 자유시간을 제공하는 프로그램이 있는 경우와 현지에서 여행자들과 상의해서 자유시간을 만들거나 혹은 석식 후 정규 관광일정이 끝나면 생기는 자유시간 등이 있다.

여행 중 자유시간은 여행자들의 행복을 높여준다. 패키지 상품을 이용하는 단체여행자들의 가장 큰 불만은 개별적으로 관심을 가지고 있는 것들을 직접 자유롭게 체험할 수 없다는 것이다. 이러한 불만을 없애는 가장 좋은 방법이 자유롭게 각자 원하는 것을 할 수 있도록 적절한 장소와 시간에 자유시간을 제공하는 것이다. 국외여행 인솔자는 기후, 주변 환경과 상황, 여행자들의 특성을 고려해서 자유시간을 적절하게 운용해야 한다. 물론 지도(map)를 통해서 현재 위치를 알려주는 등 자유시간을 잘 활용하는 방법도 조언을 해준다면 여행자들에게 더 큰 만족을 선사할 수 있다. 참고할 점은 가능하다면 충분한 시간을 제공하는 것이 바람직하다는 것이다. 여행일정상 여의치 않으면 여행자들과 협의를 해서 정규 관광일정 중의 몇 가지를 취소하는 방법을 사용하는 것도 좋다. 예를 들어 시내에서 식사를 하는 일정이라면 식사를 취소하고 자유시간을 제공하는 것도 좋은 방법이다. 물론 예약은 미리 취소하여 페널티가 생기지 않도록 해야 한다.

끝으로 자유시간은 국외여행 인솔자로서는 신경을 많이 쓰이게 한다. 자유시간에 예상치 못한 일들이 발생할 확률이 높기 때문이다. 따라서 약속을 지키지 못하면 다음 여정에 큰 영향을 미칠 뿐만 아니라 다른 여행자에게도 많은 피해가 간다는 점을 주지시킨다. 전체적으로 집결시간 등의 약속을 엄수하도록 분위기를 만들어야 문제가 발생할 확률이 줄어든다.

2 정보수집

여행자들에게 만족스런 여행을 제공하기 위한 방법은 자유시간을 적절하게 활용하는 것이다. 또한 항상 잊지 말아야 하는 것은 여행자들은 다양한 성향만큼이나 관심이나 취미가 다르기 때문에 여행 중에도 자신의 욕구를 충족하기 위해 개별적으로 자유시간을 갖고 싶어 한다. 이러한 점을 알고 국외여행 인솔자는 가급적 여행자의 희망사항을 충족시키도록 노력해야 하는데 이를 위해서 단순히 자유시간을 제공하는 것만으로 끝나지 말고 다양한 욕구에 맞게 쇼핑, 미술감상, 산책, 식도락, 스포츠, 축제, 나이트투어 등의 여러 가지 여행정보를 확보해서 공유를 하는 것이 중요하다.

현장감 있는 정보는 호텔의 컨시어지(concierge)를 통해서 알 수 있다. 또 현지 가이드한테도 조언을 얻을 수 있고 현지 지상 수배업체 역할을 하는 현지 여행사나 선배 국외여행 인솔자로부터 정보를 구하는 것도 좋다. 공항에서 입국신고할 때 주변을 살펴보면 '금주의 행사'(this week in ○○) 등의 정보 책자를 구할 수 있다. 더불어 단순한 정보 전달만 해서는 안 되고 원하는 장소까지 가는 방법 등 관련 정보를 자세하게 안내해야 한다.

자유시간은 국외여행 인솔자 자신의 것이 아니고 어디까지나 여행자를 위한 것이라는 사실을 주지하고 여행자들이 계획을 세우는 데 도움을 주고 가능하다면 그 장소까지 안내하는 것도 좋다. 따라서 국외여행 인솔자에게는 자유시간이 많은 신경을 써야 하는 바쁜 시간일 수도 있지만 본인의 능력을 발휘하여 여행자들로부터 신뢰를 얻을 수 있는 기회이기도 하다.

3 행동지침

여행을 즐기는 여행자들은 저마다 관심이나 취미가 다르기 때문에 자유시간을 즐기는 형태 또한 다들 제각각이다. 쇼핑, 식도락, 미술감상, 박물관 투어, 액티브한 체험투어 등 여러 그룹으로 나누어지게 되면서 분산될 수밖에 없다. 이때 국외여행 인솔자는 성향이 유사한 여행자들이 모인 그룹보다는 의사소통이 어렵거나 자유시간을 활용하는 것을 어려워하는 여행자들을 선택해서 동행하는 것이 좋다.

동행할 수 없는 그룹에 대해서는 안전하게 즐기는 방법 등을 알려준다. 가능하면 택

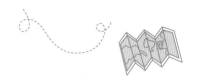

시를 이용할 때는 행선지를 메모해 두기도 하고 동시에 기사 연락처 및 차량 번호도 확보해 두는 것도 좋다. 또 통역이 가능한 일행에게 그룹의 대표를 맡겨 만약에 대비한 비상연락망을 확보해야 한다. 유의할 점은 아무것도 하지 않는 일행이 있거나 특히 환자가 발생했을 경우 국외여행 인솔자는 호텔에서 대기하면서 그 일행들을 살펴야 한다.

끝으로 모든 여행자들에게 국외여행 인솔자가 대기하는 장소, 연락처를 알려주어 긴급사태를 대비해야 하며, 집결시간이나 호텔로 돌아오는 시간을 꼭 지키도록 안내한다. 국외여행 인솔자는 가능하다면 여행자들이 숙소까지 돌아왔는지 확인하는 것이 중요하다.

② 선택관광(optional tour)

① 선택관광 개념

선택관광은 정규 일정 이외에 혹은 자유시간에 여행자와 계약된 관광일정 이외의 관광 콘텐츠를 여행자가 별도의 비용을 지불하고 참가하는 관광을 말한다. 여기에 참가하는 것은 강제적인 것이 아니고 희망하는 여행자들이 참가하는 관광이다. 여행상품 공고 시에는 정규 관광일정 이외에 추가적으로 행해지는 선택관광의 종류와 비용에 대해 명시하고 있다.

국외여행 인솔자는 출장 시작 전에 일정 진행 중 행해질 수 있는 선택관광의 내용, 비용, 소요시간, 유의사항, 특이사항 등에 대한 정확한 정보를 파악해 여행 출발 전에 실시하는 설명회나 혹은 전화로 안내할 때 선택관광 관련 정보를 안내하도록 한다. 선택관광 정보를 제대로 안내하지 않고 현장에서 진행하게 되면 비용 혹은 다른 사정 등으로 선택관광에 참여를 못하게 되는 여행자들의 컴플레인이 발생하게 된다는 점을 유의하여야 한다. 또한 국외여행 인솔자는 목적지에 도착하게 되면 출발 전에 알지 못했던 목적지에서의 축제나 이벤트 혹은 공연 등의 정보를 수집하여 여행자들과 공유하도록 한다. 정보를 모르거나 늦은 정보로 참여하지 못하는 경우에는 많은 아쉬움이 남게 된다. 인기가 많아 미리 예약하지 않으면 볼 수 없는 러시아의 발레 등과 같이 현지에서

즐길 수 있는 공연이나, 민족음악이나 무용, 재미있는 쇼 등을 하고 있는 극장, 레스토랑·선상 등에 대한 정보를 조사하고 빠른 시간에 여행자들과 공유를 한다.

끝으로 자유시간에 진행되는 선택관광은 석식 후의 자유시간에 이뤄지는 것이 대부분이다. 이렇게 선택관광이 야간에 진행되는 특성 때문에 사건·사고가 발생하기 쉬우니 국외여행 인솔자는 선택관광을 원활하게 혹은 만족스런 선택관광을 할 수 있도록 다양한 방법에 대해 알아두는 것이 중요하다.

⚙ 선택관광 시 고려할 사항

❶ 단체여행 구성원 모두가 참여할 수 있는 선택관광을 추천하고 진행한다.

여행자 구성이 남성과 여성이 섞여 있는 경우 남성이나 여성만 참여할 수 있는 계획을 짜면 컴플레인이 발생하니 유의해야 한다. 가급적 첫날 저녁은 누구나 참여할 수 있는 것으로 하고, 다음에는 남성 중심의 코스와 여성 중심의 코스를 계획할 필요가 있다.

❷ 안전 사고에 신경을 많이 써야 한다.

선택관광은 정규일정이 끝나고 진행하는 관광이다. 따라서 늦은 시간에 진행을 주로 하기에 다음 날 여정에 영향이 있는지 파악하고 이에 대비를 하며 항상 여행자 입장에서 치안 현황을 확인하면서 진행해야 한다. 가능하다면 여성으로만 이뤄진 팀이나 고령자가 포함된 조에는 국외여행 인솔자가 동행하는 것이 좋다. 특히 나이트클럽은 더욱 조심하는 것이 좋다.

또한 문화의 차이로 인해 불행한 일이 생기지 않도록 문화 차이도 안내한다. 예를 들어 아시아권에 비해서 서양 문화에서는 공공장소에서 술취한 모습은 범죄행위와 같은 취급을 받으니 조심해야 한다. 심한 경우에는 경찰이 출동하게 되니 각별한 주의를 요한다. 참고로 서양 문화에서는 술을 판매하는 가게가 따로 있을 정도로 술을 사는 것이 한국처럼 쉽지 않으며 또한 이슬람 문화권에선 술을 마시는 것이 쉽지 않다.

❸ 적절하게 추천하고 안내한다.

여행자들의 성향을 고려하면서 선택관광을 추천하고 안내한다. 남성에 비해 여성이 좋아하는 선택관광은 방문지의 전통요리를 즐기면서 연극이나 발레, 오페라, 샹송이나 칸초네 등의 공연을 감상하는 곳이나, 민족무용을 보면서 식도락 여행을 하는 것이다.

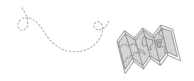

여행자의 성별, 연령 등을 고려하여 선택관광을 추천하거나 제안을 하는 것이 좋다.

④ **호텔명함 소지를 안내한다.**

호텔을 벗어날 때는 호텔의 소재지가 표시된 호텔명함을 소지하도록 한다. 호텔명함은 호텔 프런트에 요청하면 준다. 혹은 투숙한 호텔이 명기된 지도, 팸플릿, 객실카드 등을 소지하도록 안내한다. 귀가 시 택시를 탔을 때 외국어 소통이 안 되거나 길을 잃어버렸을 경우에 요긴하게 사용될 수 있다.

⑤ **드레스 코드(dress code)를 파악하여 공유한다.**

연극이나 오페라 같은 공연을 관람할 때는 복장에 신경을 써야 한다. 따라서 공연마다 복장을 체크하고 여행자들과 정보를 공유해야 한다. 일반적으로 관광자들이 입장하는 공연은 세미 정장이면 무난하다.

② 선택관광의 진행 과정

선택관광(optional tour)은 다음과 같은 과정으로 진행된다. 이를 참고하여 여행계획을 수립하는 것이 좋다. 진행되는 과정은 통상 4가지 경우로 이뤄진다.

❶ **한국출발 전에 참가 여부 미리 결정해서 수배까지 마치는 경우**

미리 예약을 해야 하는 경우로 주로 국제적으로 유명한 음악회나 발레·오페라, 스포츠경기 등 인기가 많은 선택관광으로 이런한 선택관광이 있는지 파악하여 대비를 해야 한다. 더불어 인센티브 여행 단체인 경우는 여행 주최자의 부담으로 진행되어 결정되기도 한다.

❷ **베테랑 인솔자들의 경우**

과거의 경험을 바탕으로 출발 전 설명회 및 안내를 통해서 파악한 여행자의 성향으로 선택관광 참가자를 예측하여 한국 출발 전에 미리 수배해두고, 현지에 도착해서 국외여행 인솔자가 확정적인 참가자를 결정하여 그 수에 따라 수배를 조절하는 경우이다. 이 경우도 보면 현장에서 예약이 잘 안 되거나 티켓을 구매하기 쉽지 않을 때 적용된다.

③ 현지에 도착하고 나서 현지 가이드(혹은 국외여행 인솔자)가 제안하여 진행하는 경우

가장 많이 진행되는 경우로 현지 가이드가 관광 안내를 하고 난 후에 자유시간에 할 수 있는 것들에 대하여 설명을 하면서 희망자에 한해서 선택관광이 진행되는 경우이다. 이 경우에 인솔자는 선택관광의 내용을 설명하고 추천할 만한 것들을 안내한다.

④ 인솔자 자신이 직접 수배하는 경우

현지 가이드가 없는 경우에 진행하는 것으로 버스기사와 협의해 가면서 진행되는 것이다.

③ 선택관광 권유 시 주의사항

선택관광은 여행자의 여행 만족도를 높일 수 있는 관광이기에 국외여행 인솔자는 선택관광을 제안한다. 유의할 점은 선택관광을 거부하는 여행자들도 있다는 점이다. 현지 관광 중에 일행이 즐길 만한 적절한 선택관광을 권유하는 것도 국외여행 인솔자의 중요한 업무이지만 원치 않는 여행자들도 있다는 점을 고려해야 한다. 선택관광 권유 시에는 다음과 같은 사항에 주의해야 한다.

1) 선택관광 강요

선택관광은 가급적 많은 인원이 참여하도록 유도하는 것이 좋다. 하지만 무리하게 권유를 해서는 안 된다. 체력이나 비용과 같이 다양한 이유로 선택관광을 못하는 경우도 있으니 절대로 강요해서는 안 된다. 또한 팀 분위기를 위해서는 소수의 일행만이 참여 의사를 밝혔을 경우에는 선택관광을 취소하는 것이 바람직하다. 소수의 인원은 개별적으로 안내를 하도록 한다.

선택관광을 강요하는 인상을 주어서는 절대로 안 된다. 현지 가이드나 국외여행 인솔자가 선택관광을 강요하는 경우 컴플레인이 발생하며 전체적으로 분위기가 안 좋아지고 인솔자에 대한 신뢰도가 떨어지게 되어 이후 여행일정을 진행하는 것이 힘들게 된다. 따라서 국외여행 인솔자는 출발 전이나 현지에서 선택관광의 내용을 잘 파악하고 좋은 추억거리를 만들 수 있도록 하는 차원에서 정보를 전달하고 참여할 만한 가치가 있는 경우에만 추천해야 한다.

2) 무리한 일정

선택관광은 통상적으로 석식 후에 진행되므로 다음 날의 일정에 지장을 주는 경우가 있다. 따라서 다음 날 일정에 유의하면서 진행해야 한다. 너무 늦은 시간까지 관광이 이루어지면 다음 날의 일정 진행에 차질이 생기므로 권유하지 않는 것이 좋다. 만약 일행들이 모두 참여하고 싶어한다면 다음 날 여정에 문제 없도록 다음 일정을 조율하는 등의 협조를 미리 구해야 한다.

3) 통제 불가능한 선택관광

현지에 가면 다양한 선택관광이 있는데 가급적 일행이 같은 선택관광에 참여하도록 유도하는 것이 좋다. 이는 인원 통제가 용이하고 여행자의 입장에서는 공통의 화제가 생겨 대화를 하면서 친밀감이 형성되기 때문이다. 더불어 불의의 사고도 예방할 수 있어 좋다.

하지만 성향이 다른 여행자들은 그룹이 나눠지게 마련인데 가급적 2개의 그룹으로만 나뉘도록 한다. 선택관광 참여 인원이 많은 그룹이나 통역을 필요로 하는 쪽은 현지가이드가 안내를 하도록 하고, 국외여행 인솔자는 상대적으로 적은 그룹에 동행하는 것이 좋다.

4) 목적 없는 선택관광

선택관광은 방문지의 문화를 체험할 수 있는 것이 좋고, 국외여행 인솔자는 이러한 선택관광을 권유하는 것이 무난하다. 이를 통해 방문지의 전통, 관습 등 문화를 이해할 수 있는데 예를 들어 러시아의 발레(Ballet), 프랑스의 리도쇼(Lido Show), 물랑루즈(Moulin Rouge), 스페인의 플라멩고(Flamingo), 독일과 오스트리아 음악회(Music festival), 태

자료: 러시아 국립 발레단

🔖 **그림 8-1_** 러시아 볼쇼이 발레단의 발레 공연

국 파타야의 알카자쇼(Alcazar Show), 뉴욕의 뮤지컬(Musical) 등이 대표적인 사례이다.

5) 불성실한 서비스

선택관광 비용은 여행자 개인이 부담한다. 여행자 입장에서는 선택관광을 위해 추가적인 비용을 지출한 것이므로 그에 따른 기대를 비교적 높게 가지고 있기에 선택관광을 잘 진행해야 한다. 여행자의 컴플레인 방지는 물론 여행 만족도를 높이기 위해서 최선을 다하는 모습을 보여줘야 한다. 즉, 세심하고 주도면밀한 서비스가 필요할 뿐만 아니라 단체여행에서 선택관광 요금은 조금 비싼 편인데 이는 입장료와 같은 자체 비용 외에 국외여행 인솔자, 현지 가이드, 운전기사의 시간 외 근무수당과 차량 추가비용 등이 포함되기 때문이다. 이 점을 여행자들과 진솔하게 공유하는 것이 비용에 대한 컴플레인을 방지한다.

④ 선택관광 알선수수료

선택관광은 정규 여행일정 이외에 진행되므로 현지 가이드 및 차량(기사) 그리고 국외여행 인솔자는 시간 외 근무가 이루어진다. 따라서 이들에게 선택관광 실시에 따른 알선수수료의 배분이 필요하다. 일반적으로 선택관광 알선수수료 배분방식은 여행사와 지상 수배업자(land operator)와의 계약관계에 의해 결정되는데, 다음과 같이 2가지 중 하나로 결정된다.

첫째, 이른바 '헤드 컴'(Head commission)이라는 방식이다. 이는 선택관광으로 발생한 알선수수료의 총 금액과는 상관없이 선택관광에 참여하는 여행자 1인당 일정 금액을 배분하는 방식이다. 예를 들어 헤드 컴이 5달러라고 산정하면 1인당 30달러짜리 선택관광에 10명이 참여한 경우에 미리 선정한 대로 1인당 5달러로 해서 총 50달러를 국외여행 인솔자에게 지급하는 것이다.

둘째, 알선수수료의 총 금액에서 일정 부분만큼 지급되는 방식이다. 해당 선택관광을 실시하는 데 소요되는 총 경비(원가)를 제외한 나머지 금액을 미리 약정한 비율에 따라 배분하는 방식이다. 예를 들어 방문지에서 전통쇼 관람을 위해 1인당 50달러짜리 선택관광에 10명이 참여한 경우에 원가가 300달러이면 수수료가 총 200달러(500달러 – 원가 300달러 = 200달러)가 된다. 이 알선수수료를 사전에 정한 일정한 비율에 따라 나누어 지급

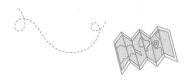

하는 것이다. 현지 가이드, 현지 지상 수배업자, 국외여행 인솔자 등이 알선수수료를 똑같이 3등분(33%씩)하면 66달러가 지급되지만, 사전에 국외여행 인솔자에게 알선수수료의 50%를 분배하기로 했다면 100달러가 지급되는 것이다.

국외여행 인솔자에게 선택관광 알선수수료의 배분은 대부분 이렇게 2가지 방법 중 한 가지 방식으로 이루어진다. 또한 국외여행 인솔자에게 배분된 수수료는 인솔자가 소속된 여행사의 규정에 따른다. 여행사 규정에 따라 여행사와 절반씩 배분하거나, 전액 회사에 입금하거나, 혹은 전액 국외여행 인솔자의 수입으로 인정하는 등 다양하다. 알선수수료를 소속 여행사와 나누거나 전액 회사에 입금하는 방식을 채택한 여행사 소속의 국외여행 인솔자는 출장보고서에 상세하게 알선수수료 관련 내용을 기재하여 보고해야 한다.

5 선택관광의 종류

방문지의 성격에 따라 혹은 여행자들의 성향에 따라 선택할 수 있는 선택관광은 아주 다양하다. 국외여행 인솔자는 선택관광의 내용을 미리 숙지하는 것은 물론 여행단체의 성격(성별, 연령별, 상황별 등) 및 취향과 기호를 파악하여 선택관광을 추천할 수 있어야 한다. 이를 위해 세계 각국의 대표적인 선택관광에 대한 정보(여행내용, 요금, 소요시간 등)를 파악하는 것이 필요하다. 〈표 8-1〉은 한국 여행자들이 자주 방문하는 지역의 선택관광이다.

표 8-1_ **지역별 대표적인 선택관광의 종류**

대륙	국가	지역	종류	요금	소요시간	내용
미주	미국	라스베이거스	쥬빌리 쇼	US$90	1.5시간	마술, 서커스, 코미디
			KA 쇼	US$190	1.5시간	불, 인간의 영혼이란 뜻의 쇼
			LE REVE 쇼	US$170	1.5시간	수중 극장 무대 쇼
			야경투어	US$30	2.5시간	야경 관광
		로스앤젤레스	유니버설스튜디오	US$100	전일	세계 최대의 영화 촬영장 방문
		뉴욕	뮤지컬 감상	US$130~160		뮤지컬 관람
			스카이라이드	US$30	30분	시뮬레이션 의자에 앉아 맨해튼 감상
		그랜드캐니언	경비행기	US$150	1시간	그랜드캐니언 비경 관람
			I-MAX 영화	US$10	15분	그랜드캐니언 스크린으로 감상
		샌프란시스코	베이 크루즈	US$20	1시간	유람선 승선
			케이블카	US$10		명물 케이블카 승선
		하와이	마우이섬 일주	US$295	종일	마우이섬 일주
			선셋 크루즈	US$75	2시간	알리카이 일몰관광 및 식사
			해양스포츠	US$180	8시간	윈드서핑, 스노쿨링, 낚시, 카누, 제트스키, 바나나보트 등
	캐나다	밴쿠버	그라우스마운틴 곤돌라 탑승	US$50	50분	아름다운 벤쿠버 야경 감상
			카필라노 서스펜스 브리지	US$40	50분	길이 137m, 높이 70m 구름다리 건너기
		빅토리아	왁스 뮤지엄	US$20	30분	중요한 사건, 인물을 밀랍인형으로 재현
			꽃마차 탑승	US$35	50분	꽃마차 타고 빅토리아 관광
		밴프	야외 온천욕	US$20	1시간	설퍼산 기슭에서 야외 온천욕
			레이크루이스 곤돌라 탑승	US$40	1시간	곤돌라 타고 레이크 루이스 전경 감상
			보우계곡 승마	US$60	1시간	밴프 스프링스 골프코스를 따라 승마 즐기기
		토론토	안개 속의 숙녀호	US$30	1시간	'안개 속의 숙녀호'를 타고 나이아가라 폭포 감상
			나이아가라 경비행기	US$130	25분	경비행기 타고 나이아가라 폭포 감상
		킹스턴	천섬 관광	US$40	1시간	천섬 관광

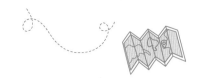

대륙	국가	지역	종류	요금	소요시간	내용
구주	이탈리아	카프리	카프리 관광	120EUR	5시간	카프리섬 관광
		베니스	곤돌라	50EUR	40분	곤돌라 승선
			수상택시	40EUR	1시간	베니스 수상택시 관광
		로마	벤츠 투어	50-70EUR	3시간	벤츠로 로마 시내 관광
	프랑스	파리	리도쇼	180~200EUR	2시간	환상의 버라이어티쇼
			파리 야간관광	70EUR	2시간	유람선 타고 에펠탑·세느강 감상
	오스트리아	인스부르크	티롤 음악공연	40EUR	1.5시간	민속 디너쇼 감상
		잘스부르크	유람선 투어	50EUR	1시간	아름다운 잘스감머굿 호수 감상
		비엔나	클래식 음악공연	70~200EUR	2시간	클래식 음악 감상
	스페인	그라나다	플라멩고	70~80EUR	1.5시간	정열의 플라멩고 감상
		톨레도	미니열차	30EUR	1시간	미니열차를 타고 편하게 감상
		세비아	마차투어	50EUR	1시간	마차를 타고 구시가지 관광
	그리스	아테네	아페아 신전	30EUR	1.5시간	애기나섬 신전 및 지중해 감상
			피에르롯티 찻집	40EUR		이스탄불 간식 즐기기
	러시아	모스크바	서커스	60EUR	1.5시간	러시아 전통묘기 공연
		상트페테르부르크	네바강 유람선	60EUR	1.5시간	유람선 승선하여 시내관광
			발레	120~200EUR	3시간	발레 감상
	터키	이스탄불	밸리 댄스	60EUR	2시간	터키 전통의 배꼽춤
		가파도키아	벌룬투어	210EUR	2시간	가파도키아 일출을 감상
		안탈리아	유람선투어	50EUR	1시간	배를 타고 아름다운 지중해 감상
	이집트	카이로	룩소 마차관광	20EUR	1시간	전통시장 및 나일강 야경감상
			디너 크루즈	60EUR	2시간	전통식, 밸리댄스, 민속쇼 관람
	영국	런던	뮤지컬	70~130EUR	1.5시간	인기 뮤지컬 감상
아시아	태국	파타야	티파니 쇼	US$30	1시간	세계 3대 쇼의 하나
			타이 전통지압	US$40	2시간	전통 지압 체험
			시티투어	US$60	2.5시간	파타야 야경 감상
			아로마테라피스파	US$120	2.5시간	풀 코스 전신 마사지
		방콕	로열드래곤 식사	US$35	2시간	세계에서 제일 큰 식당
			바이욕스카이디너	US$55	2시간	스카이라운지(84층)에서 식사

대륙	국가	지역	종류	요금	소요시간	내용
		푸껫	스쿠버다이빙	US$150	2시간	해양 스포츠 체험
			코끼리트레킹	US$30	10분	코끼리 타기 체험
			전통 안마	US$20	1시간	전통 안마 체험
	베트남	하노이	전신마사지	USD40	2시간	여행의 피로를 풀어주는 마사지
		하롱베이	스피드보트/ 비경 관광	USD80	2시간	스피드보트를 타고 하롱베이 비경관광
		다낭	바구니배	USD30	1시간	바구니배를 타고 관광
			호이안 야경투어	USD30	1시간	호이안 구시가지 야간투어
			호이안 시클로	USD20	30분	호이안 주변 자전거 투어
	싱가 포르	싱가포르	나이트사파리투어	US$50	1시간	160종, 1,000여 마리 동물체험
			야경투어	US$60	1.5시간	싱가포르 야경감상
			트라이쇼 / 리버보트	US$60	1시간	싱가포르 교통수단이었던 트라이쇼 탑승, 보트승선 야경감상
	홍콩	홍콩	중국 심천 관광	US$10	7시간	중국 소수민족의 생활모습 관광, 민속쇼 감상
			마카오 투어	US$130	6시간	마카오 시내 관광
			스타페리/몽콕 야시장 관광	US$25	2시간	홍콩금융가 버스 일주, 스타페리 승선, 야시장
	필리핀	마닐라	팍상한 폭포	US$90	1시간	세계 7대 절경 중 하나
			어메이징 쇼	US$40	1시간	초대형 버라이어티 쇼 감상
		보라카이	바나나보트	US$15	15분	바나나보트 체험
			ATV 체험	US$100	2시간	사륜구동 산악 오토바이 체험
			아일랜드호핑투어	US$80	4.5시간	보라카이섬 일주투어
		세부	스쿠버다이빙	US$110	1.5시간	스쿠버다이빙 체험
			아일랜드호핑투어	US$80	5시간	해산물 BBQ, 스노클링
			경비행기 투어	US$160	1시간	세부섬, 막탄섬 투어
	중국	상해	서커스	US$20	1.5시간	중국전통묘기 관람
			황포강 유람	US$20	40분	유람선 타고 황포강 감상
			상해박물관	US$20	2시간	중국 4대 박물관
		북경	전신마사지	US$30	1.5시간	전신마사지 체험
			만리장성 케이블카	US$20	30분	만리장성 관광 시 팔달령까지 케이블카로 이동
			인력거 투어	US$20	1시간	인력거 타고 생활상 체험

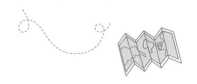

대륙	국가	지역	종류	요금	소요시간	내용
		장가계	야인곡	US$25	1시간	소수 원주민 토족의 삶체험
			유리다리/대협곡	US$90	2시간	유리다리와 대협곡 관광
			전신마사지	US$40	2시간	여행피로를 풀어주는 전신마사지
			천문산 천문산사 유리 및 귀곡잔도	USD40	2시간	천문산 대표적인 관광지 감상
			천문호선쇼	USD50	1.5시간	천문산을 배경으로 한 뮤지컬
		항주	송성가무쇼	US$35	1시간	남송시대를 재현한 뮤지컬 감상
			거지 닭 특식	US$10	–	중국 항주 별미 닭요리
			동파육 특식	US$10	–	소동파가 즐겨 먹은 대표요리
대양주 남태평양	괌	괌	드림 크루즈	US$95	4시간	45인승 크루즈 타고 열대어 낚시 체험, 스노클링, 회시식 등
			차이모 어드벤처	US$95	4시간	정글비치 체험, 전통문화 체험
			패러세일링	US$95	2시간	패러세일링 체험
			하버비치 팩 해양스포츠	US$95	3.5시간	종합수상레포츠 체험
	사이판	사이판	익스트림 어드벤처	US$100	2시간	사륜구동으로 오프로드 체험
			해양스포츠	US$80	1.5시간	바나나보트, 제트스키, 스노클링 등
			원주민 문화체험	US$80	3시간	사이판 원주민 문화체험
			정글투어, 농장투어	US$80	3시간	사륜구동 지프차로 정글탐험
	뉴질랜드	퀸즈타운	제트보트	NZ90	30분	제트보트 체험
	호주	시드니	시니어 야경투어	AUD60	3시간	타워 감상, 모노레일 승선
		골드코스트	콘래드주피터스쇼	AUD120	2.5시간	라스베이거스 스타일 쇼

자료: 김선희(2011, p.207)에 의거 재구성(2022년 기준).

③ 쇼핑관광(Shopping Tour)

여행은 일상을 탈출하는 그 자체로 즐겁기에 출발하기 전부터 설레는 마음이 든다. 여행을 떠나면 즐길 수 있는 볼거리, 먹거리 등에 기대를 하며 즐거워한다. 그런데 이에

못지않게 행복을 느낄 수 있게 하는 것이 있는데 바로 쇼핑이다. 여행자들은 방문하는 지역을 상징하는 기념품이나 추억을 담거나 회상할 수 있는 것들을 소유하고 싶어한다. 따라서 쇼핑을 하는 것은 여행의 또 다른 즐거움이 된다.

인솔자가 여행자들에게 즐거운 추억을 줄 수 있는 쇼핑을 할 수 있도록 한다면 더욱 더 즐거운 여행이 될 것이다. 일반적으로 단체여행, 특히 자유시간이 없는 패키지 여행은 일정이 꽉 짜여 있어서 시간적인 제약을 많이 받는다. 이 때문에 여행자들이 쇼핑을 여유 있게 할 수 없거나 혹은 아예 못할지도 모른다는 초조함을 느낄 수도 있다. 이에 국외여행 인솔자는 여행 출발 전 설명회나 여행 중 버스, 식당 등에서 쇼핑과 관련해서 안내를 해주는 것이 좋다. 예를 들어 지역별·국가별로 기념품의 특징 및 쇼핑시간 등을 설명하는 것이 좋다.

그리고 쇼핑은 자유시간에 행해지는 자유쇼핑도 있지만 여행일정의 한 부분으로 꼭 해야 하는 쇼핑도 있다. 패키지 여행에는 대부분 쇼핑일정이 포함되어 있어, 현지 가이드가 적절하게 시간 배정을 하지만 자유쇼핑은 체제시간이 짧거나 여행일정이 바빠서 못하는 경우가 있다. 가능하다면 자유시간을 만들어서 자유롭게 쇼핑을 할 수 있도록 하는 것도 좋다.

한편 현지 가이드나 버스기사들 중에는 정규 수입 이외의 쇼핑수수료를 챙기기 위해서 강압적으로 여행자들을 쇼핑센터로 안내하는 경우들이 있다. 국외여행 인솔자는 단체여행 시작 전부터 가이드나 버스기사들에게 쇼핑에 치중하지 않도록 주의를 주면서 여행일정이 원활하게 진행될 수 있도록 해야 한다. 강요된 쇼핑은 컴플레인을 부른다는 점을 유의해야 한다.

① 쇼핑관광 시 주의사항

쇼핑 시에 국외여행 인솔자의 추천으로 상품을 구매하였는데 상품에 이상이 있을 경우 인솔자에게 곤란한 상황이 벌어지게 된다. 쇼핑관광 시 인솔자는 특정 상품을 추천하기보다는 방문지의 특산품이나 인기 있는 상품을 안내하는 정도로 그치는 것이 좋다. 즉, 해외에서 상품구매 후 교환이나 환불이 용이하지 못한 상품 등과 같이 상품에 관련된 장단점을 충분히 안내하는 것이 중요하다.

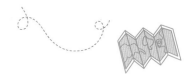

1) 상품 안내

방문지역의 특산품이나 방문지의 대표적인 상품으로 해외여행을 기념할 만한 것, 또는 가격면에서 경제적인 상품 등을 안내하여 여행자가 쇼핑에 참고할 수 있도록 한다. 품목 또한 중복되지 않아야 하고 품목의 특징, 가격 등을 정확하게 안내해야 할 것이다. 이때 여행자의 성별, 연령에 따라서 혹은 취향에 맞는 것들을 안내하는 것이 좋다.

백화점이나 면세점에서 쇼핑할 수 있는 '명품'이라 불리는 유명 브랜드(던힐, 헤네시, 샤넬, 프라다, 루이비통 등)에 대한 정보나 지식을 알고 있는 것도 좋고, 이들 브랜드를 저렴하게 구매할 수 있는 방법이나 좋은 상품을 선택하는 방법을 소개하는 것도 좋다. 단, 명품 및 귀중품 구매는 인증되어 보증서를 받을 수 있는 점포인 면세점이나 백화점 등에서 구매하도록 한다. 더불어 한국에서 애프터서비스를 받을 수 있는 물품인지도 확인하는 것이 좋다.

2) 쇼핑일정 조정

현지에서의 쇼핑 횟수, 장소, 시간 등은 미리 현지 가이드와 협의하여 결정한다. 쇼핑 횟수는 하루 한 번이 적당하며, 하루에 두 번 이상의 쇼핑은 가급적 삼간다. 쇼핑에 치중해 보이는 이미지를 여행자들에게 주어서는 절대 안 된다. 쇼핑시간 또한 너무 짧거나 길어도 좋지 않으니 적절하도록 조절해야 한다. 참고로 쇼핑이 포함된 패키지 여행에서는 통상 쇼핑시간을 회당 최소 30~40분 이상으로 정하고 있으니 참고해야 한다.

3) 분실물(지갑) 주의

구매할 물건을 선택 후 계산을 하면서 가격 협상을 하거나 계산 방법이 한국과 달라 시간이 다소 걸리다 보니 시간에 쫓겨 계산을 하게 되는데 이때 카드나 지갑을 두고 쇼핑한 물건만 가지고 나오는 경우가 종종 있다. 카드나 지갑을 분실하지 않도록 여러 차례 안내하는 것이 좋다. 가끔 고령자들이 계산할 때 많은 사람들 앞에서 큰돈을 보이거나 허리띠를 풀거나 쌈지에서 현금을 꺼내는 것은 분실의 우려가 있을 뿐 아니라 주위 사람들을 당황하게 할 수 있으니 사전에 안내하도록 한다.

관광 중 길에서 호객행위를 하며 판매하는 물품은 가급적 구입하지 않도록 안내한다.

바가지를 쓸 우려가 높고 품질 또한 떨어지는 경우가 있으며 무엇보다도 계산하면서 지갑 분실사고가 종종 발생하니 조심하도록 사전에 안내한다.

4) 계산 지체 안내

현지인들이 계산을 할 경우에는 한국처럼 빠른 처리가 안 된다. 따라서 상품을 구매했으면 가급적 계산을 미리 하라고 안내한다. 마지막에 서두르다 보면 분실 등의 사건·사고가 자주 일어난다.

5) 환율 안내

물품 구매 시에 상품가격을 원화로 환산해 보도록 안내한다. 여행자들은 미국 달러는 물론이고 현지 통화를 사용하는 것에 익숙하지 않으므로 한국 원화와의 환율을 충분히 설명해야 하고 결제가 가능한 통화를 안내한다. 또한 환율 때문에 값을 착각하거나 혼동하는 경우가 있으니 환율 계산에 익숙하지 않은 여행자를 위해 옆에서 도와주는 것이 좋다.

6) 증빙서류 보관

여행을 하다 보면 즉흥적으로 쇼핑을 하는 경우도 있다. 구매할 때는 몰랐다가 호텔에 돌아와서 혹은 귀국하고 나서 쇼핑을 후회하는 경우가 종종 있다. 또는 구입한 물건에 하자가 발생했을 경우에는 교환 혹은 환불을 요청해야 한다. 이러한 경우에 꼭 필요한 것이 물품 구매 영수증이다. 또한 귀국 시 세관신고를 할 때 혹은 분실에 대비한 보험금 청구를 위해서도 필요하다. 구매관련 증빙서류는 잃어버리지 말고 잘 보관하라고 안내한다.

7) 쇼핑 자제

과다한 쇼핑을 자제하도록 안내한다. 과다한 쇼핑은 교환이나 환불 요청도 많이 생기는 경향이 있다. 또한 주변인에게도 불편함을 불러일으키기도 하기에 자제 요청을 하며 또한 고가의 물품 구입은 귀국 시에 문제가 될 수도 있기에 1인당 600달러라는 면세 한

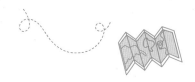

도를 안내한다.

8) 쇼핑 강요 금지

여행자에게 쇼핑을 강요해서는 안 된다. 특히 저가 패키지 상품은 프로그램상 쇼핑을 실시하는 경우가 있다. 여행자들도 이를 알고 여행에 참가하였기에 쇼핑센터 방문에는 무리가 덜 하지만 물건을 강매하려고 하거나 물건을 사지 않는다고 불쾌한 분위기를 만들거나 여행서비스의 질을 떨어뜨려서는 절대로 안 된다.

9) 재방문 관련 안내

여행 중 쇼핑은 시간과 일정의 제약 등이 있으므로 가급적 쇼핑시간 내에 구입하도록 안내한다. 사고 싶은 물건이 다음 여정에서 없을 수도 있고 가격이 바쌀 수도 있어 어느 정도 마음에 들면 미루지 않는 것이 좋다고 미리 안내를 하면 좋다. 혹여 고민하다가 못 사는 경우 여행 내내 인솔자에게 다시 가자고 요청하는 경우가 있으니 미리 주의를 줘야 한다. 재방문은 안 된다고 해야 한다. 쇼핑을 하지 않는 여행자들의 컴플레인이 크다.

10) 배송(택배) 안내

현지에서 구매한 물건을 택배나 우편 등으로 발송하는 것은 삼가는 것이 좋다. 택배나 우편이 늦게 도착하거나, 도착하지 않는 경우도 발생할 뿐만 아니라 자신의 것이 아닌 다른 물품이 도착하거나 물품이 파손되는 경우도 있어 가능한 피하는 쪽이 좋다. 특히 아프리카와 같이 택배 시스템이 잘 발달하지 않거나 쇼핑센터가 다소 부실한 곳, 혹은 파손 염려가 있는 품목이라면 더욱 피하는 것이 좋다. 부득이하게 발송이 필요한 경우는 보험을 들도록 안내한다.

11) 흥정 가능 여부 안내

국가, 지역, 상품 등에 따라 흥정이 가능한지 파악하여 안내를 한다. 일반적으로 골동품 가게나 노상매점의 경우에는 흥정이 가능하지만, 면세점이나 백화점은 흥정이 되지 않는 경우가 많다.

12) 면세정보 안내

면세기준을 초과하면 귀국 시에 세금을 부과한다는 내용을 여행자들과 공유하고 면세기준을 초과한 경우에는 정직한 신고를 하도록 안내한다. 정직한 신고는 가중 과세를 받지 않고 오히려 감세를 해준다는 사실을 안내한다.

이상과 같은 주의사항을 바탕으로 여행자들이 쇼핑관광을 즐겁게 할 수 있도록 분위기를 만들어 주는 것이 국외여행 인솔자의 역할이다. 또한 방문지의 언어를 이용하여 인사를 한다거나, 상대방이 한국말을 잘못해도 "안녕하세요", "미안합니다" 정도의 인사를 하는 것이 좋다.

② 수출면세제도

여행자들이 쇼핑하는 물품의 소비자가격에는 방문국가에서 정해둔 부가가치세(value added tax: VAT)가 포함되어 있다. 그런데 해외로 수출하는 모든 물건에는 부가가치세를 부과

자료: https://english.visitkorea.or.kr/enu/SHP/SH_ENG_1_1.jsp

🔖 그림 8-2_ Tax refund companies

하지 않는다. 이런 이유로 외국인 여행자들이 구매하는 상품은 여행자들이 출국을 하게 되면 부가세가 환불된다.

따라서 해당 국가에서는 출국 시에 소정의 절차를 밟는 여행자들에게 한해 부가가치세를 환불해 준다. 이 부가가치세를 환급해 주는 업무를 전문적으로 대행하는 업체도 있다. 〈그림 8-2〉에서 보는 것처럼 여행자들이 해외여행을 다니면서 볼 수 있는 Tax-Free, Global Refund, Premier Tax Free(구Cash Back) 등이 대표적인 회사이다. 이 회사들의 로고가 표시된 상점에서 일정 금액 이상의 물품을 구입하고 일정 기간 이내에 출국하는 경우에 한해 부가가치세 환급을 해준다. 이는 수출면세제도를 바탕으로 하고

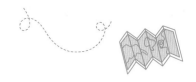

있다. 〈표 8-2〉에서 보는 것처럼 국가마다 부가가치세의 세율이 다르기에 환불 금액도 차이가 있다.

부가가치세 환급은 크게 사전면세와 사후면세 2가지로 나뉜다.

첫째, 사전면세제도의 경우, 면세점에서는 출국하는 내국인 및 외국인에 한하며 세금을 제외한 가격으로 판매한다. 주로 공항, 항구에 있는 면세점이나 기내 면세점들이 대표적이다. 시내에도 면세점이 있는데 시내 면세점도 사전면세제도를 적용하기에 면세된 조건으로 상품을 구매할 수 있다. 다만, 시내 면세점에서는 결제만 가능하고 상품은 출국 시 공항이나 항구 등의 지정된 장소에서 인수한다. 즉, 출국하는 자에게만 적용되는 것이다.

둘째, 사후면세제도의 경우, 상점에서는 내국인·외국인 상관없이 출입 및 상품판매에 제한이 없으나 외국인에 한해서는 일정한 기간 이내에 출국하면 출국장에서 소정의 절차를 거쳐 부가가치세를 환급해 준다. 이때 여행자들은 상점에서 준 세금환급서류를 잘 챙겨서 출국 시 제출해야 부가가치세를 환급받을 수 있다. 국외여행 인솔자는 세금환급서류를 받은 여행자가 있다면 양식 기입이 잘 되어 있는지 등을 확인하면서 부가세 환급을 받을 수 있도록 도와줘야 한다.

일반적으로 부가가치세의 환급은 출국하는 공항에서 받는다. 다만, 유럽연합에 소속된 국가일 경우에는 유럽 여행을 하다가 떠나는 마지막 국가의 공항이나 항구 등에서 환급을 받게 된다. 따라서 유럽 여행 시에는 출국하는 날까지 쇼핑 관련 서류와 물품을 잘 보관해야 한다는 것을 안내한다. 다만, 스위스의 경우 세금환급제도를  운영하고 있으나 중립국으로 주변 유럽국가들과 협정이 되어 있지 않아 스위스에서 구매한 물품에 대한 세금 환급은 스위스를 출국하면서 처리해야 한다. 단 주의할 것은 출국을 한 이후에는 부가가치세 환급을 받을 수 없다. 세금을 환급받는 '수출면세제도'는 국가별, 상점별로 다소 상이할 수 있지만 대부분 다음과 같이 운영된다.

⬡ 사후면세제도를 이용하는 절차

❶ 면세대상은 물품세와 부가가치세가 적용되는 상품에 한정된다(통상적으로 일용잡화 등에는 적용되지 않는다).

❷ 한 점포에서 1인당 일정액 이상의 쇼핑을 해야 한다. 〈표 8-2〉에서 보듯이 면세를 위한 구매 최저 금액에는 국가별로 차이가 있다. 예를 들어 프랑스는 175 유로, 일본은 5천 엔 이상을 구매해야 한다.

❸ 국외여행 인솔자는 다음 사항을 조사하여 여행자에게 안내한다.

- 방문국가에 수출면세제도가 있는지 여부, 있다면 구매해야 하는 최소한의 금액은 얼마인지. 출국 시에 세관에 환급을 신청할 때 구입물품을 보여줘야 하는지 아니면 면세서류만으로도 되는지 등을 확인한다. 만약 환급 시 구입한 물품을 보여줘야 한다면 항공기 탑승수속 시 구입물품을 위탁(checked baggage)이 아닌 휴대(hand carry)해야 한다. 그래야 면세서류와 함께 출국 시 보여 줄 수 있다. 신고 후에 위탁 수하물로 보내야 한다.

📀 표 8-2_ 각국의 부가가치세 환급률(2016년 기준)

국가	최소구입금액	VAT 환급률	국가	최소구입금액	VAT 환급률
그리스	EURO 120	6.5%, 13%	스페인	EURO 90.16	4%, 10%, 20%
네델란드	EURO 50	6%	영국	GBP 30	5%
독일	EURO 25	7%	오스트리아	EURO 75.01	10%, 12%
벨기에	EURO 125.01	6%, 12%	이탈리아	EURO 156	4%, 5%, 10%
룩셈부르크	EURO 74	3%, 8%, 14%	포르투갈	EURO 61.35	6%, 13%
스위스	CHF 300	2.5%, 3.8%	노르웨이	NOK 290	10%, 15%
폴란드	PLN 200	5%, 8%	핀란드	EURO 40	10%, 14%
스웨덴	SEK 200	6%, 12%	덴마크	DKK 300	25%
헝가리	HUG 50,001	5%, 18%	프랑스	EURO 175	2.1%, 5.5%, 10%
싱가포르	SGD 100	7%	체코	CZK 2000.01	10%, 15%
일본	JPY 5,000	8%	대만	NT$2,000	5%

자료: https://m.blog.naver.com/khd9345/221230843366

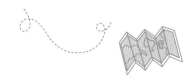

- 부가세 환급은 다음과 같은 방법으로 이뤄진다.
  - 쇼핑한 점포에서 면세액만큼 깎아준다.

    이 경우는 출국 때 공항 내 우체통에 면세서류를 꼭 제출해야 한다. 국외여행 인솔자는 출국 시 이 점을 잊지 않도록 안내한다.
  - 출국 시에 세관에서 면세서류의 인정(확인 도장)을 받아 공항 내의 은행에 가지고 가면·면세액을 환불해 준다.
  - 인정을 받은 면세서류를 세관에 건네면 귀국 후에 한국에 면세액에 상당하는 수표를 보내주거나 신용카드 결제계좌로 입금해준다(수표는 한국의 은행에서 환전할 수 있다).

> ❷ **Tax free와 Duty free의 차이**
>
> 물품에 각종 세금(소비세, 주세, 수입품의 관세 등)을 부과하지 않거나 일부 세금을 부과하지 않고 판매하는 상점. 세금이 없거나 혹은 세금이 적어 상품가격이 저렴해진다는 것이 장점이다. 면세품임에도 국내 판매가와 별 차이가 없는 물품도 있는데 이는 면세점이 세금을 제외한 판매가를 애초에 높게 책정한 경우이다. 면세점의 판매방식과 파는 물건의 종류는 백화점과 유사하지만 물건값에 세금이 붙지 않는다는 것과 출국예정자만 구매 가능하고 구매한도가 있다는 점이 차이점이다.
>
> Tax free와 Duty free를 모두 면세라고 하지만, 이 둘은 엄연한 차이가 있다. 일반적으로 Tax free는 부가가치세(혹은 소비세)의 면세를 의미한다. 부가세(소비세)의 면세뿐 아니라 주세, 교육세, 특별소비세, 담배소비세 등 모든 세금이 면세되는 것이 Duty free이다.
>
> 면세품 구입은 출국하는 공항이나 항구, 귀국 시 탑승하는 항공기 내 그리고 시내에 있는 면세점에서 하는 것이 보통이다. 시내 면세점에서 구매하는 것은 공항에서 수취하는 시스템으로 되어 있는데 이때 수취하자마자 곧 내용을 확인해 보는 것이 좋다. 때로 쇼핑한 물건이 다를 경우가 있기 때문이다. 국외여행 인솔자는 여행자가 구입한 면세품에 하자가 있거나 파손되었을 때의 이의신청방법에 대해서도 철저히 조사해두지 않으면 안 된다.

③ 쇼핑 알선수수료 배분

쇼핑 알선수수료의 배분은 통상적으로 쇼핑센터와 현지 지상 수배업자와의 계약에 따라 정해진 비율에 맞춰서 정산한다. 일반적으로는 여행자가 구매한 전체 금액에서 미리 정해진 비율(대개 10~30%)에 따라 알선수수료를 받는다. 이 수수료 비율은 보통 쇼핑센터별로 혹은 품목별로 다르다. 이렇게 상이한 비율에 따라 알선수수료를 정산한다.

현지 지상 수배업자는 쇼핑 알선수수료를 국외여행 인솔자에게 직접 정산하는 경우와 한국에 있는 여행사로 송금하는 두 가지 방법으로 처리한다. 이 또한 지상 수배업자와 인솔자가 속한 여행사와의 계약관계에 따라 다르다. 현지 지상 수배업자는 쇼핑센터에서 배분받은 수수료를 인솔자가 속한 여행사의 규정대로 처리한다. 선택관광과 마찬가지로 국외여행 인솔자에게 배분된 수수료는 자신이 소속된 여행사와 일정한 비율로 배분하거나 전액 회사에 입금하거나 전액 국외여행 인솔자의 수입으로 귀속되는 경우가 있다. 이 또한 국외여행 인솔자와 회사와의 규정에 따른다.

④ 쇼핑품목

국외여행 인솔자는 여행자들이 쇼핑의 즐거움을 만끽할 수 있도록 쇼핑 시 주의사항과 함께 방문지의 특산물을 소개하는 것이 좋다. 〈표 8-3〉에서 보듯이 출국 전 설명회나 또는 현지에서 방문지의 쇼핑품목이나 가격 등에 대한 정보를 수집해서 안내를 한다.

표 8-3_ **각국의 주요 쇼핑품목**

지역	국가	품목
유럽	그리스	보석(카메오), 올리브 비누 및 민속공예품
	노르웨이	노르웨이 스웨터, 건강식품(스쿠알렌, 오메가)
	네덜란드	낙농제품, 도자기제품, 다이아몬드
	독일	광학제품, 칼과 압력밥솥 등 주방용품
	덴마크	은제품, 호박
	러시아	러시아인형(마트료시카), 피혁
	벨기에	자수제품, 카페트, 초콜릿
	스위스	등산용품, 시계, 자수제품, 초콜릿
	스페인	각종 가죽제품, 도자기류, 금세공품
	스웨덴	유산균
	오스트리아	의류(가이거), 크리스털(스와로브스키)제품
	이탈리아	가죽제품, 유리공예품, 유명 브랜드 의류
	영국	도자기제품, 레인코트, 캐시미어제품
	체코	도자기류, 크리스털제품
	포르투갈	포도주, 코르크제품
	폴란드	도자기류, 호박, 크리스털제품

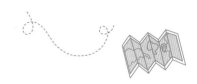

지역	국가	품목
	프랑스	와인, 패션의류, 화장품, 유명 브랜드 상품
	핀란드	자일리톨
미주	미국	스포츠용품, 청바지 등 의류 및 잡화
	멕시코	데킬라(술), 민예품, 은제품
	볼리비아	알파카 제품
	브라질	보석, 커피
	아르헨티나	수공예품, 판초 의상
	캐나다	건강식품, 녹용, 육포
	칠레	목공예품, 장미기름, 해구신
	쿠바	담배
	페루	모피제품(알파카), 인디오 수공예품
아시아	대만	대리석제품, 옥공예품, 각종 잎차 제품
	라오스	수공예품, 기념품
	말레이시아	바틱제품, 은제품, 주석제품
	미얀마	로열밀크티, 수공예품
	베트남	목각류, 보석, 차, 커피
	싱가포르	악어가죽제품, 세계 유명 브랜드 상품, 한약재
	중국	도장, 동양화, 옥공예품, 한약, 녹차
	인도	금세공품, 실크제품, 흑단
	인도네시아	금·은세공품, 목공예품, 바틱제품, 수공예품
	일본	도자기제품, 양식진주, 전자제품
	홍콩	보석, 세계 유명 브랜드 상품, 카메라
	필리핀	목공예품, 조개세공품, 진주, 코코넛제품
	태국	목공예품, 유색 보석(루비, 에메랄드 등), 가죽제품(악어, 코끼리 등)
대양주	괌, 사이판	미국제품, 아웃렛
	뉴질랜드	마오리공예품, 로열젤리, 양털제품, 천연꿀
	피지	진주, 코코넛제품(비누)
	호주	로열젤리, 양가죽제품, 오팔, 천연꿀
중동/ 아프리카	남아프리카공화국	다이아몬드
	모로코	모로코 전통 옷, 은제 장식품 등
	이집트	파피루스제품, 금·은 세공품
	터키	각종 가죽관련제품, 터키석

자료: 김선희(2011, p.214)에 의거 재구성(2022년 기준).

④ 미식관광

여행을 떠날 때는 누구나 목적이 있을 것이다. 쇼핑도 그렇겠지만 음식도 여행의 목적이 되는 경우가 많다. 초밥과 우동을 먹기 위해 일본을 가고, 파스타를 먹기 위해 이탈리아를 가듯이 말이다. 먹거리가 여행자들에게 중요하다는 의미이다.

국외여행 인솔자는 먹거리에 신경을 써야 하기에 출국 전에 여정의 식사 메뉴를 살펴봐야 한다. 호텔마다 조식 스타일은 어떤지, 현지 음식과 한식 그리고 중국식 등의 배정을 살펴보고 적절하게 배정되지 않았다면 현지에서 가이드나 현지 여행사와 협의하여 조율한다. 단체여행의 경우 일반적으로 현지식과 한식으로 적절하게 식단을 배정한다. 혹은 일부 국가나 지역은 한식이 없는 곳도 있으므로 현지식이 잘 맞지 않는 경우 중국식 혹은 일식을 고려하는 것도 좋다. 또 여행자들의 성향에 따라 메뉴가 달라야 하는 경우도 있으니 유의해야 할 것이다.

여행관련 시설을 이용히기 위해 미리 예약을 해누는 것처럼 여행 중에 식사를 하는 경우도 예외는 아니다. 특히 단체의 경우에는 식자재를 준비해야 하므로 필히 예약을 해야 한다. 취소를 하게 되면 미리 해야 하며, 그렇지 않으면 취소 페널티가 발생하니 주의해야 한다. 또 유럽이나 미주 지역에서는 식당에서 물이 유료라는 점도 유의한다. 물론 반찬 추가 시에도 비용을 지불해야 하는 식당들이 있으므로 반드시 확인하여 안내하도록 한다.

① 호텔 식사

단체여행자들은 아침식사를 대부분 호텔에서 하게 된다. 물론 호텔에서 조식을 제공하지 않거나 혹은 식사와 객실을 따로 관리하는 호텔은 식사를 포함하지 않아도 되기에 호텔에서 조식을 하지 않고 외부에서 해결하는 경우도 있다. 특히 LA를 포함한 미주 지역은 호텔 주변에 한국인 관광자에 적합한 식당들이 많이 있다. 하지만 대체로 호텔 주변에 식당이 많지 않고 또 아침 일찍 식사가 가능한 식당도 거의 없고 대부분 단체를 수용하기 어려운 경우가 많다.

호텔 조식은 뷔페로 운영되는 것이 일반적이다. 호텔 등급이나 방문지역에 따라 메뉴

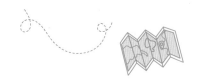

의 차이가 있을 뿐이다. 조식에는 크게 콘티넨털 스타일(Continental breakfast)과 아메리칸 스타일(American breakfast)로 나뉘지만, 호텔 등급과 지역에 따라 음식 종류와 가지 수가 다르다. 동일한 콘티넨털 스타일이라도 5성급 호텔과 4성급 호텔에서 제공하는 것이 다르다. 4성급 이상의 호텔에서는 따뜻한 음식(Hot Meal)이 제공되지만, 3성급 이하에서는 일명 콜드밀(Cold Meal)이라 하여 가벼운 음식만 제공되니 확인하고 여행자들과 공유한다.

동일한 호텔 등급이라도 지역별로 차이가 있는데 해안가에 있는 호텔과 도심에 위치한 호텔의 조식이 다르다. 해안가 등의 리조트는 도심에 있는 호텔에 비해서 조식이라도 다양하게 나오는 경향이 있다. 호텔에서 조식을 하는 경우 식당 이용방법은 체크인 때 받은 식사쿠폰을 이용하는 방법과 객실번호를 확인하고 이용하는 방법이 있다. 이를 확인하여 여행자들에게 안내한다. 식사쿠폰은 분실하지 않도록 안내하고 일정에 무리가 가지 않는 한 편리한 시간에 식사를 할 수 있도록 한다. 뷔페로 진행되는 조식은 반드시 단체로 같이 식사를 할 필요가 없다.

호텔에서의 석식은 호텔 종사자의 서비스를 받으며 식사를 하거나 조식과 마찬가지로 뷔페로 운영하기도 한다. 호텔마다 기준은 다르지만 식당을 이용하는 여행자가 호텔에서 정한 기준 인원이 넘을 경우에는 뷔페로 변경하기도 한다. 호텔식이라고 표기된 호텔에서의 석식은 메뉴가 변경되는 경우가 많으니 미리 확인하고 안내를 하는 것이 좋다.

〈그림 8-3〉은 사이판의 P.I.C. 리조트에서 GOLD CARD에 대한 프로모션 광고이다.

자료: https://triebertrip.com/82/?idx=152

🌀 **그림 8-3_** 사이판 P.I.C. RESORT GOLD CARD

〈그림 8-3〉처럼 해변가의 리조트나 골프 리조트 등이 하루 3식을 전부 숙소에서 제공하는 것을 GOLD CARD라고 한다. 대표적인 휴양지로 알려진 멕시코 칸쿤의 많은 리조트가 GOLD CARD로 운영되고 있다. 심지어 주류까지 무료이다.

② 관광 중 식사

조식과는 반대로 중식이나 석식은 관광을 하는 도중에 하게 된다. 조식도 마찬가지이지만 관광 중에 하게 되는 식사는 여행 만족도에 많은 영향을 미친다. 여행자들이 원하는 요리를 제공해 주는 것이 가장 이상적이지만 여행비용 등 예산이나 지리적 상황 같은 한계에 부딪치는 경우가 많다. 국외여행 인솔자는 식사의 만족도를 높이기 위해 최선의 노력을 해야 한다. 적절한 메뉴의 조합에서부터 분위기 좋은 식당의 추천은 물론 추가적인 비용이 발생되더라도 추천할 만한 식당 등을 안내하는 것이 좋다.

간혹 여행자들이 식당이니 메뉴를 변경하기를 원하는 경우가 있는데 이는 취소수수료, 식자재 준비, 테이블 여유, 예산 그리고 여행자들의 의견 불일치 등으로 변경이 쉽지 않다. 물론 변경이 가능하면 좋은 결과를 얻을 수 있도록 현지 가이드와 여행자들과 상의하면서 결정하는 것이 좋다. 물론 추가 비용까지 지불하고 식당 및 메뉴를 변경하는 일은 많은 어려움이 따르니 심사숙고해야 한다.

식당에 도착하면 현지 가이드나 국외여행 인솔자가 먼저 식당 매니저에게 단체의 도착을 알리고 좌석 배정을 기다린다. 배정받은 좌석에 앉고 식당별로 이용방법을 여행자들과 공유한다. 한국과 아시아와 달리 여행자들이 유럽에서 실수를 하게 되는 경우가 있으니 미리 식당을 이용하는 방법이나 식사와 관련된 에티켓을 안내해야 한다. 예를 들어 담당 웨이터가 좌석을 지정해 주기 전에 원하는 좌석에 가서 앉거나, 큰 소리로 웨이터를 부른다거나, 물과 반찬(side dish)의 추가가 무료인 줄 알고 주문을 하는 경우 등이 발생하지 않도록 미리 공지를 해야 한다.

한편 식당별 이용방법과 메뉴에 대해서도 안내를 해야 한다. 현지식만 하는 것이 아니라 한식, 중식, 일식 등의 메뉴에 대한 설명도 해야 한다. 하루 일정을 시작하면서 점심과 저녁의 메뉴[애피타이저(appetizer), 수프(soup) 종류, 샐러드 유무, 메인 메뉴, 디저트 등]가 무엇인지 여행자들과 공유하는 것이 좋다. 더불어 메뉴 소개뿐 아니라 메뉴의 특징까지 설명한

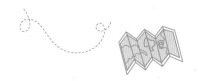

다면 훨씬 훌륭한 식사를 할 수 있을 것이다. 참고로 한국 여행자들은 커피를 선호하니 어설픈 디저트라면 커피로 변경하는 것이 좋다.

끝으로 메뉴에 대해 여행자들의 성향을 미리 파악하는 것이 중요하다. 준비한 요리가 맞지 않아서 식사를 못하는 경우가 종종 발생하게 되는데 이럴 경우를 대비하여 메뉴를 미리 공지하고 문제가 있을 시 조치를 취하는 것이 좋다. 변경된 메뉴로 식사한 여행자는 인솔자의 세심한 배려에 많은 고마움을 느끼게 되고 신뢰도가 상승한다. 전체적인 변경은 어렵지만 한두 개의 변경은 비교적 쉽다.

1) 레스토랑

단체여행자들은 식자재 및 좌석 확보 등으로 대부분 예약이 되어 있다. 또한 메뉴까지 결정된 상태라서 단체여행을 진행하는 국외여행 인솔자가 특별히 신경 쓸 것은 없다. 식당을 잘 찾아가고 현장에서 식사를 하면서 테이블 매너만 잘 지켜서 식사를 하면 된다.

하지만 자유식이거나 식사 예약이 안 되어 있다면 여행자들의 성향, 예산, 관광일정 동선 등을 고려하여 식당을 선정하는 것이 기본적인 원칙이다. 현지에 도착해서 현지 가이드나 호텔 컨시어지 등과 상담을 하면서 출국 전에 고려했던 것을 재확인하고 결정을 하면 된다. 그런데 무엇보다도 중요한 원칙은 동행하는 여행자들의 의견을 살펴보는 것이다.

고려사항을 토대로 적당한 식당이 결정되면 바로 테이블 및 메뉴를 예약해두어야 한다. 시간적인 여유가 적어 급히 요리를 주문할 경우에는 예산 문제가 없다면 시간 및 경제적으로 유리한 셰프가 추천하는 그날의 추천 요리(suggested menu, today's special)를 주문하면 좋다. 물론 이 경우에도 수석웨이터에게 추천 요리의 내용·요금 등에 대해서 잘 상담을 하고 주문한다.

단체가 현장에서 메뉴를 선택할 때 주의할 점은 식자재의 준비사항과 더불어 시간 안배이다. 현장에서 메뉴를 선택해서 식사를 할 경우에는 예약된 단체식보다는 약 2배 이상의 시간이 소요된다는 사실을 인지하고 관광 여정에 문제가 없도록 준비한다.

2) 카페테리아

여행 중의 식사는 여유와 즐거움을 가져야 한다. 그래야 여행이라고 할 수 있을 것이다. 하지만 항공일정이나 현지 상황으로 인하여 조식이 제공되지 않은 호텔이나 시간적인 여유가 없는 식사일 경우는 빠른 시간 안에 가볍게 식사를 해결하는 것이 좋다.

유의할 점은 해외에서는 조식을 제공하는 식당이 많지 않다는 점이다. 따라서 관광 중에 단체를 인솔하면서 시간상 가볍게 식사를 해결할 수 있는 셀프서비스의 카페테리아(cafeteria) 같은 식당을 알아두어야 한다.

> **➔ 카페테리아**(cafeteria) _ **셀프서비스 식당**
>
> **[진행 순서]**
> ① 쟁반을 든다.
> ② 나이프와 포크를 든다.
> ③ 진열대 앞을 지나면서 원하는 요리를 선택한다.
> ④ 줄을 따라서 가면 캐셔가 나오는데 그곳에서 계산을 한다(팁은 필요 없다).
> ⑤ 적당한 테이블에 앉아 식사를 한다.
> ⑥ 식사 후 카페테리아를 나온다.

참고로 서서 먹는 식당인 드러그 스토어(drug store)도 있다. 여행자들은 다소 불편해도 색다른 체험을 하는 것을 마다하지 않는다. 드러그 스토어는 셀프서비스 식당이 아니어서 서서 먹기는 하지만 식사를 제공받는다.

③ 테이블 매너

한국 관광자들은 해외여행을 하면서 근사한 레스토랑에서 서양식 음식을 식사하는 것에 대해서 부담을 가질 수 있다. 따라서 버스 등에서 식사 전에 매너 및 에티켓을 안내해주는 것이 좋다.

○ 식당에서의 테이블 매너
① 웨이터의 안내로 좌석을 지정받아서 앉는다.

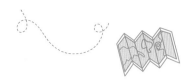

② 웨이터를 부를 때 큰 소리로 부르는 것은 실례이다. 가볍게 손만 들고 "Excuse me"라고 한다.

③ 서양에서는 빵을 손으로 먹는다.

따라서 식사 중에 손으로 귀, 코, 머리 등을 만지거나 긁는 것은 금기사항이다.

④ 냅킨은 모두가 착석한 후에 펴지 않은 상태에서 무릎 위에 가져와 조용하게 펴야 하며 냅킨으로 얼굴이나 땀을 닦는 것은 물론 포크나 나이프 등을 닦는 것도 금기사항이다. 냅킨은 주 목적이 옷을 더럽히지 않게 하는 것이기에 입주변, 소스나 버터, 잼 등이 묻었을 때 사용하는 것이다.

⑤ 양식요리의 순서나 식기의 자리는 가장 합리적으로 고안된 것이기 때문에 자기 앞으로 당겨서 먹는다거나 포개어 놓는 것은 좋지 않다.

⑥ 뷔페식에서는 찬 음식, 더운 음식의 순서로 가져오며 특별한 상황이 아니면 가급적 한 접시에 찬 음식과 더운 음식을 같이 담지 않는 것이 좋다.

⑦ 식사 중 나이프와 포크를 잠시 놓아 둘 때는 〈그림 8-4〉처럼 나이프와 포크의 끝 부분을 접시 위에 걸쳐 놓고 손잡이 부분을 테이블 위에 팔자 형으로 놓는다. 물론 식사가 끝난 후는 나이프는 바깥쪽, 포크는 안쪽에 나란히 접시 오른쪽 아래 방향으로 비스듬히 놓는다. 이때 나이프의 날은 자신 쪽으로 향하게 하고 포크는 등을 밑으로 한다. 또 다른 포크와 나이프 관련 매너는 다음과 같다.

자료: https://brunch.co.kr/@shrainy80/20

🌀 **그림 8-4_** 식사 중(좌), 식사 후(우)를 표시한 포크와 나이프의 위치

- 식사 중 나이프나 포크가 떨어지면 줍지 말고 웨이터에게 새 것을 요청한다.
- 손에 잡은 포크와 나이프는 세워서는 안 되며 또한 손에 쥔 채로 식탁 위에 팔꿈치를 세우지 말아야 한다.
- 나이프에 음식이 묻었다고 그대로 나이프를 입에 가져가는 것은 금기사항이다.

⑧ 식탁에서 트림은 금기사항이다.

⑨ 팁은 계산을 마치고 영수증을 받을 때 자연스럽게 준다. 뷔페에서는 팁을 지불하지 않는다.

④ 국외여행 인솔자의 좌석

① 국외여행 인솔자는 여행자 전원이 보이면서도 이동이 자유로운 좌석에 앉는다. 항상 여행자들에게 신경을 쓰면서 식사를 하며 혹시 문제가 생겼을 때 바로 가서 해결할 수 있어야 한다.

② 대부분 웨이터의 협조를 요청해야 하니 손을 들면 웨이터가 바로 볼 수 있도록 눈에 잘 띄는 자리에 앉아야 한다.

③ 가급적 여행자들과 동석할 수 있도록 노력한다. 이야기를 나누다 보면 여행자들의 불편한 것들이나 성향을 알 수 있기에 원활한 행사를 진행하는 데 도움이 된다. 단, 마음이 맞는 여행자들하고만 앉는 것은 절대로 피해야 한다.

⑤ 팁

팁(tip)이란 "To Insure Promptness"라는 의미이다. 아침에 기상하여 객실의 침대 위에 가장 보기 쉬운 곳에 Pillow Tip으로서 침대당 1~2달러 정도 놓는다. 이는 룸메이드에게 객실 청소에 감사의 표시를 하는 것이다. 즉, 팁을 지불하는 측에서 보면 서비스에 대한 감사표시임과 동시에 빠른 서비스를 받기 위함이다.

한편 팁을 받는 측에서 보면 수입에 많은 영향을 주는 것이다. 따라서 팁을 주어야 하는 상황에서는 다음의 주의사항을 고려하면서 꼭 건넬 수 있도록 한다. 한국 문화에서

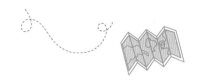

는 팁이라는 것이 아직 생소한 면이 있으니 국외여행 인솔자는 팁 문화를 여행자들하고 공유를 하는 것이 필요하다.

참고로 팁은 통상적으로 적당히 알아서 지불하는 것이지만 호텔이나 레스토랑의 계산서에서 보면 Gratuity(사례금)이라고 기재되어 있는 것처럼 팁의 금액을 표기하는 것도 있거나 미리 포함되어 있는 경우도 있으니 잘 살펴보기 바란다.

○ 팁을 건넬 때의 주의사항

* 서비스에 대한 감사의 마음을 담아서 건넨다. "줘야 하니까", "의무이니까" 하는 마음을 가지고 건넨다면 감사한 마음이 전달되지 않기에 팁 본래의 의미가 퇴색된다. 진정을 담은 "감사합니다."라는 말속에는 "잘 부탁합니다."라는 말이 담겨있어 더 나은 서비스로 되돌아와 여행이 한층 즐겁게 되는 것이다. 따라서 즐거운 여행을 위해서는 필수적이고 지속적인 것이 기분 좋은 서비스라는 것을 잊지 않도록

표 8-4_ **팁의 종류 및 금액**

종류	내용
공항 · 역 등 포터(porter)비	통상적으로는 수하물 1개당 1~2달러 정도이다. 하지만 공식적으로 표기가 되어 있는 경우도 있다.
택시 운전기사	택시 요금의 10~15%를 얹어주는 것이 통상적이다. 물론 심야, 조조, 하물이 많을 때, 오래 기다리게 했을 때, 반일에서 하루 단독으로 전세를 냈을 때 등에는 약간 더 얹어준다.
호텔의 종업원	호텔 포터 및 룸메이드에게 통상적으로 서비스를 받을 때 건당 1~2달러 정도이다. 즉 수하물, 객실 안내, 객실 청소, 룸 서비스, 방에 불러 용무를 부탁할 경우 등에 해당된다. 단, 일본의 룸메이드는 팁을 받지 않는다.
레스토랑의 웨이터	통상적으로 매출의 10~15% 정도이다. 고급스러운 바 같은 곳에서는 20%까지 지불하는 경우도 있다. 뷔페 혹은 셀프서비스의 카페테리아 등에서는 팁이 필요 없다. 단, 청구서에 서비스료가 포함되어 있는 경우에는 필요 없다.
발레파킹	통상적으로 2달러 정도이다.
악사(樂士) 등	특히 여행자들이 들어가는 레스토랑 등에서 공연하는 악사에게는 10달러 정도이다. 단, 곡을 신청하지 않은 경우에는 최소한의 금액이면 된다.
이발소 · 미용실	요금의 10% 정도이다. 필요 없는 경우도 있으니 확인해야 한다.
화장실	유럽은 화장실을 사용할 때 1유로를 지불하는 경우가 대부분이다. 따라서 유로를 잔돈으로 미리 준비하는 것이 좋다. 미달러는 안 받는 경우가 많다는 것을 유의해야 한다.
정기관광버스	정기관광버스에 개인으로 참가하는 경우에는 내릴 때 운전기사나 가이드에게 팁을 건넨다. 대개 하루 1인당 1~2달러 정도이다.

자료: 정찬종·신동숙·김규동(2015, p.139)에 의거 재구성.

하며 받은 서비스에 대해서 "감사합니다."라는 말과 함께 팁을 건네도록 한다.

- 잔돈을 항상 휴대하도록 하자. 여행 출발 전에 주거래 은행에 부탁을 하면 1달러짜리 100장 정도는 준비가 가능하다. 잔돈을 미리 준비하면 당황해 하는 일도 없고 또한 생각보다 큰 팁을 건네는 상황도 벌어지지 않는다. 따라서 언제나 잔돈을 준비해 두도록 하자.

- 타인의 눈에 띄지 않도록 조심하면서 팁을 건넨다. 가급적 눈에 띄지 않는 장소에서 살짝 손에 쥐어 주는 것이 에티켓이다. 혹여 선임 웨이터처럼 부하를 감독하는 입장에 있는 사람에게 건네줘야 하는 경우에는 "감사합니다."라고 말하면서 정식으로 악수를 하면서 건네도록 한다.

🎙 에피소드_ 두 번째

여긴 선택관광이 없다고?!
그럼 특별한 선택관광을 만들어 보자!

1996년 어느 여름날

동유럽 국가들을 돌아보고 러시아를 방문하는 여정을 가지고 한국을 출발했다. 여행업계에 근무한지 6년 차였다. 소련이라고 불리던 러시아를 방문한다고 하니 너무 설렜다. 잠을 설칠 정도로 말이다. 일단 여정이 동유럽이어서 체코, 슬로바키아, 폴란드, 오스트리아 등을 돌아보고 러시아를 돌아보는 여정이었다. 러시아에서도 가장 역사가 깊은 도시인 상트페테르부르크(레닌그라드)를 방문하는 여정이었다. 러시아는 꼭 가보고 싶은 나라였다. 표도르 도스토옙스키, 레프 니콜라예비치 톨스토이, 안톤 파블로비치 체호프, 이반 투르게네프, 알렉산드르 푸시킨 등 만나보고 싶은 러시아 문호들, 세계 3대 박물관이라 불리는 에르미타주 박물관, 피터 대제의 여름궁전, 원조가 유럽임에도 불구하고 유럽보다 더 발전한 환상의 회화를 그려내는 아름다운 발레 공연 등이 기다리고 있는 러시아였다.

자료: 상트페테르부르크관광포털

　　동토의 나라 러시아 땅을 밟다니 참으로 기쁜 마음에 첫날 밤을 세우다시피 했다. 2일 차도 정신없이 볼거리를 찾아 헤매고 있었다. 페테르부르크에서 3박을 하는 여정이어서 저녁시간에 여유가 많았다. 그래서 하루는 발레 공연을 보기로 했다. 그리고 현지 가이드에게 또 다른 선택관광이 뭐가 있냐고 했더니 없다고 했다. 아시아와 유럽을 여행하면서 현지 가이드가 선택관광이 없다고 하는 경우는 처음이었다. 다시 알아봐달라고 하니 발레 공연 관람 이외는 없다고 한다. 그런데 문제는 볼쇼이 국립극장에서 열리는 발레 공연도 우리가 체재하는 동안에는 열리지 않는다고 했다.

　　무언가 하고 싶어 하는 기대에 찬 여행자들을 보니 뭔가를 만들어내야 할 것 같았다. 마침 다뉴브강의 유람선 선택관광을 했으니 이에 착안하여 뭔가를 만들기 시작했다. 740km를 흘러 핀란드만으로 들어가는 상트페테르부르크의 젖줄이라 할 수 있는 네바강이 눈앞에서 유유히 흐르고 있는 것이 보였다.

　　현지 가이드에게 협조 요청을 했다. 네바강에 다니는 배들이 있는데 40~50명 정도를 수용할 수 있는 규모가 작은 배 한 척 수배가 가능한지를 알아봐달라고 했더니 가능하다는 답을 받았다. 다음으로는 발레리나를 초청할 수 있는지 알아봐달라고 했더니 최고 수준은 불가능하고 조금 덜 알려진 발레리나는 구할 수 있다고 했다. 전세를 낸 작은 유람선에 테이블이 있는지 파악한 후 러시아를 대표하는 미각을 자극하는 캐비아 및 스낵을 준비하고 역시 빠지지 않아야 하는 보드카까지 마련하는 총 비용을 계산해 보니 발레 공연을 보는 비용보다 부담이 적은 비용이었다.

　　바로 여행자들과 이러한 정보를 공유하였더니 여행자들의 환호가 터져 나왔다. 기쁜 마음을 갖고 유람선 공연을 준비하였다. 현지 가이드는 처음 해보는 것이라면서도 재미가 있다고 하며 적극적으로 협조적이었다. 물론 밤 늦은 시간까지 일하는 것에 대한 비용은 기사를 포함하여 지불해 주겠다는 말도 전했다. 그래서인지 더더욱 적극적이지 않았나 싶다.

석식 후 유람선 한 채를 전세내서 약 2시간 동안 네바강을 유람하면서 공연도 즐기고 러시아 대표적인 보드카에 캐비아를 즐겼다. 여행자들의 만족도는 최고였다. 러시아까지 와서 발레 공연도 못보나 하면서 많이 아쉬울 뻔했지만, 네바강 유람을 하면서 공연을 즐겨서 감사하다는 말까지 들었다. 필자 스스로도 잘했다 싶을 정도로 만족도가 높았다. 이 여행자들과는 아직도 20년이 넘도록 지구 구석구석을 파헤치며 다니고 있다.

귀국업무

국외여행 인솔자의 귀국업무는 마무리 단계로 들어가는 것이다. 마무리를 잘 해야 여행자들에게 좋은 이미지를 남기고 만족도를 올릴 수 있다. 귀국업무는 크게 귀국 전 준비 업무, 호텔 체크아웃 업무, 공항가는 길 버스 안 업무, 귀국공항에서의 탑승 및 출국수속, 기내 업무, 한국 도착 후 입국수속 업무, 귀국 후 업무로 나눌 수 있다.

① 귀국 전 업무

① 항공예약 재확인 및 체크인

귀국편 항공예약 상태를 재확인해둔다. 예약 재확인을 하면서 항공기 지연이나 날씨 등과 같은 현지 사정에 따라서 발생하는 결항 등 상황을 파악하여 그에 따른 대비를 하는 것이 좋다. 항공편의 재확인 방법으로는 이용 항공사에 전화하거나 항공사 홈페이지를 통해서 예약번호 · 항공편명(flight number) · 목적지 · 단체명 · 승객수 등을 확인하면 된다. 또한 여건이 되면 항공좌석까지 배정할 수 있는 웹체크인을 하는 것이 더 유리하다. 웹체크인은 재확인은 물론이고 좌석까지 배정할 수 있기에 공항에서 시간도 절약할 수 있어 가급적 웹체크인을 하는 것이 좋다. 다만, 항공사마다 혹은 예약 등급에 따라 체크인 가능 여부가 다르고 체크인 가능 시간도 다르다. 통상적으로 개별 항공권은 출발예정 72시간 전부터 웹 체크인이 가능하지만 단체 항공권은 48시간 혹은 24시간 전부터 가능하다.

귀국 공항에서의 탑승 및 출국수속의 특이사항이 있는지 알아보는 것이 중요하다. 여행자들의 쇼핑에서 발생한 세금 환급 절차는 어떻게 진행되는지도 파악해둬야 한다. 여행자들에게 수하물 정리할 때 안내를 해야 하기 때문에 꼭 필요한 것이다. 관련 서류만 제출하는지 물품을 확인하는지 등을 공유해야 한다.

② 수하물 정리 및 분류 안내

귀국 전날 여행자의 수하물 정리에 대한 안내를 해야 한다. 특히 쇼핑관광에서 발생한 수하물들이 있기에 여러 가지 이유로 수하물 정리에 대한 안내를 해야 한다.

❶ 여권, 현금과 같은 귀중품 등은 항상 몸에 지니도록 한다.
❷ 위탁수하물과 기내 휴대품으로 구분하여 정리하도록 안내한다.
❸ 세금 환급에 대한 절차를 안내한다. 면세서류만 제출하는지 혹은 쇼핑한 물품도 확인하는지 등 세금 환급 절차에 관한 설명을 하여 쇼핑을 한 품목에 대한 면세 신고서 및 관련 서류와 해당 물품을 확인하도록 한다. 탑승수속 시 현물(쇼핑품목)

을 확인받아야 하는 경우에는 위탁수하물에서 꺼내기 쉬운 곳에 넣어 보관하도록 안내한다.

❸ 마무리 파티(모임)

귀국 전날 밤 객실 체크인 혹은 투숙 및 수하물 정리가 끝난 후 호텔에서 혹은 귀국 전날 저녁식사에서 일명 귀국전야제·해산파티 등을 통해 단체행사를 마무리하도록 한다. 국외여행 인솔자에게 이 모임은 감사의 인사나 혹은 실수를 한 것에 대한 사과를 할 수 있는 기회이다. 또 이 모임을 통해 여행자 서로에게 여행의 기쁨을 나누는 파티를 만들어 주어 나쁜 것은 잊어버리고 좋은 기억만을 간직할 수 있도록 하면 좋다. 끝으로 이러한 모임은 추후의 세일즈에도 많은 도움이 된다는 의미에서 중요하다. 규모의 차이가 있더라도 마무리 파티는 진행하는 것이 좋다.

⚙ 마무리 파티 진행 요령

- 인센티브 단체와 같이 리더가 있는 단체인 수배여행이면 리더와 상의하여 절차 및 장소 등을 결정한다.
- 리더가 없고 예산이 있으면 국외여행 인솔자 주도로 가볍게 진행한다.
- 장소는 귀국 전날 석식장소 혹은 투숙하는 호텔에서 진행한다.
- 가장 좋았던 점, 인상에 남았던 점(방문지·행사 등)에 대하여 대화를 하게 한다.
- 서로에게 감사함을 나누고 연락처를 주고받을 수 있는 분위기를 만들어 나간다.
- 여행자 개인이 모임 비용을 지불하여 진행할 경우 부담이 적은 조건으로 진행해야 한다.
- 예산·장소 등 상황이 여의치 않으면 룸서비스 등으로 객실에서 해결하는 방법도 좋다. 단, 이 경우에는 주변에 피해가 생기지 않도록 주의를 해야 한다.

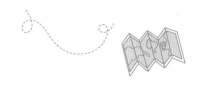

② 호텔 체크아웃(Check-Out)

① 모닝콜(wake-up call), 조식, 수하물 수거(baggage collection)

국외여행 인솔자는 귀국 전날 호텔 프런트데스크에 가서 모닝콜(wake-up call) 시간과 조식 그리고 수하물 수거 사항들을 점검한다. 통상적으로 모닝콜은 남성의 경우 조식 30분 전, 여성의 경우 조식 1시간 전에 하는 것이 좋다. 단 여행자들과 협의하고 결정하는 것을 더 우선한다. 또 조식은 체크아웃 시간보다 1시간 전에 하여 여유 있는 식사가 되도록 한다. 이른 아침에 출발해야 한다면 도시락이나 룸서비스를 이용해야 할 것이다.

수하물 수거는 여행자들이 식사하는 동안에 확인을 해야 한다(《그림 9-1》). 수하물 수거는 체크아웃 1시간 전에 진행하지만 전날 저녁에 포터, 벨 캡틴과 동일한 시간대에 출발하는 다른 단체는 없는지를 확인하고 단체가 많이 겹치는 경우나 바쁜 시간대인 아침 8~9시라면 체크아웃 90분 전에 하는 것이 좋다. 또 직접 수하물을 가지고 내려 오는 경우에

자료: https://singledatingdiva.com/2013/08/02/relationship-baggage-weighing-you-down/

그림 9-1_ Baggage Down

는 로비의 한 지점을 지정하여 집결장소를 알려주고 집결장소에 수하물을 두고 식사를 할 수 있도록 하면 된다. 수하물에 여행사의 짐표가 잘 붙어 있는지 확인해 두고 포터에게도 알려주는 것이 좋다. 이때 화물의 개수 등도 같이 알려주면 수하물 분실 걱정이 다소 사라진다.

② 체크아웃

조식 후 바로 체크아웃을 할 경우는 조식을 서둘러 마치고 지불 등의 결제를 마친다. 개별 여행자뿐만 아니라 여러 단체 투숙객들이 대부분 8~9시에 체크아웃을 하기에 늘

복잡하니 이를 감안해서 체크아웃 수속을 빨리 진행해야 한다. 많은 투숙객들로 인해 체크아웃 처리가 늦어져 곤란을 겪게 되는 경우가 있는데 이런 경우는 별도의 입구로 사무실에 들어가 국외여행 인솔자임을 밝히고 특별한 절차에 의해 결제를 해달라고 요청한다.

단체 투숙객 처리에 익숙하지 않은 호텔에서는 결제 시스템에 혼선이 있을 수 있으니 체크인 시와 체크아웃 전날 체크아웃 수속 시스템을 미리 확인한다.

체크아웃 시 정산 포인트

① 단체명 및 국외여행 인솔자의 이름과 객실번호를 확인한다.
② 마스터빌(master bill)의 내용이 정확한지 꼼꼼하게 확인한다.
③ 개인 비용이 있다면 사용자가 본인인지를 확인하고 결제하는 것을 도와준다.
④ 반드시 지불 증비서류(영수증)를 챙긴다.

단, 결제를 현지 수배업자(여행사)가 하는 경우에는 국외여행 인솔자는 현지 가이드에게 이상 없이 결제되었는지 확인만 하면 된다.

③ 공항가는 길 버스 안 업무

1 여권 및 휴대품 등의 확인

여행자들이 버스탑승을 완료하면 국외여행 인솔자는 인원을 확인하고 호텔에 두고 온 것이 없는지 확인해야 한다. 이제 항공시간에 맞춰서 공항으로 가는 길은 시간상 되돌릴 수 없기에 분실물이 없는지를 꼭 확인해야 한다. 머리 속으로만 확인하지 말고 직접 만져보라고 하는 것이 좋다. 예를 들어 여행자들이 객실에 잘 두고 다니는 충전기, 귀걸이, 목걸이, 시계 혹은 틀니 그리고 옷장 속의 옷 등. 특히 여권은 손으로 직접 확인하라고 해야 한다.

2 탑승 및 출국수속 협조요청

공항으로 가는 버스 안에서 공항 도착 후 진행되는 업무를 여행자와 공유하며 주의

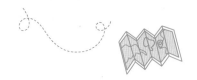

사항을 전달한다. 공항수속·세금환급·출국심사·면세점이용 및 한국 입국 시 입국심사·검역·면세한도 등에 대해 설명한다. 또 공항 도착 후 혼란이 없도록 국외여행 인솔자의 안내에 잘 따라 달라고 하면서 단체의 이해를 구한다. 한국 도착시각, 소요시간, 이용 항공사명 그리고 사용하고 남은 통화(cash)의 처리방법 등을 안내한다. 예를 들어 지폐는 귀국하고 은행에서 환전을 하거나 보관하였다가 다음 여행 때 사용하고 동전은 면세점에서 사용하거나 유니세프 같은 기관에 후원하는 것을 추천한다. 무엇보다도 공항에서의 분실사고나 탑승수속 지연이 발생하지 않도록 주의를 당부한다.

공항까지 가는 길이 여유가 있다면 지금까지 진행했던 관광을 상기시켜주는 것도 좋다. 첫날 미팅부터 한국 출발, 목적지 도착, 방문했던 관광지들의 명칭을 반복하면서 재미나는 에피소드 등을 상기시켜준다. 이는 여행자들과 잠시 회상여행으로 돌아갈 수 있어서 좋다.

❸ 감사인사

국외여행 인솔자는 공항도착 10여분 전에는 현지 여행일정 종료에 관한 안내와 인사말을 한다. 여행일정 동안 수고한 현지 가이드와 버스기사에 대한 노고에 감사의 인사를 전달하고 여행자들에게 박수 요청을 한다. 또한 수고료를 준비했을 경우, 일행의 대표자가 이를 건넬 수 있도록 하여 공식적인 감사의 뜻을 전달할 수 있도록 한다. 이때 수고료는 꼭 봉투에 넣어 전달할 수 있도록 국외여행 인솔자는 봉투를 여유 있게 준비해야 한다.

또 출국 및 입국 공항에서는 장소나 시간 등 여건이 좋지 않으니 이때 국외여행 인솔자도 여행자 모두에게 감사인사를 하는 것이 좋다. 여행 중 건강하고 무탈하게 행사를 잘 마칠 수 있도록 도와주고 실수도 이해해준 점 등을 들어 여행자들에게 감사인사를 한다.

❹ 공항(Airport) 탑승 및 출국 수속

공항에 도착하면 국외여행 인솔자는 버스에서 하차하기 전에 다시 한번 버스 좌석이

나 좌석 밑, 선반 등에 휴대품이나 기타 소지품을 두고 내리지 않도록 안내를 한다. 버스가 떠나면 돌아오지 않는다고 하면서 확인하게 한다. 단체버스는 공항에 여행자를 내려놓고 차고로 가기도 하지만 바로 다른 여행자를 태우고 일정을 시작하는 경우도 많다.

① 인원 및 수하물 확인

공항 도착 후 버스에서 내리면 인원 및 수하물을 확인하고 이상이 없으면 공항 안으로 이동한다. 공항의 한적한 장소에서 다시 한번 위탁수하물과 기내수하물 등 짐 정리를 할 수 있도록 한다. 세금을 환급받을 물건을 따로 꺼내두라고 하면서 10여 분 정도 자유시간을 준다. 이때 탑승 예정 항공사 카운터의 위치를 확인한다. 수하물을 정리하면서 기존에 이용한 항공사의 수하물표를 떼어내도록 하며 여행사 수하물 Tag이 떨어진 경우 여분으로 가지고 다니는 Tag을 새로 작성하여 부착해 준다. 짐 정리 후 일행이 모이면 인원을 확인한 후 분실을 대비하여 위탁수하물을 잘 챙기라고 안내한다.

여행을 하다 보면 방문지를 대표하는 특산품과 선물들로 인해 항공기의 수하물 수용 허용량을 초과하는 경우가 생기게 되는데 추가비용을 지불하고 위탁하는 비용이 비싼 편이다. 따라서 수하물이 많이 초과되는 경우에는 현지에서 수하물의 일부를 직접 한국으로 보내는 방법 중에서 하나를 선택하여 보내면 된다. 이 경우 한국에 귀국할 때 세관에서 별송품신고서를 제출해야만 수하물을 수취할 수 있으니 분실하지 않도록 한다. 수하물을 보내는 방법은 다음과 같다.

1) 국제 택배

문서 · 서적 등의 서류를 보내기에 좋은 방법이다.

2) 우편 소포

수하물의 무게가 10kg 이하라면 추천한다. 소포 크기의 제한이 있기에 미리 확인해야 한다. 소포에는 선박편과 항공편이 있다(선박편 1~3개월 소요, 항공편은 1~2주일 소요).

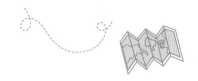

3) 항공 수화물

항공기 이용자와 다른 항공편으로 하물을 부치는 비동반 수하물(unaccompanied bag-gage)을 이용하는 방법이 있다.

4) 선박 하물

가구 등 부피가 큰 물품이나 하물을 보낼 때 편리하다. 하물은 함부로 취급되는 경향이 있기 때문에 파손의 우려가 있고, 최장 3개월까지 운송시간이 많이 걸린다는 단점이 있다.

② 면세품 Tax 처리 업무

앞에서 언급했듯이 한국을 비롯하여 유럽연합 회원국 등 대다수의 국가들은 외국인 여행자들의 방문을 촉진하고 원활한 소비활동을 위해 일정 금액 이상 구입한 물품에 한하여 부가가치세 및 특별소비세 등 내국 간접세를 환급해주는 제도를 운영하고 있다. 국외여행 인솔자는 출국 전날 가급적 호텔에서 상점에서 발행한 세금환급증명서를 보고 빈칸이 있는지 확인한 후 보완하도록 한다. 공항에서는 작성할 장소도 마땅치 않고 환급을 받지 않는 여행자들의 탑승수속을 도와줘야 하기에 바쁘다.

세금을 환급받는 절차는 국가별로 차이가 있다. 일반적으로 부가가치세 환급을 할 여행자들은 공항 도착 후 수하물을 정리한 후 환급창구로 가서 출국 공항 세관직원에게 환급증명서와 해당 물품을 제시하고 확인스탬프를 받은 후 탑승 항공사 카운터로 가서 확인한 물품과 더불어 탑승수속을 하면 된다.

✿ 세금을 환급받는 절차 및 탑승수속

- 귀국 전날 세금환급증명서의 이상 유무를 확인한다.
- (버스 안에서) 국외여행 인솔자는 국가별로 파악한 절차를 안내한다.
- 부가가치세 환급을 할 여행자들은 공항 도착 후 수하물을 정리한다.
- ① 면세 관련 서류와 해당 물품을 준비한다.

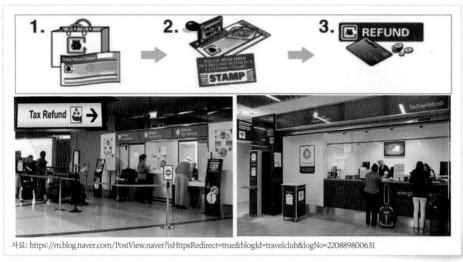

자료: https://m.blog.naver.com/PostView.naver?isHttpsRedirect=true&blogId=travelclub&logNo=220889800631

🛬 **그림 9-2_** tax refund 절차

➋ **출국** 공항 세관직원에게 면세 관련 서류와 해당 물품을 제시하고 확인스탬프를 받는다.

• 주의할 점은 환급을 받을 물품은 절대로 뜯거나 사용해서는 안 되며, 원상태로 유지해야 한다.

• 탑승 항공사 카운터로 가서 확인한 물품과 더불어 탑승수속을 한다.

• 확인스탬프를 받은 서류를 가지고 공항 내에 있는 세금환급창구로 간다.
환급창구는 대부분 면세구역에 있다. 창구에는 tax refund라고 표시되어 있다.

➌ 세금환급창구에 서류를 제출하면 환급금을 받을 수 있다.

③ 체크인(탑승수속)

세금환급 처리를 안내한 후 수하물 정리가 끝난 여행자들을 인솔하여 항공사 수속 카운터로 이동한다. 항공사별로 다르지만 단체수속 카운터가 있을 경우 여행자들의 여권을 전부 모아서 카운터로 가서 국외여행 인솔자가 대표로 체크인을 하게 된다. 현재는 대부분의 항공사가 보안강화의 이유로 개별수속을 원칙으로 하기 때문에 단체수속이 사라져가고 점점 개별수속을 하는 추세이니 국외여행 인솔자는 공항가기 전이나 공

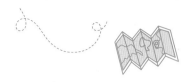

항 도착해서 미리 확인하여 준비를 한다.

여권과 항공권을 항공사 카운터에 제시하여 좌석을 배정받고 수하물을 위탁하도록 한다. 개별적으로 수속을 하는 경우에는 수속하면서 여행자들에게 수하물표(baggage claim tag)가 이상 없는지 탑승권에 기재된 편명이나 영문이름 그리고 좌석에 문제가 없는지 확인하라고 안내한다. 카운터의 실수로 행선지가 가끔 틀리는 수가 있으므로 꼭 확인하라고 안내한다. 단체수속이 가능하여 국외여행 인솔자가 수속을 한 경우에는 수하물표의 매수와 수하물 개수가 맞는지 확인하고 수하물표에 기재된 행선지를 확인한다. 이때 잊지 말고 세금환급확인서를 받으러 간 여행자들의 수속이 잘 진행되고 있는지도 확인해야 한다.

탑승수속이 끝나면 한적한 곳에서 모여서 인원 확인을 하고 여행자들이 가지고 있는 탑승권과 수하물표를 보면서 안내를 한다. 탑승권에 기재된 영문이름, 항공편명, 좌석번호 등의 확인 및 수하물표에 기재된 행선지 및 수하물 개수가 맞는지 다시 한번 확인한다. 항공기를 탑승할 탑승게이트 번호와 탑승 개시 시각을 안내하면서 탑승게이트에서 집결할 시간을 공지한다. 또한 세금 환급받을 장소 위치까지 안내를 하면서 여행자들과 출국심사하는 곳으로 동행한다.

국가나 공항별로 현지 가이드의 동행 가능 여부가 다르기 때문에 동행이 가능한지 파악해야 한다. 처음 가는 공항이고 현지 가이드가 항공사 카운터까지 동행을 할 수 있는 상황이라면 현지 상황을 잘 아는 현지 가이드를 앞장세우고 국외여행 인솔자는 맨 뒤에서 여행자 탑승수속이 원활하게 하도록 한다. 경험이 있는 공항이라면 현지 가이드가 있더라도 국외여행 인솔자가 앞장서서 탑승 및 출국 수속을 하는 것이 좋다.

끝으로 출국 전에 웹체크인을 했다면 좌석 배정까지 완료했으니 위탁수하물 수속만 하면 된다. 이때 탑승권(boarding pass)을 원하면 종이 탑승권으로 재발급받을 수도 있다. 출국 시에 공항세 또는 공항시설이용료 등을 징수하는 국가나 지역이 있기에 미리 확인하고 준비를 해야 한다. 이 또한 체크인 시에 지불하는 경우가 많으므로 미리 확인하고 준비해 둔다.

4 좌석 배정

여행자들은 기내에서 연인, 가족 및 지인들과 대화하며 여행을 마무리하기를 원한다. 전혀 모르는 사람과 같이 장거리 여행에 동석을 하게 되면 좋지 않다. 그래서 국외여행 인솔자에게 여행자들의 항공 좌석 배정은 호텔 객실배정하는 것 이상으로 어려운 업무 중 하나이다. 특히 장거리 여행을 할 때나 연인 및 가족들 좌석을 배정할

자료: https://www.cathaypacific.com

🛬 **그림 9-3_** 항공 좌석 배정

때는 유난히 신경을 써야 한다. 완벽하게 좌석 배정을 할 수는 없지만 최선을 다하는 모습을 보여주는 것이 좋다.

단체수속을 하게 되면 단체 좌석을 블록화해서 배정받기에 그 좌석들 내에서 좌석 배정을 하면 된다. 개별수속을 할 경우 좌석 배정은 카운터 직원에게 원하는 자리를 요청하라고 여행자에게 안내한다. 개별수속을 할 때는 가족끼리 혹은 지인끼리 같이 수속을 하도록 안내한다. 그래야 좌석을 같이 앉을 수 있다. 물론 의사소통이 어려운 상황이라면 국외여행 인솔자가 카운터 옆에서 도와주도록 한다. 수속 완료 후 좌석 배정에 다소 문제가 있을 경우에는 기내 탑승 후 좌석을 조정하도록 유도한다.

5 세관검사

세관검사는 입국 시와 동일하지만 출국 시엔 입국 시에 비해서 절차가 간단하거나 출국자에 대해서는 검사를 하지 않는 경우가 대부분이다. 따라서 출국하는 경우에는 크게 신경 쓰지 않아도 된다. 하지만 예외가 있다. 시내에서 면세품 구입을 할 수 있는 나라(도시)의 경우는 반드시 신고가 필요하다. 외국으로의 반출품이나 외국 현지 통화의 신고가 필요한 나라의 경우에는 소정의 수속을 밟아야 한다.

시내 면세점에서 물품을 구매한 후 물품은 받지 못하고 구매한 영수증만 받고 공항에서 해당 물품을 찾는 경우는 상관없지만 해당 물품을 쇼핑센터에서 받았을 경우는

신고가 필요하다는 것이다. 이는 세금 환급을 해주기 위함이니 꼭 신고를 해야 한다. 예를 들어 호주와 뉴질랜드의 경우에는 시내 면세점에서 물품 구매가 가능하며 구입한 물품은 위탁수하물로 보내서는 안 되고 세관신고를 하고 나서 보내야 한다. 또 면세 관련 봉투를 개봉하거나 부착된 영수증을 떼어내면 면세의 효력을 상실하게 되어 벌금을 내야 하는 경우가 발생하므로 주의해야 한다. 세관신고를 하기 전에는 개봉하면 안 되는 것이다. 이때 세관직원이 영수증을 회수해 간 후 세관에서 봉투를 개봉하여 정리할 수 있다. 물론 물품 확인도 하는 경우가 있으니 깨지기 쉬운 물품이 아니라면 수하물 위탁하는 절차에서 언급했듯이 국제 택배나 우편을 이용하는 것을 고려하는 것도 하나의 방법이다.

❻ 출국수속

탑승수속이 끝나면 여권·탑승권 그리고 필요한 경우에 출국카드를 준비하도록 한다. 출국심사는 출국심사대에 여권과 탑승권 및 출국카드를 제시하고 여권의 사증란에

자료: https://stringfixer.com/ar/European_Automated_Border_Control_systems

그림 9-4_ 자동출입국시스템을 이용하는 유럽의 공항

출국확인 스탬프를 받는 것이 일반적이다. 문제가 없으면 여권의 출국스탬프를 찍어주는데, 이 스탬프를 생략하거나 혹은 〈그림 9-4〉처럼 자동출입국시스템을 이용하는 나라가 증가하는 추세이다. 또한 출입국카드 제출도 점점 사라지는 추세이다.

또한 입국 시에 소지한 금액을 신고하는 국가들도 있다. 이는 입국 시 소지한 금액과 출국 시 소지한 금액을 비교하는 것이다. 따라서 소지금액의 기록표 신고서가 있는 경우에는 이것도 같이 제출한다.

출국심사대는 통상적으로 내국인(Nationals, Residents, EU 등)과 외국인(Other, Aliens, Foreigners, Other Passport 등)으로 구분되어 있으며 한국 여행자들은 외국인 표기가 되어 있는 심사대에서 심사를 받으면 된다. 참고로 〈그림 9-4〉처럼 한국 여행자들은 자동출입국시스템을 이용하여 출국 및 입국 심사를 받을 수 있으니 각국의 공항 입국절차를 미리 확인해야 한다. 자동시스템을 이용하면 입국 및 출국 수속이 훨씬 수월해진다.

7 면세구역 업무

출국수속 후 면세구역에서 다시 한번 탑승시간과 탑승게이트를 재확인한다. 간혹 쇼핑에 몰두하여 탑승시간에 늦거나 놓치는 경우가 발생하므로 강조해야 한다. 탑승구가 수속 터미널과 다른 터미널에 있거나 멀리 떨어져 있을 경우 탑승구까지 인솔한 후 자유시간을 주는 것이 좋다. 터미널마다 면세점, 식당, 쇼핑 등이 다 있으므로 탑승게이트가 있는 터미널에서 자유시간을 줘야 한다. 외국에서는 안내방송(paging)이 영어 및 현지어로 나오다 보니 못 알아듣는 경우가 있어 늘 주의해야 한다. 이렇게 탑승구의 위치를 확인하고 나면 면세구역에서 탑승구까지 소요시간을 가늠할 수 있기 때문에 탑승시간에 늦는 여행자를 방지할 수 있다. 출국수속 후 안내하는 사항은 다음과 같다.

❶ 탑승구(탑승게이트) 및 탑승시간을 재확인해 준다.
❷ 귀중품(여권, 탑승권, 지갑 등) 관리에 주의를 준다. 특히 쇼핑할 때 주의하라고 안내한다.
❸ 귀국 시 세관검사 관련 정보, 여행자 휴대품 한도(면세범위)에 대한 안내를 한다.
❹ 시내 면세점에서 물품을 구입한 경우에는 면세구역에서 물품을 찾는 여행자들에게 찾는 절차 및 위치를 확인해준다.

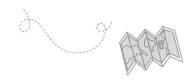

❺ 동전처리에 대한 안내를 한다. 사용하다 남은 동전의 사용안내를 한다. 쇼핑하거
  나 기부하는 등의 안내를 하면 좋다.

8️⃣ 탑승

국외여행 인솔자는 탑승시간을 체크하면서 혹시 탑승게이트가 변경되었는지 재확인
한다. 탑승게이트 변경이 없으면 집결시간 10분 전부터 탑승게이트 앞에서 대기하고 있
다가 여행자가 전부 집결되었는지 확인하고 탑승시간이 되면 인원을 재확인하고 탑승
하도록 한다. 도착이 늦는 일행이 있으면 이름을 확인한 후 다른 일행부터 탑승을 안내
하도록 하고 늦은 여행자들이 모두 올 때까지 대기하다가 같이 탑승한다.

9️⃣ 귀국행 기내

귀국 시 기내 업무는 입국 시와 동일하다. 국외여행 인솔자는 탑승 후 여행자들의 착
석 여부 및 인원을 확인하면서 좌석 배정 이상 유무를 확인하고 착석한다. 또 중간중간
에 여행자들 중 몸이 불편하거나 필요한 것이 있는가를 확인하는 것이 좋다. 기내에서
입국에 필요한 서류를 확인하고, 여행자들에게 작성을 안내한다. 물론 도움이 필요한
여행자들에게는 작성을 도와준다.

일반적으로 한국 여행자가 귀국할 경우에는 세관신고서와 검역설문서(필요시)만 작성
하면 된다. 세관신고서는 가족당 1매만 작성하도록 한다. 동반하는 수하물(기내 및 위탁 수
하물) 이외에 다른 비행기로 운송되는 물품(비동반 물품)이 있는 여행자들은 여행자휴대품
신고서를 2매 작성하여 1매는 귀국할 때 통과하는 세관에 제출하고, 1매는 세관원의
확인을 받아 차후 물품이 통관할 때 해당 세관에 제출하도록 한다.

끝으로 한국에 도착한 후의 입국수속·해산방법 등에 대해 다시 한번 안내한다. 만족
도 및 컴플레인 등을 조사하는 설문지를 배포한 경우에는 설문지를 회수하면서 여행자
들의 조언을 듣도록 하고, 여행자 개개인에게 일일이 인사를 한다. 이때 여행의 끝이라
여독에 지쳐있는 여행자들에게 더 밝은 모습과 친절하고 성실한 안내로 좋은 인상을
남기도록 노력한다.

⑤ 입국(Arrival)

공항에 항공기가 도착하면 하기 후 입구에서 일행들에게 세관신고서와 여권, 검역질문서 등을 확인하고, 수하물 찾는 곳에서 다시 집결할 것을 안내한다. 입국심사대까지 국외여행 인솔자가 앞장서서 안내한다.

우리나라 입국 절차는 〈그림 9-5〉와 같다. 인천국제공항에 도착하면 2층에 위치한 입국장에서 발열 체크, 건강상태 설문지를 제출하면 여행자 검역이 완료된다. 고열이 나거나 검역설문서상 문제가 발견되면 세균 및 바이러스 검사를 하는 경우도 있다. 여행자 검역을 마치고 이동하면 한국인 여행자들은 여권만 제출하고 입국심사를 받는다. 입국심사 후

자료: 인천국제공항

🔹 그림 9-5_ 입국 절차

1층으로 내려와 귀국 항공편과 위탁수하물이 나오는 수취대를 알려주는 테이블을 참고해서 수하물이 나오는 수취대로 이동하여 수하물을 수취한다. 수하물수취대에서 본인의 수하물을 찾은 후 세관검색을 하게 된다. 이때 기내에서 작성한 세관신고서를 제출하고, 세관검색대를 통과 후 입국게이트를 지나 1층 환영 로비로 나오게 되면 입국심사는 마무리된다.

🔅 입국수속 시 국외여행 인솔자의 역할

① 여행자의 통관이 모두 끝날 때까지 동행해야 한다.

② 필요시에는 별송신고를 마쳤는지의 여부를 확인해야 한다.

③ 동·식물 검역수속에 동행해야 한다.

④ 단체 해산까지 책임을 지고 동행해야 한다.

⑤ 단체 해산 후 책임자나 개인에게 작별인사를 하고 후일의 정산 등 협의를 마치고 헤어지도록 한다.

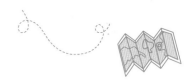

① 여행자 검역(Quarantine)

검역은 병원체로 인한 감염병을 예방하고자 하는 조치를 말한다. 검역의 종류로는 여행자를 대상으로 하는 여행자 검역과 수하물 수취 후 진행되는 동물·식물 검역이 있다.

검역대상 감염병은 보건복지부장관이 긴급 검역조치가 필요하다고 인정하는 감염병으로서 콜레라, 페스트, 황열병을 비롯하여 중증급성호흡기증후군, 조류인플루엔자 인체감염증, 신종인플루엔자감염증, 급성출혈열증상, 급성호흡기증상, 급성설사증상, 급성황달증상 또는 급성신경증상을 나타내는 신종감염병증후군, 장출혈성 대장균감염증, 폴리오 등이다.

그림 9-6_ 건강상태 질문서

여행자 검역심사는 우선 우리나라를 비롯하여 대부분의 국가는 항공기에서 내리자마자 바로 발열 체크를 하게 된다. 또한 특정 기간이나 국가(검역대상 국가), 즉 오염지역을 방문하고 귀국하는 여행자들은 〈그림 9-6〉과 같은 건강상태 질문서를 제출해야 한다.

여행 중 발열·복통·구토·설사 등의 증세가 있으면 검역설문서에 표시를 하고 입국 후 즉시 검역관에게 신고해야 한다. 또한 입국 시 문제가 없다가 귀가 후에 설사·발열 등의 증세가 계속될 때에는 검역소나 보건소에 신고해야 한다.

참고로 축산관계자 또는 가축농장을 방문했을 경우에는 입국장에 위치한 농림축산검역본부 검역관에게 신고하고 소독 등의 방역 조치를 받아야 한다. 출국 시에도 신고해야 한다. 이를 위반했을 경우에는 처벌을 받게 되며 최고 500만 원의 과태료가 부과된다는 사실을 공유하여 일행들에게 불이익이 생기지 않도록 사전에 예방을 해야 한다.

② 입국심사(Immigration)

한국인 여행자들에게 입국심사는 여권 제시만으로 간단하게 끝나게 된다. '내국인'이라고 적혀 있는 심사대 쪽에서 한 줄로 서서 입국심사를 기다린다. 여권을 제시하면 여권의 사증란에 입국스탬프를 찍어준다. 참고로 한국인 여행자들에게는 출입국카드 작성을 생략하고 진행하지만 외국인에 한해서는 출입국카드를 작성해서 제출해야 한다. 다만, 최근에 들어서는 〈그림 9-7〉에서 보는 것처럼 자동출입국심사대를 이용하여 입국심사를 하는 추세이다. 지문등록 대상자들은 3층 출국장에서 등록을 하면 된다. 출국을 하는 날 3층 출국장에서 등록을 하고 출국해야 입국 시 자동출입국심사대를 이용할 수 있다.

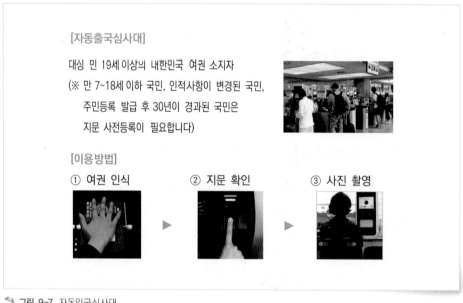

> **그림 9-7_** 자동입국심사대

③ 위탁수하물 수취(Baggage claim)

통상적으로 입국심사를 하고 나면 바로 수하물 수취 전광판이 눈에 띈다. 수하물 수취 전광판에서 이용 항공편으로 수하물수취대 번호를 확인하고 이동한다. 또한 기내에

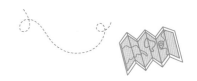

서도 수하물수취대 번호를 알려주니 안내방송에 귀 기울여 듣거나 승무원에게 미리 확인해 보고 여행자들에게 안내를 하도록 한다. 수하물수취대로 이동하여 여행자 전원의 수하물 수취 여부를 확인한다.

한편 수하물이 파손되거나 분실 및 지연 도착 등의 문제가 발생하는 경우 해당 수하물표(baggage claim tag)를 가지고 본인과 함께 수하물 분실신고소(lost and found)로 가서 수하물표를 제시하고 사고보고서 작성 등 필요한 서류의 작성을 도와서 보상 혹은 배상을 받을 수 있도록 해야 한다. 또한 수하물이 지연 도착할 경우에는 도착 예정 시간 및 도착장소 등을 확인하여 안내해준다.

4 세관검사(Customs)

통상적으로 대부분의 국가에서는 세관통관을 〈표 9-1〉과 같이 이중시스템(dual system)으로 진행하고 있다.

첫째, 신고할 물건이 없는 경우는 면세검사대(녹색검사대, nothing to declare / green channel)로 통과한다. 이때 기내에서 작성한 세관신고서(여행자 휴대품 신고서)를 제출하고 그대로 통과하면 된다.

둘째, 신고할 물건이 있는 경우인데 기내에서 세관신고서(여행자 휴대품 신고서)를 작성하여 과세검색대(적색검사대, goods to declare / red channel)로 통과한다. 이때는 초과한 부분에 대한 관세를 결제하면 된다. 세관을 통관하는 곳에는 관세를 결제하는 은행들이 있다.

표 9-1_ 세관검사통로

nothing to declare (green)	신고할 물품이 없는 여행자 이용
goods to declare (red)	신고물품이 있는 여행자, Seal 부착 짐 소지자, 정밀 검사대상 여행자 전용

〈그림 9-8〉과 같은 세관신고서(여행자 휴대품 신고서)는 가족당 1매만 작성하고 가족 중 대표가 세관원에게 제출하고 통관하면 된다. 또한 간혹 여행을 같이한 일행들과 같은 카트 위에 짐을 싣고 통과하는 경우가 있는데 기본적으로 가족이 아닌 경우는 가급적 수하물은 각자가 운반하고 신고하도록 안내해야 한다.

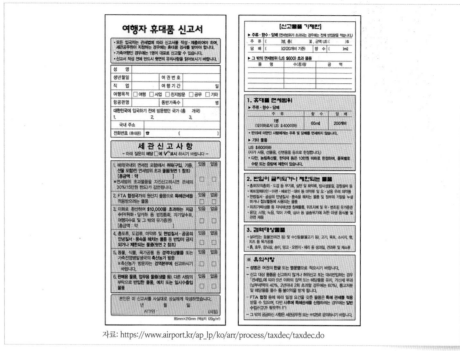

자료: https://www.airport.kr/ap_lp/ko/arr/process/taxdec/taxdec.do

🛫 그림 9-8_ 세관신고서

1) 휴대품 신고

항공기에서 하기 후 입국심사를 거쳐서 진행되는 휴대품 신고절차는 〈그림 9-9〉와 같다.

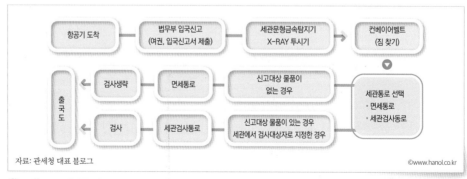

🛫 그림 9-9_ 휴대품 신고절차

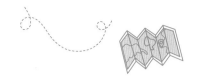

2) 자진신고제도

우리나라는 여행자 스스로가 세관통로(nothing to declare & goods to declare)를 선택할 수 있는 Dual Channel System을 도입·운영하고 있다. 특히 여행자의 자발적인 법규준수를 위해서 여행자들이 세관신고서(휴대품 신고서)를 성실하게 작성하여 세관에 신고하면 신속통관·신고가격인정·세금사후납부 등 각종 편의제공은 물론이고 면세를 초과한 부분에 대한 관세의 30%를 감면(15만 원 한도)해 주는 자진신고제도를 시행하고 있다.

반면에 세관신고서를 불성실하게 작성·신고하는 여행자들에게는 납부세액의 40%에 해당하는 가산세를 부과하며, 또한 관세법 등 위반으로 처벌까지 받을 수 있다. 이러한 내용을 여행자들과 공유하여 입국 후 세관 통관 시 여행자들에게 불이익이 생기지 않도록 한다.

3) 간이통관제도

간이통관절차는 여행자들이 해외에서 구입하는 물품 중에서 통상적으로 여행자의 연령별·여행목적·체류기간 등을 감안하여 세관장이 여행자가 통상적으로 휴대하는 것이 타당하다고 인정하는 물품에 대해서는 전체 과세가격에서 1인당 600달러까지는 면제해주고, 통관절차 또한 간편하게 함으로써 여행자들에게 불편함이 없도록 하는 제도이다.

🛟 **대표적인 면세대상의 범위와 품목**

① 여행자 휴대품 면세범위 US$600
② 별도 면세품목 범위(술, 담배, 향수)
   단, 19세 미만은 주류 및 담배 면세 제외
③ 농림축산물(한약재) 면세범위
• 1인당 총량 40kg 이내
• 해외 취득가 10만 원 이내
• 검역에 합격한 것

🛟 **그림 9-10_ 면세상품의 한도액**

- 단, 한약은 10품목 이내
- 참기름, 깨, 꿀, 고사리, 더덕 각 5kg, 잣 1kg, 쇠고기 10kg, 기타 한약재 3kg, 기타 품목당 5kg, 인삼(수삼, 홍삼, 백삼), 상황버섯 각 300g, 녹용 150g

국외여행 인솔자는 다음 〈표 9-2〉 면세대상의 범위와 품목을 참고하여 여행자들의 세관통관절차를 미리 안내해줘야 한다.

표 9-2_ **면세대상의 범위와 품목(소액물품의 자가사용 인정기준)**

분류	품명	면세통관범위(자가사용)	비고(통관조건 및 과세 등)
농림산물	참깨, 꿀, 고사리, 버섯, 더덕	각 5kg	• 면세통관범위 초과의 경우에는 요건확인대상(식물방역법, 가축전염병예방법, 수산동물질병관리법) 대상은 면세통관범위 이내의 물품도 반드시 요건확인을 받아야 함)
	호두	5kg	
	잣	1kg	
	소, 돼지고기	10kg	
	육포	5kg	
	수산물	각 5kg	
	기타	각 5kg	
기호물품	주류	1병(1L 이하)	• 물품가격 미화 150불 초과인 경우 과세대상
	궐련	200개비	• 주류는 미화 150불 이하도 주세 및 교육세 과세
	엽궐련	50개비	
	전자담배	니코틴용액 20㎖	
	기타 담배	250g	
	향수	60㎖	
한약재	인삼(수삼, 백삼, 홍삼 등)	합 300g	• 녹용은 검역 후 500g(면세범위 포함)까지 과세통관
	상황버섯	300g	• 면세통관범위 초과의 경우에는 요건확인대상
	녹용	검역 후 150g	
	기타 한약재	각 3kg	
생약(한약)제제	모발재생제	100㎖ × 2병	면세통관범위인 경우 요건확인 면제. 단, 다음과 물품은 요건확인대상-CITES 규제물품(예 : 사향 등) 성분이 함유된 물품
	제조환	8g入 × 20병	• 식품의약품안전처장의 수입불허 또는 유해통보를 받은 품목이거나 외포장상 성분표시가 불명확한 물품
	다편환, 인삼봉황	10T × 3갑	
	소염제	50T × 3병	

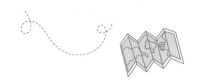

분류	품명	면세통관범위(자가사용)	비고(통관조건 및 과세 등)
	구심환	400T×3병	• 에페드린, 놀에페드린, 슈도에페드린, 에르고타민, 에고메트린 함유 단일완제의약품 면세통관범위를 초과한 경우에는 요건확인대상. 다만, 환자가 질병치료를 위해 수입하는 건강기능식품은 의사의 소견서 등에 의거 타당한 범위 내에서 요건확인 면제
	소갈환	30T×3병	
	활락환, 삼편환	10알	
	백봉환, 우황청심환	30알	
건강기능식품		총 6병	
의약품		총 6병(6병 초과의 경우 의약품 용법상 3개월 복용량)	
	뱀, 뱀술, 호골주 등 혐오식품		CITES 규제대상
	VIAGRA 등 오·남용우려 의약품		처방전에 정해진 수량만 통관
마약류	芬氣拉明片, 鹽酸安非拉同片, 히로뽕, 아편, 대마초 등		마약류 관리에 관한 법률 대상
야생동물 관련제품	호피, 야생동물가죽 및 박제품		CITES 규제대상
기타	기타 자가사용물품의 인정은 세관장이 판단하여 통관허용 세관장 확인 대상물품의 경우 각 법령의 규정에 따름		

자료: 관세청 홈페이지

4) 간이세율(Simplified Duty Rate)

여행자들은 무역업자와는 다르게 개인용으로 사용하기 위하여 구입하여 반입하거나 혹은 외국의 지인 등으로부터 송부받는 물품들은 정식 수입신고 절차와는 달리 간이통관 및 간이세율을 적용받는다. 간이세율이란 여행자들이 입국 시에 해외에서 구입한 물품의 통관이 편리하도록 만든 것이다. 여행자들의 편의 증진과 신속한 통관을 도모하기 위하여 여행자 휴대품·우편물 등의 수입 시 관세의 개별소비세나 부가가치세 등을 합산한 세율을 기초로 산정하여 하나의 세율을 적용하는 것을 말한다.

간이세율표에는 품목의 분류가 포괄적으로 되어 있으며, 세율에는 관세율·임시수입부가세율·내국소비세율 등이 합산되어 있다. 그러므로 그 총액이 일정 금액 이하인 물품에 대하여는 일반적으로 휴대하여 수입하는 물품의 관세·임시수입부가세 및 내국세의 세율을 감안하여 단일한 세율로 할 수 있다.

단, 세율은 관세율이 무세인 물품과 관세가 감면되는 물품, 수출용 원재료, 범칙행위에 관련된 물품, 종량세가 적용되는 물품, 상업용으로 인정되는 수량의 물품, 고가품, 해당 물품의 수입이 국내산업을 저해할 우려가 있는 물품, 단일한 간이세율의 적용이

과세형평을 현저히 저해할 우려가 있는 물품 중 관세청장이 정하는 물품, 화주가 수입 신고를 할 때에 과세대상물품의 전부에 대하여 간이세율의 적용을 받지 않을 것을 요청한 경우의 해당 물품에 대하여는 간이세율을 적용하지 않는다.

여행자 휴대품 반입 시에 납부하여야 할 세액(金)의 계산방법은 다음과 같다.

세액(金) = 과세가격 X 세율(간이세율)
· 과세가격: 외국에서 물품구입 시 실제 지불한 가격(영수증에 표시된 가격)
· 세율 = 주요 수입품에 대한 간이세율표상의 세율

표 9-3_ **통관물품의 간이세율표**

품목	간이세율	비고
보석, 진주, 별갑, 산호, 호박 및 상아와 이를 사용한 제품 (과세가격 185만 2천 원 초과 시)	185만 2천 원 초과금액이 50% + 37만 400원	특소세 20%
귀금속 제품(과세가격 185만 2천 원 초과 시)	185만 2천 원 초과금액의 50% + 37만 400원	특소세 20%
고급 시계(과세가격 185만 2천 원 초과 시)	185만 2천 원 초과금액의 50% + 37만 400원	특소세 20%
고급 사진기 및 관련제품(과세가격 185만 2천 원 초과 시)	185만 2천 원 초과금액의 50% + 37만 400원	특소세 20%
투전기, 오락용 사행기구, 기타 오락용품	55%	특소세 20% 농특세 10%
수렵용 총포류	55%	특소세 20% 농특세 10%
촬영기와 그 관련제품(16밀리 이하의 것)	50%	특소세 20%
영사기와 그 관련제품(16밀리 이하의 것)	50%	특소세 20%
녹용(함유량이 전체 무게의 100분의 50 이상인 것을 포함하며, 천연 상태의 것은 제외)	45%	특소세 7%
방향용 화장품(향수, 코롱 분말향, 향낭)	35%	특소세 7% 농특세 10%
로열젤리(함유량이 전체 무게의 100분의 50 이상인 것을 포함하며, 천연 상태의 것은 제외)	30%	특소세 7%
수리선박(관세가 무세인 것을 제외)	2.5%	–
모터보트 및 요트와 그 관련제품	50%	특소세 20%

품목	간이세율	비고
설상 및 수상스쿠터, 윈드서핑용구	50%	특소세 20%
모피의류 및 모피의류의 부속품 (172만4천원 초과의 특소세과세대상 제외)	30%	–
모피목도리, 모자 등 기타 모피제품(172만4천원 초과의 특소세과세대상 제외)	30%	–
가죽제 의류 및 콤포지션레더제 의류	25%	–
재킷, 바지, 코트, 셔츠, 수영복, 메리야스, 브래지어, 거들 등 모든 의류와 스타킹류	25%	–
의류부속품 및 의류 또는 의류부속품의 부분품	25%	–
모포, 타올, 리넨, 커튼 등 실내용품과 텐트, 보자기, 청소용포, 테이블보 세트 등	25%	–
신발류	25%	–
기타(고급모피와 그 제품, 고급융단, 고급가구, 승용자동차, 주류, 담배는 제외)	20%	–

자료: 관세청 홈페이지

5) 반출입 금지물품, 제한물품 그리고 신고물품

대한민국을 입국할 시 내국인·외국인 상관없이 소지하고 있는 휴대품 중에서 꼭 신고를 해야 하는 물품들이 있다. 또 반입이 일체 금지되는 물품들은 다음과 같으니 유의해야 한다.

신고하여야 할 물품

① 면세범위를 초과하는 물품(과세대상)

• 해외취득가격 합계액이 600달러를 초과하는 물품

② 상용(business)에 공(供)할 것으로 인정되는 물품

③ 10,000달러 상당을 초과하는 외화 또는 원화와 모든 원화표시 당좌수표, 원화표시 우편환 등

④ 총포·도검류·마약·음란물 등(반입금지)

• 총포·화약류를 수출입하고자 하는 사람은 그때마다 지방경찰청장의 허가를 받아야 한다.

• 마약류는 보건복지부장관의 허가를 받아야 한다.

⑤ 위조·모조·변조화폐(반입금지)

⑥ 식물·과일채소류·농림산물류(반입금지)

- 농림축산검역본부장의 식물검사합격증을 제출하여야 한다.

⑦ 문화재(반입금지)

- 문화체육관광부장관의 국외반출허가증 또는 시·도지사의 비문화재 확인을 제출 하여야 한다.

⑧ 국내의 수자원 보호 유지 및 양식용 종묘 확보에 지장을 초래할 우려가 있는 물품, 천연기념물로 지정된 품종, 우리나라의 특산품종 또는 희귀품종(반입금지)

- 해양수산부장관의 이식승인서를 제출하여야 한다.

⑨ 국제협약(CITES)에서 거래를 제한하는 멸종위기의 야생동·식물 및 그 부분품·가 공품(사향, 상아, 웅담, 호랑이뼈, 호랑이가죽, 코뿔소뿔, 악어가죽 등)(반입금지)

- 농림축산검역본부장의 동물검역증명서 등을 제출하여야 한다.

6) 휴대품의 원격지 통관제도

지방 소재 기업 및 무역업자가 납기준수·시장개척 등의 사유로 긴급히 해외에서 직접 구입하여 휴대·반입하는 물품 중 입국현장에서 바로 통관이 어려운 경우, 원하는 목적지로 즉시 보세운송(保稅運送)하여 현지 세관에서 신속히 통관할 수 있도록 민원인 편의 위주의 휴대품 원격지 통관제도를 마련하여 실시하고 있다.

5 검역(Quarantine)

앞서 언급한 여행자 검역 이외에 외국에서 동물 혹은 꽃이나 과일을 가지고 들어오는 경우 동·식물 검역을 해야 한다. 검역관계관으로부터 합격도장을 받지 않으면 통관할 수 없다. 종류에 따라서는 반입 불가능한 것이 있기 때문에 주의해야 한다. 예를 들어 흙이 붙어있는 식물은 전부 수입금지된다.

검역은 동물·축산물·식물 합동으로 이루어지며, 검역을 진행하는 농림축산검역본부는 수하물 수취구역 내에 위치하고 있다. 따라서 수하물을 수취하고 난 후에 동·식물 검역을 신고하면 된다.

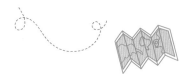

1) 식물 검역

식물 검역을 하는 이유는 병충해의 침입을 방지하고, 농작물·삼림·가로수 등을 피해로부터 예방하기 위해 생긴 제도이다. 따라서 외국으로부터 가져온 묘목, 나무, 뿌리, 야채 및 화종자, 짚제품 등의 식물은 모두 귀국(수입) 시에 입국장 내 위치한 농림축산검역본부의 식물검역관의 검사를 받아야 하며 합격하지 않으면 가지고 들어올 수 없다.

> **⊙ 신고 시 구비서류**
>
> 수출국의 식물검역기관이 발행한 식물검역증명서
> · 종자, 묘목 등의 번식용 식물에 한함.

> **⊙ 수입금지품목**
>
> ❶ 농림축산식품부령으로 정하는 것으로 병해충 위험분석 결과 국내식물에 피해가 크다고 인정되는 병해충이 분포되어있는 지역에서 생산 또는 발송되거나 그 지역을 경유(농림축산식품부령으로 정하는 단순경유는 제외)한 식물. 단, 분석 결과 국내식물에 경제적 피해를 줄 우려가 없다고 인정한 병해충은 제외한다.
> ❷ 흙 또는 흙이 붙어있는 식물
> ❸ 껍질이 있는 호두 애완 곤충
> ❹ 볏짚, 왕겨 등으로 만든 가공품 등
> ❺ 위의 ❶에서 ❸까지 규정된 물품 등의 용기·포장 등이다.
>
> 불법반입자, 즉 휴대식물을 미신고하거나 거짓신고 또는 은닉하면 과태료가 부과되며 해당 식물은 폐기처분됩니다(위반 신고 전화 1588-5117).

2) 동·축산물 검역

동물 혹은 축산물을 통해서 전염성 질병이 국내에 들어오는 것을 방지하기 위해서 가축전염병 예방법 및 광견병 예방 방법을 바탕으로 검역을 실시하고 있다. 외국에서 동물 및 고기, 햄 등과 같이 관련 부산물 또한 국내로 가지고 오는 경우 수의과학검역원의 가축방역관에 의한 검사를 받지 않으면 수입 혹은 수출할 수 없다. 따라서 반려동물과 함께 입국 시도 다음과 같이 서류를 구비하여 신고하여야 한다. 신고하는 곳은 입국

장 내 농림축산검역본부에 신고를 해야 한다. 마찬가지로 축산물 휴대 및 반입 시에도 입국장내 농림축산검역본부에 신고를 하고 수입 및 반입 가능 여부를 확인해야 한다.

> **➔ 검역신고 시 구비서류**(필요)
>
> ❶ 수출국 동물검역기관이 발행한 동물검역증명서
>   항체가 유효기간 이내인 경우 출국 시 한국 본부가 발행한 증명서도 인정됨
>
> ❷ 마이크로 칩 이식 부착(개, 고양이에 한함)
>
> ❸ 광견병 항체 결과 증명서
> · 개, 고양이는 90일령 이상
> · 광견병 발생국에서 입국하는 경우에 한함
>
> **상기 조건을 갖추지 않을 경우 영종도 검역계류장에 계류하여 검사**
>
> · ❶번 조건 미달 시 해당 동물은 즉시 반송 조치됨
> · ❷, ❸번 조건 미달 시 영종도 건역계류장에 운송되어 계류됨
> · 평균 계류기간은 10일 정도(검사 의뢰 후 5~10일) 소요 항체가 미달될 경우 등에는 연장될 수 있음
> · 반송이나 계류 동안의 검역 처리 및 계류에 소요된 비용은 화주 부담

> **➔ 반입금지 품목**
> · 육류(쇠고기, 돼지고기, 양고기, 닭고기 등)
> · 육가공품(햄, 소시지, 육포, 장조림 등)

⑥ 여행 종료인사

입국 공항에서 수하물 수취 및 검역 및 세관검사를 마치고 나면 여행자에게 회사를 대표해 정중하게 감사 및 작별인사를 해야 한다. 참고로 환영홀인 입국장 로비는 많이 복잡하니 검사를 마치고 나면 바로 인사를 하는 것도 좋다.

간혹 회사와의 영수증 처리나 방문지에서의 사건 및 사고로 인하여 여행자보험관계의 일이 남아 있는 여행자의 경우 최선을 다해 해결할 것도 직접 본인하고 약속한다.

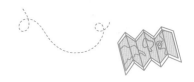

⑥ 귀국 후 업무

1 귀국보고

입국수속 종료 및 여행자들과 작별·감사인사를 나누면서 헤어진 후 국외여행 인솔자는 회사의 상사에게 연락을 취해 도착과 행사 종료를 보고한다. 상사가 연락이 안 되면 담당자에게 연락하여 여행의 결과를 간단히 보고한다. 특별한 문제가 없으면 무사히 끝났음을 보고하고, 급히 처리해야 할 문제가 있으면 바로 알려 처리대책을 강구할 수 있도록 한다.

2 귀국보고서 작성

1) 출장보고서

출장보고서는 국외여행 인솔자가 단체여행을 진행하면서 경험한 숙박·식사·가이드·차량·관광 등의 여행일정 전반에 대해 보고 및 평가하는 문서이다. 여기에는 방문지에서 새롭게 알게 된 여행정보도 포함하여 기록한다. 상세하고 정확한 보고서는 다른 국외여행 인솔자들이 출장을 준비하거나 현장에서 단체여행 진행 시 참고자료가 될 수 있으며, 단체여행 진행상의 문제점이나 개선점을 파악하는 데 귀중한 자료가 될 수 있다. 따라서 기록은 주관적으로 인솔자 입장에서만 작성하기보다는 여행자의 입장에서 객관적으로 기록하는 것이 중요하다.

2) 정산서

지출경비 정산서는 단체여행 진행 중 교통비, 식비 등 추가 비용이 발생했을 경우 그 사유와 영수증을 첨부하여 보고한다. 가급적 추가 지출을 하지 않는 것이 바람직하지만 부득이한 상황에서는 현명하게 대처하여 지출하고 경비에 대해서는 회사에 청구하도록 한다.

정산서는 종료된 단체여행의 수지계산서이다. 지상비 정산에 대한 수지, 선택관광 실

시에 대한 수지, 쇼핑관광에 관한 수지 등 여행일정 중 발생한 모든 수입과 지출을 분석하는 것이다. 그러므로 국외여행 인솔자는 여행일정 중 발생하는 제 경비에 대한 수입과 지출에 대해 빠짐없이 기록하는 습관을 들여야 하고, 영수증과 같은 증빙서류의 보관도 꼼꼼하게 챙기는 습관을 들여야 한다.

3) 업무일지

업무일지는 국외여행 인솔자의 여행일기라고 할 수 있다. 한국을 출발하는 여행의 시작부터 귀국하여 입국수속 완료를 의미하는 여행의 종료 시까지 인솔자가 여행일정 전반에 관하여 기록한 것이다. 다소 주관적인 경향이 나타나곤 한다. 출장가서 작성하는 업무일지는 여행사마다 다르고 반드시 작성을 요구하지도 않는다. 그렇다고 해도 업무일지는 국외여행 인솔자 본인에게 귀중한 출장 업무자료로 사용되기에 매일 기록하고, 잘 보관하여 재방문 시 참고하면 좋다. 업무일지 대신 출장보고서로 대신하는 경우도 많다.

③ 여행자 관리

국외여행 인솔자가 본인이 인솔한 여행자를 관리하는 업무는 회사 차원에서는 여행자 재창출이라는 회사의 이익과 관련된 일이다. 국외여행 인솔자 개인적 차원에서는 폭넓은 인간관계 형성으로 사회생활에 좋은 바탕으로 발전할 수 있는 일이다. 따라서 자신이 인솔한 여행자를 '한 번 여행자가 아닌 영원한 여행자'로 만들기 위해서는 여행 후 사후 여행자 관리를 잘해야 한다. 이를 위해 활용 가능한 구체적인 방안은 다음과 같다.

1) 안부 전화 및 메일 발송

귀국 다음 날 전화를 해서 여독은 풀렸는지 등의 안부를 전하면서 여행 중의 협조와 이해에 대한 감사한 마음을 표시하고, 자신이 미흡했던 서비스에 대해 양해도 구한다. 향후에도 자사의 이용을 부탁하면서 새로운 상품이 나오면 보내겠다고 한다. 대화를 통해 관심이 있는 방문지역이 어디인지 알아보는 것도 좋다.

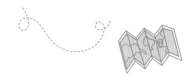

2) 여행상품 안내서 발송

자사에서 만든 신상품을 소개하거나 새로운 여행지역에 대한 안내 정보를 발송하는 것도 좋다. 여행 중이나 안부 전화를 하면서 특정한 지역에 관심이 있었던 여행자에 대하여 여행상품 정보나 관련 정보를 전달하면 좋은 결과를 만들 수 있다.

3) 여행사진 교환회 개최

가능하면 단체여행자 모임을 만들어서 여행 중 함께 찍은 사진을 교환하는 자리를 만드는 것은 여행자 관리의 최고의 이벤트이다. 사진을 교환하는 것은 지난 여행 경험을 다시 한번 회상하게 하지만 해외여행에 대한 욕구가 발생하도록 하는 효과가 있기에 여행자 관리에 좋은 방법의 하나이다. 국외여행 인솔자는 여행 중에서 찍은 사진 중에 가장 예쁜 사진 한 장 정도를 액자로 만들어 선물하는 것도 아주 좋은 방법이다.

4) SNS(Social Network Service)의 활용

카카오톡(Kakaotalk)이나 밴드(Band) 등을 만들어서 각종 기념일에 문자나 카드를 발송하거나 단체방을 만들어 여행상품 정보나 관련 정보 등 소식을 공유한다. 또한 개별적으로는 여행자들의 경조사를 챙겨서 여행자와 좋은 관계를 형성해 나가도록 한다. 여행사진 교환회를 개최할 수 없는 상황에는 SNS를 이용하여 서로 사진을 교환할 수 있게 하여 여행자들과의 관계를 유지하는 것도 좋다.

4 여행정보 정리

국외여행 인솔자가 단체여행을 진행하면서 직접 접하거나 혹은 현지 가이드의 설명과 같은 간접 접촉한 모든 것은 살아있는 최신 여행정보자료이다. 따라서 출장 중 방문지의 지도나 안내책자, 각종 안내서와 브로슈어, 교통편의 요금표와 시간표 등 가능한 많은 자료를 수집하고 정리해 둔다.

또한, 여행자들의 요구사항이나 불편사항, 만족사항 등도 좋은 정보 중의 하나이기에 결코 헛되이 생각하면 안 된다. 여행자들의 의견이야말로 소비자가 참여하는 상품을

만들 수 있는 기회가 부여되는 것이니 여행상품 기획이나 행사 진행에 좋은 정보가 될 수 있다.

이러한 것들을 본인 혼자만 알고 이를 자신만이 가지고 있는 노하우로 생각하고 있는 인솔자도 많다. 그러나 회사 차원에서 보면 국외여행 인솔자의 최신 여행정보는 모두 회사의 귀중한 자산이므로 회사에서는 국외여행 인솔자가 여행 중 가능한 많은 여행정보를 수집할 수 있도록 분위기를 만들어줘야 한다. 동시에 그러한 정보를 다 같이 공유할 수 있는 시스템을 구축해야 한다. 회사로서는 이러한 정보를 데이터베이스화하여 추후 다른 인솔자들이나 상품 기획자들이 필요에 따라 상시검색할 수 있는 시스템을 구축해야 한다.

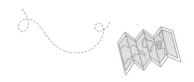

와우! 믿거나 말거나 이런 문화가 있다니…

국외여행 인솔자는 행사를 진행하다 보면 여행자들하고 많은 이야기를 나눌 때가 아주 많다. 더구나 장거리 버스여행(LDC)을 할 경우에는 더더욱 그러하다. 이야깃거리가 떨어지면 아쉬울 때가 많다. 이럴 때는 딱딱한 역사 이야기는 잠시 미뤄두고 흥미를 끌 수 있는 좀 색다른 실마리를 찾아보는 것도 좋다. 색다른 문화를 살펴봤다.

헉! 우유가 아니고 원유로 목욕한다고

• 아제르바이잔의 원유 목욕

이집트의 마지막 파라오였던 클레오파트라는 매일 우유로 목욕을 했다고 전해진다. 이에 반해 구 소련에서는 인민들을 상대로 무료여행을 실시했는데, 그 목적지 중에는 휴양지로 1980년대까지 연간 7만 5천 명이 방문하며 명성을 떨쳤던 아제르바이잔의 원유 목욕탕도 있었다. 원유 목욕은 따뜻하

자료: https://news.sbs.co.kr/news/endPage.do?news_id=N1001504118

🔹 아제르바이잔 원유 목욕 장면

게 데운 원유에 몸을 푹 담근 채 피로를 풀고 나서 종이로 원유를 걷어내고 여러 차례 샤워한다. 건선을 낫게 하고 미용에 효과가 있다는 현지 의사들의 주장이 있지만 원유가 발암물질을 포함하고 있다 하여 국제적으로 권장되지는 않는다.

가이드님, 저 아가씨가 빈랑서시인가요?

• 대만의 기호식품

대만여행을 하다 보면 일행들이 다음과 같은 질문을 하는 경우가 많다. "저 아가씨들이 파는 것이 무엇인가요?" 이제 시내에서는 보기 어렵지만, 도심에서 약간 벗어나면 예쁘게 차려입은 아가씨들이 길거리에서 뭔가를 팔기 위해 호객행위를 하는 경우를 종종 본다. "빈랑을 파는 아가씨들을 가리켜서 빈랑서시라 부릅니다. 서시는 중국

역사상 가장 유명한 4대 미녀 중 하나로서 빈랑을 파는 아가씨에게 중국 미녀의 이름을 붙여 빈랑서시라 부르게 되었다는군요."

이 아가씨는 대만의 기호식품인 빈랑을 팔고 있는 것이다. 기호식품으로서 술, 담배, 카페인 다음으로 많이 소비되는 빈랑은 쌀 다음가는 대만의 최대 농작물이다. 중화권 및 동남아 등지에서 4억명 이상이 빈랑을 씹고 있으며, 인도에서만 연간 10만톤을 소비한다고 한다. 빈랑은 덜익은 빈랑 열매를 반으로 쪼개 담뱃잎과 계피, 소석회를 넣고 베틀후추잎으로 싸서 완성한다. 약간의 환각효과와 낮은 수준의 각성효과, 체온이 오르는 효과가 있다. 하지만 뱉는 침이 붉어지고 치아가 변색되어 붉게 되고, 구강암과 식도암을 유발해서 점차 젊은 사람들의 의식 속에서는 멀어지고 있다. 장거리 운전을 하는 기사들에게는 여전히 인기가 높은 기호식품이다.

🔄 빈랑 열매

정말 이사다니기 편안하겠네. 비용도 안들고!

• 칠레의 목조가옥

칠레의 모든 건축물은 나무로 지어진다. 이동이 용이하도록 지반에 기둥을 심거나 하지 않는다. 이 이유는 칠레의 독특한 이사방법 때문인데, 소를 이용해서 집을 직접 옮긴다. 집뿐만이 아니라 교회 등의 건축물도 이런 식으로 옮긴다.

또한 해안선으로 가면 나무기둥 위에 세운 '팔라피토스'(palafitos)라 불리는 건축물인 목조 수상가옥이 있다. 주로 칠레의 섬에서 많이 볼 수 있다. 여행을 많이 다녀 본

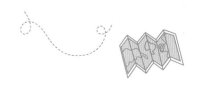

자료: https://www.dreamstime.com/traditional-stilt-houses-know-as-palafitos-city-castro-chiloe-island-chile-southern-image126095880

🌀 칠레 목조가옥(상) 및 팔라피토스의 수상가옥(하)

사람들은 눈치를 챘을 것이다. 마치 동남아의 어느 한 곳을 떠올릴 수도 있을 정도이다.

현대에 와서는 점차 시멘트와 석재로 된 건축물이 늘고 있으며, 도심의 할렘화, 주택공급 부족으로 인한 문제들이 수면 위로 떠오르고 있다.

Part 3

응용편

Chapter
10

특수단체 인솔 업무

여행단체를 인솔하다 보면 단체의 성격이 순수관광이 아닌 다른 목적으로 해외여행을 하는 단체를 인솔하는 경우가 있다. 시찰 여행, (산업)시설 방문, 업무를 위한 비즈니스 여행, 전시회나 박람회 참가/참관, 성지순례, 기업 임직원 역량 강화 여행 등이 그런 경우이다. 또 국외여행 인솔자가 2명 이상 동행해야 하는 대형 단체여행을 진행하게 되는 경우도 있다.

이렇게 특수한 단체여행의 경우에는 국외여행 인솔자의 마음자세에서부터 다르고, 준비해야 할 사항이 일반적인 단체여행과 다르다. 다양하게 살펴봐야 하는 특수한 목적을 가진 단체여행의 두드러진 특징의 하나는 단체의 조직자(리더, travel organizer)가 동행한다는 것이다. 국외여행 인솔자는 단체 조직자와 협력하면서 일정을 진행해야 한다. 단체 조직자와 의사소통이 잘 안 되면 최악의 사태를 불러일으킬 수가 있다. 이렇게 되면 단체여행 진행이 잘되지 않을뿐더러 여행자의 불신까지 초래하게 된다. 따라서 국외여행 인솔자는 특수목적의 단체여행에 대한 특징을 이해하고 만반의 준비를 해야 한다. 먼저 여행 단체 조직자의 특성을 살펴보자.

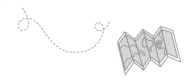

① 단체 조직자(travel organizer)

특수한 목적을 가진 여행단체에는 행사를 기획하고 그 행사를 진행하는 사람 혹은 조직이 있다. 이를 단체 조직자(Travel Organizer)라고 한다. 이 조직자(리더)는 4가지의 유형이 있다.

① 장로형(長老型)

장로형 단체 조직자는 단체를 구성하는 조직의 대표, 회장, 이사장 혹은 각종 학교의 대표 등을 말한다. 이 유형의 사람들에게는 번거롭게 하는 행위는 가급적 삼가는 것이 좋다. 여정 관련 상의를 해야 할 사항은 여러 차례 하기보다 한두 번의 미팅을 통해 한 번에 전부 정리하는 것이 좋다. 이러한 유형의 리더는 연설을 하거나 인사말을 하는 등의 행위에 익숙해져 있어서 갑자기 부탁을 해도 잘 소화해낼 뿐만 아니라 좋아하는 경향이 있다. 여행일정을 시작하는 첫 도착지 호텔에서 전원을 모아놓고 앞에서 인사말을 하게 한다거나, 전원이 모인 곳에서 식사를 할 기회에 다른 여행자들이 불편을 느끼지 않는 정도라면 연설할 기회를 주는 것도 좋다. 이러한 기회를 의도적으로 자주 만들면 여정 진행에 있어 많은 도움을 받을 수 있다.

② 지휘자(리더)형

이 유형의 단체 조직자는 단체여행 진행 경험이 많고, 풍부한 해외여행 경험과 외국어 실력까지 갖춘 경우가 많다. 이 유형의 단체 조직자들은 종종 국외여행 인솔자를 제쳐놓고 자신이 총지휘를 하려는 경향이 있다. 이 유형의 단체 조직자와 함께 단체여행을 잘 진행하려면 여행 초기부터 작은 일이라도 상세하게 협의하고 지시를 받는 것처럼 응대를 하면서 일처리를 하는 것이 좋다.

이 유형의 단체 조직자는 자신이 모든 것을 잘 알고 있다고 생각하여 처음에는 국외여행 인솔자가 하는 것이 마음에 들지 않거나 심지어 불안을 느끼기도 한다. 하지만 국외여행 인솔자가 자신의 방침대로 처리해주는 것을 알게 되면 오히려 인솔자에게 모든

것을 맡기는 경향이 있다. 따라서 국외여행 인솔자가 단체 조직자의 체면을 세우거나, 존재감을 부각시키기 위해 단체여행 구성원 앞에서 단체 조직자로부터 지휘를 받는 모습을 연출하는 것도 좋다. 단체 조직자와 불편한 감정을 갖게 되면 다음 번 여행단체의 유치에도 문제가 발생한다는 점을 유념할 필요가 있다.

❸ 업무형

단체 조직자가 조직의 대표가 아니라 실무직원인 경우도 있다. 예를 들어 대리점 대표의 해외연수 행사 시의 본사 직원이나, 공익단체일 경우 사무국 직원 등의 경우가 해당한다. 이런 유형의 단체 조직자에게는 단체여행 진행 업무의 일부를 담당하도록 역할을 주는 것이 좋다. 본사 직원이나 실무자가 단체여행에서 아무 일도 하지 않으면 좋지 않은 말들이 나오는 등의 이유와 같다. 전체 일행들과의 의견 조율, 인원 확인, 짐을 운반하거나 수하물 분실 방지 등과 같은 일들을 하게 하는 것이 좋다.

이러한 유형의 단체 조직자는 본인 스스로가 역할을 해서 자신의 존재감을 알리고 싶어하는 경향이 있다. 국외여행 인솔자는 이러한 특성을 파악하여 이들에게 여행 인솔 업무의 일부를 부탁하는 것이 좋다. 특히 자유관광 시 팀 리더를 하게 하거나 선택관광을 할 경우는 일행들의 의견을 조율하고 여행비용을 거두게 하는 일을 하게 하는 것이 좋다.

특수한 목적을 가진 단체여행을 잘 진행하려면 특수단체의 여행목적에 따라 여정 진행도 다르기 때문에 다양한 여행목적을 파악하는 것이 중요하다. 하지만 이보다 단체 조직자의 특성을 파악하고 이들과 협력을 하면서 진행하는 것이 무엇보다도 중요하다.

❷ 대형 단체

대형 단체의 정확한 정의는 없지만 보통 여행자들이 약 100명 이상을 의미한다고 할

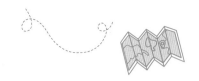

수 있다. 일반 버스 기준으로 2~3대 이상이 필요한 경우를 말한다. 대형 단체를 인솔하기 위해서는 여행 출발 전부터 단체의 성격, 행사의 목적을 파악하고 여러 인솔자들의 역할을 배정하는 등 다양한 것을 준비해야 한다. 통상 선임 인솔자는 선두에서 행사를 리드하며 나머지 인솔자들은 보조 임무를 수행하는 등의 선임 인솔자와 보조 인솔자는 행사 전체 통솔을 염두에 두고 업무 조율을 해야 한다.

선임 인솔자는 항상 행사의 전체를 인솔하는 것을 최우선적으로 생각하고 면밀하게 계획을 세워야 하며 우선적으로 단체 조직자와 항상 상의하면서 행사를 진행해야 한다. 단체 조직자의 다양한 성향을 이해하고 적절히 응대하여 단체 조직자와 원활한 협조가 이루어질 수 있도록 말이다.

또한 보조 인솔자와 업무 조율을 하기 위해서는 상세하면서도 구체적인 업무 지시를 내려야 한다. 이때 선임 인솔자는 보조 인솔자의 실력 향상도 고려해야 한다. 선임 인솔자는 스스로 하는 것이 신속하고 정확한 일처리가 가능하더라도 가급적 보조 인솔자에게 맡겨 보조 인솔자가 경험을 쌓을 수 있도록 노력한다. 보조 인솔자가 버스 한 대를 인솔해야 하는 경우 보조 인솔자가 스스로 업무를 진행할 수 있도록 교육, 마음가짐 등을 도와주어야 한다. 또 보조 인솔자에게는 근무 중 시간이 나면 항상 선임 인솔자에게 연락하여 다음 업무지시를 받는 습관을 갖도록 한다. 이러한 시스템이 확립되어 있으면 긴급 시에도 위력을 발휘하게 된다.

○ 대형 단체여행 진행 시 준비물

① **깃발**(flag): 단체를 식별할 수 있는 깃발, 특히 방문자들이 많아 혼란할 때에 요긴하다. 30~40명당 한 개씩 준비하면 된다.

② **계수기**(counter): 단체여행자가 이동할 때마다 반드시 계수를 해야 한다. 그래야 일행을 잃어버리는 일이 없다. 보통 일행이나 수하물이 숫자 20이 넘어가면 손으로 하는 것보다 계수기가 효율적이다. 갯수는 인솔자 수만큼 준비하나 단체 조직자까지 고려하면 더욱 좋다.

③ **조별 여행자 명단**(name list): 전체 일행을 조로 나누어 명단을 작성한다. 1차적으로 각 조는 버스 탑승을 기준으로 나눈다. 단체 조직자가 미리 조를 나눈 것이 있다면 이를 바탕으로 명단을 만든다. 각 조마다 조장이 누구인지 확인하고, 조장이

없을 때에는 조장을 정한다. 각 조의 조장에게는 조원 명단을 나눠주며 조장의 업무를 설명한다. 예를 들어 버스에 탑승하거나 이동할 경우에 인원 확인, 특히 선택관광 희망자 확인 등의 업무를 분장한다. 이때 수하물도 미리 분리를 해두면 버스 탑승이나 항공 탑승수속 시 유리하므로 수하물표도 색깔을 지정해서 만들어 두면 좋다.

❹ 버스 인식 피켓: 버스 앞과 문에 각자의 버스를 인식할 수 있도록 표기한 피켓을 붙여 놓으면 많은 여행자들이 버스를 탑승하는 데 혼란을 방지할 수 있다.

❶ 대형 단체의 운용

1) 사전 체크인

대형 단체여행의 경우 항공, 호텔 능의 사전 체크인이 가능하면 미리 해두는 것이 좋다. 대형 단체의 경우 체크인 시 많은 시간이 소요되어 일행들이 지루해한다. 사전 체크인은 여행자의 만족도를 높이고, 단체 조직자들에게서 불평·불만이 발생하지 않을 것이다. 따라서 원활한 사전 체크인을 위해서는 선발대를 운영하여 항공, 호텔, 식당 및 방문지 등에 미리 가서 사전 체크인을 한다.

(1) 항공 체크인

항공사와 연락을 취하여 단체가 공항 도착 전에 탑승수속을 하는 것이 사전 체크인이다. 사전 체크인을 하는 방법으로 단체수속 카운터가 있는 시스템이면 단체수속 카운터의 협조를 받아 처리하면 된다. 물론 이때 여권만으로 탑승권(Boarding Pass)을 받을 수도 있지만 보안상의 이유로 좌석만 배정을 하고 본인을 확인한 후에만 탑승권을 주기도 한다. 이는 국가별 항공사별로 다르니 확인하고 그에 맞게 진행하면 된다. 탑승권을 받으면 가장 좋지만 좌석 배정만이라고 해도 탑승수속은 비교적 수월하다.

단체수속 카운터가 없을 경우 항공사와 미리 협의하여 단체 전용 카운터를 새로 만드는 방법도 있다. 이는 항공사 체크인 카운터 1개 이상을 지정하거나 체크인 카운터를 새로 열어 단체 단독으로 탑승수속을 할 수 있도록 하는 것이다. 전용 카운터를 만들면

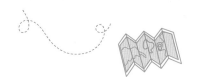

체크인이 아주 수월하며, 대형 단체나 특수 목적 단체들의 공용 수하물을 적절하게 처리할 수 있는 장점이 있다. 즉, 탑승객별로 무료로 위탁할 수 있는 수하물 허용량(Free Baggage Allowance: FBA)이 있는데 이를 공동으로 이용할 수 있게 요청을 할 수 있다. 개별적으로 FBA를 넘지 않는 경우가 많아 이를 모아서 단체 공동의 수하물을 위탁할 수 있게 하려는 것이다. 이를 위해서는 전용 카운터에서 체크인을 하는 것이 유리하다. 단체의 수하물 무게를 통제할 수 있기 때문이다.

또 다른 방법으로는 무인 탑승수속기(KIOSK)를 이용하는 방법이 있다. 선발대가 여권을 가지고 공항에 가서 무인 탑승수속기를 이용하여 탑승권을 발급받는 것이다. 수하물 통제가 안 되서 대형 단체로 예약했을 경우에는 무인 탑승수속기 이용이 안 되는 경우도 있다. 이를 방지하기 위해 미리 항공사와 협의를 하면 수속을 할 수 있도록 조치를 취한다. 한편 확인할 것은 무인 탑승수속이 가능한 시간이 있다는 것이다. 확인하고 준비를 하는 것이 좋다. 통상 24시간 전부터 가능하다. 하지만 이 방법은 공동의 화물을 무료로 이용할 수 없다는 것이다.

(2) 호텔 체크인

호텔과 미리 조율하여 체크인을 미리 해두는 것이다. 사전 체크인을 하면 호텔 객실 번호가 미리 나온다. 따라서 호텔 도착 전에 버스 안이나 식당에서 일행들에게 투숙할 호텔의 객실번호를 미리 알려줄 수 있다. 또 호텔 시설을 이용하는 방법(조식장소, 조식시간 및 부대시설 등), 다음 날 여정에 따른 준비물까지 세세하게 안내를 한 다음, 호텔 도착과 동시에 객실 키를 받아 객실로 이동할 수 있다. 수하물은 각자 가지고 객실로 이동할 수 있도록 하는 것이 좋다. 포터에게 대형 단체 수하물을 의뢰할 경우 다양한 사고가 생기는 경우가 많아 가급적 여행자가 직접 가지고 이동하게 하는 것이 좋다. 물론 수하물을 직접 이동하기 어려운 일행들은 포터에게 의뢰해야 한다.

참고로 대형 단체의 경우 호텔 예약 시 한두 개의 층을 블록작업을 하는 것도 좋다. 이는 국외여행 인솔자가 아닌 수배업자가 해야 할 일이지만 이를 염두에 두고 확인하는 것이 좋다. 층 블록을 하게 될 경우 여행단체의 통솔도 편안하고 일행들도 의사소통이 수월하기에 만족도가 높다. 또 전혀 모르는 투숙객이 있는 옆 객실의 컴플레인도 피할 수 있다.

2) 시차를 둔 진행

사전 체크인이 되지 않는 경우도 있다. 이럴 경우에는 시차를 두고 행사를 진행하는 방법도 있다. 많은 인원이 있는 대형 단체가 동시에 호텔이나 식당에 들어가면 많은 혼란이 발생하는 것은 당연하다. 가령, 로비가 작아서 전체 인원이 대기할 수 없거나, 좌석이나 객실이 부족하거나, 잘못된 객실이나 좌석이 배정될 수 있고, 식사 준비가 잘 안 되거나 하는 등의 불편한 사태에 직면하게 된다.

이 경우에는 단체를 동시에 진행하기보다 단체를 나누어 시차를 두고 진행하는 것이다. 즉, 호텔, 식당 등에 버스별로 시간 간격을 두고 체크인을 하여 행사를 진행하는 방법이다. 관광지를 방문하는 버스 여행을 하는 경우에도 동일하게 적용하여 버스마다 출발시간에 시차를 설정하여 진행하면 된다. 버스여행의 행선지마다 출발시간을 빨리 혹은 느리게 하면서 시차를 둔 진행은 복잡한 상황을 피할 수 있어 좋다. 세부적인 절차는 구체적으로 검토하고 단체 조직자와 상의하면서 세부적인 절차를 만들어 진행하는 것이 좋다.

3) 인원 확인

인원을 확인하는 일은 국외여행 인솔자의 가장 기본이 되는 업무이다. 대형 단체의 경우 인원 확인의 실수로 다양한 사건·사고가 발생한다. 이를 예방하기 위해서는 인원확인을 2~3번 하는 것처럼 철저하게 해야 한다. 혹은 계수기를 이용하면 좋다. 대형 단체를 인솔하게 될 경우 인원을 효과적으로 확인하는 방법은 자유탑승 방식과 버스지정 방식이 있다.

자유탑승 방식은 호텔, 이벤트장, 기타 시내의 관광지 등 특정장소에서 탑승하는 여행자들이 자유롭게 버스를 선택하여 탑승한 후, 출발하는 버스마다 인원을 조사하여 합계를 내는 방식이다. 이 방법의 장점은 승차와 출발 시간이 많이 걸리지 않는다는 것이다. 출발 대기하는 버스에 탑승할 인원이 차면 바로 출발을 하게 된다. 방문 목적을 이룬 후 숙소나 다음 장소로 빠르게 이동하고 싶어하는 여행자들에게 환영받는 방식이다. 이 방법의 단점은 인원 부족을 알게 된 때에 누가 없는지를 확인하는 것이 어렵다는 것이다. 탑승할 때마다 탑승자의 이름과 소속을 파악해 두는 것이 좋다. 자유탑승 방

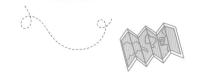

식은 가능한 동일 시내의 두 지점 간 이동으로만 한정하는 것이 좋다.

버스지정 방식은 여행자들이 탑승할 버스를 지정하는 방식이다. 지정된 버스에만 탑승할 수 있어 인원 파악이 빠르게 이루어지는 장점이 있다. 이 방식의 장점은 언제나 인원 파악을 빠르게 확인할 수 있다는 점이다. 단점은 승차 후 출발하는 시간이 많이 소요될 수 있다는 것이다. 누군가가 늦게 되면 그 버스에 탑승한 전원이 기다려야 한다. 이 방식은 먼 거리를 떠나는 상황에서 사용하면 좋은 방식이다. 다만, 전체적인 일정의 원활한 진행을 위해서 탑승이 완료된 차량은 먼저 출발을 하도록 한다.

4) 현장 지불

단체여행에서 단체 조직자와 인솔자 모두에게 부담되는 것 중 하나가 추가적으로 발생하는 비용에 대한 결제 방법이다. 추가비용에 대해서는 우선 단체 조직자와 조율을 하고 그 내용을 단체 일행에게 알린다. 예를 들어, 추가비용이 개별적으로 지불하는 조건인 행사의 경우, 일행이 호텔에서 사용한 전화비용, 객실의 미니바, 식당 등에서 추가로 발생한 비용은 현장에서 바로 지불하도록 한다.

원활한 행사를 위해 추가비용에 대해서는 출국 전부터 안내를 하고 호텔 체크인 전이나 식당 체크인을 하기 전에 이동하는 버스에서 다시 한번 안내를 해줘야 한다. 호텔 및 식당에도 개별적으로 결제를 하라고 안내를 한다. 특히 호텔 체크아웃을 할 경우에는 많이 혼잡한 상황이므로 개별 결제로 인한 혼란스러움을 예방하기 위해서는 호텔측에 사전에 설명하여 가급적 출발 전날밤에 정산을 마친다. 혹은 호텔 체크아웃 시 가장 많이 처리하는 것이 미니바를 사용한 금액을 정산하는 것인데 아예 정산하는 것이 없도록 사전에 단체 조직자와 상의를 하고 호텔측의 협조를 받아 미니바를 비워두거나 사용하지 못하게 조치를 취하는 경우도 있다.

5) 원활한 의사소통

대형 단체 행사에는 항상 2명 이상의 국외여행 인솔자와 행사의 리더인 단체 조직자가 참가한다. 행사를 원활하게 진행하려면 적절한 업무분장 및 철저한 업무보고가 필요하다. 선임 국외여행 인솔자는 항상 전체를 통솔하는 것에 신경을 쓰고, 보조 국외여행 인솔자들은 선임 인솔자의 지시를 받아 일을 처리한 후 바로 선임 인솔자에게 보고

하여 다음 업무 지시를 받도록 한다. 즉, 구체적인 업무 지시 및 철저한 보고 등 인솔자 간에 의사소통이 원활하게 이루어져야 한다. 보조 인솔자 재량으로 처리할 수 있으면 처리한 후 보고를 하고, 그렇지 않으면 바로 보고하여 선임 인솔자가 대책을 세울 수 있도록 한다.

또한 선임 인솔자는 단체 조직자와도 의사소통을 원활하게 해야 한다. 단체의 성향을 가장 잘 아는 사람은 단체 조직자라는 것을 잊지 말아야 한다. 안전 사고의 예방을 위해서 혹은 불평·불만이 발생하지 않도록 하기 위해서 선임 국외여행 인솔자는 발생가능성이 있는 여행자의 요구나 불만 등에 대해서 미리 단체 조직자와 조율해야 한다. 단체 조직자와의 의사소통은 반드시 선임 국외여행 인솔자 한 사람이 하도록 하여 혼선이 없도록 하는 것도 중요하다.

③ 산업시찰

많은 기업이나 공공기관에서는 외국의 선진기업이나 외국기관들의 시설을 탐방할 목적으로 해외여행을 떠난다. 이를 산업시찰이라고 한다. 선진사례 탐방 목적의 여행이다.

국외여행 인솔자는 산업시찰단을 안내할 경우도 있다. 하지만 대부분은 인솔자가 잘 모르는 분야인 경우가 일반적이다. 따라서 그 분야에 관련된 입문서나 혹은 업계지, 회보 등을 통하여 전문용어(technical terms) 뿐만 아니라 기본적인 사항을 숙지하는 것이 필요하다.

자료: https://zdnet.co.kr/view/?no=20100624095407

🔖 **그림 10-1_** 한국전 참전 미 용사 삼성전자 방문

① 산업시찰 특징

1) 산업체 방문(technical visit)

산업시찰을 목적으로 하는 단체 행사의 대표적인 특징은 관련 업체와 시설 등을 살

펴보는 것이다. 통상 시찰업체 방문이 성사되기 위해서는 출발 6개월 전이나 최소한 2~3개월 전부터 미리 준비해야 하는데 이는 현지 업체가 일상적이지 않은 방문을 받기에 업무담당 직원 배정, 응대자 선정, 시찰 장소 및 시간 조정 등 사전에 정리해야 할 것이 다양하며 많은 시간이 소요되기 때문이다.

이러한 사정으로 대상업체가 산업시찰을 허용하지 않거나, 자주 방문하는 업체가 되면 담당 직원을 채용하여 상시적으로 방문 단체를 맞이한다. 또 업체 방문을 하게 되면 시설을 견학한 후 일정 장소에 모여서 현지 업체 담당자의 브리핑을 듣고 질의응답을 하는 식으로 진행된다. 현지 업체를 방문하는 것은 방문하는 사람과 현지 업체 모두에게 매우 중요한 일정이므로 방문하는 사람들의 복장, 행동 등에 신경을 써야 한다. 국외여행 인솔자는 방문 일행이 최소한으로 지켜야 할 것들이 있음을 이해하고 안내해야 한다.

○ 산업시찰 시 주의사항

① 사진촬영은 사전에 양해를 구하도록 한다. 통상적으로 방문대상인 산업체에서는 사진촬영을 선호하지 않는 경향이 있다. 따라서 사전에 촬영 가능 여부를 확인하고 일행들에게 알려주는 것이 좋다.

② 약속의 중요성을 인지해야 한다. 방문시간을 지킬 수 있도록 한다. 산업시찰 행사는 업체(국가)와 업체(국가) 간의 약속이므로 반드시 지켜야 한다는 것을 안내한다. 만약 약속을 지키지 않으면 신뢰가 떨어져 다음부터는 방문이 어려울 수 있다는 점을 안내한다.

③ 인사의 중요성을 안내한다. 현지 업체의 관계자들과 정중한 인사를 나눠야 한다는 점을 안내한다.

④ 복장의 중요성을 안내한다. 방문자의 복장은 상대방에 대한 예의를 보여주는 것이다. 통상적으로 세미 정장을 준비하는 것이 좋다.

⑤ 명함과 메모지를 준비해야 한다. 단, 명함 교환이 항상 이루어지는 것은 아니라는 점도 기억하자.

⑥ 자세의 중요성을 안내한다. 상대방이 브리핑을 하는데 시차가 안 맞거나 피곤해서 졸거나 브리핑을 듣지 않고 나가는 등의 행위를 해서는 안 된다.

➐ 질문 내용을 미리 준비한다. 방문 시설을 돌아보고 브리핑을 들은 후 질문이 있냐고 되묻는 경우가 많다. 이때 방문자들이 질문을 하는 것이 좋다. 질문을 하는 행위는 방문자들의 관심을 보여주는 것이다. 방문업체의 담당자가 "이번 방문자들은 우리에게 많은 관심을 가지고 있구나.", "이번 방문이 도움이 되겠다."라는 생각을 하고 상사에게 보고를 할 수도 있다. 질문의 내용은 방문한 업체의 장점에 대한 문의로 시작하는 것이 좋다.

끝으로 특별한 경우가 아니라면 주말(토, 일요일)에는 산업시찰 행사가 이루어지기 어렵기 때문에, 주말에는 방문지의 문화탐방이나 명소탐방으로 이루어진다는 점을 참고하고 이에 대비해야 한다.

2) 자료 준비

업체 방문을 원활하게 진행하기 위해서 방문하려는 단체에서는 방문에 앞서 방문하려는 업체와 임직원, 관련 산업에 대한 자료를 준비하고, 질의응답에 대비하는 것이 좋다. 또한 방문자들의 경력·소속회사·연구소·학교 등을 정리한 자료를 만들어 방문업체에 제공한다. 모든 자료는 해당 국가의 언어 혹은 영어로 만들어야 한다. 국외여행 인솔자는 여행을 출발하기 전에 방문하려는 업체의 방문 허가를 받기 위해 제공했던 자료를 준비해 가는 것이 좋다. 현지에서 방문업체의 담당자가 요구를 하는 경우도 있으므로 인솔자 자신도 숙지하여서 상황에 대비를 해야 한다.

방문 대상자나 방문업체와 관련된 분야에 대해 한국의 관련 산업에 대한 정보를 숙지해야 한다. 예를 들어 관련 산업이 한국 시장에서 차지하는 비율 등 산업 현황에 대한 자료를 영문으로 만든다. 단위는 원화가 아닌 미화로 표시하는 것이 좋다. 자료 준비는 필요한 인원보다 여유 있게 준비를 하고 가져가는 것이 좋다.

업체 방문(technical visit)에서는 적극적으로 정보를 교환하는 것은 당연하다. 방문업체를 시찰하면서 혹은 담당자의 브리핑이 끝나면 질의응답 시간을 갖게 된다. 이때 방문자들의 질문을 사전에 정리해두지 않으면 시간의 낭비가 발생하여 상대방으로부터 충분한 대답을 얻을 수 없다. 인솔자는 방문자들의 질문 내용을 정리하고 상황을 리드할 수 있어야 한다.

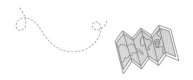

3) 통역

산업시찰 행사를 진행하게 되면 산업분야에 맞는 전문 통역가이드가 필요하다. 일상적으로 가볍게 방문하는 곳은 관광 통역이 가능한 현지 가이드가 하면 되지만 병원, 세무, 법률, 신기술 등과 관련된 업체를 방문한다면 전문 통역이 필요하다. 통역이 필요한 이유는 관련 분야에서 사용하는 전문용어, 즉 의학용어·전자용어·법률용어 등을 알아야 할 뿐만 아니라 비즈니스까지 연결되어 있기에 통역이 중요하기 때문이다. 전문 통역사를 구할 때에는 방문하는 기관을 안내하면서 관련 산업을 미리 조사하고 관련 전문용어를 숙지해 달라고 부탁을 해야 한다. 또 상황에 맞게 통역하는 스타일도 조정해야 한다. 상황에 맞는 통역 스타일은 다음과 같다. 더불어 국외여행 인솔자는 관련 분야의 전문용어를 이해해야 한다. 특히 가장 기본적인 용어는 숙지하여야 한다.

❶ **사교적인 회화의 통역**: 스피드(speed)와 필링(feeling)이 기본이다. 직역을 하면서 완벽하게 번역을 하다 보면 놓치는 부분이 발생하기 때문에 최대한 놓치는 부분이 없도록 감정의 전달을 할 수 있는 의역을 하는 것이 좋다.

❷ **기술적인 해설 및 상담의 통역**: 정확함(accuracy)과 완전함(perfection)이 기본이다. 반드시 요점은 메모하고, 당연히 누락되는 것이 없어야 한다. 이 상황에서는 무엇보다도 이해가 안 되거나 잘 모를 때에는 이해를 할 때까지 다시 묻도록 한다. 절대로 아는 척하면 안 된다.

❸ **생산현장에서의 통역**: 현장시설을 탐방하면서 대화하는 것은 쉽지 않다. 늘 소음이 따라 다니기 때문이다. 따라서 간단히 이해할 만큼 적당히 통역을 마치고 사무실 및 회의실 등으로 돌아오고나서 작은 부분까지 확인해서 보충설명을 하는 것처럼 안내를 하면 좋다.

⚙ **효율적인 통역 요령**

❶ **통역은 도구라고 생각한다.**

대체로 말을 하는 화자와 대화를 하는 것이 아니라 통역사를 보면서 하는 경향이 있다. 하지만 대화의 주역은 통역이 아니라는 사실을 인식하고 항상 대화의 상대방을 보

도록 한다. 통역은 대화를 하기 위한 하나의 수단이다.

② 한국어로 전달할 때는 바로 본론을 전달한다.

이때 가급적 문장은 최대한 짧게 하며, 주어와 서술어의 관계를 분명히 하며 전달하도록 한다.

③ 사전에 문장의 한 단락을 정하여 둔다.

종종 대화가 길어지는 경우가 있다. 이런 경우를 대비해서 통역사와 사전에 조율을 하는 것이 좋다. 대화 도중 통역을 할 필요가 있을 경우에는 가볍게 손을 들어서 흔든다는 식으로 미리 신호를 정한다.

간혹 통역이 원활하게 되지 않는 경우가 있다. 현지 언어를 구사하는 전문 통역인이 없어서 학생이나 현지에서 오래 생활을 한 한국인이 통역을 하는 경우 등이다. 이때 통역인이 전문용어에 대한 이해를 잘못하여 의사소통이 제대로 이루어지지 않았을 경우 심각한 문제가 발생한다. 방문의 목적이 산업시찰인데 가장 중요한 부분에서 통역이 이뤄지지 않아 방문 목적을 상실했다는 이유에서다. 이럴 경우에는 차라리 국외여행 인솔자가 일행들에게 양해를 구하고 영어로 통역을 한다. 영어권이 아니라도 상대측에는 영어를 잘하는 사람을 통해 영어로 통역해 달라고 하고 국외여행 인솔자가 이중 통역을 하는 것이 더 좋다.

4) 감사인사

업체를 방문하게 되면 감사의 표시를 하게 되는 것이 당연하다. 한국의 방문자들은 감사의 표시로 선물교환과 기념촬영을 하는 것을 좋아한다. 하지만 현지 업체가 선물교환 등을 거절하기도 하니 미리 확인하는 것이 좋다.

감사의 표시로는 한국의 토산품을 선물하는 것이 좋다. 한국에서의 토산품은 도자기·인삼·수정제품 등을 들 수 있다. 안동의 하회탈, 상대방의 회사이름을 새겨넣은 한국화 그림, 도자기에 그림이 들어있는 접시 등 장식품과 같이 가볍고 부담이 적은 것이 좋으며 파손의 염려가 없도록 해야 한다.

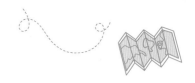

④ MICE 행사

많은 국가에서 관심을 가지는 MICE 산업은 Meeting(기업회의), Incentive Travel(기업주관 보상여행/포상여행), Convention(국제회의), Exhibition & Event(전시와 이벤트)를 합친 단어로서, 관련된 다양한 행사를 유치하여 서비스 및 관련 시설을 제공하는 산업을 의미한다(《그림 10-2》).

MICE 산업은 전시(Exhibition)와 컨벤션(Convention, 국제회의)은 물론 관광까지 아우른다. 또한 MICE 산업의 대표적인 시설인 전시컨벤션 시설에 숙박, 쇼핑몰, 교통인프라 및 관광서비스

자료: https://k-mice.visitkorea.or.kr

🔖 그림 10-2_ MICE

등을 하나의 시스템으로 연계하는 복합시설을 신설하는 등 종합관광서비스업으로 부상하고 있다.

MICE 행사를 인솔하기 위해서는 참석자들이 현장에 자유롭게 참석하고 방청하고 비즈니스 업무를 할 수 있도록 다양한 각종 행사의 특징을 이해하고 숙지하여 MICE 산업 각각의 특징에 맞게 진행할 수 있어야 한다.

1 전시회(Exhibition) · 박람회(Exposition)

전시회와 박람회는 진행되는 절차나 과정이 비슷하다. 다만, 전시회는 상업적인 목적이 강하기에 정보 교환뿐만 아니라 교역이 많이 이뤄지는 것을 목표로 하는 반면, 박람회는 정보를 교환하고 관계를 형성하기도 하지만 국가의 발전상을 알리고 높아

자료: https://m.trndf.com

🔖 그림 10-3_ TFWA 세계 면세품 전시회

진 위상을 전하고 싶은 경향이 강하다. 특히 5년마다 열리는 정기 엑스포(EXPO)가 그러하다.

우선 전시회와 박람회 행사의 특징을 알아보자. 먼저 전시회나 박람회 방문 유형은 참관자와 참가자로 나뉜다. 참관자는 방문이 목적인 사람들로서 그 산업의 흐름을 파악하고 무역의 기회로 삼는 사람들이다. 반면에 참가자는 전시회장에 부스를 차려놓고 관련 정보를 제공하거나 혹은 관련 상품을 홍보하거나 판매를 하는 사람들이다. 국외여행 인솔자들이 응대하는 사람들은 참관자라 불리는 방문자들이다.

두 번째 특징은 방문하는 방법이다. 전시회마다 입장이 다른데 단순히 입장권을 사서 입장하는 전시회장이 있고 사전에 미리 등록을 해야만 입장할 수 있는 전시회장이 있다. 따라서 사전에 등록 관련 사항을 파악하고 현장에서 입장이 안 되는 상황이 발생하지 않도록 대비를 해야 한다.

세 번째는 자유여행의 성향을 가지고 있다는 것이다. 즉, 일행들마다 관심분야가 다르기 때문에 전시회장 내에서는 자유롭게 다니는 것을 선호한다. 따라서 국외여행 인솔자는 전시회장에 도착하면 먼저 전시회장 전체를 안내하는 곳에서 전시회 및 전시회장 관련 자료를 나눠주면서 전시회의 개괄적인 설명을 마치고 사진 촬영 가능 여부와 식사를 하는 방법 그리고 화장실 사용법 등을 안내하며 자유 관람 후 집결하는 장소와 시간을 정한 후에 자유시간을 부여한다. 인솔자와 현지 통역가이드는 전시회장을 돌아보면서 통역 등의 도움을 줄 수 있도록 한다.

네 번째는 집결시간에 오지 않는 일행에 대해 많은 시간을 기다리지 않아도 된다. 보통 현지의 관계자와 상담이 잘 진행되어 많은 시간을 필요로 하는 경우가 자주 있기 때문이다. 전시회 및 박람회장에 참석하는 일행들은 기본적인 회화가 가능하며 호텔로 바로 오는 것을 어려워하지 않는다. 단, 대중교통 특히 metro(지하철)와 같은 대중교통 이용방법을 안내하는 것이 좋다. 또한 택시 기사가 호텔을 잘 모르거나 영어가 안 되는 경우를 대비해서 항상 호텔명함을 가지고 다니라고 안내를 한다. 카카오톡이나 밴드 등 SNS를 이용하여 안내할 정보를 공유하며 만일의 사태에 대비하는 것이 좋다.

참고로 전시회장에서 각자의 관심분야에 대한 관람 및 상담 등이 끝나면 대부분의 일행들은 관광을 하기를 원한다. 그것도 선택관광 형태로 진행되기를 원한다. 따라서 국외여행 인솔자는 현지 가이드가 있는 경우는 가이드와 협의해서 일행의 성향에 맞는 선택관광 프로그램을 2~3가지 준비하는 것이 좋다. 가이드가 없다면 현지 지상 수배업자하고 상의를 해도 되고, 대중교통으로 해결할 수 있다면 혼자서 준비해도 된다. 준비

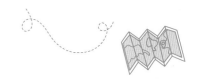

가 되면 프로그램을 소개하고 진행 여부를 확인하여 다음 단계를 진행한다.

끝으로 전시회나 박람회에 참가하는 사람들은 업무의 진행이 잘 되어서 당초 계획대로 귀국을 하지 않고 나중에 귀국하는 경우도 있다. 이 경우에는 일부 귀국 변경에 따른 절차, 즉 항공 재예약 및 호텔 연장 등의 절차를 진행할 수 있도록 준비를 하고 있어야 한다.

2 이벤트(Event)

이벤트는 "공익, 기업이익 등 뚜렷한 목적을 가지고 엄밀하게 사전 계획되어 대상을 참여시키는 사건 또는 행사의 총칭"이다(한국이벤트 연구회). 이벤트 행사는 행사라고 통칭할 수 있는 것으로, 기념식, 발표회 등의 기업 이벤트, 지역축제, 정부행사 등으로 대표되는 정부 및 지자체 이벤트, 공연 등의 문화 이벤트, 방송 프로모션 등이 있다. 이외에도 이벤트에는 스포츠 이벤트나 축제 이벤트, 판촉 이벤트 등 아주 다양하다.

국외여행 인솔자는 이벤트의 목적과 이벤트의 유형을 파악하여 행사를 준비해야 한다. 이벤트 행사를 진행하면서 가장 중요한 것은 예약을 재확인하는 작업이다. 예를 들어 올림픽에 참석하는 행사라면 가장 중요한 것이 숙박시설과 입장 티켓에 대한 예약 재확인 작업이 아주 중요하다. 이벤트가 열리는 도시나 지역에는 한번에 많은 사람들이 몰리게 된다. 따라서 숙박시설 등에서 오버부킹(overbooking)이 종종 발생한다. 또 원하는 종목의 입장 티켓이 원하는 시간에 맞게 되어 있는지도 파악해야 하고 예약 재확인 작업도 해야 한다.

자료: https://www.joongang.co.kr/article/20669553#home

🔎 **그림 10-4_** 평창올림픽

🔎 **그림 10-5_** 독일 뮌헨 옥토버 페스트

이벤트에 참가하는 행사를 진행한다면 무엇보다도 신경 써야 하는 부분이 있다. 그것은 안전 사고이다. 이벤트는 전시 혹은 컨벤션과는 다르게 모든 사람이 참가대상이 되기에 일시적으로 많은 사람들이 참가를 한다. 그래서 일반적인 행사와는 다르게 안전 사고가 자주 발생한다.

3 컨벤션(Convention, 국제회의)

국제회의는 선정된 주제를 가지고 정보 및 의견을 교환하는 것이다. 국제회의에 참석하는 것은 많은 수행인원과 더불어 많은 준비가 필요하다. 따라서 국외여행 인솔자는 국제회의의 진행 절차 및 주제에 대해서 개략적으로 알고 출장을 가야 한다. 주제가 무엇인지 알아보고 주제에 대해서 학습을 해야 일행들과 대화를 할 수 있다.

자료: 뉴스타운

🔁 그림 10-6_ 스위스 다보스 포럼 경제회의

통상적으로 국제회의 참석을 위해서는 (사전)등록을 해야 한다. 따라서 한국을 출발하기 전에 참석 여부를 주최측에 통보 및 등록을 하고 나서 한국을 출발한다. 출발 전에는 예약만 하고 등록은 현지에 도착해서 할 수도 있다. 일반적으로 등록은 유료임을 유의해야 한다.

현지 도착 후 조직위원회 사무국이 있는 등록장소로 간다. 사전등록을 하지 않은 참가자들은 등록을 한 후 사전등록 참가자와 동일한 절차를 진행한다. 사전에 등록한 참가자는 서류와 물품 등을 수령한다. 이때 수취한 물품에는 회의 관련 자세한 일정표, 각종 부대행사 및 부대서비스, 회의 중 및 회의 후의 각종 여행일정과 가격일람표 등이 들어 있다. 참가자들이 서류를 수령하면 각종 쿠폰이 들어 있는지 등을 각자가 확인하도록 한다.

또한 국제회의는 통상적으로는 통역이 있기 때문에 참관자나 참가자들에게 외국어는 문제가 되지 않는다. 하지만 통역이 없는 경우에는 등록 등의 수속이 끝나고 모두 호텔에 돌아왔을 때 설명회를 개최한다. 설명회는 국제회의 참석 관련 정보를 제공하고

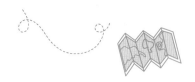

호텔과 국제회의장 사이의 교통(대중교통_지하철·버스 등)을 조사하여 일행들에게 안내를 한다. 국제회의는 전시회 참석과 마찬가지로 한 장소에 며칠 동안 체류하고 호텔과 회의장을 왕복하는 것이 많기 때문에 대중교통 정보가 중요하다. 사무국이 회의장과 호텔 사이에서 셔틀버스를 순환 운행하는 경우도 있으므로 조사하고 안내한다.

통상적으로 국제회의는 본회의 이외에도 소주제별로 분과회의가 여러 개가 열린다. 국제회의 참가자들은 각자가 관심 있는 주제를 다루는 회의에 참석을 하는 경향이 높기에 개별적으로 움직인다. 국외여행 인솔자는 일행 등과 연락을 유지하기 위해 시간과 장소를 정해두어야 하며 카카오톡, 밴드 등 SNS를 활용하여 각종 정보를 공지하고 서로 공유하게 하면 좋다. 회의가 마지막 단계에 이르면 다음번 개최지에 대한 의결이 이루어지니 다음 행사를 위해서 의결된 장소에 대한 정보를 취합하여 귀국 후 회사의 기획 담당자에게 보고한다.

끝으로 전시회에 참석하는 여행과 마찬가지로 각자의 관심분야 관련 회의 종료 후에는 먼저 귀국하는 일행들도 있지만 여건상 해외 나오는 것이 쉽지 않기에 대부분의 일행들은 현지 관광하기를 원한다. 국외여행 인솔자는 일행들과 상의해서 관심분야를 중심으로 해서 관광 프로그램을 준비한다. 현지 가이드가 있는 경우는 가이드와 협의해서 일행의 성향에 맞는 선택관광 프로그램을 2~3가지 준비하는 것이 좋다. 현지 가이드가 없다면 현지 지상 수배업자하고 협의를 해도 되고, 혹은 혼자서 준비해도 된다. 추가비용이 발생해도 적절한 선택관광은 좋은 결과를 만들기도 한다.

④ 인센티브 투어(Incentive tour, 포상여행/연수여행)

인센티브 여행은 회사가 주관이 된 수배 여행 형태로 기업의 비전에 입각하여 임직원들의 교육과 체험, 보상 및 포상 등에 그 목적을 두고 있다. 따라서 기업에서는 인센티브 여행(incentive tour, 포상여행)을 통해서 직원들의 사기를 진작하는 등 생산성 향상에 따른 매출 극대화를 추구한다.

자료: 아주경제신문

🔖 **그림 10-7_** 중국 암웨이사의 방한 인센티브 투어

인센티브 여행은 일반 순수여행과는 다르고 산업체 방문(technical visit)과 유사하다고 할 수 있다. 인센티브 여행에서는 산업체 방문과 달리 업체를 방문하는 대신에 임직원들의 화합, 신상품 혹은 업무 교육, 외국어 교육 그리고 경영진의 청사진 제시 등이 이루어진다. 이런 프로그램 이외에도 관광을 즐기면서 업무 스트레스 해소를 위한 프로그램도 제공한다.

또한 인센티브 여행은 교육적 목적이 있기에 한 호텔에서 장기적으로 투숙을 하는 경향이 높고 관광 이외의 프로그램은 숙소(호텔이나 리조트) 내에서 이루어지는 것이 특징이다. 또 목적에 따라 여행기간이 다르고, 순수관광에 비해 여행에서 발생하는 모든 비용을 회사에서 부담하는 경향이 있다. 인센티브 여행의 또 다른 특성은 대형 단체가 구성되어 여행이 이루어지기도 한다. 〈그림 10-7〉은 1만 5천 명이 참여한 중국 암웨이사의 인센티브 여행 사례이다. 인센티브 여행의 일정은 시작부터 마무리 단계까지 자유일정이 없이 꽉 짜인 프로그램으로 진행되는 특징을 가지고 있다. 국외여행 인솔자는 신경을 많이 써야 하므로 반드시 체크리스트를 만들어 확인 작업을 해야 한다. 예를 들어 국외여행 인솔자는 현지에 도착하면 체크인 후 연수회장, 세미나실 등의 시설을 돌아보면서 플래카드, 강사, MC, 마이크, 빔프로젝터, 테이블 배치, 명찰 여부, 미팅 키트(meeting kit) 등의 준비 여부를 확인해야 하며 준비가 미비한 것이 있으면 조속히 보완을 할 수 있어야 한다.

⚙ 인센티브 여행 진행을 위한 체크리스트

① 호텔의 객실 유형

대형 여행단체의 특징은 객실 유형이 동일하지 않다. 객실 배정을 신경 쓰면서 주최 측과 협의하고 주최 측에서 요청한 대로 잘 준비되어 있는지 확인해야 한다. 하지만 동일한 유형의 객실이 배정되지 않을 수 있다는 점도 사전에 인지시켜야 한다.

② 콘퍼런스 룸(conference)

인센티브 여행은 일정 중에 세미나를 실시한다. 따라서 세미나 주제에 따른 시설, 준비사항 등을 체크해야 한다. 예를 들어 강사 준비 현황, 소요시간, 테이블 배치, 플래카드, 연단, 마이크, 빔프로젝터, 각종 프린트물, 미팅 키트(meeting kit, 물 및 쿠키류) 등이다.

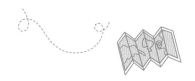

③ 디너(dinner)

세미나가 끝난 후 호텔에서 디너 파티를 한다. 이에 맞추어 세미나가 끝나고 진행해야 할 식사 준비 현황 체크, 메뉴 및 인원 수별 준비 현황 등을 확인한다.

④ 결제조건

인센티브 여행(연수여행)은 주최측에서 모든 비용을 지불하는 것이 특징이지만 호텔이나 식당 등에서 발생하는 추가비용에 대한 결제조건도 사전에 미리 주최측과 협의해야 한다.

⑤ 선택관광

인센티브 여행은 선택관광을 포함하는 경향이 높다. 따라서 연수단의 성향에 맞춰서 적절한 프로그램을 2~3개는 준비하는 것이 좋다.

⑥ 대표단 참석

인센티브 여행(연수여행)의 특징 중 하나는 주최측의 대표단이 여행에 참석을 한다는 것이다. 여행단체의 조직자를 넘어 단체의 대표가 참석하므로 일정 진행 시 항상 대표단과 협의를 하면서 진행을 해야 한다.

행사가 시작되고 세미나 등이 진행되면 국외여행 인솔자도 연수 프로그램의 일부를 체험해 보는 기회를 갖는 것이 좋다. 직접 체험을 해보면 참가자들로부터 연수여행에 대해서 장점 및 단점 등의 의견을 들을 때 많은 도움이 된다. 많은 참가자들로부터 행사에 대해서 좋았던 점, 불편한 사실 등 평가하는 것을 듣고 행사를 준비하는 측에게 전달하여 의미 있는 가교역할을 함과 동시에 여행사 기획담당자에게 전달하여 다음번 참고자료로 사용할 수 있도록 하는 것도 국외여행 인솔자로서 아주 중요한 역할을 하는 것이다.

⑤ 어드벤처 여행(adventure tour)

어드벤처 여행은 모험을 체험하면서 즐기는 것을 목적으로 하는 여행이라고 할 수 있다. 어드벤처 여행 형태는 대부분 스포츠가 주를 이룬다. 스키·골프·낚시·스쿠버다이빙·트레킹 등 이외에도 산악자전거(MTB)·번지점프·카누·패러글라이딩·열기구 탑승, 산행 등과 같이 위험성이 높은 스포츠 등이 해당된다.

자료: 원너비뉴스

🔖 그림 10-8_ Adventure tour

어드벤처 여행단체를 인솔하는 국외여행 인솔자는 본인 스스로 관련 스포츠에 숙련된 경험이 있으면 좋기에 여행사에서는 관련 스포츠 경험이 있는 사람들을 위주로 직원으로 채용하기도 한다. 즉, 스포츠에 최소한의 관심이라도 있어야 한다.

어드벤처 여행은 모험을 즐기다 보니 위험성이 높은 여행이다. 따라서 국외여행 인솔자는 유의해야 하는 것들이 있기에 안전계획을 세우고 철저하게 지켜야 할 것이다.

⭕ 어드벤처 여행 인솔자가 주의할 사항

① 안전대비

어드벤처 여행에서 가장 중요시되는 것은 바로 안전사고이다. 이는 어드벤처 여행에서 가장 많이 발생하는 것이 안전사고이기 때문이다. 안전사고의 원인은 대부분 여행자들이 스스로를 과신하는 경향이 강하여 안전불감증 때문에 발생한다. 따라서 국외여행 인솔자는 첫째도 둘째도 안전을 생각하면서 필히 안전에 관한 사항에 대하여 현지의 숙련가로부터 설명을 듣게 할 뿐만 아니라 참가자들에게 안전을 강조해야 한다. 또한 응급처치 요령을 습득하여 비상시에 대비한다.

② 철저한 현장체크

현장에 대한 새로운 정보를 입수하도록 노력한다. 현장에서 조달하는 기구·기재의 정비와 안전 유무를 확인하고 최신 자료로 업데이트된 지도 등 자료를 준비한다. 또한

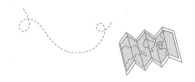

열기구 탑승을 할 경우처럼 날씨에 민감한 스포츠 투어일 경우를 대비해 항상 날씨를 파악해 두는 것도 필요하다.

❸ 인솔자의 체력과 역할

어드벤처 여행을 진행하다 보면 참가자 모두가 다 동일하게 잘하는 것은 아니다. 참가자들의 기본적인 체력에도 차이가 있고, 그중에는 잘하는 사람도 있지만 상대적으로 숙련도나 체력이 떨어지는 사람들도 있게 마련이다. 이때 국외여행 인솔자는 체력이 약하거나 낮은 숙련도인 일행들과 동행해야 한다. 비상시를 항상 대비하는 자세와 위치를 유지해야 한다.

❹ 여행자보험

사건·사고가 발생할 확률이 높은 여행이기에 여행자보험의 가입이 필요하다. 따라서 국외여행 인솔자는 여행자보험 가입이 되었는지 확인할 뿐만 아니라 현장에서 여행자 보험을 잘 활용할 수 있도록 각각 상황에 맞는 보상 및 배상은 어떠한지 파악하고 숙지하는 것이 좋다.

❺ 마음상태

국외여행 인솔자는 항상 일행들과 같이 동행을 해야 하고 좋아하는 스포츠라고 해도 절대로 일행들을 제쳐두고 혼자 즐기는 모습을 보여서는 안 된다. 국외여행 인솔자가 즐기려고 출장나왔다는 이미지를 심어주어서는 안 된다. 많은 오해를 불러일으키고 컴플레인의 발생 소지가 아주 크다. 항상 에스코트로서 마음자세를 가지고 행동을 해야 한다.

⑥ 성지순례

특수한 목적으로 진행되는 단체여행 중에서 가장 특징적인 것이 성지순례라고 할 수 있다. 우리나라에서 가장 활발하게 성지순례를 하는 종교는 개신교·불교·천주교다. 어떠한 종교라도 해당 종교의 선지자가 있고 그 선지자가 태어나 종교가 만들어진 곳, 발생지가 있다. 즉, 종교의 성스러운 의미가 담긴 곳이 있는데 이곳을 방문하려는 것은 성

직자들뿐만 아니라 신자들의 희망인 것이
다. 각 종교별로 순례지를 정하여 많은 신
자들이 성직자를 중심으로 순례를 지속적
으로 진행한다.

　국외여행 인솔자가 성지순례 여행을 진
행하는 종교의 신자라면 순례단을 인솔하
는 데 가장 이상적일 것이다. 그렇지 않은
경우에는 해당 종교의 기본적인 지식(교
리·기도문·예식순서·식사예절 등)을 미리 숙지하고
인솔하는 것이 바람직하다. 또 방문 현지의
지상 수배업자가 성지순례를 전문적으로
하는 회사인지, 현지를 안내하는 현지 가이
드가 순례전문 가이드인지, 혹은 해당 종교
의 신자인지도 파악해놓는 것이 좋다. 행사
를 원활하게 진행하는 데 많은 도움이 되
니 한국에서 출발하기 전에 사전에 파악하
고 준비하는 것이 중요하다.

　성지순례는 호텔과 같은 숙박시설에서
확인해야 할 것이 있다. 다름 아닌 모든 일
행들이 함께 모일 수 있는 장소가 필요하

🛬 그림 10-9_ 성지순례 사례

다. 예불을 올리거나 예배를 볼 수 있도록 말이다. 특히 개신교나 천주교 등은 여행 중
주말이 포함된 경우에는 다 같이 모여서 예배나 미사를 볼 수 있도록 장소를 꼭 준비해
야 한다. 장소에 대한 부담은 가질 필요가 없다. 다른 사람들에게 피해가 발생하지 않도
록 하는 공간이면 된다. 추가적으로 국외여행 인솔자는 숙박시설 주변에 교회, 성당, 사
찰 등이 있는지 파악하는 것이 좋다. 일행 중에는 새벽에 일찍 일어나서 예배나 예불을
드리러 다녀오는 일행들이 있기 때문이다. 국외여행 인솔자가 이러한 정보를 전날 밤 등
미리 알려주면 대부분 감사함을 표하며 고마워하게 된다.

　또한 성지순례는 대부분 성직자를 중심으로 해서 신자들과 동행을 하게 되는 경우가

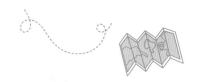

많다. 특별한 언급이 없다면 성직자들에게는 혼자서 객실을 사용할 수 있도록 싱글룸으로 제공하는 배려를 하는 것이 좋다. 성직자들은 매일 밤에 기도를 드리거나 예불, 미사 등 봉헌하는 행위가 있다는 것이 성지순례의 대표적인 특징이다. 또한 종교별로 제한을 두는 것이 있다는 사실도 잊지 말아야 한다. 따라서 국외여행 인솔자들은 각 종교에 대해 주의사항을 숙지하는 것이 좋다.

1) 불교 성지순례

불교 성지순례는 일반적으로 스님이 불자(신자)들과 같이 동행하는 경우가 많으므로 식사에 대한 사전준비가 필요하다. 전체 식사 메뉴를 채식 위주로 구성하거나, 따로 메뉴를 준비하는 것도 좋은 방법이다. 항공 예약 시에도 항공사에 미리 특이사항으로 채식(vegetarian) 메뉴를 신청해야 한다. 특별한 경우가 아니라면 일반적으로 항공사에서는 사전에 메뉴 요청을 하면 식사를 준비해서 제공한다. 물론 호텔의 위치도 종교적 분위기에 맞도록 선정해야 한다.

2) 천주교 성지순례

천주교 성지순례도 순례단에 성직자(신부나 수녀)가 동행하는 경우가 대부분이다. 성직자들의 객실 배정도 싱글룸으로 배정하도록 한다. 또 순례지를 방문하면서 매일 미사를 봉헌하는 경우가 많으므로 인솔자는 미리 미사 봉헌 성당의 예약 유무와 미사에 필요한 준비가 되어 있는지 확인해놓을 필요가 있다. 천주교는 흡연과 알코올에 비교적 관대하다는 점도 기억해 두면 좋다.

3) 개신교 성지순례

개신교와 천주교가 유사하다고 생각하기 쉬우나 매우 다르다는 점을 숙지해야 한다. 특히 성지순례의 경우는 천주교와는 순례지가 다른 경우가 있으므로 일정상의 순례지 방문에 대하여 확인하도록 한다. 현지 가이드가 천주교인지 개신교인지 구별하지 않아 실수를 하는 경우가 있으니 미리 현지 가이드와 일정을 재확인을 해두는 것이 좋다.

4) 금지사항 숙지

종교는 지켜야 할 금지사항이 있다. 특히 이슬람과 불교의 경우는 금주를 엄격히 지키므로 식사 시 와인과 같이 가벼운 알코올 주문도 순례단의 단장에게 사전에 확인해야 한다. 특별한 경우가 아니면 아예 처음부터 권하지 말아야 한다. 또 불교는 육류를, 이슬람은 돼지고기를 금기시한다는 사실을 숙지하고 행사에 임해야 한다. 천주교는 와인과 담배에 관대하며 신부님이 즐겨하는 분위기인지 파악하고 이를 고려하며 행사를 진행한다.

5) 호칭

종교별로 성직자 및 신자들에 대한 호칭이 다르니 유의해야 한다. 또 호칭뿐만 아니라 순례지도 천주교와 개신교처럼 다르게 언급한 것도 있으니 국외여행 인솔자는 미리 숙지하고 안내를 할 경우 주의하도록 한다.

6) 시간적 여유

교회, 성당, 사찰 등을 방문하였을 때는 시간을 넉넉하게 배정해야 한다. 성지순례의 목적은 관광이 아니라 성지에서 기도, 미사, 예불을 드리는 것이다. 또 성지순례의 특징 중 하나는 비교적 참가자들의 연령대가 높다는 것이다. 따라서 이동할 때도 항상 여유 있게 일정을 만들어야 하며 행사 진행을 하면서도 여유를 가지고 행사를 진행해야 한다. 특히 식사 전 기도를 하는 경우에 가볍게 하지 않고 길게 진행되는 경우가 있으니 식사시간을 여유 있게 하듯이 말이다.

7) 배려

성지순례단과 종교가 동일한 국외여행 인솔자를 배정하게 되는 경우가 많다. 하지만 국외여행 인솔자의 종교와 인솔단체의 종교가 다르다고 해서 백안시하거나, 인솔자 자신의 종교만을 고집하는 것은 안 된다. 참가자의 종교에 대해서 이해하고 겸허히 받아들이는 마음가짐으로 행사 진행에 임하지 않으면 안 된다.

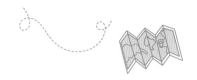

⑦ 홈스테이 여행(home stay)

홈스테이를 하는 여행은 대부분 어학연수 형태를 띠는 여행이다. 어학연수 여행 인솔에서는 어학연수의 주 대상이 학생인 만큼 일반 관광자의 관점이 아닌, 학생의 눈높이에서 업무처리를 해야 하는 것이 중요하다. 그래야 국외여행 인솔자의 진심이 보호자가 없는 학생들에게 제대로 전달될 것이다.

자료: http://newyorkcen.com

🔄 그림 10-10_ 홈스테이 모습

어학연수의 성격을 띤 여행은 현지에서 홈스테이(home stay)를 하거나 혹은 기숙학교 (boarding school)에서 숙박하는 경우가 대부분이다. 일반 가정에 체재하는 홈스테이는 비교적 저렴하고 일상의 관습이나 생생한 현지 언어를 체험할 수 있고 현지 문화를 학습할 수 있어 연수에는 적합한 방법이다. 하지만 홈스테이의 문제점도 발생하기에 국외여행 인솔자의 역할이 무거운 편이다.

일반적으로 어학연수를 송출하는 한국 여행사는 경비 절감을 위해 학생들을 송객만 하고 현지를 소홀히 하거나 현지에서 알아서 하는 경우가 대부분이다. 이로 인해 종종 문제점들이 발생한다. 어학연수의 주대상이 학생인 점을 감안하면 미래의 여행자라는 관점에서 가급적 한국 여행사에서 인솔자를 동행하여 보내는 것이 좋다.

한국에서 출발 전에 설명회를 통해서 현지 숙박하는 가정에 대한 모든 정보(가족구성 원·나이·직업·집안시설 등)를 공유한다. 또 각기 다른 홈스테이 형태로 인한 생활습관의 차이 등으로 인하여 기대와는 다른 경우가 있다는 것을 안내해야 한다.

현지에 도착하면 국외여행 인솔자는 학생들이 숙박하는 가정을 일일이 방문하여 계약대로 서비스가 제공되는지 확인해야 한다. 분쟁이 발생하는 경우에는 해당 집을 찾아가 문제를 해결해야 한다. 예를 들어 계약된 방을 제공하는지, 식사문제, 시설 등 다양하게 발생할 수 있는 컴플레인을 해결해야 한다. 만일 문제가 해결되지 않을 경우 계약을 파기하고 다른 호스트를 확보하는 등의 빠른 대책을 세워야 한다. 또 학생들은 외국어에 익숙하지 않아 자신의 불만사항, 혹은 치료 등을 요하는 경우에 홈스테이 가정

에 제대로 어필하기가 곤란한 점이 있으므로, 국외여행 인솔자는 주기적으로 방문하여 점검하도록 한다. 국외여행 인솔자 역시 홈스테이 가정에서 숙박을 하고 늘 가장 먼저 학교에 가고 맨 마지막까지 남아서 학생들에게 문제가 없었는지 혹은 학교시설 등을 체크해야 한다.

한편 현지 기숙학교(boarding school)에 숙박하는 경우는 학교 측에서 관리를 하고 있어 홈스테이보다는 여유가 생기지만 몇 가지는 확인해야 한다. 예를 들어 학교의 다양한 부대시설을 이용할 수 있는지 확인해야 한다. 또 학교 측에서 운영하는 프로그램을 어학연수 프로그램에 맞춰서 이용할 수 있는지 등을 확인하고 학생들과 공유한다.

지금까지 순수관광 목적이 아닌 특수한 목적을 가진 단체여행의 특징과 주의사항 등을 살펴 보았다. 특수 목적의 단체여행을 인솔하려면 무엇보다 단체여행의 목적에 대해 학습을 하고 출장가는 것이 중요하다.

더불어 시대의 흐름에 따라 다양한 목적의 여행이 출현할 것이다. 예를 들어 반려동물과 동행하는 단체여행이나 실버세대의 증가에 따른 간호사와 같이 동행하는 의료 관광 등도 출현하게 될 것이라고 예측할 수 있다. 이 또한 관련 업무를 이해하고 여행을 인솔하는 것이 국외여행 인솔자가 걸어가야 하는 길이 될 것이다.

 에피소드

"헉! 마음만 받겠다고?"_ 싱가포르

"실례지만, 마음만 받겠습니다.

정성껏 준비해주셔서 감사하지만 선물은 받을 수 없으니 다시 가져갔으면 합니다."

싱가포르 시청 담당자의 말이었다. 이어서 하는 말 "싱가포르 공무원들은 절대로 받을 수가 없습니다." 충격적이었다.

때는 우리나라 대한민국의 공무원들에게 해외여행의 제한을 없애고 오히려 해외에서 벤치마킹을 할 수 있도록 적극적으로 지원을 하던 시절이었다. 이 시기에 한 기관에서 연락이 왔다. 이번에 싱가포르에 방문하려고 하는데 "시청 방문이 가능한가?"라는 문의 전화가 왔다. 당시만 해도 싱가포르는 청렴도에서는 선진국에 들어가는 나라였기에 가장 먼저 방문 희망 국가로 선정되는 나라의 하

자료: https://en.wikipedia.org/wiki/City_Hall,_Singapore

🌏 싱가포르 시청 전경

나였다. 우리나라가 선진국을 방문해서 행정 업무 등을 벤치마킹하는 행사들이 많던 시절이었다. 관공서를 방문하는 일은 쉽지 않았지만 관공서, 산업시찰 등을 전문으로 하는 여행사였기에 무난하게 방문이 허락되었다. 방문 목적은 싱가포르의 복지 관련 정책 수립 및 행정을 살펴보는 것이었다. 방문하는 기관과 미팅시간, 시찰의 범위, 맞이하는 직원 등까지 조율하였다.

싱가포르에 밤에 도착하여 첫째 날은 호텔에 여장을 풀고 휴식을 취했다. 다음 날 일정대로 시청을 방문했다. 물론 방문 전에 준비할 서류 등을 준비해서 나와 시청으로 향했다. 시청에서 담당자들이 나와서 환영을 해주었다. 이어서 방문 목적에 맞는 복지 관련 시설을 돌아보고 나서 30여 분 정도 브리핑을 듣고 질문과 답변을 진행하였다. 방문 목적인 싱가포르

에서 진행되는 복지 및 관련 행정 업무를 파악하는 일을 무난히 마쳤다.

행사를 통해 싱가포르 시청 직원들의 청렴도가 높은 이유를 알게 된 계기가 있었다. 우선적으로 일하고 받는 보수가 높을 뿐만 아니라 복지 혜택도 아주 좋은 편이었다. 따라서 부정한 행동을 해서 직장을 잃게 되는 일은 벌이지 않는다는 것이다. 그래서 이번 싱가포르 방문에서는 우리가 예상하지 못한 사건이 발생했다.

행사 마무리 단계에서 방문자들은 싱가포르 시청 담당자들과 악수하며 기념사진을 찍기 위해 연단에 올라갔다. 그 자리에서 한국 냄새가 물씬 풍기고 한국에서 방문하는 기관이 표시된 선물을 전달하려고 했다. 이때 싱가포르 시청 담당자는 "감사합니다. 마음만 받겠습니다. 실례가 안 된다면 다시 가지고 돌아가 주셨으면 합니다."라고 말하며 선물을 거부하는 상황이 벌어졌다. 현지 가이드를 비롯하여 일행들이 적잖이 당황스러워했다. 연수단의 단장은 더욱 당황해하는 모습이 보였다. 하지만 선물 전달은 할 수가 없었다. 그 직원의 행동이 너무나 완강하였다. 인솔자 또한 그동안 많은 국가를 방문하면서 처음 겪는 일이었다. 내심 "싱가포르는 다르긴 다르구나."하는 생각도 들었다. 이는 일행들 모두가 공감하는 것이다. 아마도 일행들은 많은 것을 느낀 행사였을 것이다. 비슷한 시기에 세무공무원을 인솔하여 독일의 세무서를 방문하여 독일 세무공무원들이 탈세를 막는 방법과 탈세한 사람들을 추적하는 것을 벤치마킹하였다. 그 방문에서도 동행했던 한국의 세무공무원들이 많은 것을 배웠다고 한 기억이 났다. 싱가포르를 방문하는 행사도 마찬가지였다.

국외여행 인솔자
실무

Chapter

11

사고대책과 안전관리

단체여행을 인솔하다 보면 분실이나 도난, 상해, 질병 등과 같은 개인적인 사건·사고 이외에도 다양한 사건·사고가 발생한다. 자동차·항공기 등의 교통사고, 날씨에 영향을 받는 항공기의 결항, 연·발착, 파업(strike) 등 운송수단의 사고뿐만 아니라 인재로 인한 사고 등이 그 예들이다. 국외여행 인솔자는 사건·사고 발생 시 대처능력이 필요하다.

사고 발생 시 국외여행 인솔자의 대처능력은 인솔자의 기본적인 업무지식과 순발력에서 나온다. 국외여행 인솔자는 업무지식을 연마하여 여행 관련 사건·사고에 대한 정확한 상황판단을 하고 그에 따른 대처를 잘할 수 있다. 이는 여행자와의 계약이 잘 이행되도록 하는 것이기도 하다.

사건·사고를 예방하기 위해서 관광안전의 개념, 항공기 관련 사고의 처리기준이 되는 항공사와의 운송계약, 기타 호텔 등의 계약조건, 여행약관의 파악 그리고 여행자보험 등에 대한 업무지식을 충분히 숙지하고 있어야 한다.

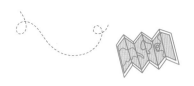

① 안전관리

❶ 관광안전

관광안전은 관광활동 시 관광자의 생명과 재산의 안전을 위해 자연재해, 사고, 질병, 범죄, 테러 등 각종 위협을 사전에 차단, 예방하고 사고 발생 시 신속한 대처를 위한 기술적이고 체계적인 활동을 말한다(〈표 11-1〉 참조).

표 11-1_ **관광안전의 정의**

학자	정의
Porras (2014)	· 관광안전(safety)은 강력범죄, 항공안전, 테러행위, 건강위협, 전문가의 그릇된 처리로 인해 피해자가 될 수 있다는 두려움을 제거하는 활동 · 보안(security)은 관광자들에게 긍정적인 관광 경험을 주기 위한 전략적이고 실용적인 조치들을 의미
Popescu (2011)	· 비교적 협소한 범위로 관광보안을 정의 · 관광보안(security)은 관광자, 관광자 소유물의 안전뿐만 아니라 낯선 환경에서 잘 적응할 수 있는 능력, 지역시스템에 대한 이해, 사회적 관습에 대한 이해, 마지막으로 쇼핑과 소비자 서비스에 관한 보안(security)을 포함
염명하 (2009)	· 추상적으로 관광안전을 정의 · 관광안전이란 관광자가 관광지에서 행복을 느낄 수 있도록, 원치 않은 상황이나 사회가 수용할 만한 수준 이상의 위험에서 해방된 평안한 상태를 의미 · 관광안전 관리는 관광안전을 보장하고 관광자의 생명과 재산을 보호하기 위한 기술적이고 체계적인 활동을 의미
서용건, 고광희, 이정충(2006)	· 관광자 안전이란 관광자가 관광활동 중 느끼는 신변에 대한 위협이나 건강상의 위협을 주는 것으로서 범죄, 사고, 전쟁, 정치적 불안정, 질병, 자연재해, 테러리즘 등에 대한 불안감이 없는 상태를 지칭

자료: KATA, 2018.

❷ 안전관리 업무

1) 국외여행 인솔자의 기본자세

국외여행 인솔자는 사고예방을 위해 여행 안전관리에 만전을 기하는 한편 여행 중 사고에 접했을 때 사고의 유형과 그에 따른 대처요령을 파악하여 신속히 대응해야 한다. 어떤 상황이든 인솔자는 신속하고 적절한 조치를 강구하고 침착성을 잃지 않아야 한다.

아무리 급박한 상황이라도 침착하게 상황을 분석하고 신속하고 적절한 대책을 만들어야 하며, 결정을 하고 나면 자신감 있게 처리해야 한다.

○ 위기상황 시 대처요령

① 신속한 1차 조치

위기상황 발생 시 정확한 정보를 수집·분석한 후 침착하고 냉정하게 판단하여 신속히 1차 조치를 한다.

② 동요 방지

여행자 다수의 의견에 따라 결정해야 할 경우 인솔자는 선택사항에 관해 모두 이해할 수 있도록 충분히 설명을 한 후 여행자들이 결정하도록 하며 가급적 자리를 피해 주는 것이 좋다. 결정이 되면 협력을 요청하는 등 동요를 막아야 한다.

③ 협력 및 지원

회사의 결정이 필요할 경우 사고 상황과 긴급대책 및 조치 등에 관해 정확한 정보를 보고해야 하며, 시간이 허용하는 범위 내에서 신속하게 관계자의 협력과 지원을 받는다.

④ 의무이행 고지

금전적인 손해가 발생하거나 여행일정의 변경이 불가할 경우 상대방의 의무이행을 고지하고 회사의 권리를 주장해야 한다.

⑤ 정중한 사과

사고가 회사 측에 법적 책임이 있을 경우 회사를 대표해서 여행자에게 정중히 사과하고 여행조건을 최대한 맞추도록 한다.

⑥ 문서화

사고 발생 후 행해지는 모든 업무는 필히 문서화(증거물 확보)하고, 지출이 발생되면 영수증 처리 등 발생하는 모든 상황에 대한 것들을 반드시 문서화해야 한다.

2) 사고대책의 원칙

도난사고는 가장 많이 발생하는 사고이다. 도난당하고 난 다음에는 효과적인 대책은

없다고 말해도 좋을 것이다. 가장 좋은 효과적인 사건·사고의 대책은 예방에 최선을 다하는 것이다. 하지만 아무리 주의를 기울여도 사건·사고는 일어나기 쉽다. 또한 인재만이 아니라 천재(天災)·전란·파업 등에 의한 사고도 빈번하다.

여행자의 높아진 의식을 감안해야 하고 다양한 대안 중 하나를 선택해야 하는 등 사고대책 수립 및 긴급처리 문제는 국외여행 인솔자에게 있어서 아주 중요한 과제이다. 국외여행 인솔자는 다음의 원칙을 토대로 자신의 원칙을 결정해 두어야 우왕좌왕하지 않는다.

(1) 안전을 최우선으로

국외여행 인솔자를 '에스코트'(escort)라고 하는 것에서 알 수 있듯이 국외여행 인솔자는 여행자의 안전을 최우선으로 하며 항상 여행자 '에스코트'에 역점을 둔다. 예를 들어 현지에서 행사를 진행하면서 다음 여정으로 진행하려는 지역에서 폭동이 일어났다고 가정하자. 다행히 여행자들에게 피해가 발생하는 정도는 아니라고 한다. 더구나 그 지역이 이번 여정에서 가장 중요하다고 할 만큼 하이라이트 중의 하나이다. 즉, 가려면 갈 수 있지만 안전사고의 위험을 안고 가야 한다. 이러한 경우에 국외여행 인솔자는 이 지역을 방문하지 말아야 한다. 이유는 다음과 같다.

첫째, 여행사의 관리하에 진행된 단체여행은 여행자들의 생명과 안전을 무엇보다 중요하게 여기지 않으면 안 되기 때문이다.

둘째, 예상 외의 막대한 비용이 소요될 수밖에 없다. 만일 상황이 악화되어 그 지역을 벗어나려면 비상수단을 이용하게 되거나 혹은 위험부담이 있는 지역에 갔다는 사실만으로도 과실책임을 면하지 못할 수도 있다.

셋째, 만약 인명사고가 있다면 지역에 장기체류해야 하는 등 뒤따른 손해배상도 부담하게 된다.

또한, 여정 변경을 할 경우에는 주최여행 단체라면 여행자들이 이해할 수 있도록 상세하고 친절히 설명할 필요가 있고, 수배여행 단체라면 단체 구성자의 대표 등과 협의하면서 동의를 받아두어야 한다.

(2) 단체를 둘로 구분

항공기의 파업으로 운행중지가 된 경우에 철도(혹은 버스)로의 이동은 가능한 경우가 있다. 그러나 육상수송기관을 이용하면 이동시간으로 인해 여행목적지에서의 체재시간이 짧아서 관광시간이 적을 수밖에 없다. 이런 경우는 의견이 분분해져서 그룹이 나눠지기 쉽다. 문제가 되는 지역을 생략하자는 의견과 짧아도 진행하기를 원하는 그룹으로 나뉘게 된다. 가능하면 설득과 협상을 통해서 한 팀으로 유도해야 하지만 전원 합의가 되지 않으면 2개의 그룹으로 나뉘어 행사를 진행하는 것이 좋다. 인원 수가 작다고 해서 국외여행 인솔자가 임의로 소수 의견을 무시하게 되면 추후 분쟁의 소지가 있다. 참고로 여행자들은 방문이 예정된 목적지가 생략되는 경우를 본능적으로 싫어한다. 따라서 일정이 변경 혹은 수정될 경우 반드시 모든 여행자들에게 동의서를 받아 두어야 한다.

(3) 공정한 기회 제공

항공편의 사정 등으로 하나의 항공기로 여행 진행이 어려울 수 있어 일행이 그룹으로 나뉘어지는 경우가 있다. 이럴 때에는 여행자의 이해관계에 따라 견해 차가 생기기 쉽다. 이때는 공평을 기하도록 주의한다. 국외여행 인솔자는 항상 원칙을 가지고 행사를 진행해야 한다. 우선 고령자나 환자를 우선하고 다음으로는 추첨 등 누구나 인정할 수 있는 방법, 불만이 생기지 않도록 공평한 방법을 취해야 한다.

③ 재난사고 유형 및 정의

1) 자연재난

자연재난이란 태풍, 지진, 화산활동 등이에 준하는 자연현상으로 인해 발생하는 재해를 말한다. 구체적으로 그 유형을 정리하면 〈표 11-2〉와 같다.

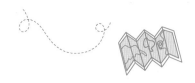

🌀 표 11-2_ **자연재난의 유형**

자연재난 유형	
태풍	북태평양 서쪽에서 발생하는 열대 저기압 중에서 중심 부근의 최대 풍속이 17m/s 이상으로 강한 비바람을 동반하는 자연현상을 말한다.
지진	지구 내부의 활동과 판구조 운동으로 인해 지구 내부, 특히 지각에서 장시간 축적된 에너지가 순간적으로 방출되면서 그 에너지의 일부가 지진파의 형태로 사방으로 전파되어 지표면까지 도달하여 지반이 흔들리는 자연현상이다.
화산폭발	땅 속 깊은 곳에 있던 마그마가 지각의 갈라진 틈이나 약한 부분으로 분출되는 현상을 화산활동이라고 한다.
해일	폭풍이나 지진, 화산폭발 등에 의하여 바닷물이 비정상적으로 높아져 육지로 넘쳐 들어오는 현상을 말한다. 우리나라 해역에서 발생하는 해일현상은 태풍 내습 시에 동반되는 폭풍해일, 이상 조석 현상에 의한 해수면 상승, 해저 지진에 의해 유발되는 지진해일을 들 수 있다.
황사	주로 3 ~ 5월에 많이 발생한다. 주로 중국 북부나 몽골의 건조 · 황토지대에서 바람에 날려 올라간 미세한 모래먼지가 대기 중에 퍼져서 하늘을 덮었다가 서서히 강하하는 현상 또는 강하하는 흙먼지를 말한다.
호우/홍수	줄기차게 내리는 크고 많은 비로 인해 강이나 개천에 갑자기 크게 불어 범람하여 도시나 관광지가 물에 잠기거나 파괴된다.

자료: KATA, 2018.

2) 사회재난

사회재난이란 화재, 교통사고, 테러, 파업, 감염병 등과 같이 인위적으로 발생된 재난, 국가 기반체계의 마비, 또는 가축전염병의 확산 등으로 발생하는 재난을 말한다. 구체적으로 그 유형을 정리하면 〈표 11-3〉과 같다.

🌀 표 11-3_ **사회재난 유형**

사회재난 유형	
화재	화재는 우리 주변에서 흔하게 접하게 되는 재난 중 하나이다. 화재 발생의 주된 원인은 사람들의 부주의와 방심에 의해 발생된다고 할 수 있다. 화재는 사전예방과 주의 깊은 점검으로 충분히 예방이 가능하다.
선박사고	충돌사고, 좌초사고, 전복사고, 침수사고, 악천후 시의 사고 등이 있으며 주로 기상상태에 주의하지 않거나, 화물적재 부적정, 선체의 노후화로 인해 발생한다.
교통사고	자동차 사고는 교통사고 가운데 우리 생활 속에서 가장 빈번히 발생하는 사고이다. 따라서 사고 발생 시 신속하게 대처해야 사망 또는 중상의 위험으로부터 벗어날 수 있다.
테러	특정 목적을 가진 개인 또는 단체가 살인, 납치, 유괴, 저격, 약탈 등 다양한 방법의 폭력을 행사하여 사회적 공포상태를 일으키는 행위를 말한다. 사상적, 정치적 목적달성을 위한 테러와 뚜렷한 목적 없이 불특정 다수와 무고한 시민까지 공격하는 맹목적인 테러로 구분된다.
시위	다수의 사람들이 공동의 목적을 추구하는 과정에서 정책당국이나 관련조직에 대해 영향력을 행사하거나 일반시민에게 알리기 위해 시도하는 공개적이고 집합적인 의사표현 행위이다.
감염병	전염성을 가진 병들을 통틀어 이르는 말이며 세균, 바이러스, 리케차, 스피로헤타, 진균, 원충 따위의 병원체가 다른 생물체에 옮아 집단적으로 유행하는 병들을 들 수 있다.

자료: KATA, 2018.

3) 해외사고

해외사고란 해외에서 뜻밖에 일어난 자연재난이나 사회재난을 말한다. 해외사고를 구체적으로 정리하면 다음과 같다.

표 11-4_ **해외 사건·사고의 유형**

해외 사건·사고의 유형	
분실·도난	분실은 여행 중 본인의 관리 부주의나 실수(과실)로 본인의 물건이 없어지거나 잃어버린 상태를 뜻하며, 도난은 제3자가 의도적으로 본인의 물건을 훔침으로써 본인의 물건이 없어지거나 잃어버린 상태를 말한다. 관리 부주의나 본인의 귀책사유로 발생하는 것은 본인에게 전적으로 책임이 있다.
관광자 실종	관광자가 거소를 떠나 생사불명의 상태가 계속되는 것을 실종이라고 한다. 실종자는 어디에 있는지 모르게 되어 버린 사람을 뜻한다. 실종자는 스스로의 의사에 관계없이 행방을 모르게 되어버린 경우도 포함한다. 범죄와 사고에 휘말려 행방을 알 수 없는 상태도 실종자로 간주된다.
물놀이 사고	안전수칙 불이행, 음주, 순환기계 질환자로 인해 많이 발생하는 사고로 음주 시 저체온증에 빠지기 쉬우며, 순환기계 및 신경계 질환자는 물속에 오랫동안 있을 경우 심박출량과 혈압이 증가하게 되어 사망에 이르게 된다. 신경계 질환을 가지고 있다면 물놀이 사고를 특히 조심해야 한다.
질병	심신의 전체 또는 일부가 일차적 또는 계속적으로 장애를 일으켜서 정상적인 기능을 할 수 없는 상태로, 감염성 질환과 비감염성 질환으로 나눌 수 있다. 감염성 질환은 바이러스, 세균, 곰팡이, 기생충과 같이 질병을 일으키는 병원체가 동물이나 인간에게 전파·침입하여 질환을 일으킨다. 많은 사람이 모이는 장소로의 외출은 자제하고, 외출 후 반드시 손을 씻는 것이 중요하다.
체포 및 구금	자신의 잘못이 없다 하더라도 현지 사법당국으로부터 체포 및 구금을 당하게 될 경우 사법당국의 절차에 따라야 한다. 단, 주의할 점은 본인이 이해하지 못하는 문서에 서명하거나, 함부로 자백하지 않으며, 통역이나 변호사의 도움을 청하는 것이 중요하다.
인질·납치	약속 이행의 담보로 잡아두거나 강제수단을 써서 억지로 데리고 가는 것으로 치안 불안지역을 사전에 파악하여 여행을 자제하는 것이 안전하다. 혼자 밤길이나 외진 지역을 돌아다니지 않도록 하고, 납치범을 자극하는 언행을 삼가고 몸값 요구를 위한 서한이나 녹음을 요청할 때는 순순히 응해야 한다.
마약소지 및 운반	전 세계적으로 마약관련 범죄를 중범죄로 다루고 있다. 마약과 연루된 일이 발생하지 않도록 주의하고, 낯선 사람이 짐을 맡길 시에는 단호히 거절한다. 수하물에 마약을 은닉할 수 있으니 자신의 수하물 관리에 각별히 유의해야 한다.

자료: 국민재난안전포털(www.safekorea.go.kr) 및 외교부 해외안전여행(www.0404.go.kr)에 의거 재구성.

② 여행경보제도

① 여행경보제도

여행경보제도는 특정 국가 혹은 지역에 여행·체류·주거 시 국민에 대한 사건·사고 피해를 예방하고 우리 국민의 안전한 해외 거주·체류 및 방문을 도모하기 위해 2004

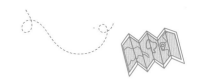

년부터 운영해 온 제도이다. 특별한 주의가 요구되는 국가 및 지역에 경보를 지정하여 위험수준과 이에 따른 안전대책(행동지침)의 기준을 안내하는 것이 목적이다.

국민 안전에 대한 위험이나 위협을 중요한 기준으로 삼고 해당 국가나 지역의 치안정세와 기타 위험요인을 종합적으로 판단하여 안전대책의 기준을 판단할 수 있도록 중·장기적 관점에서 여행경보를 지정·공지하고 있다. 참고로 미국, 영국, 캐나다, 호주, 뉴질랜드 등의 국가에서도 유사한 제도를 운영하고 있다.

1) 여행경보 지정절차

다음의 〈그림 11-1〉과 같이 외교부 재외공관에서 상시로 모니터링을 하면서 경보를 조정하고 외교부 홈페이지를 통해서 행동지침을 안내한다.

자료: 외교부 해외안전여행

©www.hanol.co.kr

🔖 **그림 11-1_** 여행경보 지정절차 안내

2) 단계별 여행경보

여행경보는 4단계로 나뉘어져 있으며 단계별로 각각의 특징은 다음과 같다(〈그림 11-2〉).

자료: 외교부 해외안전여행

©www.hanol.co.kr

🔖 **그림 11-2_** 여행경보 단계

3) 단계별 행동 요령

외교부에서는 여행경보 단계별로 행동지침을 만들어 제공하고 있다(《표 11-5》).

표 11-5_ **여행경보 단계별 행동요령**

경보단계	해외체류자	해외여행예정자
남색경보(여행유의)	신변안전 유의	
황색경보(여행자제)	신변안전 특별유의	여행필요성 신중 검토
적색경보(철수권고)	긴급용무가 아닌 한 귀국	가급적 여행 취소, 연기
흑색경보(여행금지)	즉시 대피, 철수	여행금지

자료: 외교부 해외안전여행

2 특별여행경보제도

여행경보가 여행자들에게 중·장기적인 여행안전 정보 제공에 중점을 둔 반면에, '특별여행경보'는 단기적으로 긴급한 위험, 즉 감염병, 반정부시위, 테러공격 등 일시적인 위험요소에 즉각 반영할 수 있도록 유연하게 시행되고 있는 경보제도이다. 특별여행주의보의 표기는 다음 〈그림 11-3〉과 같다.

그림 11-3_ 특별여행주의보 사인

- (기준) 단기적으로 긴급한 위험에 대하여 발령
- (기간) 발령일부터 최대 90일
  같은 기간 동안 기존에 발령 중인 여행경보의 효력 일시정지
- (행동요령) 여행경보 2단계 이상 3단계 이하에 준함

표 11-6_ **특별여행경보제도**

경보 단계	행동요령
특별여행주의보(1단계)	여행경보가 지정되어 있지 않거나, 남색, 황색 경보인 경우 해당 국가 전체 또는 일부지역에 적색경보(철수권고, 긴급용무가 아닌 이상 귀국, 가급적 취소 혹은 연기)에 준하는 효과가 발생
특별여행경보(2단계)	기존 여행경보 단계와 관계없이 해당 국가 전체 또는 일부지역에 즉시대피에 해당하는 효과 발생

자료: 외교부 해외안전여행

❸ 단계별 행동요령 위반 시 처벌 규정

1) 여행금지국가 방문 시 처벌

여행경보 4단계로 방문 및 체류가 금지된 국가나 지역으로 고지된 사정을 알면서도 정부의 허가를 받지 아니하고 해당 국가나 지역에서 여권 등을 사용하거나 해당 국가나 지역을 방문하거나 체류한 사람은 관련법(여권법 제26조)에 의거하여 처벌(1년 이하의 징역 또는 1,000만원 이하 벌금)을 받게 된다. 1~3단계에서는 행동요령 위반에 따른 별도 처벌 규정은 없다.

2) 여행경보 단계 지정으로 인한 여행 취소 시 비용부담 문제

여행경보 단계에 따른 여행 취소수수료 징수 문제 등 여행계약에 관한 모든 사항은 여행사와 국민 사이의 개인적인 계약에 관한 사항이다. 여행 취소로 인하여 여행사로부터 입게 되는 국민들에 대해 배상 및 환불 관련 문제에 정부는 일체 개입을 하지 않는다.

③ 상황별 사고대책

여행단체를 인솔하면서 발생하는 크고 작은 사고는 아무리 대처를 잘한다고 해도 일어나기 마련이다. 따라서 중요한 것은 사고 발생 시 대처요령이다. 단체여행을 인솔하면서 발생할 수 있는 사고에 대한 일반적인 단계별·상황별 사고대책은 다음과 같다.

❶ 출국 전

1) 항공편의 지연 또는 파업

국외여행표준약관 제14조 제3항에서는 "여행업자는 항공기, 기차, 선박 등 교통기관의 연발착 또는 교통체증 등으로 인하여 여행자가 입은 손해를 배상하여야 합니다. 단, 여행업자가 고의 또는 과실이 없음을 입증한 때에는 그러하지 아니합니다."라고 명시되

어 있다. 국외여행 인솔자는 여행사의 고의·과실의 유무에 따른 대책을 세워 현명하게 대처하여야 한다.

천재지변, 항공사의 사정, 기체결함, 파업 등으로 인하여 항공편이 지연될 수 있다. 항공사 측에 지연 이유와 대기시간에 관해 문의를 하여 여행자에게 자세한 상황을 설명하고 대기시간과 집결장소를 안내한다. 또 중요한 것은 수시로 여행자들에게 상황을 자세하게 설명하여 여행자들을 안심시키도록 하는 것이다. 그리고 빠른 대책을 강구하도록 해야 하는데 기상악화에 의한 모든 항공편의 지연이 아니라면 신속하게 대체 가능한 항공편을 확인해야 한다. 지연된 상태로 출발이 결정되면 일정 진행에 차질이 없는지를 판단해 일정의 변경이 필요할 경우 회사의 담당자와 협의하고 지시를 받는다.

항공편 지연이 2시간 이상 길어질 경우 음료, 식사, 숙소 등에 대해 항공사 측과 보상 문제를 협의하면서 적절한 보상을 요구하고, 여행자들에게 항공사가 직접 해명하도록 한다.

2) 여행자의 노쇼(No Show)

여행자가 사전에 특별한 공지 없이 공항에서의 미팅시간이 지났음에도 불구하고 미팅장소에 나타나지 않은 경우를 노쇼(No Show)라고 한다. 이렇게 아무런 연락이 없을 경우 여행자 명단을 이용하여 여행자와 통화를 시도한다. 연락이 불가능할 경우 회사의 담당자에게 연락을 취하여 취소나 출발 변경의 유무가 없는지 확인한다.

연락이 안 되는 상황에서 무작정 기다릴 수 없으므로 미팅시간 10분 정도 지나면 다른 여행자 출국수속을 진행하고 국외여행 인솔자는 최대한 기다릴 수 있는 시간까지 여행자와의 연락을 취해야 한다. 하지만 출발시간 30분 전까지도 여행자가 나타나지 않으면 항공사에 No Show를 통보하면서 수속한 항공권을 회수하고 회사 담당자에게 No Show를 통보한다. 목적지에도 연락을 취해 호텔, 식당 등의 예약사항까지 체크해야 한다.

2 출국 후

1) 위탁수하물의 분실

단체여행 중에 가장 많이 발생하는 것 중에 하나가 수하물 사고이다. 수하물 사고는

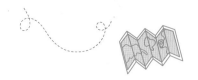

① 분실사고, ② 파손사고, ③ 지연도착으로 구분된다. 위탁수하물 사고는 여러 이유에서 발생한다. 예를 들어 다른 항공기에 수하물이 탑재되거나, 또는 수하물표가 잘못 부착되었거나, 목적지가 잘못 표시되었거나, 수하물표가 파손되었거나, 또는 항공편 연결시 연결과정에서 분류가 잘못되어 다른 지역으로 운송되는 경우가 있다. 또 수하물의 항공기 탑재가 누락되는 경우도 있고, 탑재 및 하기 시에 파손되기도 하고, 드물지만 항공사 직원의 의도적인 행위 등 여러 가지 이유에서 발생한다.

도착지에 수하물이 도착하지 않는 분실사고가 발생하면 해당 항공사의 수하물 분실신고소(Lost& Found Office)에 가서 사고보고서를 작성하여 분실신고를 하면 운송약관에 의해 보상받을수 있다(〈그림 11-4〉 참조). 수하물표(수하물인환증)에는 항공편, 목적지, 공항(도시)코드, 출발일 등 수하물에 부착된 짐표에 적혀있는 번호와 같은 번호가 기재되어 있으므로 해당 수하물 분실에 대한 증거자료가 된다. 항공사는 수하물표를 근거로 클레임에 응해주기 때문에 수하물표를 분실하지 않도록 주의를 해야 한다. 또 현장에서 컴플레인을 하지 않고 나중에 하는 것은 항공사가 일체 응해주지 않기에 분실사고가 나면 곧바로 신고하고, 분실신고접수증명서를 받은 뒤, 짐을 못찾을 경우의 책임소재를 철저하게 해놓도록 한다.

수하물 분실신고를 하게 되면 수하물의 위치를 추적하여 파악하게 되는데 위치가 파악되면 도착하는 날을 알게 된다. 수하물 분실이 아닌 지연사고가 되는 것이다. 이때는 수하물을 받을 수 있는 장소와 연락처를 남기면 된다. 수하물이 도착하는 날 공항으로 가면 찾을 수 있다. 혹은 원하는 장소로 배달을 받을 수 있지만 이동하는 여행자들은 쉽지 않다.

분실을 방지하기 위한 행동요령

① 여행사용 수하물 이름표를 부착해준다.
② 여행사용 수하물 이름표에 영문이름과 한글이름, 전화번호, 주소 등을 정확히 기입한다.
③ 여행사용 수하물 이름표는 항상 여유 있게 준비하고 부착 유무를 수시로 확인하여 소실 시 재부착해 준다.
④ 이전 항공사의 수하물표(baggage claim tag)는 사용 후 반드시 떼어서 버린다.

⑤ 항공사용 수하물표에 기재된 내용(항공사편명, 목적지, 영문이름 등)에 이상이 없는지 확인한다.

⑥ 항공사용 수하물확인증(baggage claim tag)은 여권과 같이 잘 보관하도록 한다.

⑦ 출발, 도착 등 수하물 이동 시 항상 짐의 개수와 수하물 이름표의 부착 여부 및 잠금장치 등을 확인한다.

⑧ 다른 항공편으로 연결 시 국외여행 인솔자는 반드시 여행자들의 수하물표를 수거하여 환승카운터에서 재확인해야 한다.

두 번째로 위탁수하물이 파손돼서 나온 경우 국외여행 인솔자는 여행자와 함께 해당 항공사의 수하물 분실신고소(Lost & Found Office)에 신고하고, 〈그림 11-4〉와 같이 사고보

PROPERTY IRREGULARITY REPORT(PIR)
手 荷 物 事 故 · 報 告 書

자료: 아시아나항공사 홈페이지

🛬 그림 11-4_ 사고보고서(property irregularity report)

고서(property irregularity report: PIR)를 작성하여 손해배상을 청구하도록 한다. 신고 시 여권과 탑승권, 항공권, 수하물표(수하물인환증) 등이 필요하다. 이 경우 파손 정도에 따른 보상은 항공사의 보상규정에 의해 정해진다. 통상적으로 비슷한 종류의 가방으로 교환해주거나 규정에 정해진 만큼 보상금을 지급받게 된다. 참고로 대한항공이나 아시아나항공사의 경우는 몇 가지 샘플을 보관하면서 파손된 수하물과 유사한 것으로 교환해 주기도 한다. 또한 현금으로 해주기도 하는데 미화 20달러부터 100달러 정도로 항공사별로 많은 차이가 난다는 사실을 참고해야 한다.

❸ 현지에서

1) 영접 실수(Meeting Mistake)

목적지에 도착하여 입국수속이 끝나고 공항 환영홀에 나왔는데 가이드는 물론 아무도 마중을 나오지 않은 경우를 영접 실수(meeting mistake)라고 한다. 이런 경우에도 국외여행 인솔자는 당황하지 말고 자연스럽게 행동을 해야 한다.

영접 실수가 발생했다고 판단되면 가장 먼저 여행자들에게 영접 실수에 대해 정중한 사과를 하고 나서 일정한 장소와 시간을 정하고 여행자들에게 자유시간(환전, 화장실 이용 등 약 10여분)을 준 뒤 현지 사무소로 연락을 취해서 원인을 파악한다. 보통 영접 실수는 회사 담당자의 수배과정에서의 오류, 출구가 잘못되서 엇갈리는 경우, 도착시간의 착오, 교통체증 등의 문제로 발생된다. 원인 파악 후 가이드의 도착시간이 확인되면 여행자들에게 돌아가 영접 실수에 대한 이유와 도착시간 등 상황을 설명하며 양해를 구한다. 공항 로비의 환영홀에서 가이드와의 미팅을 기다리거나 혹은 차량이 도착되어 있다면 수하물 분실이나 이탈자가 없도록 주의하면서 차량으로 이동 후 가이드를 기다리면 된다. 물론 이때 정중하게 사과의 인사를 드리고 양해를 구하도록 노력한다.

현지 가이드 등을 장시간 기다려야 하는 경우 수배확정서를 참고로 수배된 버스를 이용하여 다음 목적지나 호텔로 이동한 후 가이드를 미팅하는 방법이 바람직하다. 수배의 오류로 가이드와 버스가 모두 나오지 않은 경우 택시, 기차 등 대체 교통수단을 이용해 다음 목적지로 이동한다. 이때 지불한 영수증을 잘 받아두어야 한다. 택시를 이

용할 경우는 택시마다 행선지를 메모하여 일행이나 운전기사에 전달하고 국외여행 인솔자가 선두 차에 타고 여행 경험이 있는 여행자를 맨 마지막 차에 승차하도록 협조를 구하며 더 이상 문제가 생기지 않도록 한다.

이런 문제가 발생하지 않게 하려면 출국 전에 가이드와 SNS 등을 이용하여 소통을 하는 것이 사고를 예방하는 길이다. 또한 비행기에서 내린 후 입국수속을 하면서 가이드와 소통을 시도한다. 가이드와 소통이 안 될 경우를 대비해서 버스기사의 연락처 혹은 회사 연락처 등은 늘 소지하고 다녀야 영접 실수가 일어나지 않을 것이다. 목적지에서 영접은 여행자들에게 여행의 시작이라고 할 수 있는데 시작부터 문제가 생기지 않도록 만반의 준비를 해야 한다.

2) 호텔 예약이 취소된 경우

호텔 체크인 시 예약이 안 되어 있다고 하는 경우가 있다. 이런 경우에는 소지한 호텔 바우처나 예약확정서를 가지고 호텔 측에 컴플레인을 해야 한다. 동시에 수배주체가 누구인지 파악해야 한다. 한국의 회사인지 현지 지상 수배업자를 통한 수배인지를 확인한다.

한국의 회사에서 직접 수배를 한 경우에는 호텔 측에 제시한 바우처나 예약확인서로 호텔 측의 답변을 요구해야 한다. 객실의 여유가 있어 객실 배정을 받는다면 문제가 없으나 다른 호텔로 변경해야 한다면 호텔 측의 사과와 보상을 요구하고 책임자의 증빙서류를 반드시 받아 두어야 한다.

현지 지상 수배업자의 실수인 경우는 수배업자와 현지 가이드의 사과와 대책을 요구한다. 마찬가지로 예정된 호텔에서 숙박이 가능하면 문제없지만 숙박이 불가능할 경우 동급 또는 상급의 호텔 수배를 요청하여 해결을 하도록 한다.

다행히 호텔 객실에 여유가 있거나 다른 호텔 객실을 이용하여 문제를 해결할 경우 책임소재는 나중에 가리고 우선 여행자의 편의를 위해서 체크인 업무를 진행한다. 유의할 것은 책임소재를 떠나 국외여행 인솔자는 여행자들에게는 회사를 대표해 사과하고 불만이 발생하지 않도록 이에 대한 적절한 보상을 약속하며 적극적으로 응대를 한다. 따라서 국외여행 인솔자는 호텔이나 식당 등 관련 바우처 혹은 예약확정서를 항상 소지하고 다녀야 한다.

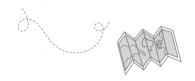

3) 분실

해외여행에서 가장 많이 발생하는 사건·사고는 바로 분실·도난이다. 세계 어디를 여행하든 관광지에서는 항상 분실 사건이 발생하게 마련이다. 여행을 하면서 휴대품을 분실하거나 혹은 도난을 당하게 되면 여행자들은 더 이상 여행을 할 기분이 아니게 된다. 특히 여권을 분실하면 다음 여정에 영향을 많이 준다. 이에 국외여행 인솔자는 분실 사고가 발생하지 않도록 항상 긴장을 하면서 많은 신경을 써야 한다.

> **➲ 도난 방지 대책**
> · 여행 중 가방은 항상 어깨에 X자 형태로 메고 앞쪽에 둔다.
> · 허리 보조가방(허리색, waist bags)은 착용 시 옷으로 덮는 것이 좋다.
> · 바지 뒷주머니에 지갑을 절대로 넣지 않는다.
> · 현금과 여권은 따로 보관한다.
> · 낯선 사람이 다가오면 무조건 경계한다.
> · 호텔 체크인 시 본인 가방을 수시로 확인한다.
> · 호텔 식사(뷔페) 시 음식을 가지러 갈 때에도 가방을 항상 몸에 지니고 있어야 한다. 좌석에 가방을 두고 음식을 가지고 오면 도난을 당하는 경우가 종종 발생한다.
>
>
> 그림 11-5_ 객실의 걸쇠
>
> · 공항, 기차역, 항구, 로비 등에서 특히 주의한다. 잠깐의 이동이라도 귀중품은 잘 챙겨야 한다.
> · 버스에 낯선 사람이 타는 걸 방지해야 한다. 버스에서 하차 후 관광 중일 때 분실 사고가 빈번하게 발생한다. 국외여행 인솔자는 기사에게 항상 차량 문을 꼭 닫아두라고 부탁하도록 한다.
> · 객실/선실에서는 〈그림 11-5〉와 같이 걸쇠를 걸도록 하며 누군가 찾아올 경우 확인 후 문을 열어야 한다.
> · 관광하면서는 일행에서 떨어지지 않도록 하고 화장실도 같이, 혼자 갈 경우는 꼭 인솔자 혹은 동행하는 사람들에게 이야기하도록 한다.

(1) 여권 분실

여권은 해외여행을 하는 여행자의 신분을 증명할 수 있는 서류로 매우 중요하다. 여권을 분실하면 항공기 탑승, 국경 통과, 선박 탑승, 호텔 체크인 등이 안 되기에 행사 진행이 거의 불가능하다. 국외여행 인솔자는 여권을 분실하지 않도록 매일 수시로 항상 확인하는 것이 좋다. 참고로 한국은 세계 90여개 국가와 사증면제협정(2021.02 기준)이

체결되어 한국여권의 위상이 많이 높아졌다. 이에 제3국으로 밀입국하려는 자들의 표적이 되는 경우가 많아 각별한 주의가 요청된다.

여권을 분실하게 되면 여권의 재발급 및 여행증명서 발급에 비용뿐만 아니라 소요시간이 필요하기에 일행과 합류하는 것이 어렵다. 또 여권을 분실했을 때는 사증(비자)도 분실한 것이 되기에 비자도 새로 발급받아야 한다. 불법입국자·테러집단 등이 분실된 여권을 변조하여 사용하는 경우, 여권분실자도 수사를 받아야 하므로 각별히 신경 써서 보관해야 한다.

여권을 분실하게 된 경우는 필히 해당 국가의 경찰서에 가서 분실신고를 해야 한다. 또한 여권을 재발급받아 이어서 방문하려는 국가의 대사관에 분실신고도 해야 하는 경우도 있다. 최근 사례로는 해외여행 중 여권을 분실한 여행자가 복수여권을 재발급받아 UAE로 입국을 시도하였으나, UAE 대사관의 분실확인서가 없어 입국이 거부되고 한국으로 돌아와야만 한 사건이 있었다. 이처럼 여권을 분실하게 되면 많은 어려움이 발생하기에 분실되지 않도록 신경을 써야 한다.

여권을 재발급받으려면 분실 즉시 가까운 경찰서에 가서 분실신고를 하고 분실증명확인서(police report)를 발급받도록 한다. 그리고 현지 공관(한국대사관 또는 영사관)에 가서 여권용 사진 2매, 여권분실증명확인서(분실신고확인서), 신분증(주민등록증 혹은 운전면허증 등)을 제출하고 소정의 발급비용을 결제하여 여권을 재발급받아야 한다. 이때 방문국가에서 바로 귀국하는 여정이라면 시간이 적게 걸리고 발급이 편리한 여행증명서(travel certificate)를 발급받아 귀국하는 것이 유리하다. 다만, 계속적으로 여행을 하려 한다면 복수여권을 받아야 한다. 국가별로 다르지만 단수여권이나 여행증명서를 인정하지 않는 국가들도 있기에 방문하려는 국가가 단수여권 혹은 여행증명서를 인정하는지 확인하는 것이 중요하다. 예를 들어 UAE에서는 단수여권이나 여행증명서를 인정하지 않는다.

끝으로 단체여행 시 국외여행 인솔자가 여행자의 여권을 모아서 일괄적으로 보관해서는 안 된다. 국외여행 인솔자나 여행가이드가 여행자의 여권을 일괄 관리하는 것보다는 개인이 직접 보관하는 것이 안전하다. 국외여행 인솔자가 일괄적으로 여권을 관리하다가 분실하게 되면 행사 진행이 불가능하다.

(2) 항공권 분실

과거에는 쿠폰 형식의 종이로 만든 항공권이므로 분실하면 항공 탑승이 불가능했다. 재발급 절차도 복잡하였기에 항공권을 분실하면 많은 어려움이 따랐지만 현재는 전혀 걱정할 필요가 없다. 공항의 항공사 카운터에서 여권만 제시해도 탑승수속이 가능할 정도로 전산상으로 잘 되어 있다. 분실의 의미가 없어진 전자항공권(e-Ticket)이라 항공권 분실은 신경 쓰지 않아도 된다.

하지만 전자항공권이라도 분실하게 되면 불편한 일이 생길 수 있다. 예를 들어 공항에 입장할 때 항공권을 제시해야 하는 공항이 있는데 통상적으로 테러 위협이 있는 공항들이 그런 경향이 있다. 또 탑승수속 항공사 카운터에서 예약이 누락된 것으로 나올 경우에는 전자항공권을 제시하여 탑승수속을 받아야 한다. 따라서 국외여행 인솔자는 일행들의 전자항공권을 스마트기기를 이용하여 저장하거나 혹은 프린트해서 소지함으로써 만일의 사태에 대비하는 것이 좋다.

(3) 여행자수표 분실

여행자수표(travellers cheque: TC)는 본서의 2장에서 소개를 하였으니 여기서는 분실관련 내용만 언급한다. 현금보다 안전한 여행자수표를 분실 또는 도난을 당했을 경우 신속히 여권을 지참하고 해당 은행으로 가서 분실신고를 하면서 동시에 분실한 여행자수표에 대한 무효수속과 재발급수속을 한다. 재발급할 때는 구입처, 구입일, 분실경위, 수표번호를 기입(미상용 수표번호)하면 통상 24시간 내에 재발급이 가능하다. 따라서 여행자수표를 구매하자마자 위와 같은 내용을 기록해 두어야 한다.

이제는 신용카드 사용이 증가하면서 여행자수표의 인기가 다소 시들해졌다. 신용카드 거래가 안 되는 경우나 신용카드의 불법 복제 및 오남용으로 신용카드 사용이 망설여진다면 여행자수표가 안전하다. 이러한 이유로 장거리 여행 시 여행자수표의 사용이 권장된다. 여행자수표는 현금으로 환전할 때보다 좋은 환율로 환전할 수도 있다는 점도 여전히 매력적이다.

(4) 신용카드 분실

신용카드의 분실은 큰 손실을 가져올 수 있으므로 분실을 알자마자 즉시 카드회사로

신고하여 승인 정지요청을 해야 한다. 분실 및 도난에 대해서는 카드사에서 24시간 상담을 하니 너무 걱정을 할 필요는 없다.

단, 외국에서는 1577, 1588, 080으로 시작되는 번호는 접속이 되지 않으므로 각 카드사의 전화번호를 숙지하는 것이 바람직하다. 또한 국내에 있는 가족에게 분실신고를 의뢰할 경우에는 주민번호와 카드 비밀번호가 필요하다는 점을 인지해야 한다.

참고로 여행 중에는 통상적으로 신용카드를 많이 사용하는데 카드의 오남용이 걱정되면 귀국하고 나서 신용카드사로 전화하여 당분간은 해외사용 승인을 막아달라고 요청하는 것도 좋은 방법이다.

(5) 현금·귀중품 분실

해외여행 시 현금이나 휴대품을 분실·도난을 당했을 경우에는 찾을 가능성은 거의 없다고 생각해야 한다. 일단 도난·분실이 확인되면 먼저 현지 관할 경찰서에 가서 도난·분실 신고를 하고 사고경위서(police report)나 분실신고서를 발급받는다. 사고경위서 작성 시 여권이 필요하며 사고 경위와 잃어버린 물건들의 품명과 모델번호, 가격 등을 작성한다.

사고경위서는 귀국 후 여행자보험의 보험처리 시 배상의 기준이 되므로 정확하게 작성해야 한다. 여행자보험은 가입한 보험금액에 따라 많은 차이가 있지만 일반적으로 휴대품 분실에 대한 보상 한도액은 품목당 최대 20만 원이며 총 합계는 50만 원 혹은 100만 원을 넘지 않는 수준임을 유의해야 한다. 이 또한 가입한 보험조건에 따라 다르다. 또 사고에 의한 손실로 비용을 지출했을 경우 영수증을 모아 보험처리 시 제출해야 배상이 된다.

현금 전액을 분실했을 때에는 여정을 중단하고 귀국하거나, 한국에 송금을 부탁해야 한다. 만일 신용카드가 있으면 현금서비스를 받을 수 있다. 또 신속해외송금제도를 이용하여 해외에 주재한 한국 공관(대사관, 총영사관)에서 도움을 받을 수 있으니 협조를 요청해보는 것도 좋다. 해외에서는 800-2100-0404 혹은 822-3210-0404로 전화를 해서 신청하면 된다. 1회당 최대 미화 3,000달러까지 가능하다. 신속해외송금제도의 절차는 다음과 같다.

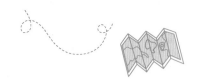

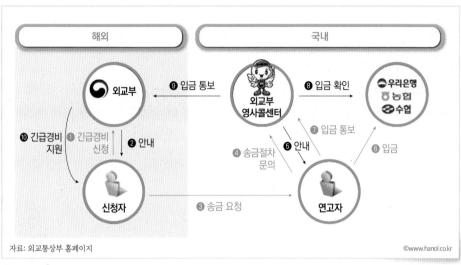

자료: 외교통상부 홈페이지   ©www.hanol.co.kr

🔁 **그림 11-6_** 신속해외송금제도 지원절차

4) 질병 등의 사고처리

여행 중 환자 발생은 많은 문제를 야기한다. 병원에 가야 할 상황이면 인솔자나 가이드가 환자와 함께 가야 한다. 방문지에 적절한 병원이 없을 경우 여행자 본인의 고통은 물론 원활한 행사 진행이 어려우므로 국외여행 인솔자는 항상 여행자들의 건강관리에 만전을 기할 수 있도록 노력해야 한다.

특히 지병이 있는 여행자들에게는 출발 전에 자신의 약을 여유 있게 준비하도록 안내를 하여 현지에서 발생할 상황에 대비해야 한다. 현지에서는 병원을 방문하는 것이 쉽지 않다는 사실을 안내하고 주치의에게 여행을 가도 되는지 확인하고 조언을 받도록 한다. 병원에 가는 것도 힘들기에 약국에 가서 약을 구매하는 것도 어렵다. 따라서 상비약도 준비하도록 해야 한다.

참고로 여행을 출발하면서 가장 먼저 맞이하는 환경이 기내 환경이다. 기내는 기압이 낮고 건조하며, 서늘해서 감기에 걸리기 쉽다는 것을 여행자들에게 안내한다.

🩺 건강관리 행동지침

- 기내에서는 건조하니 알코올은 삼가고 물을 많이 마시게 해야 한다.
- 기내는 공기의 순환 등으로 추운 경우가 많으니 겉옷을 준비하는 것을 추천한다.

- 열대지역 관광 시에는 버스 및 호텔 객실 등에 에어컨 사용에 주의하는 것이 좋다. 버스는 항상 에어컨을 켜놓고 있으니 겉옷을 준비하고 호텔 객실에서는 잠을 잘 때 에어컨을 끄고 자도록 안내한다.
- 특히 열대지역 관광 시 냉수를 찾는 경우가 많은데 가급적 얼음이 들어간 냉수는 피하고 판매되는 생수나 호텔에서 주는 생수를 마시도록 안내한다. 얼음 제작과정에서 오염되는 경우가 많다.
- 해외에서는 약을 구입하는 것이 쉽지 않으니 상비약과 장기 복용약 등을 꼭 챙기도록 안내한다.

호텔 투숙 시에 환자가 발생하면 국외여행 인솔자는 당황해 하지 말고 호텔의 프런트 데스크에 당직의사가 있는지 확인하고 없으면 가까운 병원으로 후송할 수 있도록 요청한다. 관광하는 도중에 환자가 발생하면 현지 가이드에게 행사 진행을 맡기고 국외여행 인솔자는 환자(보호자 동행)와 함께 가까운 병원으로 간다. 보호자가 없는 환자인 경우 국외여행 인솔자가 보호자의 역할을 해야 한다. 병원에서 치료를 받는 동안에는 통역까지 해야 하는 경우가 많다. 국외여행 인솔자가 통역 가능한 언어를 사용하는 의사를 요청한다. 간단한 질병일 경우에는 병원 치료 후 일행에 합류를 하면 되고, 입원이 필요한 경우에는 회사(여행사)에 상황을 보고하여 환자의 집으로 연락하도록 한다. 또 현지 가이드를 통하여 지상 수배업자에게 협조를 요청하여 필요한 수속을 한다.

여행자들은 입원, 치료, 조기 귀국 등을 위한 비용을 많이 걱정하게 된다. 국외여행 인솔자는 가입한 여행자보험을 설명하면서 여행자가 비용을 선지급하고 귀국 후 여행자보험에 청구하는 것을 안내하며 안심하도록 하는 것이 중요하다. 또 보험청구 수속을 위해 준비서류(의사의 진단서, 치료실비명세서, 영수증)는 꼭 받아서 잘 보관하도록 안내하면서 보상절차를 상세하게 설명해 준다.

5) 교통사고

여행 중 교통사고로 인해 환자가 발생하였을 경우 국외여행 인솔자는 곧바로 구급차를 불러서 병원으로 이동한다. 또 현지 경찰에 연락하여 경찰의 입회하에 가해자의 주소, 성명 등을 기록해둔다. 주재원이나 재외공관(대사관, 영사관), 호텔, 현지 여행사, 병원관

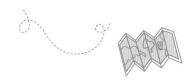

계자 등에게 연락하여 사후조치에 대한 협조를 의뢰한다.

중요한 사항은 국내의 여행사에 연락하여 지시를 받고, 전화 등으로 상황을 상세히 설명하며, 피해자 가족에게 연락할 수 있도록 조치한다. 가해자와의 교섭은 대사관원을 중재로 하여 경찰서에서 한다. 가해자 측과의 보상협의는 후유증 등의 우려가 있으므로 바로 결론을 내리지 않도록 한다. 가해 상대방에게 사고를 일으킨 것을 인정하는 문서를 작성하게 하여 보관하는 것이 중요하다.

한편, 일행이나 국외여행 인솔자 본인이 사고를 냈을 경우에는 우선 사고상황을 경찰에 신고한다. 피해자가 부상을 당했을 때는 의사에게 가야 할 의무가 있으며, 피해자에게 성명·주소·차량번호를 알려준다. 또 인명사고의 경우에는 즉시 해외공관에 연락해야 한다. 의무를 이행하지 않으면 막대한 피해가 발생할 수 있으니 필히 연락을 하고 피해자의 성명·주소 그리고 손해의 정도를 조사해둔다.

6) 사망사고

교통사고와 더불어 국외여행 인솔자를 가장 당황하게 만드는 것이 사망사고이다. 사고나 지병으로 사망자가 발생하면 국외여행 인솔자는 당황하지 말고 침착하게 처리하는 것이 중요하다. 먼저 국내 여행사 및 현지 여행사에게 연락을 취하고 대사관에 통보를 함과 동시에 유족들에게도 연락을 취하도록 해야 한다. 일 처리를 위해서 의사의 사망진단서, 경찰 검사 진단서 및 경찰의 사망증명서 등 필요한 서류를 발급받아서 잘 보관하도록 한다.

모든 처리는 유족의 의사를 존중하여 그 의사에 따라 처리해야 한다. 유족의 위임장이 없을 경우 유해인수 법정대리인의 취지를 전보로 전달하여 위임장으로 처리를 할 수도 있다. 또 주재원과 현지 여행사 및 현지 행사 주관 여행사와 긴밀히 연락해서 최대한 협조 요청을 받도록 하며 항상 한국 회사의 지시를 받도록 한다.

참고로 장의사에게 부탁하면 이에 따른 여러 기관에 대한 신고증명과 허가수속 및 기타 증명서류 취득을 대행해준다. 또한 화장·매장 여부, 유해의 방부보존처리, 항공화물 수속대행 등 모든 업무를 맡길 수 있다. 처리에 소요되는 제반 비용은 해외여행보험에 가입되어 있으면 처리가 가능하다. 또 국내에서 보험처리를 할 때 필요한 서류를 확

인해서 서류준비에 만반을 기한다. 자살과 같은 일정한 경우는 보험처리가 되지 않으며, 이러한 경우를 제외한 모든 사망의 경우 보상받을 수 있다.

⚙ 사망 시 보험처리가 되지 않는 경우

❶ 전쟁, 침략, 교전, 외국의 무력행사, 혁명, 내란, 반란, 계엄령 선포, 폭동, 소요 등으로 인한 사망

❷ 피보험자의 자살, 자살미수, 범죄행위, 폭력행위(정당방위는 제외)

❸ 피보험자의 지병, 뇌질환 또는 심신상실로 인한 사망

❹ 피보험자의 무면허운전 및 음주운전으로 인한 사망

❺ 피보험자의 핵연료 물질에 의한 사망

❻ 피보험자의 방사능 오염물질에 의한 사망

단체여행을 인솔하면서 발생할 가능성이 있는 사고 유형 및 상황별 사고대책을 정리하면 다음 〈표 11-7〉과 같다.

표 11-7_ **사고 유형별 대처요령**

사고 유형	대처요령
항공기 지연·결항	• 일행에게 진행상황 수시 보고 • 장시간 지연 시 항공사 식음료 협의 및 보상권 행사 • 다음 예정 목적지의 현지 여행사와 일정 조율 • 타 항공편 혹은 운송시설 변경 가능 타진
위탁수하물 파손·지연·분실	• 수하물표를 지참하여 분실물신고센터에 사고보고서를 작성하여 제출 • 지연 시 수하물 반환처 통보 • 파손 시 보상 혹은 교환 요구 • 분실 시 배상권 행사
영접 실수 (meeting mistake)	• 상황 설명 후 지정된 장소에 대기시킴_현지 가이드 연락취함 • 현지 가이드 연락 안 됨_현지 여행사에 연락하여 원인 파악 • 현지와 연락두절인 경우 예정된 버스 혹은 대중교통을 이용하여 호텔로 이동(한국 여행사 신고) • 호텔 도착 후 원인규명 및 비용청구
여권 분실	• 경찰서에 가서 여권 분실신고 후 확인서를 받아둠 • 현지 한국공관에 가서 여행증명서 발급 신청 • 여권 분실에 따른 경비에 대해서는 여행자 자신의 책임임을 숙지시킴

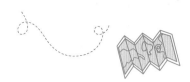

항공권 분실	· 전자항공권이므로 분실의 의미가 상쇄됨 · 한국 출국 전에 전자항공권 이미지 스마트폰에 저장 · 저장된 이미지로 다시 재인쇄하여 사용
여행자수표 분실	· 구매계약서 사본(purchaser's copy)을 가지고 가서 발행이나 제휴은행에 번호무효속속 및 재발행 신청
현금 및 귀중품의 분실	· 보안책임자에게 보고 · 관할 경찰서에 신고 · 경찰서 발행의 분실신고서 수령(귀국 후 보험수속)
환자의 발생	· 호텔 투숙 시 상주 의사(house doctor)의 처치 및 병원 후송 · 관광 중 국외여행 인솔자가 병원 동행, 가이드는 행사 진행 · 해외여행상해보험 약관의 확인 및 보험수속 필요서류 준비 · 현지 여행사, 재외공관과 병원관계자 등에게 협조 요청
사망사고의 발생	· 사망진단서 작성 · 사고사나 변사의 경우 검시진단서와 경찰서 사고증명서 수령 · 현지 한국공관 및 한국 본사에 연락 · 유족과 장례절차 협의
천재지변의 발생	· 안전한 장소로 대피 · 한국공관(대사관, 영사관)에 연락 후 공관의 지시에 따름
테러 · 폭발	· 안전한 장소로 대피 · 한국공관(대사관, 영사관)에 연락 후 공관의 지시에 따름 · 총기에 의한 습격일 때는 자세를 낮추어 적당한 곳에 은신하고 경찰이나 경비요원의 대응사격을 방해하지 않도록 한다. · 폭발이 발생하면 당황하지 말고 즉시 바닥에 엎드려 신체를 보호
부당한 체포 · 구금	· 한국공관(대사관, 영사관)에 연락 후 공관의 지시에 따름 · 현지 언어가 능통하지 않을 경우, 사법당국에 통역을 요구 · 본인이 모르는 외국어로 작성된 문서나 내용을 정확하게 이해하지 못할 경우, 함부로 서명하지 않는다.
인질 · 납치	· 한국공관(대사관, 영사관)에 연락 후 공관의 지시에 따름 · 필리핀, 과테말라 등 인질 및 납치가 빈번한 국가(지역)는 여행 자제 · 자제력을 잃지 말고 납치범과 지속적인 대화로 우호적인 관계 형성에 노력
대규모 시위 · 전쟁	· 한국공관(대사관, 영사관)에 연락 후 공관의 지시에 따름 · 출국을 못할 경우 재외공관에 소재지와 연락처 알려 정부와의 소통 유지 · 군중이 몰린 곳에 접근을 피한다.
마약 소지 및 운반	· 모르는 사람의 수하물은 운반해서는 안 된다. · 복용하는 약이 있을 경우 출입국 시 불필요한 입국심사를 받지 않도록 의사의 처방전을 항상 소지하고 다녀야 한다.

④ 응급처치

① 응급처치의 필요성

응급처치는 1분 1초를 다투는 긴박한 상황에서 사용되는 하나의 생명보험이라고 한다. 잘 알려진 바와 같이, 사람은 심장마비 후 이른바 골든 타임이라 할 수 있는 4분 이내에 아무런 조치를 취하지 않는다면 그것은 곧 죽음을 의미할 수 있다. 응급상황에 대처하는 처치자의 신속·정확한 행동 여부에 따라서 부상자의 삶과 죽음이 좌우되기도 한다. 물론 모든 질병과 상처에 응급처치가 필요한 것은 아니고 또한 자주 일어나는 일은 아니다. 평생 동안 우리는 상황을 고작 한두 번 정도 겪을 것이다. 하지만 생명을 구하는 일은 무엇보다도 중요하고 소중하기에 우리는 응급처치 방법을 알아두어야 한다. 특히 해외에서 행사 시 비상상황에 응급처치를 할 수 있는 대비를 하는 것이 중요하다.

② 응급처치의 개념

응급처치(first aid)란 다친 사람이나 급성 질환자에게 사고현장에서 즉시 조치를 취하는 것을 의미한다. 이는 보다 나은 병원 치료를 받을 때까지 일시적으로 도와주는 것일 뿐만 아니라, 적절한 조치로 회복상태에 이르도록 하는 것을 포함한다.

예를 들면 위급한 상황에서 전문적인 치료를 받을 수 있도록 병원 응급센터에 연락하는 것부터 부상이나 질병을 의학적 처치 없이도 회복될 수 있도록 도와주는 행위까지 포함한다. 응급처치에 따라서 사람의 삶과 죽음이 좌우되기도 하며, 회복기간이 단축되기도 한다. 의학적 치료 여부에 따라 장애가 일시적이거나, 영구적일 수도 있다. 응급처치는 일반적으로 타인에게 실시하는 것이지만 상대가 본인이나 가족인 경우는 곧 자신을 위한 일이 된다. 문제는 응급상황을 인지하지 못하여 기본증상조차 파악하지 못하는 경우가 생각보다 많다는 것이다. 예를 들면 심장마비 증세가 나타났는데도 상태를 파악하지 못하고 시간을 허비한 후 병원으로 옮겨지기도 한다. 또 많은 사람들이 응급처치 방법을 모르고 있으며 비록 교육을 통해 응급처치 방법을 아는 사람이라도 실제 응급상황에 접하게 되었을 때는 크게 당황하게 되는 것이 사실이다. 그러므로 응

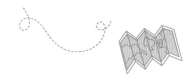

급상황을 침착하게 파악하고 대처하는 방법을 숙지하는 것이 매우 중요하다.

❸ 응급처치 시 알아두어야 할 법률적 문제

응급처치자는 법적 문제와 윤리적 문제에 대해 충분히 이해하고 있어야 한다.

> ### ➡ 동의
> 응급처치를 하기 전 처치자는 반드시 부상자로부터 사전동의를 얻도록 한다. 허락이나 동의 없이 신체를 접촉하는 행위는 위법이며, 어떤 측면에서는 폭행으로 간주되어 법적 소송에 휘말릴 수 있다. 따라서 부상자의 사전동의 없는 응급처치행위는 위법이 될 수 있다. 이 점을 주의하면서 응급처리를 해야 한다.
>
> ### ➡ 명시적 동의
> 의식이 있는 경우, 즉 이성적인 결정을 내릴 수 있는 법적인 성인에게는 사전동의를 얻어야 한다. 처치자는 자신의 이름을 대고 응급처치 교육을 받았음을 밝혀야 한다. 그리고 앞으로 실시할 응급처치에 대해 설명을 해야 한다. 부상자는 상태에 따라 직접 말을 하거나 고개를 끄덕이는 방법으로 의사표현을 할 것이다.

❹ 상황별 응급처치

해외여행자들을 인솔하면서 발생하는 다양한 상황에서 응급처리 요령을 정리하면 다음과 같다

📍 표 11-8_ **상황별 응급처치**

상황 구분	응급처치
화상	1. 화상부위를 차가운 흐르는 물로 10~15분 냉각시킨다. 2. 물집은 터트리지 않고, 화상부위에 붙어 있는 물질은 떼어내지 않는다.
열사병	1. 환자를 시원한 장소로 옮긴다. 2. 찬물, 물수건, 선풍기를 이용하여 빨리 체온을 낮춘다. 3. 신속히 병원으로 이송한다.
기도 폐쇄	1. 환자 뒤에 발을 벌리고 선다. 2. 두 손을 환자의 명치와 배꼽 중앙에 놓고 주먹을 감싸 쥐고 세게 밀어 올린다. 3. 말을 할 수 있거나 이물질이 나올 때까지 반복 실시한다.

벌에 쏘였을 때	1. 쏘인 부위에 벌침이 남아있으면 카드로 밀어서 제거한다. 2. 상처를 비누와 물로 씻고, 통증이 심한 경우 얼음주머니로 냉찜질을 한다. 3. 알레르기 반응이 나타나는 경우 신속히 병원에 간다.
뱀에 물렸을 때	1. 뱀에게 물린 부위를 심장보다 낮게 위치시킨다. 2. 물린 부위를 비누와 물로 씻어낸다. 3. 물린지 15분 이내인 경우, 물린 부위의 10cm 위에(심장에 가까운 쪽) 폭 2cm 이상의 헝겊으로 느슨하게 묶는다.
개에 물렸을 때	1. 출혈이 심하지 않으면 흐르는 물로 5~10분간 씻는다. 2. 상처를 비비지 않고, 약간의 피가 흐르도록 하여 상처 내 세균이 밖으로 흘러나오게 한다. 3. 거즈나 깨끗한 수건으로 느슨하게 덮은 후 병원에 간다.
약물 중독	약물(독극물)의 종류, 섭취량, 섭취시간 등을 파악하여 신속히 병원에 간다.
식도에 이물질이 걸렸을 때	1. 삼킨 물질의 모양에 따라 식도에 구멍이 나거나 출혈이 생길 수 있다. 2. 24시간 이내에 내시경 수술이 가능한 병원에 간다.
과호흡 증후군	1. 환자가 천천히 심호흡을 하도록 유도한다. 2. 코로 숨을 들이쉬고 입을 오므려 천천히 내쉬게 한다. 3. 환자가 안정을 취할 수 있도록 한다.

자료: 소방청 홈페이지 '국민행동요령 응급처치'(http://nfa.go.kr)에 의거 재구성.

5 심폐소생술

해양스포츠(marine sports)와 같이 해변에서 이루어지는 프로그램이나 어드벤처 투어 (adventure tour) 및 산행 등의 행사에는 항상 위험이 도사리고 있어 심각한 사건·사고가 발생할 수 있다. 특히 여행자의 심정지가 발생했을 경우 아무런 조치를 취하지 않으면 4~5분 이내에 뇌손상이 발생되기 시작한다. 따라서 심정지 초기의 대응이 굉장히 중요 하다. 심정지가 발생한 사람을 초기에 발견하여 심폐소생술을 실시할 경우 소생률이 3배 이상으로 증가하게 된다. 국외여행 인솔자는 심폐소생술을 익혀두어야 한다《그림 11-7》 참조). 또 자동심장충격기(automated external defibrillator: AED)가 주변에 있다면 사용할 수 있 어야 하기에 자동심장충격기(AED) 사용법도 숙지를 하는 것이 중요하다《그림 11-7》.

6 안전장비 및 기구 사용방법

1) 자동심장 충격기(AED) 사용법

심정지가 발생한 여행자에게 심폐소생술을 사용하는 것도 중요하지만 안전장비인 자

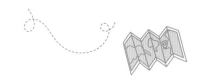

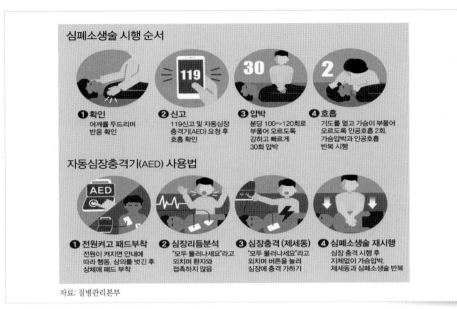

자료: 질병관리본부

🔁 그림 11-7_ 심폐소생술 요령 및 자동심장충격기 사용법

동심장충격기(AED)를 이용하는 것도 한 방법이다. 자동심장충격기는 심정지가 발생한 환자에게 전기충격을 주어 심장을 정상적인 활동으로 돌아오게 하는 기계로 의학적 지식이 부족한 사람들도 쉽게 사용할 수 있도록 만들어져 있다. 국외여행 인솔자는 심정지가 온 여행자에게 심폐소생술뿐만 아니라 주변을 살펴 자동심장충격기가 있으면 자동심장충격기를 먼저 사용하고 나서 심폐소생술을 하는 것이 좋다.

2) 소화기

여행을 하면서 화재를 만나는 기회는 드물지만 투숙한 호텔에 화재가 발생했을 경우는 여행자들을 피신시키는 것이 가장 우선이다. 하지만 소화기를 이용하여 화재를 진압할 수도 있어야 한다. 소화기는 화재를 초기에 진압하는 용도로 사용되며 소화기 안에 채워져 있는 소화약제 양에 따라서 대형소화기와 소형소화기로 분류를 한다.

국외여행 인솔자는 호텔에 투숙하게 되면 〈그림 11-8〉처럼 비상대피도(Emergency Evacuation)를 살펴보고 소화기 위치까지 파악해 두어야 한다. 더불어 화재 시 비상탈출을 도와주는 완강기가 있는데 완강기의 위치와 사용법도 파악하여야 한다.

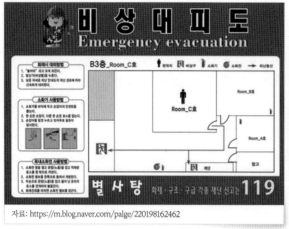

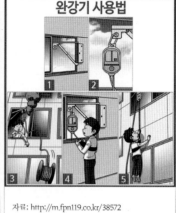

자료: https://m.blog.naver.com/palge/220198162462

🔖 **그림 11-8_** 비상대피도

자료: http://m.fpn119.co.kr/38572

🔖 **그림 11-9_** 완강기 사용법

⑦ 기내에서 대처요령

1) 항공 여행 시 건강관리 및 안전사고 방지

여행은 즐겁지만 기내의 환경이 너무 건조하고 서늘하여 감기에 걸리기 쉽다 보니 자칫 여행 시작부터 환자가 발행할 수 있다. 따라서 기내에서 응급상황이나 환자가 발생되지 않도록 건강관리에 최선을 다하는 것이 좋다.

기내 건강관리

① 기내에서는 소화기능이 떨어지기에 여행을 떠나기 12시간 전부터는 가벼운 식사를 시작하도록 한다. 가급적 육류나 튀긴 음식과 같은 기름기가 많은 음식을 피하고 과일, 야채, 콩, 생선, 빵 등과 치즈나 계란 등도 조금씩 먹는 것이 좋다.

② 공복상태의 여행은 피하며 적당한 식사를 하도록 한다.

③ 비행기 내는 건조해지기가 쉬워 두통과 가벼운 변비 증상이 있다. 따라서 수분섭취를 자주 하는 것이 좋다. 한편 물을 많이 마시면 화장실을 자주 가게 되겠지만 장시간 있어야만 하는 좁은 기내에서 그만큼 일어나 걸어다닐 수 있는 기회를 갖는다는 것도 의미가 있다.

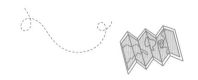

④ 카페인 음료는 비행이 끝날 때까지 삼가거나 적게 마시는 것이 좋다. 알코올 음료도 피하는 것이 좋은데 약한 포도주 1잔 정도는 무방하다.

⑤ 여행은 충분히 쉰 상태에서 떠나는 것이 좋지만 약간의 피로를 느끼는 상태에서 떠나는 것도 관계없다. 그 이유는 조금은 근육 피로를 느끼는 상태가 비행 시 장시간 의자에 앉아 쉴 수 있는 기회를 제공하기 때문이다.

⑥ 가능하다면 기내의 앞좌석에 앉는 것이 좋다. 앞좌석이 뒷좌석에 비해 비행기 소음이 적기 때문이다.

⑦ 낮에는 창가가 좋지만 밤에는 통로 쪽에 앉는 것이 더욱 좋다. 화장실을 가거나 일어나서 걸어 다닐 수 있기에 편안하다. 참고로 고령자일수록 통로 쪽을 배정하는 것이 좋다.

⑧ 비행 중에는 자주 잠을 청하는 것이 좋다. 뿐만 아니라 조용한 음악을 들으면서 익숙하지 않은 비행기 소음을 이기거나 잡지나 책을 읽으면서 원하지 않는 옆사람과의 대화를 피하는 방법도 있다.

⑨ 호흡기가 비교적 약한 여행자라면 기내에서는 마스크를 착용하고 여행을 하는 것을 추천한다.

기내에서 건강관리를 잘 하여도 기압의 변화와 낮은 습도 그리고 무엇보다 밀폐된 공간에서 장시간 여행을 하다 보면 다양한 사건·사고가 발생한다. 기내에서 자주 발생하는 상황 및 상황별 응급조치 요령을 정리하면 다음과 같다.

∷ 상황별 응급처치 요령

❶ 기압성 중이염

기압의 변화로 귀가 먹먹해지거나 통증을 유발하게 되는 현상이다. 이런 경우에는 하품하기, 침을 여러 번 삼키기, 껌 씹기, 물 마시기 등과 같은 방법으로 대처해야 한다. 아이들은 출발 전부터 귀마개나 헤드셋을 씌워주는 방법도 좋다. 따스한 물수건을 귀에 대주거나 귀밑 턱 근육을 마사지해주는 것도 좋다. 가끔씩 귓속의 압력을 올리는 것도 효과가 있지만 중이염이나 감기에 걸려있으면 오히려 악화시키니 조심해야 한다.

② 항공성 치통

기압이 낮아지면 치통이 발생하는 여행자가 있다. 이는 충치가 있거나 잇몸치료를 받는 중이면 발생하는데 이럴 때는 승무원들에게 얼음주머니를 요청하거나 차가운 물을 요청하는 방법을 취하도록 한다. 진통제를 항상 소지하는 것이 좋다.

③ 비행기 멀미

밀폐된 공간에 장시간 앉아 있는 상태에서 위아래로 흔들리는 기체로 인해 비행기 멀미·어지럼증·두통·구역질 등이 대표적으로 나타나는 증상이다. 이를 방지하기 위해 탑승 30분 전에 멀미약을 복용하거나 멀미약이 싫으면 멀미에 도움을 주는 생강편과 같은 식품을 챙기도록 한다. 참고로 붙이는 멀미약은 한쪽 귀 밑에만 붙이도록 하고 멀미가 심한 사람은 기내식은 아주 조금만 섭취하고 물을 자주 섭취하며 음주는 삼가도록 한다.

④ 비행기 공포증

항공기의 밀폐된 공간에 앉아서 여행하는 것에 대해 심하게는 공황장애, 폐실공포증이 있는 여행자부터 작게는 가슴 두근거림, 호흡곤란 등의 증상이 발생하는 여행자들이 있다. 전체 성인의 약 10% 정도가 이 증상을 겪는다. 처방약이 있으면 탑승 30분 전에 복용을 하고 카페인과 술은 삼가고 자주 스트레칭을 하거나 걸어다닐 수 있도록 복도쪽 좌석이나 탑승구 좌석을 선택하는 것도 좋다.

⑤ 부종(이코노미클래스 증후군)

항공기의 고도가 높을수록 산소량은 떨어지게 되고 이는 혈액순환에 영향을 주게 된다. 여기에 좁은 공간에 장시간 있다 보니 여행자들에게 다리와 발이 저리는 현상이 나타나는데 심할 경우는 일명 이코노미클래스 증후군이라 하는 심부정맥 혈전증이 나타난다. 이를 방지하기 위해서 자주 걷거나 스트레칭을 하는 것이 좋으며 수면양말 혹은 슬리퍼를 이용하는 것도 좋다. 역시 커피와 술은 삼가고 물을 자주 마셔야 한다.

⑥ 안구 및 피부건조증

기내 습도는 약 15%를 유지하게 된다. 따라서 건조함을 느끼는 것은 당연하고 그것도 많이 느끼게 되기에 입술이 건조하고 안구건조증을 느끼게 된다. 이를 해결하기 위해서는 인공눈물을 자주 넣어주고 렌즈 사용을 자제하며 안경을 써야 하고 진한 화장

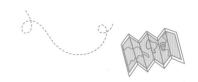

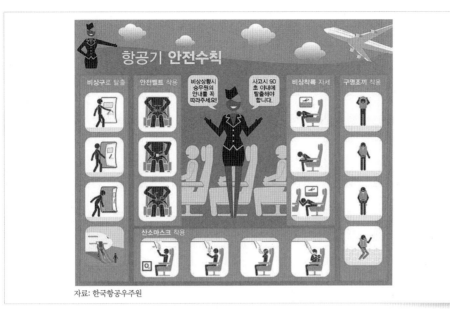

자료: 한국항공우주원

🛬 **그림 11-10_** 항공기 안전수칙

보다는 보습위주로 하는 것이 좋다. 역시 물을 자주 마시는 것이 좋다.

2) 기내에서 비상상황 시 대처요령

항공기에 탑승하면 안전벨트 경고등이 꺼져도 안전벨트를 매라고 한다. 착석 중에는 벨트를 매는 것이 안전하기 때문이다. 이는 항공기는 난기류를 만나면 터뷸런스 현상이 발생하게 되는데 이는 항공기가 많이 흔들리거나 고도가 작게는 몇 미터, 많게는 몇십 미터 떨어지게 되는데 이때 안전벨트를 매지 않으면 안전사고가 발생하기 때문이다. 〈그림 11-10〉과 같은 항공기 안전수칙을 알아보면 다음과 같다.

(1) 이/착륙 시

- 등받이를 정상으로 둔다.
- 자리에 앉아있을 때는 터뷸런스(turbulence)에 대비하여 항상 안전벨트를 맨다.
  * Turbulence: 항공기는 난기류를 만나면 롤러코스터처럼 마구 흔들리거나 고도가 떨어지게 된다.
- 휴대품은 항상 선반 위에 혹은 좌석 밑에 잘 둔다.

- 트레이는 접어둔다.
- 스마트폰은 비행기 모드로 한다.
- 전자기기의 무선통신은 꺼 둔다. 혹은 비행기 모드로 전환한다.(항공사별로 다름)

(2) 비상탈출 시

비상탈출은 〈그림 11-12〉와 같이 바다와 호수에서 일어나는 비상착수 혹은 육지에서 일어나는 비상착륙을 말한다.

비상탈출 요령

1 산소마스크를 쓴다.

- 항공기의 결함이나 사고로 기내의 기압이 떨어지게 되면 머리 앞쪽 선반에서 자동적으로 내려오는 산소마스크를 쓴다(《그림 11-13》). 동반자가 소인(혹은 유아)인 경우는 성인인 본인이 먼저 착용한 후에 동반자를 착용해준다.

2 충격방지자세를 유지한다.

- 발을 바닥에 편평하게 유지한 상태로 고개를 최대한

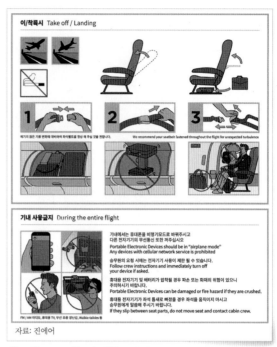

자료: 진에어

🛬 그림 11-11_ 항공기 이/착륙 시 행동요령

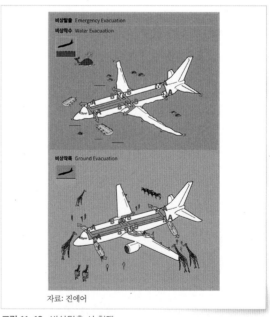

자료: 진에어

그림 11-12_ 비상탈출 시 형태

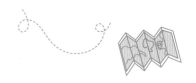

산소마스크 Oxygen Mask

자료: 진에어

그림 11-13_ 산소마스크 착용하는 방법

충격방지 자세 Brace position

기내 흡연금지

No smoking
during the entire flight

자료: 진에어

그림 11-14_ 충격방지자세 방법

숙인다. 가슴이 무릎에 닿을 정도로 상체를 굽혀 팔로 무릎 혹은 허벅지를 감싸 쥐고 양발은 무릎 관절보다 당겨 각도를 최소화해준다(《그림11-14》).

- 이는 팔, 다리의 골절을 최소화할 수 있고, 머리에 받는 충격 또한 흡수할 수 있어 큰 부상을 방지할 수 있다. 얼굴을 가리는 것은 목을 보호할 뿐만 아니라 비행기 화재나 폭발 시 갑자기 다가오는 열기에도 대비할 수 있으니 꼭 충격방지자세를 취하도록 해야 한다.

③ 착륙 후에는 비상탈출 유도등을 따라서 탈출구로 이동한다.

- 이동 시 비행기 결함 사고로 기체에 불이 붙으면 가까이에 있는 물로 옷이나 손수건을 적셔 코와 입을 막는다. 일반적으로 기내 유독가스는 공기보다 밀도가 낮으니 최대한 자세를 낮추고 바닥에 설치된 비상탈출 유도등을 따라 가장 가까운 비상구로 탈출한다(《그림 11-15》).

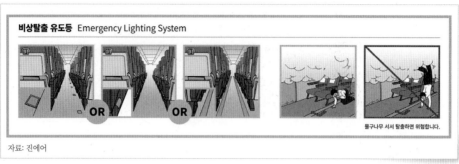

그림 11-15_ 비상탈출 유도등을 이용한 탈출방법

- 화재와 연기는 빠르게 퍼져나가기 때문에 대피할 때에도 신속함이 생명이다. 때문에 다른 승객들도 안전하게 대피할 수 있도록 시간이 지체되는 행동은 자제하도록 한다.

④ 비상구에서 외부 상황을 살펴 이상 유무 확인 후 비상구를 작동하고 슬라이드를 펼쳐서 탈출한다.

- 비상구에 도착하면 우선 외부 상황을 파악해야 한다.

그림 11-16_ 비상구 작동방법 및 슬라이드 타는 요령

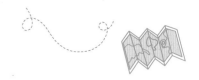

- 외부 상황의 이상이 유무를 파악 후 이상 없으면 비상구를 작동하여 슬라이드를 펼친다.
- 슬라이드를 이용할 때에는 슬라이드의 파손을 방지하기 위해서 날카로운 물건은 제거해야 한다. 즉, 굽 높은 하이힐이나 날카로운 장신구는 몸에서 제거한 후 캐리어 같은 무거운 짐도 가지고 내리지 않는다.
- 자세는 양손을 가슴에 교차시킨 후 팔꿈치를 몸 안쪽으로 잡아당긴 뒤 다리를 쭉 뻗어 뛰어내리고 탈출한 뒤에는 비행기의 폭발이나 각종 위험사고가 있을 수 있으니 최대한 멀리 떨어지도록 한다《그림 11-16》.

⑤ 비상착수 시에는 구명복(life vest)을 입는다.

- 외부 상황 파악 시 바다에 착륙했다면 기내에 준비된 구명복을 착용한다. 통상적으로 구명복은 본인이 앉은 좌석 밑에 설치되어 있다《그림 11-17》.

◯ 구명복 착용하는 방법

- 좌석 밑에 구명복을 꺼내 입는다.
- 벨트를 이용하여 단단히 고정한다.
- 구명복 아래에 위치한 줄을 당겨서 구명복을 부풀리게 한다.
- 완전히 부풀지 않으면 양쪽 어깨에 있는 호수를 입으로 불어 부풀리게 한다.
- 유아를 동반하는 경우에는 산소마스크와 마찬가지로 보호자가 완전히 착용한 후에 유아 및 소인을 착용해준다.

자료: 유나이티드항공

그림 11-17_ 구명복 착용하는 방법

⑤ 해외여행자보험

최근 우리나라는 해외여행, 유학, 업무출장 등을 목적으로 하는 출국자 수가 연간 2천만명을 넘어서고 있다. 이에 따라 해외에서 발생하는 신체상해, 질병, 휴대품 분실 및 파손 등 개인의 각종 안전사고도 증가하는 추세이다. 해외여행을 하면서 발생할 수 있는 각종 안전사고에 따른 피해를 보상 혹은 배상받을 수 있는 여행자보험을 소개하고 현지에서의 보험사고 발생 시 대처요령을 살펴본다.

1 보험 가입

여행사의 해외 패키지상품에는 일반적으로 여행자보험 가입이 되어 있다. 따라서 국외여행 인솔자는 여행자보험 증권만 확인하면 된다. 물론, 개인이 직접 보험회사에 가입하거나 또는 여행사를 통하여 가입을 할 수 있으며, 공항에 보험회사 출장소가 있기에 공항에서도 가입은 가능하다. 다만, 동일한 조건이라도 가입하는 방법 및 장소마다 보험료는 다를 수 있으니 확인하고 가입하는 것이 좋다. 참고로 개인이라도 여행사를 통

기본사항

상품명	Chubb 해외여행보험				증권번호	P18O00029914494
보험기간	2019년 07월 31일 00시부터 2019년 08월 08일 24시까지				가입요청일	2019년 07월 31일
계약자	(주)성진씨엔티				상(녀)일자/사업자번호	214-87-*****
여행지	아이슬랜드		여행목적	일반관광	현재 체류국	국내
가입인원	16명				총납입보험료	249,700 원

피보험자

성명	생년월일	성별	실(피)자와의관계	사망시수익자	지정청구대리인	가입플랜	보험료
외해 증가 타		여	기타	법정상속인		A7	16,930원
-		남	기타	법정상속인		A3	16,850원
-		남	기타	법정상속인		A3	16,330원
-		여	기타	법정상속인		A3	16,040원

보험가입사항

플랜명	담보내용	가입금액
A3	해외여행중 상해사망후유장해	1억원
	해외의료비(상해_해외여행실손_기본_S)	300만원
	국내의료비(상해입원_해외여행실손_기본_선택형_2_S)	500만원
	국내의료비(상해통원외래_해외여행실손_기본_선택형_2_S)	25만원
	국내의료비(상해통원처방조제_해외여행실손_기본_선택형_2_S)	5만원
	해외의료비(질병_해외여행실손_기본_S)	300만원
	국내의료비(질병입원_해외여행실손_기본_선택형_2_S)	500만원
	국내의료비(질병통원외래_해외여행실손_기본_선택형_2_S)	25만원
	국내의료비(질병통원처방조제_해외여행실손_기본_선택형_2_S)	5만원
	국내의료비(상해질병_해외여행실손_특약_비급여 도수,체외충격파,증식치료)	350만원

🛫 그림 11-18_ 여행자보험 증권

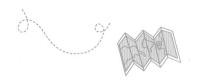

해 가입하는 것이 보험사와 단체협약을 맺고 있기에 비교적 저렴한 편이다. 또한 보험료는 여행기간(시간 적용), 연령 및 품목별 보상금액에 따라 차이가 있는 것이 특징이다.

2 보험의 특성

- 단기성이다.
- 여행자가 신청한 기간만 보험의 효력이 유효하다.
- 여행자가 여행을 종료하면 소멸되며 환급되지 않는다.
- 보험료가 저렴하고 가입절차가 간단하다.
- 손해배상의 범위가 다양하다.
- 동일한 조건이라도 연령별에 따라 보험료가 다르다.

3 상품별 보장내용

1) 해외여행보험

저렴한 보험료로 해외여행 중 각종 사고에 대비할 수 있는 보험상품이다. 통상 주계약으로 상해사망/후유장해 및 의료비를 보장하고 선택특약으로 질병사망/의료비, 배상책임, 휴대품 손해 등을 보장한다. 발생하는 의료비가 전액 지급되나 의료실비나 배상책임을 담보하는 다수 보험계약이 체결되어 있는 경우에는 약관에 따라 비례분담한다.

2) 상해/질병보험

국내 보험회사에 가입한 일반상해 및 질병보험에서도 해외여행 중 발생한 사망/후유장해, 의료비에 대해 보상이 가능하며, 약관상 국민건강보험이 적용되지 않는 의료비의 경우 발생 의료비의 40% 또는 50% 등으로 지급하도록 하고 있다. 의료실비를 부담하는 다수 보험계약이 체결되어 있는 경우에는 약관에 따라 비례분담한다.

3) 배상책임보험

배상책임 특약이 있는 일반 및 장기보험상품도 제3자의 신체나 재산에 대한 법률상 배상책임에 대한 보상이 가능하며 해외여행자보험을 가입한 경우 동일내용의 배상책임에 대해서는 비례분담한다.

4) 자동차보험

해외에서 교통사고가 발생한 경우 현지에서 가입한 자동차보험을 통하여 처리하고 현지 자동차보험에서 보상받지 못한 치료비가 있는 경우 해외여행보험 또는 상해보험으로 처리한다.

표 11-9_ 해외여행보험 주요 보장내용[1]

구분		보상내용	보상액
상해	사망/후유장해	상해사고로 사망 시	계약보험금 전액
		상해사고로 후유장해 시	장해 정도에 따라 계약금액 차등 적용
	치료비	상해사고로 치료 시	실제 피보험자가 부담한 의료비
질병	사망(특약)	질병으로 사망/80% 이상 후유장해	계약보험금 전체
	치료비(특약)	질병으로 치료 시	실제 피보험자가 부담한 의료비
배상책임(특약)		제3자의 신체나 재산에 피해를 끼쳐 법률상 손해배상을 하는 경우	실제 소요된 손해배상액
휴대품손해(특약)		우연한 사고로 휴대품에 손해가 생긴 경우 (예: 도난, 파손)[2]	1조 또는 1쌍에 대하여 30만 원을 한도로 실제 손해액[3]
특별비용 손해(특약)		불의의 사고로 사망(행방불명)하거나 14일 이상 입원한 경우 등으로 인하여 보험계약자(피보험자, 법정상속인)에게 비용부담이 생긴 경우	① 수색구조비 ② 현지 항공운임 등 교통비 ③ 현지 호텔 객실료(2명 × 14일 한도) ④ 현지 이송비 ⑤ 기타 잡비
항공기 납치 지연손해		하루에 7만원씩 20일까지 140만 원 보상	

주 1) 일반적으로 해외여행보험의 보상내용이나 보상액은 유사하다. 상법 규정에 따라 15세 미만자의 사망을 보험사고로 하는 보험계약을 체결할 수 없으므로 15세 미만 자녀의 사망은 담보할 수 없으며 상기 조건으로 보험 가입 시 보험료는 1인당 1만 원 내외 정도이다.
2) 휴대품 분실에 대해서는 보상을 받지 못한다.
3) 휴대품 손해의 보상 한도액은 가입 시 조율할 수 있다.

④ 해외 보험사고 발생 시 대처요령 및 구비서류

1) 보험사고 처리절차

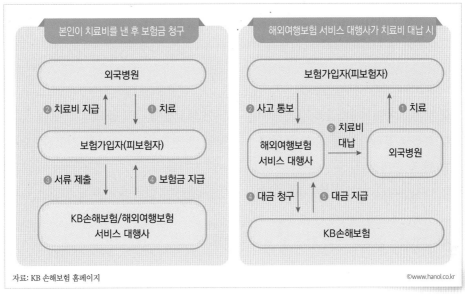

자료: KB 손해보험 홈페이지   ©www.hanol.co.kr

➡ 그림 11-19_ 의료사고 발생 시 보험사고 처리절차 예시

2) 해외 도우미서비스 제도

해외여행보험 가입자의 경우 해외여행 중 보험사고 발생 시 각 보험사에서 제휴하고 있는 해외 도우미서비스업체를 이용하는 것이 편리하다. 해외 도우미서비스업체는 24시간 우리말 지원서비스, 현지 의료지원(의료상담, 병원알선 등), 보험금 청구안내, 여행지원서비스 등을 제공하고 있으며 일부 회사의 경우 치료비 지불보증도 가능하다.

해외 도우미서비스 활용법이 해외여행 보험약관에 기재되어 있으므로 여행기간 중 보험증권 및 약관을 휴대할 필요가 있으니 국외여행 인솔자는 꼭 보험증권과 약관을 가지고 있어야 하며 일행객들에게 배포를 해줘야 한다.

(1) 상해 및 질병치료 시 조치요령

❶ 해외 도우미서비스업체에 사고 발생 통지

② 병원방문 후 해외 도우미서비스업체에 치료비 지불보증 가능 여부 및 필요서류 등 확인

③ 직접 치료비를 부담하고

- 해외에서 보험금 수령을 원하는 경우: 관련서류를 해외 도우미서비스업체에 제출
- 국내에서 보험금 수령을 원하는 경우: 귀국후 관련서류를 제출

   (구비서류: 의사소견서, 치료비명세서/ 영수증, 약제비영수증)

(2) 사망사고 발생 시 조치요령

① 해외 도우미서비스업체 및 현지 대사관 또는 영사관에 사고 통보

② 유족의 유해확인 및 송환을 위해 현지 병원 및 경찰의 사망진단서, 사고사실확인 원 등 준비

③ 대사관이나 영사관에서 피보험자의 사망과 관련한 일체의 서류에 공증을 받아 귀국(가족관계등록부 등의 정리를 위해 3~4부 필요)

④ 가족관계등록부 정리 상속 및 보험금 청구

   (구비서류: 사망진단서, 진료기록부, 대사관확인서, 피보험자의 기본증명서 및 가족관계등록부)

(3) 배상책임사고 발생 시 조치요령

① 해외 도우미서비스업체에 사고 발생 통지

② 피해자가 병원(수리업체)에 가도록 안내하고 손해입증서류를 구비

③ 피해자가 사망한 경우 현지 대사관(영사관)에 알린 후 해외 도우미서비스업체의 안 내에 따라 조치

④ 합의 시 해외도우미서비스업체나 보험회사 담당자에게 문의 후 처리*

   * 손해입증서류 없이 합의하거나 보험금을 초과하는 금액으로 합의 시 초과한 금액에 대해서는 보험의 보상이 곤란함을 유의할 필요가 있음[구비서류: 사고사실확인원, 제3자의 진단서 및 치료비영수증(대물사고 시 손상 물 수리견적서 등 손해증빙서류), 합의금 선입금 시 입금증 등]

(4) 휴대품손해 발생 시 조치요령

① 도난 시 현지경찰서에 도난사실을 신고하여 사고내용과 피해물품에 대한 확인서 (Police Report)를 발급받고 파손 시는 손해명세서 등을 확보

- 경찰서 신고가 불가능할 경우 목격자, 여행가이드 등의 도난사실확인서 필요

② 현지에서 발급받은 사고내용확인서, 도난물품 구입영수증, 손해명세서 등을 구비하여 귀국 후 보험회사에 청구

[구비서류: 경찰 또는 목격자의 도난사실확인서, 파손품의 손해명세서 등(수리비견적서, 피해품 구입증명서 등)]

5 유의사항

① 다음의 〈표 11-10〉에서 보는 것처럼 손해액 입증서류를 최대한 확보할 필요가 있다. 손해사실을 입증할 수 있는 서류가 없어 보상받지 못하는 사례가 발생하므로 해외체류 시 관련서류를 최대한 확보할 필요가 있다.
- [사례1]: 해외여행 중 타박상을 입고 현지에서 현금으로 약을 구입하여 치료 후 귀국하였으나 약구입과 관련한 영수증이 없어 보상받지 못한 사례
- [사례2]: 해외여행 중 가방을 소매치기당했으나 경찰서의 확인서 등 관련 사실확인서가 없어 보상받지 못한 사례

② 보험금은 반드시 사고발생일로부터 2년 이내에 청구하여야 하고 각 담보별 자기부담금액(공제금액)도 확인할 필요가 있다.
- 통상적으로 보험약관에 보험금청구권, 보험료 또는 환급금 반환청구권은 2년간 행사하지 않으면 소멸시효가 완성된다고 규정
- 질병의료비: 무공제, 2만 원, 3만 원, 4만 원, 5만 원, 7만 원, 10만 원
- 휴대품손해 및 배상책임: 각 1만 원

③ 보험가입 시 여행지, 여행목적 등을 사실대로 알릴 필요가 있고 전문등반, 스카이다이빙 등 위험한 활동을 하는 동안 생긴 손해는 보상하지 않으므로 약관상 면책손해를 확인할 필요가 있다.

④ 보험사고 발생 시뿐만 아니라 간단한 의료상담, 여권 분실 등 긴급상황 발생 시 조치요령, 전염병 등 현지 여행정보 등과 관련하여서도 해외 도우미서비스업체를 적극 활용할 필요가 있다.

표 11-10_ 담보별 보험금 청구 시 필요서류

구분		구비서류	발급처
공통서류		보험금 청구서(회사양식)	해외 도우미서비스 보험회사
상해사망		• 사고사실확인서, 사망진단서, 경찰서 리포트 등 • (대사관, 영사관 공증서류) • 제적등본, 가족관계증명서, 기본증명서* • 상속인 다수의 경우 위임장 및 인감증명서	병원/경찰서 (대사관/영사관) 동사무소
질병사망		• 사망진단서, 병원진료기록(챠트) • 제적등본, 가족관계증명서, 기본증명서 • 상속인 다수의 경우 위임장 및 인감 증명서	병원 동사무소
의료비		• 현지병원 치료확인서 • 치료비명세서 및 영수증(cash/신용카드전표) • 여권 사본	병원
휴대품 손해	도난	• 사고(도난)증명서 및 현지 경찰 확인서 • 손해명세서(피해품의 구입영수증 – 카드명세서)	경찰서
휴대품 손해	분실	• 사고증명서(공항수화물 파손 시 필수) • 손해명세서(수리비 견적서, 파손된 휴대품사진, 수리불가확인서, 피해품의 구입영수증)	항공사 수리업체
배상 책임	대인사고	• 사고경위서, 진료기록부, 진단서, 진료비계산서, 합의서(합의금 선 입금 시 입금증)	병원
배상 책임	대물사고	• 사고경위서, 파손품 사진, 견적서(수리비영수증), 합의서(합의금 선 입금 시 입금증)	수리업체
특별 비용	수색구조 비용	• 수색구조활동에 종사한 사람으로부터 청구 영수증(헬기 사용료, 에어 앰뷸런스 등)	현지 이송업체
특별 비용	교통비	• 비행기 탑승, 좌석구매 지불 영수증 • 교통비 영수증 • 해당 출입국자의 여권 사본	
특별 비용	숙박비	• 해당 숙박시설의 사용 후 지불 영수증	
특별 비용	이송비용	• 수행의사, 간호사(동행의뢰 병원 소견서) • 수행의사, 간호사(비행기 탑승, 좌석구매 영수증) • 피보험자의 통상액을 넘는 운임지불 영수증	병원 항공사
특별 비용	제 잡비	• 구원자(여권인지대, 사증료, 예방접종료 등 영수증) • 구원자(현지 지불 교통비, 통신비 영수증) • 피보험자	

* 기본증명서: 개인의 성명, 출생연월일, 주민등록번호, 성별, 본, 출생지 등이 기재

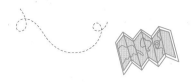

◑ 해외여행보험 보상사례

상해사망보험금 지급사례

남아프리카공화국에서 유학 중이던 A군이 남아공 체류 중 A군의 금품을 노린 현지인에게 피살되어 상해사망보험금 1억 원 및 유해 송환을 위한 특별비용 5백만 원이 지급된 사례

질병사망보험금 지급사례

캄보디아에 해외출장 중이던 B씨가 출장 중 호텔숙소에서 쓰러져 치료 중 급성심근경색으로 추정되는 질병으로 사망하여 질병사망보험금 1천만 원이 지급된 사례

상해의료비보험금 지급사례

중국 유학 중인 C군이 학교운동장에서 철봉을 하다가 떨어져 팔이 골절되는 사고를 당해 상해의료비 6백4십만 원이 지급된 사례

질병의료비보험금 지급사례

D씨는 미국에 있는 자녀방문차 미국 현지 도착 후 갑작스럽게 급성위염 발생으로 검사 및 치료를 받아 질병의료비보험금 5백만 원이 지급된 사례
※ 해외에서 치료비가 발생하는 경우 의료보험이 적용되지 않아 치료비가 많이 발생

휴대품손해보험금 지급사례

E씨는 일본 여행 중 카메라, 지갑, 게임기 등이 들어있는 가방을 도난당한 사고로 보험금 70만 원이 지급된 사례(물품당 20만 원을 한도로 보상되어 가입금액을 한도로 전부 보상)

자료: 한국여행서비스 교육협회, 2020, p.267.

 에피소드

헉! 내 가방!!!

"자세를 취하시고 여기를 보세요. 하나, 둘, 찰칵!"

여행업 근무 경력이 많지 않은 시기인 3~4년 차로 넘어가는 시기에 직접 겪은 경험이다. 이 경험을 하고 나서는 내 물건은 절대로 타인에게 맡겨서는 안 된다는 뼈저린 진리를 익혔다.

"실례지만 사진 좀 찍어 주시겠어요?" "네, 잠시만요."

여행자 중에 한 팀이 이야기했다. 그래서 옆 벤치에 같이 앉아있는 다른 분에게 가방을 잠시 맡아 달라고 부탁했다.

"실례지만 제 가방 좀 잠시 맡아 주시겠어요?"

내 가방에는 여권, 현금, 그리고 일행들의 항공권이 있었다. 그때만 해도 지금처럼 전자 항공권이 아니었다. 소위 이티켓(e-ticket: 전자항공권)은 분실을 해도 상관없지만 종이 항공권을 분실하면 항공기 탑승을 할 수 없던 시기였다.

우리 일행은 이 날 이태리 밀라노에서 스페인 마드리드로 이동하여 전시회를 참석해야 하는 일정이었다. 스페인 마드리드행 항공기를 타기 위해서는 약 1시간 30분가량 시간이 남아서 밀라노의 대표적인 랜드마크인 두오모 성당 앞에서 자유시간을 가졌다. 그런던 차에 일행 한 분이 사진을 찍어달라고 요청했다. 그래서 일행이 원하던 곳을 배경으로 해서 멋지게 사진을 찍어주고 내가 있던 곳으로 왔더니, 최악의 일이 벌어졌다.

내 가방이 없어졌다. 내 여권이 없어졌으니 난 스페인 마드리드로 갈 수 없다. 일행들 항공권도 없으니 항공권은 분실신고를 해야 하고 새로운 항공권을 구매해야 했다. 가방에 있던 현금 400달러는 생각할 여력도 없었다.

내 가방을 맡아준 일행에게 내 가방을 잃어버린 상황을 설명해 달라고 했더니, 가방을 맡아준 일행은 내가 사진 찍어 주러 간 사이에 벤치에 앉아서 고딕 양식으로 유명한 밀라노

두오모 성당을 바라보고 있었다고 한다. 그
런던 중 갑자기 남녀 한 쌍이 자기 앞에서 공
연을 하더라는 것이다. 그래서 나름 재미도
있어서 집중하면서 바라보았고 내가 나타나
자 가방이 생각나서 쳐다보니 없어졌다고
한다.

🐾 밀라노 두오모 대성당 앞 광장

가방이나 어떤 대상을 정해놓고 훔칠 것을
계획하고 있는 사람은 절대로 혼자 움직이지
않고 조직적으로 움직인다. 4~5명은 대상자
의 관심을 얻어내고 다른 한두 사람은 망을
보고 또 다른 한 사람이 가방을 훔쳐간다는 사실이다.

어찌되었건 누구의 잘잘못을 따지는 것이 무슨 의미가 있나 싶었다. 가방이 분실되었다는
사실을 확인하고 나서 많이 당황했다. 가방에 여권과 항공권이 있기에 무척 당황했지만 다
행인 것은 현지 가이드가 베테랑이었다.

가방 분실을 알게 된 후 아직 공항에 갈 시간이 남아서 경찰서로 가서 분실신고를 했다.
경찰서로 이동하는 과정에서 서울 본사에 전화를 해 항공권 분실신고와 더불어 다음 여정
을 위해서 항공 예약을 의뢰했다. 이어서 경찰서에서 작성한 신고서를 챙기고 다시 일행들
과 만나는 자리로 돌아와 일행들과 미팅을 한 후에 공항으로 이동을 했다. 공항에 도착해
서는 서울 본사에서 예약한 항공권을 구매한 후에 일행들에게 나눠주고 탑승 및 출국 수
속을 할 수 있었다. 그리고 스페인 마드리드 현지 가이드와 통화를 하면서 마드리드 공항에
서 미팅하는 시간에 늦지 않도록 다시 한번 확인했다.

여권이 없는 나는 일행들과 함께 스페인으로 갈 수 없기에 현지 가이드와 같이 공항에서
일행들의 탑승 및 출국 업무를 도와드리고 나서 한국 영사가 있는 로마로 이동해서 여권을
만들어야 하기에 밀라노 기차역으로 이동하여 기차를 탔다. 안 되는 놈은 뒤로 넘어져도 코
가 깨진다고 했던가, 여권을 분실한 날이 토요일이니 대사관도 문을 굳게 닫고 있기에 최악
의 상황이었다. 분실한 날이 토요일, 다음 날 일요일까지는 로마에 그냥 갇혀 있어야 하는
상황이었다. 그래도 로마에 가서 해결책을 찾기로 하고 로마로 향했다. 로마에 도착한 시간
이 늦어서 하룻밤을 자고 다음 날 영사를 찾아가기로 했다. 로마 현지 여행사의 협조를 받
아 여권 업무를 담당하는 영사를 찾기 시작했다. 다행히 영사와 연결이 되어 직접 영사 주

거지로 찾아가서 막무가내로 도움을 요청했다. 지금 생각해보면 어처구니없는 일이었다. 아주 다행히도 영사께서 대사관에 출근을 하여 직접 임시여권인 여행증명서(Travel Passport, 1회용 여권)를 만들어 주었다. 다행히도 바로 귀국하는 것이 아니라 제 일정을 보고 스페인과 포르투갈을 들렀다가 갈 수 있도록 하였다. 정말 감사하고 감사할 따름이었다. 지금에 와서 가장 후회되는 것은 당시 로마에 근무했던 그 영사관님 성함을 알 수 없다는 것이다. 처해진 상황이 너무 정신없었다. 여튼 일요일임에도 영사의 도움으로 곧바로 로마에서 스페인 마드리드로 날아갈 수 있었다. 마드리드에서 만난 일행들이 반갑게 맞이해주었다.

여권은 해결하고 이제 항공권도 전자항공권이 아니기에 앞으로 남은 여정인 마드리드에서 포르투갈 리스본 그리고 리스본에서 인천 구간의 항공권이 필요했다. 이 또한 서울 본사에 분실 및 재발권을 하고 항공권을 DHL을 통해서 받았다. 항공권을 받고 나서야 분실하고 나서 처음으로 편안하게 잠을 잤던 것 같다. 이제야 모든 문제가 해결되었다는 안심을 하면서 말이다. 물론, 금전적 피해를 복구하는 데 한 해를 고생했지만 이는 그나마 다행이지 않은가 싶다. 단체여행 일정에는 전혀 차질 없이 끝냈다. 도움을 준 모든 분들에게 이 자리를 빌려 감사의 말씀을 드린다.

* 교훈

1) 절대로 내 물건을 타인에게 맡기지 말라.

악몽 같은 경험을 하고 난 후에는 내 물건을 절대로 남에게 맡겨 본 적이 없다. 그래서인지 그 이후로는 이와 같은 실수를 한 적이 없었다. 여행업에 뛰어든지 얼마 안 되서 경험을 하기를 잘했다고 생각한다. 인솔을 하고 다니면서 분실에 대한 주의를 이야기할 때는 가끔씩 나의 경험을 이야기하곤 한다. 그러면 더욱 조심하는 것 같다.

2) 절대로 당황하지 말자.

행사를 진행해야 한다. 따라서 행사 진행에 중점을 두고 행사에는 전혀 차질이 없도록 미리 조치를 했고 그러고 나서 개인적인 일들을 처리했다. 일행들의 컴플레인은 전혀 없었다. 오히려 일행들이 인솔자인 나를 위로하면서 일처리하는 것을 보고 고맙다는 말을 전해왔다. 반대로 귀국 후 많은 여행자를 소개받았다.

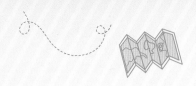

3) 사후처리 철저 실행(문제 발생 시 문제 해결방법 철저 숙지)

경찰서에 분실신고를 해서 귀국 후 여행자보험으로 일부 보상을 받았다. 현지 가이드가 베테랑이었기에 가이드의 협조로 사고처리를 일사천리로 잘 해결했다. 그래서 행사에는 전혀 차질이 없었고 오히려 일행들에게 고맙고 미안하다는 말을 듣게 되었다.

Chapter
12

국외여행 불편처리 사례

대면서비스를 제공하는 국외여행 인솔자가 국외여행 행사를 진행하다 보면 예기치 못한 이유로 사건·사고가 발생하지만 한편으로는 여행서비스의 특성상 인적 서비스로 진행되다 보니 고의 또는 과실로 인한 실수들이 발생할 수 있다. 하지만 무형의 특징을 가지고 있고 재고가 없기에 환불을 해준다거나 교환을 할 수가 없다.

따라서 늘 분쟁의 불씨를 가지고 있는 것이 여행서비스인 것이다. 이에 공정거래위원회에서는 이러한 분쟁을 줄이기 위해 국외여행 관련 소비자분쟁 해결기준을 제시하는 표준약관을 만들어 제공하고 있다. 국외여행 인솔자는 이를 숙지하고 여행자들을 응대해야 한다. 따라서 여행자들이 국외여행을 하면서 발생된 불편사항들이 처리되는 과정 및 불편이 처리된 사례를 통해서 여행자들이 만족하는 국외여행이 될 수 있는 방법을 고민해 본다.

① 여행자의 피해구제

① 소비자 권리 태동

1962년 미국의 케네디 대통령은 "소비자 권리는 사회 경제적 제도 내에서 소비자가 향유할 수 있는 기본 권리이다."라고 하면서 연방의회에 보낸 특별교서를 통해 소비자는 안전할 권리, 알 권리, 선택할 권리, 의견을 반영할 권리 등 4대 권리가 있다고 제시했다. 한국에서는 1980년대에 본격적으로 정부에 의한 소비자보호가 시작되었다. 급격한 경제성장과는 다르게 오히려 소비자 피해의 발생은 양적으로 급증하고 질적으로도 사회적 문제가 되기 시작했다. 즉, 소비자의 안전, 생명과 신체에 대한 위협, 시장거래의 공정성의 훼손 등 중대한 피해가 발생되는 시장이 만들어지면서 정부가 직접 개입하게 되었다. 이런 사회적 필요에 따라 1980년에 소비자보호법이 제정되었고 1986년 소비자보호법의 전면 개정을 통해서 본격적으로 소비자의 문제와 해결을 위한 정부 차원에서의 준비가 이루어졌다. 이러한 분위기는 다음과 같이 소비자 기본법에 의거하여 소비자 8대 권리가 만들어졌다.

> **◆ 소비자 8대 권리**
> ① 생명 및 신체·재산상의 위해로부터 보호받을 안전할 권리
> ② 정보를 제공받을 권리
> ③ 자유로이 선택할 권리
> ④ 국가 및 지방자치단체의 정책과 사업자의 사업활동에 대하여 의견을 반영할 권리
> ⑤ 물품 및 용역의 사용 또는 이용으로 인하여 입은 피해에 대하여 적절한 보상을 받을 권리
> ⑥ 합리적인 소비활동을 위해서 필요한 교육을 받을 권리
> ⑦ 스스로의 권익을 옹호하기 위하여 단체를 조직하고, 이를 통하여 활동할 수 있는 권리
> ⑧ 안전하고 쾌적한 소비생활 환경에서 소비할 권리

② 국외여행 관련 소비자분쟁 해결기준

여행서비스를 제공하는 사업자와 이를 이용하는 여행자들 간에 발생한 분쟁의 원활한 해결을 위하여 공정거래위원회에서는 '소비자분쟁 해결기준'을 고시하고 있다. 소비

표 12-1_ **국외여행 관련 소비자분쟁 해결기준**

피해 유형			보상기준
1) 여행 취소로 인한 피해	여행사의 귀책사유로 여행사가 취소하는 경우	여행개시 30일 전까지(~30) 통보 시	계약금 환급
		여행개시 20일 전까지(29~20) 통보 시	여행요금의 10% 배상
		여행개시 10일 전까지(19~10) 통보 시	여행요금의 15% 배상
		여행개시 8일 전까지(9~8) 통보 시	여행요금의 20% 배상
		여행개시 1일 전까지(7~1) 통보 시	여행요금의 30% 배상
		여행 당일 통보 시	여행요금의 50% 배상
	여행자의 여행계약 해제요청이 있는 경우	여행개시 30일 전까지(~30) 통보 시	계약금 환급
		여행개시 20일 전까지(29~20) 통보 시	여행요금의 10% 배상
		여행개시 10일 전까지(19~10) 통보 시	여행요금의 15% 배상
		여행개시 8일 전까지(9~8) 통보 시	여행요금의 20% 배상
		여행개시 1일 전까지(7~1) 통보 시	여행요금의 30% 배상
		여행 당일 통보시	여행요금의 50% 배상
	여행참가자 수의 미달로 여행개시 7일 전까지 여행계약 해제 통지 시		계약금 환급
	여행참가자 수의 미달로 인한 여행계약 해제 통지기일 미준수	여행개시 1일 전까지 통지 시	여행요금의 30% 배상
		여행 출발 당일 통지 시	여행요금의 50% 배상
2) 여행사의 계약조건 위반으로 인한 피해(여행 후)			여행자가 입은 손해배상
3) 여행계약의 이행에 있어 여행종사자의 고의 또는 과실로 여행자에게 손해를 끼쳤을 경우			여행자가 입은 손해배상
4) 여행 출발 이후 소비자와 사업자의 귀책사유 없이 당초 계약과 달리 이행되지 않은 일정이 있는 경우			사업자는 이행되지 않은 일정에 해당하는 금액을 소비자에게 환급
5) 여행 출발 이후 당초 계획과 다른 일정으로 대체되는 경우	당초 일정의 소요비용보다 대체 일정의 소요비용이 적게 든 경우		사업자는 그 차액을 소비자에게 환급
6) 감염병 발생으로 사업자 또는 여행자가 계약해제를 요청한 경우	외국정부가 우리나라 국민에 대해 입국금지 · 격리조치 및 이에 준하는 명령을 발령하여 계약을 이행할 수 없는 경우, 계약체결 이후 외교부가 여행지역 · 국가에 여행경보 3단계(철수권고) · 4단계(여행금지)를 발령하여 계약을 이행할 수 없는 경우, 항공 · 철도 · 선박 등의 운항이 중단되어 계약을 이행할 수 없는 경우		위약금 없이 계약금 환급
	계약체결 이후 외교부가 여행지역 · 국가에 특별여행주의보를 발령하거나 세계보건기구(WHO)가 감염병 경보 6단계(세계적 대유행, 팬데믹) · 5단계를 선언하여 계약을 이행하기 상당히 어려운 경우		위약금 50% 감경[1], [2]

주 1) 사업자는 이미 지급받은 여행요금(계약금 포함) 등에서 위약금 감경 후 잔액을 여행자에게 환급함.
   2) 세계보건기구(WHO)가 감염병 경보 5단계를 선언한 경우는 감염병이 발생한 해당 지역에 한함.

자료: 공정거래위원회, 소비자분쟁 해결기준(공정거래위원회 고시 제2021-7호, 시행 2021.5.25)

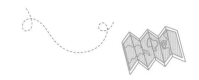

자분쟁 해결기준은 표준약관을 통해서 공지된다. 이 규정을 살펴보면 유통되는 전체품목을 총 62개로 구분하고 이를 기준으로 각 업종별로 피해 유형을 분류하고 그에 따른 보상기준을 명시하고 있다. 여행업에 대해서는 국내여행과 국외여행을 나누고 있으며 국외여행 관련 피해 유형은 6가지로 나누어 보상기준을 명시하고 있다.

다음의 〈표 12-1〉에서 보는 바와 같이 국외여행 관련 소비자분쟁 해결기준은 6가지 유형으로 나눠 보상기준을 제시하고 있다. 현장에서 분쟁이 생겼을 경우 여행자들에게 응대하는 방법은 유형 및 보상기준에 따라 달라야 한다. 국외여행 인솔자는 여행자를 보호해야 하는 책임도 있지만 한편으로는 회사 소속이기에 회사에 피해가 생겨서도 안되어야 한다는 것도 유의해야 한다.

참고로 여행서비스를 제공하는 사업자가 여행상품을 만들면서 항공사 혹은 호텔 등과 계약을 하면서 상황에 맞게 또 다른 새롭게 만들어진 조건으로 인해서 특별한 약관을 만들게 된다. 이 특별약관은 표준약관보다 앞서기에 여행상품에 필수적으로 공지가되어 여행자들에게 반드시 공유된다. 또한 국외여행 인솔자도 숙지를 해야 한다.

❸ 여행자의 피해구제 방법

국외여행을 떠난 여행자는 현지에서 문제가 생겼을 경우 현장에서 해결이 되기를 원하기에 대부분 해결이 되곤 하지만 현장에서 해결이 되지 않을 경우에는 결국 귀국한 후에 컴플레인을 제기하게 된다. 가급적 국외여행 인솔자는 현장에서 해결을 하고 귀국하는 것이 가장 좋은 방법이니 현지에서 해결할 수 있도록 최대한 노력하는 것이 중요하다.

우선적으로 여행을 진행한 여행업자와 여행자는 합의를 하려고 시도를 하게 된다. 하지만 합의가 이뤄지지 않으면 행정기관 혹은 소비자단체를 통해 문제 제기를 한다. 소비자의 권리를 요구할 수 있는 피해구제를 할 수 있는 방법은 다음과 같이 4가지가 있다.

⚙ 사업자에 의한 피해구제
- (여행)업자가 손해를 보상하는 방법: 첨예한 대립 시에는 결말 없음

🛟 소비자단체에 의한 피해구제

소비자단체가 피해사례를 보고받고 법률적 방법을 제공하고 나아가서 사업자로 하여금 자율적으로 피해를 구제토록 유도

🛟 행정기관에 의한 피해구제

행정기관이 소비자기본법 및 관련법에 규정된 법에 따라 구제의무 부과 행정명령으로 영업허가 취소 등의 처벌 부과

🛟 한국소비자원에 의한 피해구제

- 합의 권고 유도(30일 이내)
- 소비자분쟁조정위원회에 조정의뢰 후 조정의결(30일 이내)
- 조정결과 수락(15일 이내) → 재판상의 화해와 같은 효력

🌐 표 12-2_ **기관별 관광불편 처리절차 현황**

구분	여행불편처리센터	관광불편신고센터	한국소비자원	소비자상담센터
운영 주체	한국여행업협회	한국관광공사 (전국24개 시/도/군)	공정거래위원회 한국소비자원	공정거래위원회 소비자단체
연락처	1588-8692	1330	043-880-5500	1372
웹 사이트	www.tourinfo.or.kr	kto.visitkorea.or.kr	www.kca.go.kr	www.ccn.go.kr
운영경과 및 근거	2006년~	1978년~	1987년~	2010년~
	관광불편신고센터 운영에 관한 규정 (문화체육관광부훈령 제120호)		1987년 7월 1일 소비자보호법 의거	
서비스 시간	09:00~18:00 (월~금) 근무시간 외 자동응답	24시간 연중 무휴	09:00~18:00 (월~금) 근무시간 외 자동응답	09:00~18:00 (월~금) 근무시간 외 자동응답
서비스 대상	내국인	내ㆍ외국인	내ㆍ외국인	내ㆍ외국인
서비스 내용	여행사(예약) 관련 불편 등 중재	관광 전반에 대한 불편ㆍ불친절사항 접수ㆍ처리(영/일/중)	모든 사업자와 소비자분쟁 중재	모든 사업자와 소비자분쟁 중재

자료: 한국여행업협회 2019, p.195.

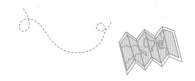

4 여행불편 처리절차

여행 중 불만을 가진 여행자는 앞에서 언급한 4군데의 관광불편처리기관을 통해서 컴플레인을 제기하게 된다. 여행 관련 컴플레인 처리를 가장 많이하는 기관은 한국여행업협회(KATA)에서 운영하는 여행불편처리센터이다. 따라서 여행불편처리센터에서 컴플레인 절차 등을 알아보면 다음과 같다.

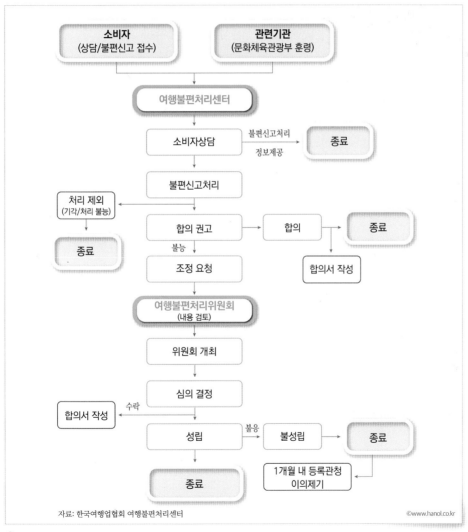

자료: 한국여행업협회 여행불편처리센터

©www.hanol.co.kr

> 그림 12-1_ 여행불편신고 처리절차도

여행불편처리센터는 여행자가 제기한 컴플레인을 심의·결정하기 위해서 여행불편처리위원회를 구성해야 한다. 여행불편처리위원회는 총 9명으로 구성되는데 위원장 1인을 포함한 변호사 2인, 소비자단체 2인, 여행업전문가 2인, 여행 관련 언론인 1인, 관광학회 1인, 한국여행업협회(KATA) 부회장으로 구성된다.

구성원들의 임명은 추천기관의 추천을 받아 한국여행업협회 회장이 위촉한다. 여행자가 제기한 컴플레인을 심의 및 결정하기 위해서 진행되는 위원회의 회의는 위원 과반수 출석으로 진행되며, 출석위원의 과반수 찬성으로 의결한다. 단, 법률전문가, 소비자단체, 여행업전문가는 각각 1인이 반드시 출석하여야 한다.

② 여행불편 처리사례

국외여행 인솔자는 해외여행자 급증과 더불어 늘어나는 여행자들의 컴플레인을 대응하는 방법을 숙지하기 위해서 공정거래위원회에서 제시한 보상기준을 바탕으로 여행불편센터에 접수된 사례들의 처리된 결과를 살펴보면서 현장에서 발생되는 사건·사고에 대응하는 방법을 숙지하는 것이 좋다.

한국여행업협회(KATA)의 여행불편처리위원회에서 처리한 심의결정사례들 중에서 국외여행 인솔자와 관련된 사례를 중심으로 종사원 관련, 일정변경 관련, 숙박 관련, 쇼핑관광 관련, 선택관광 관련, 사고 관련, 분실·도난 관련 그리고 기타 등으로 나눠서 살펴보았다.

① 여행사종사원 관련 사례

1) 가이드 폭행 등으로 인한 불편 사례

> **◑ 여행상품 개요**
> · 방문지역: 미국, 캐나다
> · 방문기간: 2016.10.26~2016.11.4.
> · 행사비용: 1인당 ₩1,400,000원(신고인 외 1명)

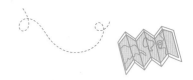

◉ 신고인 주장 & 여행사의 답변

1 여행 중에 팔순 모친의 화장실 안내를 거부하고 화장실 이용을 무단이탈이라고 하는 등 가이드의 무례한 행동에 대해 이의제기하자 주먹질의 폭력을 행사하는 사건이 발생했으며, 여행사는 신고인에게 책임을 전가하며 사실관계 규명에 미온적임.

- 여행 중 원활한 행사 진행을 위해 다른 장소를 안내해주었고, 가이드 등에게 말 없이 화장실을 다녀와 팀과 떨어지는 상황이 발생함.
- 동건으로 신고인과 언쟁 중 가이드의 손바닥이 신고인의 목과 얼굴 사이에 접촉이 있음은 확인되나 폭행사건으로 보기는 어렵다고 판단함.

2 답변요청에 대해 대표는 답변을 거부하고 실무자 명의의 답변으로 말바꾸기를 하며 사실관계 확인을 방해하고 있음.

- 해당 건 관련 4차례의 내용증명을 송부했으며, 대표이사에게 업무를 위임받아 진행하므로 민원접수 후 경위파악 및 재안내 과정에서의 오해로 추측됨.

3 사전동의 없이 인원을 20명 가까이 초과모집했으며 추가적 이의제기가 없었으나 계약서상 이의사항 명시를 빌미로 현지에서 가이드가 법대로 하라는 등 불친절, 불량한 태도를 보임.

- 행사일정과 관련해 일정표에 4~54명까지 행사 가능 및 인원별 차량 배정이 안내되었으며, 출발 2일 전 확정일정표에 최종 인원 49명/56인승 버스로 진행됨을 고지하였고 출발 2일 전 확정일정표를 드림.
- 가이드의 부적절한 행위는 사과드리며 현지에 전달해 지속적인 모니터링 및 별도 교육 예정임.

4 무리한 옵션 판매와 과다징수 등 여행자의 편의와 안전은 도외시함.

- 일정표에 명시되어 있지 않은 선택관광 및 상이한 요금으로 판매한 사항은 확인되지 않음.

◉ 신고인의 요구사항 & 여행사의 제안

사실관계 규명 후 책임자 답변 & 사실관계에 상응하는 조치 & 관련 법령에 따른 적절한 피해보상

- 당초 70만 원 보상 제안했으나 현재 보상 철회

◯ **심의결정사항**

해당 여행사는 신고인 외 1인에게 총 700,000원을 지급하라.

◯ **결정 이유**

여행자를 안내하는 가이드의 업무수행상의 어려움은 이해되나 서비스를 제공하는 여행업 종사자로서 여행자 대응이 부적절하여 여행자에게 불편을 끼친 점이 인정되므로 신고인 등에게 금 700,000원을 보상하는 것이 합리적이라 판단됨.

- 고령자에게는 늘 화장실 안내부터 하는 것이 좋다.
- 이동할 때는 가이드나 인솔자에게 이야기하고 다녀오라고 안내를 한다.
- 국외여행 인솔자나 현지 가이드는 절대로 흥분해서 여행자와 마찰을 일으켜서는 안 된다. 특히 신체적 접촉을 해서는 절대로 안 된다.

2) 인솔자의 부당행위 불편 사례

> ➡ **여행상품 개요**
> - 방문지역: 체코, 폴란드
> - 방문기간: 2017.6.20~2017.6.27.
> - 행사비용: 1인당 ₩1,290,000원(신고인 외 5명)

◯ **신고인 주장 & 여행사의 답변**

① 인솔자의 항공 좌석 배정 부정행위로 정신적 피해를 입음.

② 장거리 여행의 편의를 위해 이티켓 수령 후 인터넷으로 일행 좌석을 간격이 넓은 7~8열을 선택하여 배정받았으나 귀국 시 동의 없이 인솔자가 본인 일행의 이티켓 정보를 이용해 본인 일행이 미리 선택하여 배정받은 7~8열 좌석이 모두 27~28열로 옮겨져 있고 인솔자 자신의 좌석이 본인 일행의 배정 좌석인 7A열로 옮겨져 있었음.

- 귀국편의 웹체크인 오픈 시간이 6.24. 04시 30분이었음.
- 당사는 여행자들의 자리가 떨어지는 것을 방지하기 위해 인솔자가 서비스 차원에서 사전체크인을 시행해 자리 선점하였음.

- 또한 이동 중 버스 내에서 여행자들께 같이 앉을 수 있도록 도움드리기 위해 사전 체크인을 먼저했음을 안내 및 양해를 구했으며 인솔자 지정좌석이 마음에 들이 않으면 수속 시 변경요청 가능함을 안내함.

③ 해당 항공사는 36시간 전에 좌석을 선택해 배정받는 관계로 새벽에 일어나 휴대폰으로 어렵게 좌석을 배정받는데 그날 버스 이동 중 좌석을 재확인하는 과정에서 우리 일행의 좌석이 모두 27, 28열로 옮겨져 있고 인솔자가 우리 좌석 중 하나인 7A열을 선택. 배정받았음을 알게 되었으며 인솔자의 소행임을 알게 됨.

- 신고인이 원래 지정한 좌석과 다르게 배정되었다고 해서 신고인이 원하는 7~8열로 변경해 드렸고 신고인도 괜찮다고 함.
- 좌석지정에 대해 해당 항공사의 히스토리 확인은 불가하나 항공 좌석 배정 프로세스상 인솔자와 신고인이 동시 좌석지정을 시행하던 중 인솔자가 먼저 확인버튼을 눌러 결과적으로 인솔자가 지정된 것 같다고 안내함.

④ 본인의 항의로 본인 좌석만 원래좌석인 7F열로 옮겨놓고 일행들은 원래 배정좌석이 아닌 좌석을 배정받았으며 인솔자는 본인이 배정받아둔 일행의 좌석인 7A열에 앉아 귀국함.

⑤ 인솔자가 자기 편의를 위해 여행자 개인정보를 사적으로 사용하는 것은 부당행위임.

- 인솔자의 자리선점은 새벽시간대에 좌석지정을 못하는 여행자를 위한 서비스 차원에서 진행했고 또한 인솔자가 여행자 정보를 별도 이용하는 경우도 없으므로 신고인 요구사항은 당사 진행이 불가함.
- 또한 인솔자 자리 우선 선점은 현지에서 충분히 안내 완료된 건으로 요청사항 처리 불가함.

✪ 신고인의 요구사항 & 여행사의 제안
재발방지 약속 및 회사 홈페이지에 사과문 게재, 인솔자의 사과문과 회사대표 명의 재발방지 확약서 송부
- 요청사항 수용 불가

✪ 심의결정사항
동건은 불문 종결한다.

🔵 결정 이유

동 사항은 시스템 오류에 따른 것으로 추정되고 개인정보의 유출이 입증되지 않으며 인솔자가 좌석 배정을 위해 노력하여 결과적으로 좌석 배정이 원상복구되어 신고인이 피해를 입은 것이 없으므로 불문 처리하는 것이 합당하다고 판단됨.

- 누구나 좌석을 선정할 수 있기에 여행자들에게 좌석 선정을 자유롭게 할 수 있도록 하고 하는 방법을 안내하며 도움을 요청하는 여행자들은 도움을 드리도록 한다.
- 웹체크인을 하면서 좌석 배정을 하게 되는데 웹체크인을 하기 전에 여행자들의 동의를 받고 한다(상기 사례는 먼저 하고 나서 동의를 구함).

3) 인솔자의 부당한 처신 및 과장광고 불만 사례

> 🔴 **여행상품 개요**
> - 방문지역: 동유럽
> - 방문기간: 2018.8.7~2018.8.15.
> - 행사비용: 1인당 ₩2,058,200원(신고인 외 2명)

🔵 신고인 주장 & 여행사의 답변

① 부모님을 모시고 여행 중 인솔자의 자질미흡 및 부당한 태도와 홈쇼핑 때와는 판이한 시설 등에 불편을 겪음.

② 첫날 항공지연으로 자정 넘은 시각에 호텔 문 밖에 대기하게 하였는데 인솔자라면 현지의 상황을 잘 전달해 여행자 불편이 없도록 해야 함에도 대처가 미흡했으며, 프라하 야경투어를 앞두고 발이 불편한 그룹이 있었는데 참석 여부를 확인하는 방식에서 여행자를 배려하는 모습은 찾기 어려웠음.

- 항공편 지연으로 인해 3시간이나 지난 11시 30분쯤 호텔에 도착했으며, 현지 지상 수배업체인 랜드사를 통해 호텔에 미리 연락했으나 호텔 리셉션 직원 부재로 5~7분 가량 기다렸음.

③ 체코의 호텔에서는 홈쇼핑 광고와는 달리 무더위에 선풍기나 에어컨이 없어 부친이 '에어컨이 있다면 추가 금액을 지불하더라도 객실을 변경하겠다고 했으나 인솔자는 없다고만 했음.

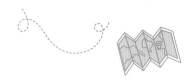

그러나 이튿날 해당 호텔 정보 검색 시 일반실은 선풍기가, 윗등급 객실은 에어컨이 있는 것으로 확인되었고 프런트에 문의하자 업그레이드 가능하다는 답변을 받음.

- 신고인은 호텔에 에어컨이 없다는 것과 시설 미흡에 대해 항의하였고 단체의 한 여행자가 유럽의 호텔사정에 대해 말해주었지만 신고인은 절대로 듣지 않고 홈쇼핑과 여행사가 사기를 쳤다는 말만 하였음.

- 해당 호텔은 규모가 큰 호텔로 야경투어를 끝내고 들어오는 시간대가 비슷해 그룹들이 리셉션에 대기 중이었고 자사 여행자팀은 에어컨이 없는 A동에 배정됨. 이튿날 신고인이 "추가요금을 지불하면 에어컨이 있는 방으로 변경 가능하다는데 왜 안내해주지 않았냐"고 했으나 현지에서 추가금액을 내서 방을 변경하는 부분은 여행자 형평성에서도 어긋나고 문제가 될 수 있어 인솔자는 일정대로 진행함.

④ 또한 정원관람 관련해 인솔자가 연로한 모친에게 윽박지르며 따져묻는 등 하대하는 태도를 보였으며, 이러한 인솔자의 태도를 납득할 수 없고 사과도 없이 편가르기를 한 인솔자의 언행 등은 잘못되었음.

- 쉔부른 궁전투어 시 신고인 가족 3인은 궁전을 보지 않고 마차를 탑승하겠다고 했으나, 가이드 대기 중 신고인 모친이 정원에 가겠다고 해 쉔부른 정원으로 이동했는데 인원확인 중 확인이 되지 않아 다시 찾으러 가게 되었으며, 그 과정에 언쟁이 있었음.

- 해당 인솔자는 여행사 근무 이래 처음으로 팀을 버리고 싶다는 생각을 하게 한 최악의 팀으로 기억하며 다른 일행들의 여행까지 망친 신고인 일행을 고소하고 싶은 마음까지 들 정도로 씻을 수 없는 깊은 상처와 충격을 받았음.

신고인의 요구사항 & 여행사의 제안
인솔가이드의 사과 및 노모의 위염 치료비 보상
- 보상 불가

심의결정사항
여행사는 신고인 외 2인에게 총 180,000원을 지급하라.

결정 이유
동건은 신고인의 요청이 있었음에도 예약된 숙박시설 이용에 대한 안내가 미흡했던

점을 고려하여 여행사가 신고인 등에게 1인당 60,000원씩 총 180,000원을 지급하는 것이 합당하다고 판단됨.

- 상기 여행은 한여름에 떠난 여행이다. 더위와 싸워야 하는 형국인데 에어컨이 없는 호텔의 객실이라는 것은 당연히 컴플레인 소지가 발생할 소지가 높기에 한여름에 떠나는 여행자들에게 이 호텔의 사정을 미리 고지하는 것이 좋다. 그래야 현지에서 불만이 없거나 적다.

- 시설이 미흡하다는 사실을 인지했더라면 전체적으로 공지해서 업그레이드를 원하는 여행자 유무를 파악해서 대응하는 것도 방법이다. 단, 경제적인 이유로 업그레이드를 못하는 여행자들이 있을 수 있기에 이 방법은 아주 조심스럽게 진행되어야 한다.

- 어떠한 상황이라도 국외여행 인솔자나 현지 가이드는 절대로 흥분해서 여행자들과 마찰을 일으켜서는 안 된다. 참고로 한 번 문제가 생기면 계속 발생하는 경향이 있으니 항상 유념하고 더불어 흥분하게 돼서 폭언과 망언을 하게 되는데 절대적으로 피해야 할 것이다.

❷ 교통(항공, 공항, 차량 등) 관련 사례

1) 항공 수하물 지연에 따른 불편 사례

> ⊙ **여행상품 개요**
> · 방문지역: 북유럽
> · 방문기간: 2017.7.30~2017.8.10.
> · 행사비용: 1인당 ₩3,800,000원(신고인 외 1명)

⊙ 신고인 주장 & 여행사의 답변

➊ 여행 캐리어 2개 중 1개가 항공사의 수하물 지연에 따라 여행 7일 차에서야 받았음.

- 신고인의 수하물 지연에 대한 상황을 인지한 후 수시로 공항과 연락을 취하였으나 항공시스템 문제로 정확히 파악이 불가하여, 현지 여행사를 통해 직접 찾아 타 여

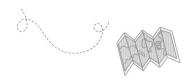

행사 팀을 통하여 7일 차에 전달한 것임.

② 상기의 사유로 두꺼운 옷이 없어 추위에 떨어야 했으며, 속옷과 세면도구 등이 없어 여러모로 불편을 겪었음.

- 누락된 세 명의 가방이 각 부부 중 한 사람씩 분이어서 여행 초기에는 필요한 것이 없다고 하였으나 여행 5일 차까지 짐이 도착하지 않음에 여행자들이 화가 난 상태였고, DFDS(훼리) 면세점에서 필요한 생필품 등을 구입하도록 안내하여 티셔츠, 점퍼 등을 구입함.

③ 인솔자가 여행 출발 2~3일 전에 수하물 지연의 우려가 있으니 여행 휴대가방을 준비하라고 한 것은 사전에 여행사가 이를 인지하였다고 할 것임에 이를 알고도 여행상품을 판매한 것임.

- 올해 여름 해당 항공사의 수하물 지연이 많아 혹시나 하여 신고인을 비롯한 여행자들에게 '2~3일 정도 필요한 세면도구와 패딩 및 옷가지를 기내용 가방에 준비하는 것이 좋을 듯하다'고 문자를 보냈으며, 인천공항 미팅 시에 A4용지로 A여행사 ICN/OSL 문구를 크게 인쇄하여 모든 수하물에 부착하였음.

④ 여행사가 여행상품을 기획 및 판매하면서 수하물 사안에 대해서는 전적으로 항공사에게만 책임을 떠넘기는 사항은 부당함.

- 수하물 지연 도착은 당사의 귀책사항이 아니며 수하물 인도 및 대응 등에 최선을 다하였으므로 보상은 어려움.

⭕ 신고인의 요구사항 & 여행사의 제안

정신적, 물리적 피해보상 요구

- 러시아 항공사 측에 보상을 요구하였으며, 상사는 보상할 의사가 없음.

⭕ 심의결정사항

여행사는 신고인 외 1인에게 총 200,000원을 지급하라.

⭕ 결정 이유

신고인이 항공 수하물 지연에 따라 추위와 생필품 부족 등으로 여러 불편을 겪은 사항이 인정됨.

다만, 동 사항 원인이 해당 여행사의 고의·과실로 보기 어려우며 수하물 분실을 인지 후, 신고인에게 수하물을 찾아주기 위한 노력이 인정됨에 금 200,000원을 보상하는 것이 합리적으로 판단됨.

- 상기 사례가 발생하는 원인은 경유하는 항공사를 이용하거나 여행자 짐을 분류하는 과정이 낙후된 공항에서 많이 발생한다. 상기 상황에서 인천에서 오슬로(ICN/OSL)로 짐을 보내는 것을 보면 경유하는 편임을 알 수 있다.

- 여행사는 여행자들에게 안내도 하고 수하물 분류 등에 실수가 없도록 표시까지 한 것은 나름 인솔자가 노력하고 고의·과실이 없다는 것을 보여준 사례이다. 따라서 판결은 고생을 많이 한 여행자들에게 보상 차원에서 내린 경우이다.

- 출국 전에 수하물 분실, 파손 및 지연이 많이 발생하는 여정이라면 안내를 하고 불편한 상황이 발생하지 않도록 ① 수하물표 및 여행사 짐표가 잘 붙어있는지 확인, ② 경유지에서 항공사 카운터에서 재확인 작업, ③ 입국장에서 동행한 여행자들의 짐을 다른 사람이 가져가지 못하도록 컨베이어 벨트를 전체적으로 확인하는 작업을 하거나 여행사 짐표가 부착된 짐을 모아두는 작업을 하면 좋다.

2) 입국심사 지연으로 인한 불편 사례

◑ 여행상품 개요
- 방문지역: 싱가포르, 인도네시아
- 방문기간: 2016.12.22~2016.12.26.
- 행사비용: 1인당 ₩899,000원(신고인 외 11명)

◐ 신고인 주장 & 여행사의 답변

① 인도네시아 바탐에서 싱가포르 입국 시 불편이 예상되는 상황에서 여행사에서 사전 안내 없이 상품을 판매하고 이에 대한 조치 없이 행사를 진행하여 입국하는 데 4시간 30분이 소요됨.

- 성수기로 입국지연이 예상되어 평소보다 일찍 여행자들을 싱가포르로 이동케 하였으나 예상보다 더 지연된 것으로 가이드가 여행자 중 한 분과 계속 연락을 취하였으나 케어할 수 있는 상황이 아니었음.

❷ 이후 시간이 부족하여 점심식사를 2시에 하고 저녁식사를 5시 30분에 진행하였으며 행사도 제대로 진행되지 않아 차량에서 휴식을 요구하였으나 여행사가 이를 거부함.

- 이에 새로운 가이드와 차량을 수배하여 바탐팀은 오후 일정을 단독으로 이상 없이 진행하였으며, 여행자들이 휴식을 원하여 선택관광비용도 환급했으나 차량에서 휴식을 제공하지는 못함.

❸ 또한, 사전 안내 없이 일정이 다른 팀과 연합행사를 진행하여 행사인원(38명)이 너무 많아 제대로 된 서비스를 제공받지 못함.

- 동 상품은 항공과 상관없이 싱가포르 상품들과 조인행사가 진행되는 상품으로 사전 고지하였음.

⚙ 신고인의 요구사항 & 여행사의 제안
총 2,400,000원(200,000원 X 12명)
- 보상 불가

⚙ 심의결정사항
신고인의 청구사항을 기각한다.

⚙ 결정 이유
동 상황은 현지 국가의 출입국에 관한 사항으로 여행사가 대응할 방법이 없고 여행사가 여행자 불편 해소를 위해 가이드와 차량을 추가 배치해서 대응하였으며 연합행사 등에 대해서는 계약 시 고지한 점 등 여행사의 처리 과정이 불합리하다고 볼 수 없음.

- 상기 사례는 여행사 종사자가 해결할 상황이 아님에도 불구하고 최선을 다하였기에 기각된 사례이다. 여기서 보듯이 여행업 종사자의 고의 및 과실에 의한 사건·사고가 아니라면 당당한 자세로 임하되, 오해가 생기지 않도록 하면서 여행자들을 응대하는 과정에서는 성실하게 최대한 노력하는 자세가 필요하다.

③ 숙박 관련 사례

1) 숙소 및 일정운영 관련 불편 사례

> **⊙ 여행상품 개요**
> · 방문지역: 유럽
> · 방문기간: 2017.8.10~2017.8.16.
> · 행사비용: 1인당 ₩2,000,000원(신고인 외 3명)

⊙ 신고인 주장 & 여행사의 답변

① 전 일정 2급 호텔 숙박으로 안내받았으나 4개 호텔 등급은 4급 이하로 보이고 싱글 룸에 엑스트라 베드를 넣고 더블베드로 만들어 객실이 비좁고 협소해 다니기가 어려웠으며 모든 호텔이 변두리 지역에 소재함.

 · 본 상품은 전 일정 2급 호텔을 사용하였고 유럽 호텔의 경우 2인 1실 기준으로 방 배정 및 시내에서 최대 2시간 이내에 호텔을 수배했으며 일정표에 시내 호텔 숙박이라고 언급한 적이 없음. 또한 유럽 호텔은 2인 1실 기준으로 한국 관광호텔의 룸 크기와 비슷함.

② A호텔 조식은 동일 장소에 우리 손님만 별도로 자그마하게 마련된 콘티넨털 조식으로 차별 제공

 · A호텔 조식은 일정표에 기재한 대로 간단한 콘티넨털식으로 진행했으며 그룹예약 상황이므로 식사도 그룹식으로 진행됨.

③ 가이드, 기사 경비로 1인당 70유로를 지불했으나 현지 안내원은 베르사유궁전 1일만 안내하고 나머지는 인솔자가 했으며 차량 내 안내가 많았음.

 · 안내는 난이도를 고려해 프랑스에서는 현지 가이드가, 베네룩스, 독일은 역량 있는 인솔자로 배정했으며 기사, 가이드 경비는 현지 지불 식당 팁, 물값, 수신기, 주차비 등이 포함된 비용임.

④ 전 일정을 버스로만 이동해 매우 불편했고 일정도 암스테르담에 도착해 숙박하고 다음 날 관

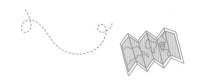

광하고 벨기에 관광 후 독일, 프랑스를 관광하고 출국하면 좋은데 왔던 나라를 다시 가는 이해되지 않는 일정으로 짰음. 또 매일 6시에 모닝콜, 7시에 식사, 8시에 출발하는 등 일정을 무리하게 운영하였음.

- 본 상품은 항공편이 암스테르담 인/아웃으로 정해진 상품으로 전 일정 버스 이동에 다국가 관광상품으로 소요시간이 길며 도시 이동 간 소요시간을 일정표에 기재함. 신고인이 만족하지 못해 안타까운 심정이나 계획대로 전 일정이 진행되었음을 헤아려주시기 바람.

◉ 신고인의 요구사항 & 여행사의 제안

손해배상

- 보상 불가

◉ 심의결정사항

여행사는 신고인 외 3인에게 총 163,320원을 지급하라.

◉ 결정 이유

여행 중 가이드의 안내서비스가 충분히 제공되지 못해 신고인이 불편을 겪은 점이 인정되므로 인솔자 가이드 경비의 일부(1인당 30유로, 합계 120유로, KEB 하나은행 2017.8.10. 매입환율 1,360.96원 적용)를 반환하는 것이 합리적이라고 판단함.

- 투어리스트급호텔(2급 호텔급)을 이용하는 여행상품(특히 유럽지역)은 상기와 같은 숙박시설에 대한 컴플레인이 종종 발생하는 편이다. 예를 들어 상품가를 저렴하게 만들다 보니 시설면에서 떨어지고 시내 중심에서는 다소 떨어지게 되는 경향이 있다. 상기 사례의 판결에서도 알 수 있지만 숙박시설 부분에 대한 보상이나 배상은 없다. 하지만 국외여행 인솔자로서는 불편한 것은 사실이다. 따라서 호텔에 대해서는 미리 안내를 하는 것이 좋다. 컴플레인의 빈도 및 강도를 낮출 수 있는 방법 중 하나이다. 또한 성실하게 노력하는 모습을 보여주는 것도 하나의 방법이다.
- 2번째로는 가이드의 안내가 없음에도 가이드 경비를 제출했다는 것이다. 역시나 국외여행 인솔자가 많은 일을 하는 유럽지역에서 발생하는 컴플레인으로 국외여

행 인솔자의 설명이나 안내가 미흡함에도 현지 가이드가 없기에 발생한다. 유럽지역은 국가 간을 이동하다 보니 현지 가이드가 없는 경우도 있으니 인솔자가 해야 한다. 따라서 많은 것을 숙지하고 정확하고 현실감 있는 좋은 서비스를 제공할 수 있도록 노력해야 한다.

2) 베드버그로 인한 불편 사례

● 여행상품 개요
- 방문지역: 서유럽
- 방문기간: 2018.5.5~2018.5.13.
- 행사비용: 1인당 ₩3,067,000원(신고인 외 3명)

○ 신고인 주장 & 여행사의 답변

① 서유럽 가족여행 중 숙소 상태가 좋지 않아 불편했으며 특히 여행 6일 차(5.10)의 프랑스, 파리에서 묵은 호텔은 악취가 진동하고 더러워 최악이었으며 다른 일행들도 방이 너무 더러워 숙소교체를 요청한 사실이 있다고 들을 정도로 좋지 않았음.

- 당시는 출발 전 일정표에 몇 가지 호텔을 표기하고 리스트에 있는 호텔 중 한 곳을 확정하여 출발하고 있으며 현지 사정상 호텔은 변경될 수 있다고 표시하고 있고 출발 후 현장에서 호텔 변경은 하지 않음.

② 5. 13.에 귀국하여 5. 15.부터 몸이 가렵기 시작해 5. 16. 피부과 진료 후 알레르기 연고와 약, 주사처방을 받았고 그날 오후 아들에게도 같은 증상이 나타나 피부과 진료를 받았으며 인터넷 검색을 통해 우리의 증상이 베드버그(빈대) 증상과 유사함을 알게 됨.

- 베드버그로 인한 진단서는 곤충교상으로 작성이 되나 신고인은 곤충교상이 아닌 질병분리기호가 L239인 알레르기성 접촉피부염 진단서를 제출하여 베드버그가 아니라고 판단함.

③ 여행사에 불편을 제기하자 의사의 진료확인서가 일반 알레르기 증상으로 기재되어 있어 실제 소요 진료비와 위로비 1인당 10만 원 외에 벌레에 대한 피해보상은 불가하다고 하였으며 억울한 마음에 의사에게 호소해도 베드버그와 유사한 증상이지만 본인의 피부증상으로 베드버그 진단은 어렵다는 태도를 보임.

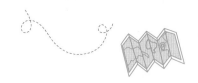

- 신고인이 불편을 겪은 부분에 있어 치료비 지원 및 증상 발생 위로금은 지원이 가능하나 진료확인서상 베드버그라고 보기는 어려워 가택 방역에 대한 신고인의 요청을 수용할 수 없음.

④ 여행사는 사전에 이러한 피해를 포함한 호텔 유의사항 등에 대해 고지하지 않았으며 해당 호텔에 대한 여행자 평가 시 청결도가 낮다는 의견이 많음도 알 수 있었음.

⑤ 해당 여행사를 믿고 여행을 갔는데 호텔이 전반적으로 문제가 있었음에도 제대로 된 대응을 하지 않는 데 대해 불만이며 여행사의 보상제안도 수용할 수 없음.

- 더 나은 여행상품 제공을 위해 상품 개선에 더욱 노력하겠음.

⚙ 신고인의 요구사항 & 여행사의 제안

치료비 + 가택방역비용

- 치료비(여행자보험과 치료비의 차액)

위로금 1인 10만 원 + 의사소견서 비용 1인 1만 원(합계 22만 원) 보상

⚙ 심의결정사항

여행사는 신고인 외 1인에게 총 220,000원을 지급하라.

⚙ 결정 이유

신고인이 여행 중 호텔상태 불량으로 불편을 겪은 사항이 인정됨에 여행사가 신고인에게 위로금으로 금 220,000원을 지급하는 것이 합리적이라 판단됨.

- 국외여행 인솔자는 항상 객실 상태를 확인해 줘야 한다. 특히 시설이 떨어지는 경우 더욱 신경을 써야 한다. 상황에 맞게 객실을 변경하거나 혹은 시트라도 바꾸는 조치를 취해야 한다.

- 참고로 여름에 투숙하는 경우는 모기가 객실에 있는 경우가 종종 있다. 이에 대비하는 행동을 취해야 한다. 모기약은 준비되어있는지 파악하고, 없으면 프런트에 요청해서 준비시킨다. 한국을 출발 전에 이런 것들도 미리 확인하여 한국에서 방충과 관련된 것을 준비하라고 안내를 하는 것도 좋다. 예를 들어 모기향, 전기모기향 등을 안내해준다.

3) 숙소 미비 및 여행상품에 대한 전반적인 불편 사례

> **◆ 여행상품 개요**
> · 방문지역: 두바이, 모리셔스
> · 방문기간: 2018.10.29~2018.11.7.
> · 행사비용: 1인당 ₩3,430,000원(신고인 외 1명)

◎ 신고인 주장 & 여행사의 답변

① 본인 부부는 해당 여행사를 통해 두바이+모리셔스 허니문 상품을 계약하고 이용함. 모리셔스 일정에서 차질이 생겼는데 도착하는 날부터 여행사 측 안내와 현지 담당자의 안내가 상이했음. 현지 담당자 말대로 유심구매와 환전을 리조트에서 하기로 하였으나 리조트로 데려다주는 기사에게 확인하자 유심구매와 환전이 리조트에서는 불가하다고 하였음. 가는 길에 유심만 구매하고 호텔로 이동하게 되었음.

· 출발 전 여행담당자가 환전과 유심구매는 꼭 공항에서 하라고 정확히 안내를 하였음. 현지 공항 환영 전담직원이 미팅하였고, 신고인은 환전과 유심카드에 대한 언급을 한 적이 없음. 짐 운반 직원이 환전은 공항에서 가능하다고 하였으나 공항에서의 환전은 신고인이 거절하였음. 호텔에서 환전과 유심카드 구매가 가능하다는 안내는 한 적이 없으며, 기사에게 유심카드에 대한 문의만 하였다고 함.

② 셋째 날 카젤라 공원에 가는 일정이 있었는데 공항에서 담당자가 픽업시간이 9시 15분이라고 종이에 적어 주었음. 환전도 하고 일정을 소화할 예정이었으나 출발시간이 8시라 조식도 먹지 못하고 대충 준비하고 나가야 했음. 결국 환전도 하지 못하고 귀국 전날이 돼서야 환전할 수 있었음.

· 카젤라 공원 미팅시간의 혼선은 현지 픽업 담당자의 실수로 바우처에 픽업시간이 잘못 기재되었음. 그러나 당사는 여행확정일정표에 미팅 및 행사시간을 제대로 명기하였음. 현지 실수로 인해 조식을 이용하지 못한 부분에 대해서는 환불할 의사가 있음.

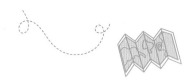

③ 리조트 직원이 초콜릿과 과자류를 서비스라고 제공하였으나 체크아웃 시 결제를 요청하여 불쾌하였음. 리조트가 산중턱에 위치해 있어 이동할 때마다 카트를 타고 이동해야 했는데 여러 차례 요청을 해야 와 주었음. 청소 시 수건교체를 제대로 해주지 않아 이야기했더니 베란다에 수건을 놓고 갔으나 테라스에서 쥐가 돌아다녔으며, 넷째 날 오전 한 시간 이상 물탱크 고장으로 단수되어 씻지 못하였고 다섯째 날 오전에는 정전으로 30분 이상 불편을 겪었음.

- 당사를 통해 예약한 리조트 이용 중 발생한 불편에 대해서는 일정부분 보상할 의향이 있으나 신고인이 요청하는 전액 환불을 불가함.

✪ 신고인의 요구사항 & 여행사의 제안

200만 원 정도: 리조트 이용 요금

- 총 300,000원 보상: 유심비용 3만 원, 미이용 조식비용 3만 원, 기타 불편사항에 대한 보상 20만 원 등

✪ 심의결정사항

여행사는 신고인 외 1인에게 총 600,000원을 지급하라.

✪ 결정 이유

동건은 여행사가 해당 리조트에 대한 정확한 정보를 제공하지 않아 신고인 일행이 불편을 겪은 점이 인정되므로 여행사가 신고인 등에게 1인당 300,000원씩 총 600,000원을 지급하는 것이 합리적이라 판단됨.

- 상기 사례를 보면서 확인해야 하는 것은 첫째로 기존에는 없었던 것이다. 유심카드 구매이다. 많은 여행자들이 이제는 유심카드 구매를 선호하기에 구매하는 방법을 안내해줘야 한다. 물론 환전하는 방법도 같이 안내한다.
- 상기 사례 또한 숙박시설에 대한 정확한 정보를 전달해야 하는 것이 아주 중요한 것을 알 수 있다. 장점이 있으면 단점이 늘 있기에 단점에 대한 안내를 정확하게 전달해야 한다.

4 쇼핑 관련 사례

> ➲ **여행상품 개요**
> · 방문지역: 홍콩, 호주
> · 방문기간: 2007.8.15~2007.8.20.
> · 행사비용: 1인당 ₩1,190,000원(신고인 외 1명)

⟳ **신고인 주장 & 여행사의 답변**

① 현지 가이드가 호주는 세계 최고의 예방의학의 나라임과 호주 의료세도 등에 대하여 지속적으로 홍보하며 호주 국민들에게 약품을 공급한다는 'OZ Medi'라는 곳에 선심 쓰듯이 데리고 감.

② 본인이 구매한 약품들은 호주정부가 국민들에게 의무적으로 먹도록 권장하는 약품이며, 모든 것은 호주정부가 책임을 진다고 함. 또한 그 물건은 세관에서 영수증을 떼어가기 전까지 봉투를 훼손하면 안 된다고 하며 절대 내부가 보이지 않는 봉투에 약품을 잘 보관하라며 나눠 줌.

③ 그러나 귀국 후에 약품의 효능을 확인하는 과정에서 이 약품들은 치료제가 아닌 싸구려 보조제임을 알게 되었고, 판매과정에서 말한 모든 내용이 거짓임을 알게 됨.

④ 이에 여행사에 환불요청을 하였으나 해당 쇼핑점은 여행의 정규코스가 맞으며, 개봉이 되지 않은 정상 물건에 한해 수수료 14.5%를 제외한 금액을 2~3개월 후에 지급할 수 있다고 함.

⑤ 물론 정상적인 물건에 대한 반환이라면 수수료를 부담할 용의가 있지만 온갖 사기극에 의해 구매한 물품이므로 환불은 물론 보상까지 해야 한다고 생각함.

· 신고인은 귀국 후에 현지 쇼핑점에서 구입한 의약품에 대하여 환불을 요청하였고, 당사는 여행자에게 환불에 대한 일련의 과정 및 수수료·환불기간 등에 대하여 고지하고 의약품을 당사로 보내달라고 요청함.

· 청구인 중 신고인을 제외한 모든 분들은 의약품을 보내주었으나 신고인은 일부 복용하였기에 전액환불은 불가하며, 일부 환불도 현지와 협의를 해 봐야 알 수 있다고 말씀드림.

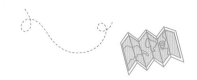

- 신고인의 신고 이유는 여행 현지에서 구매한 상품에 대하여 신고인의 단순변심에 따른 환불 요청 시에 부과되는 수수료에 대한 문제와 일부 경미한 여행일정 변동에 대한 여행자의 오해로 인한 것으로 판단됨.

- 당사는 신고인과의 여행계약에 따라 최대한의 의무를 성실히 이행하였고, 그 과정에서 어떠한 문제도 발생하지 않았음. 따라서 이번 신고 이유가 수수료 문제라고 사료됨. 그러나 수수료는 여행자에게 부과되는 영수증에 표기되어 있으므로 손해배상 책임이 없다고 판단됨.

신고인의 요구사항 & 여행사의 제안
구매한 물품에 대한 전액환불 요구

- 전액환불은 불가함

심의결정사항
해당 여행사는 신고인이 여행 현지에서 구매하고 환불을 요청하는 금액에 대하여 전액환불해라.

결정 이유

▶ 현지 판매업체와 현지 가이드는 건강보조식품을 치료제로 기망하여 신고인에게 물품을 강매한 사실이 인정됨.

▶ 현지 판매업자와 현지 가이드는 법률적 근거가 없는 경고문을 부착하여 신고인을 기망하고 물품을 강매한 사실이 인정됨.

- 쇼핑일정이 들어간 패키지여행은 쇼핑 관련 컴플레인이 많이 발생한다. 이를 방지하기 위해서는 첫째 절대로 강매를 하는 인상을 줘서는 안 되며 과장을 해서도 안 된다. 강매나 과장만으로도 컴플레인이 발생할 수 있다.

- 두 번째로는 환불에 대한 정확한 안내를 해야 한다. 환불은 상품별, 지역별, 쇼핑센터별로 다르니 정확하게 파악해서 안내를 해야 한다. 특히 환불이 안 되는 생물이나 건강보조식품 등이 환불에 많은 혼선이 생기니 주의를 해야 한다.

5 선택관광 관련 사례

1) 선택관광 품질 불만에 따른 불편 사례

> **◑ 여행상품 개요**
> · 방문지역: 하와이
> · 방문기간: 2017.9.17~2017.9.22.
> · 행사비용: 1인당 ₩1,440,000원(신고인 외 1명)

◐ 신고인 주장 & 여행사의 답변

① 현지에서 가이드의 권유로 한식 식사와 선택관광을 하였음. 식사는 아예 포함하지 않는 것이 나을 정도로 형편이 없었음.

· 메뉴가 부실하다는 지적은 해당 부서로 의견을 전달하여 개선안을 검토할 계획임.

② 또한 패키지에 포함된 현지 식당에 없는 서비스 팁을 한국식당에서 두 번 1인당 3달러를 내라는 것은 이해가 되지 않음.

· 하와이는 팁 문화가 있어 패키지상품이라도 일부 식사 시에 테이블 팁이 발생함. 이는 현지에서 가이드가 직접 안내함. 이러한 문화 차이는 일정표에 안내하고 있음.

③ 액티비티 선택관광을 1인당 230불을 지불하여 참여하였음. 1가지만 제대로 했고 안전기구도 없는 상태에서 남편과 맨 앞자리에서 눈에 폭우처럼 집중적으로 바닷물이 눈에 들어가서 눈물만 흘리다 안약을 넣고 안정을 취하느라 다음의 선택관광을 할 수 없었음.

· 현지 업체를 통해 진행되는 선택관광으로 호텔에서 차량으로 이동 후 배로 15분가량 바다로 나가서 바지선에서 씨워커 등을 시간대별로 로테이션으로 진행하는 프로그램임.

④ 바다 가운데에 배로 100명 이상을 로테이션으로 돌리며 아수라장 같았음. 안전과 청결은 사치이고 소요시간이 9시부터~오후 3시까지라고 했으나 12시면 끝나는 선택관광이었음.

· 액티비티 활동은 2시간 소요되며 자유시간으로 활용하고 있음. 1시에 종료되어 호텔로 이동시간을 고려하여 3시 종료로 표기함.

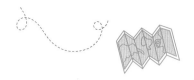

🛟 신고인의 요구사항 & 여행사의 제안

총 500,000원 ; 선택관광 경비 전액

- 1인당 100,000원씩 총 200,000원

🛟 심의결정사항

여행사는 신고인 외 1인에게 총 345,690원을 지급하라.

🛟 결정 이유

신고인에게 제공된 식사메뉴와 선택관광에 대한 정보제공이 부실하여 신고인이 선택관광을 제대로 진행하지 못한 등, 불편사항이 인정되므로 신고인 일행에게 금 345,690(1인당 $150, 합계 $300)을 보상하는 것이 합리적이라 판단됨.

- 상기 사례는 식사 및 관광과 관련된 선택관광에 대한 정확한 정보 없이 추천하거나 판매를 해서 발생한 사례이다. 국외여행 인솔자는 선택관광을 추천할 때는 조심스럽게 해야 한다. 선택관광은 여행자들이 따로 비용을 지불하는 것이기에 높은 기대와 더불어 우려심도 가지고 있다. 따라서 선택관광의 내용을 정확하게 파악하고 추천 여부를 고려해야 한다. 잘못 추천하면 여행자들에게 신뢰를 잃어버리게 되고 또한 귀국 후에 컴플레인이 발생해서 보상 혹은 배상까지 해야 하는 경우가 발생한다.

2) 선택관광 강요에 따른 불편 사례

➡ 여행상품 개요

- 방문지역: 중국
- 방문기간: 2017.10.1~2017.10.4.
- 행사비용: 1인당 ₩399,000원(신고인 외 4명)

🛟 신고인 주장 & 여행사의 답변

① 여행 출발 전에는 선택관광이라고 했지만 현지에서는 필수관광이 되었음. 선택관광 불참 시 불이익이 없다고 주변에 있으면 된다고 하였지만 강압적으로 진행하였음.

- 신고인은 4가지의 선택관광을 이용하였으며 현지에서 강요에 의해 진행되지는 않았음. 전체 23명 중 일부 여행자는 자유시간을 가졌음.

❷ 돈도 없었고 계획도 없었는데 현지에서 어쩔 수 없이 지출이 발생하였음. 선택관광이 너무 비싸 개별적으로 티켓을 구매하겠다고 하니 차액을 내라고 했음.(거의 2배 차이)

- 신고인이 개별적으로 진행하려고 한 선택관광은 금면왕조쇼로 패키지 특성상 개별 구매는 불가함을 안내하였음.

❸ 5명이 가게 되어 안내문자, 여행계약서 등을 일행에게 보내달라고 요청하였으나 일행들은 전달받지 못하였음.

- 신고인과 통화 시 다른 일행들이 핸드폰 번호를 귀사로 MMS 발송하여 연락하도록 부탁드렸으나 MMS 발송만 하고 연락이 없어 미처 처리하지 못하였음.

❹ 호텔도 급이 낮은 호텔로 변경되었음.

- 호텔 변경은 사전에 변경가능성을 안내하였고, 출발 5일 전에 변경되었음을 안내하였음.

⚙ 신고인의 요구사항 & 여행사의 제안

총 $700 ; 선택관광 경비 전액

- 총 $150

⚙ 심의결정사항

여행사는 신고인 외 4인에게 총 350,030원을 지급하라.

⚙ 결정 이유

해당 여행사가 신고인 일행에게 일정표를 교부하지 않았고 선택관광을 일부 강요하는 등 불편사항이 인정되므로 신고인 일행에게 금 350,030원(1인당 $60, 합계 $300)을 보상하는 것이 합리적이라 판단됨.

- 상기 사례는 여행자가 선택관광의 강매를 느꼈다는 사실이다. 통상적으로 현지 가이드들은 선택관광을 하게 하려고 모든 노력을 취하는 경향이 있다. 따라서 국외

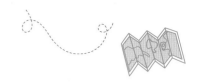

여행 인솔자는 절대로 현지 가이드를 도와준다는 인상을 줘서는 안 되고 절대적으로 여행자가 자유의사에 따른 선택을 할 수 있도록 해야 한다.

- 또한, 더욱 중요한 것은 선택관광을 안하는 여행자들에게 불편이 발생하지 않도록 해야 한다. 오히려 국외여행 인솔자는 선택관광을 하지 않은 여행자들과 동행을 하며 그 시간에 뭔가를 할 수 있도록 준비를 하는 것이 좋다. 본 저자도 참여하지 않는 여행자들과 동행하느라 30년 동안 하면서 여러 번 가본 지역에서도 해보지 못한 선택관광을 경험한 적도 있다.

- 끝으로 출발 전부터 문자 서비스도 제대로 받지 못했다는 것이 문제를 더 크게 만들었다는 사실을 주목할 필요가 있다. 출발 전부터 신뢰가 떨어지기 시작했다. 현지에서 조금이라도 문제가 되면 신뢰회복이 힘들다. 항상 출발 전에 모든 것을 마무리해야 한다.

3) 선택관광을 하지 않아서 불편한 사례

◉ 여행상품 개요
- 방문지역: 유럽
- 방문기간: 2017.7.24~2017.8.1.
- 행사비용: 1인당 ₩2,590,000원(신고인 1명)

○ 신고인 주장 & 여행사의 답변

① 여행 3일 차에 인솔자가 선택관광을 제안하여 하지 않겠다고 하며 자유시간을 요청하였음. 여행자 전원의 일정 동선에 지장을 초래한다면서 20유로만 내면 다른 여행자들에게 말하지 않겠다고 하며 그렇게 협의가 되었으나 3가지 투어일정 중 '성벽'투어는 시켜주지 않았음.

- 선택관광에 대해 설명하자 신고인은 일부만 선택할 것이며, 나머지는 자유시간 4시간을 달라고 요청하였음. 이미 본사 담당자와 협의가 되었다고 하였으나 당사는 그러한 안내를 하지도 않았으며 극성수기 기간에 4시간 자유일정은 어렵다고 안내함. 결국 교통수단이 포함된 2개의 선택관광은 진행되었으나, '성벽투어'는 제공이 불가하여 자유시간은 3시간 정도로 협의하고 일정을 조율함.

② 여행 6일 차에 일정지연으로 저녁식사를 늦게 제공받음. 숙소에 들어가기 전 인솔자가 선택관광을 제안하였지만 거절하자 호텔에 먼저 체크인을 하라고 했음. 그러나 단체관광자는 가이드 없이 체크인을 할 수 없다고 하여 호텔 로비에서 한 시간을 기다려야 했음. 당시 인솔자는 통화도 되지 않고 버스기사에게도 전화연결을 요청했지만 비용이 비싸다며 거절당했으며, 한국여행사에도 여러 번 연락했지만 전화를 받지 않음.

- 저녁식사가 8시로 늦어진 점은 신고인에게 충분히 설명하여 본인도 이해한 사항임. 선택관광 미참여 여행자는 버스기사에게 체크인을 요청하였지만 버스기사가 프런트에 재요청하는 과정(약 5분 정도 소요)에서 신고인이 자리에 없어서 전달하지 못한 것이며, 당시 인솔자가 여행자들과 동굴 안에 있어서 전화연결이 되지 않은 사항임.

③ 계약 전, 문의 시 일정상 외관이라고 써있지 않은 곳은 모두 내부로 들어간다고 확인했는데 손으로 가리키기만 한 관광장소(프란체스코수도원, 스폰자궁, 렉터궁, 성도나트성당, 아나스타샤대성당 등)가 많았음.

- 내부관광 일정은 일정표에 내부라고 표시하고 있으며, 유럽에서 관광지로서 알려진 곳 외 보편적인 수도원, 성당 등은 관광지가 아니어서 단체관광자가 성당 내부를 관광하지는 않음.

④ 욕실 천장이 떨어져 있고, 옆방 말소리가 들리는 호텔을 4성급이라고 하는 것은 과대광고라고 생각되며 탄 음식을 제공하는 것도 잘못된 행태임.

- 객실에 대한 언급이 없어 알지 못했으나 신고인의 사진을 볼 때 미관상 일부 미흡한 부분은 인정함. 음식은 신고인의 사진을 보더라도 탔다고 보기에는 무리가 있으며, 현장에서 변경 제안했으나 신고인이 거절함.

⑤ 인솔자는 의도적으로 선택관광을 선택하지 않은 본인에게 냉대와 불편을 끼쳤음에 충분한 보상과 처분이 필요함.

- 신고인과 동행하였던 다른 여행자들의 여행후기를 보더라도 신고인이 현지에서의 무리한 요구와 행동 등으로 오히려 다른 여행자들에게 폐를 끼친 경우가 많았음.

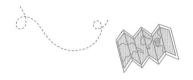

⚙ 신고인의 요구사항 & 여행사의 제안

행정처분 및 합리적 보상

- 센터 중재에 따라 90유로 보상의사가 있었으나 신고인의 과도한 요구와 등록관청 신고 등의 문제를 사유로 현재 보상의사 없음.

⚙ 심의결정사항

여행사는 신고인에게 총 300,000원을 지급하라.

⚙ 결정 이유

당초 일정에 없는 선택관광(포스토이나 동굴관광)을 진행함에 있어 선택하지 않은 손님에 대한 방안이 적절하지 못해 신고인이 호텔 체크인하는 과정에서 50여분을 기다리게 하는 불편을 초래하였음이 인정되며, 수도원, 성당 등에 관한 관광일정에 있어 내부와 외부 표기가 모호하여 신고인의 주장이 일부 타당함에 금 300,000원을 지급하는 것이 합리적이라 판단됨.

- 상기 사례는 여행자가 선택관광을 하지 않아서 발생한 컴플레인이다. 앞에서도 선택관광을 하지 않을 경우를 더 신경 써야 한다고 말했듯이 선택관광을 하지 않은 여행자를 신경을 쓴다면 컴플레인은 발생하지 않을 것이다.
- 선택관광을 하지 않는 이유는 몇 가지가 있지만 대표적인 경우는 첫째, 피곤하기 때문이다. 둘째, 경제적인 여유가 없는 경우이다. 둘 다 선택관광을 못하는 것에 대한 불만이 있는 상태이다. 이런 여행자에게 불편함을 준다는 것은 당연히 컴플레인 감이다. 따라서 이에 대한 대응은 출발 전에 선택관광에 대해서 안내하면서 비용까지 안내를 해야 하며, 대부분 밤늦게 이뤄지는 선택관광의 특징을 감안하여 일정 조율을 잘 해서 진행해야 한다.
- 끝으로 행사를 진행하다 보면 겉만 보는 관광거리가 있고 내부를 들어가는 관광거리가 있다. 들어가지 않는 이유는 볼거리가 없거나, 비용이 발생하거나 혹은 시간이 없는 경우일 것이다. 이러한 내용을 여행자들과 사전에 공유를 하는 것이 좋다.

6 사고 관련 사례

1) 페리호 사고로 인한 일정누락으로 인한 불편 사례

> **● 여행상품 개요**
> · 방문지역: 일본
> · 방문기간: 2017.3.17~2017.3.20.
> · 행사비용: 1인당 ₩999,000원(신고인 외 11명)

● 신고인 주장 & 여행사의 답변

① 일본 오사카/쿄토/규슈 여행 중 2일째 오후에 오사카 출발, 벳푸 도착 예정이었으나 페리호
가 출항 2시간 30분 만에 아카시해협에서 정박함.

· 2일째 오사카-규슈 구간 페리 탑승 중 응급환자 이송으로 인한 항로변경 중 부표
충돌사고가 발생하였으며 사고 후 선체조사 지연에 따라 하선시간 및 장소가 변경
됨(약 25시간 선내 대기).

② 사고원인은 페리호 내 긴급환자가 발생해 응급환자 이송 중 부표와 충돌함으로써 프로펠러
가 고장났기 때문이며 페리호는 3일 차인 익일(3.19) 8시경 오사카항으로 회항함.

· 3일째인 3. 19. 오전 오사카 회항 결정으로 3일 차 일정을 진행하기 어려웠으며 여
행자들의 의견을 반영해 4일 차 기본일정 중 다지이후텐만구 일정을 시내온천으
로 변경함.

③ 25시간 동안 바다에 정박해 있느라 3일 차 규슈 여행은 전혀 진행하지 못했으며 페리호 사고
후 신칸센 탑승을 위해 오사카역으로 이동하던 중 여행사가 전화해 보상은 충분히 해주겠다
고 하였으나 5일 후 15만 원을 보상금으로 제시함.

· 예기치 못한 사유로 관광일정이 계획대로 진행되지 않은 점은 유감이나 교통기관
의 연발착은 여행사의 고의·과실이 아니었으며 당사는 여행자 다수가 원하는 일
정을 최대한 반영하여 진행할 수 있도록 노력했고 일정변경으로 인한 추가비용이
지출되었음.

④ 보상이 적절치 않다고 생각해 수차례 대화했으나 매번 1인당 15만 원으로 책정되었다는 말만 반복하는 등 무성의하여 실망함.

- 당사는 신고인을 포함한 여행자 전원을 대신해 페리회사에 보상을 청구하였으며, 여행일정 중 발생한 사고 및 일정누락에 대한 보상(1인당 15만 원), 일정표에 기재된 미제공 석식비(1인당 1만 원) 등 총 16만 원을 보상할 의향이 있음.

⦿ 신고인의 요구사항 & 여행사의 제안
중요한 여행일정이 무산된 데에 대한 합리적인 보상

- 총 1,920,000원: 1인당 선박회사 환급액 15만 원 + 석식비 1만 원

⦿ 심의결정사항
여행사는 신고인 외 11인에게 총 2,880,000원을 지급하라.

⦿ 결정 이유
운송수단의 사고를 여행사의 과실로 보기 어려우나 여행자가 계약한 일정을 제대로 진행하지 못해 불편을 겪은 점이 인정되므로 신고인 등에게 1인당 240,000원씩 총 2,880,000원을 지급하는 것이 합리적이라 판단됨.

- 상기 사례는 운송수단의 사고로 인하여 관광일정을 거의 하지 못한 사례이다. 이에 운송수단의 환불금과 하지 못한 식사비용뿐만 아니라 일정을 하지 못한 것에 대한 위로금 개념으로 환불결정이 난 사례이다.

국외여행 인솔자는 이런 운송수단의 사건·사고는 자주 마주한다. 다만, 이런 사건·사고에서는 유의할 점이 있다. 여행자들의 안전에 최우선을 두도록 하여야 한다.

2) 선택관광 강요 및 이용 중 사고로 인한 불편 사례

> ◉ **여행상품 개요**
> - 방문지역: 호주
> - 방문기간: 2017.5.22~2017.5.27.
> - 행사비용: 1인당 ₩1,321,000원(신고인 외 1명)

❂ 신고인 주장 & 여행사의 답변

① 70대 어머니와 형이 호주여행 중 2일 차(사실상 첫날)에 야생 캥거루찾기 세그웨이 선택관광을 하다 넘어지는 사고를 당함.

- 여행자들에게 더 많은 관광을 할 수 있도록 제안을 하였으나 강압적으로 선택관광에 참여할 것을 종용하지는 않았음. 오히려 두 분에게 호텔에서 쉴 것을 권하였으나 세그웨이가 타보고 싶다고 직접 신청하였음.

② 원래 겁이 많아 자전거도 못타는 어머니는 당초 선택관광을 하지 않겠다는 의사를 밝혔지만 가이드의 선택관광 강요 및 선택관광 참여 분위기 조성으로 가이드의 기분이 좋아야 일정이 순조롭게 진행될 것이라고 생각하여 어쩔 수 없이 선택관광에 참여하게 됨.

- 세그웨이 이용 전 영문으로 작성된 안내문을 가이드가 설명해주었으며 고지내용은 사고 발생 시 어떠한 책임도 지지 않는다는 것이었음. 신고인의 어머니와 형은 내용을 숙지하고 서명 및 이용하였으므로 강요로 인한 이용은 아니라고 판단함.

③ 탑승 전 형은 외국인에게 간단한 조작법을 배웠고 어머니는 가이드가 가르쳐주었으나 잠시 후 조작이 서툰 어머니가 턱에 부딪혀 방향도 못 틀고 서지도 못해 세그웨이와 함께 뒤로 넘어졌으며 형도 어머니의 머리를 보호하려다 손을 다쳤음.

- 탑승 트레이닝을 하는 과정에서 여행자들에게 안내자를 따라가야 한다고 하였으나 두 분이 다른 길로 가다가 넘어져 사고가 발생하였으며 가이드는 즉시 병원에 가는 것을 권하였으나 어머님은 마다하셨고 아드님께서는 밴드와 소독약을 사와 다친 부위를 처치해 주었음.

④ 가이드는 "병원에 가겠느냐, 호주는 한국과 달라 간단한 응급처치밖에 할 수 없으니 한국에 가서 검사도 하고 치료를 받으라."고 하였으며 어머니도 다른 여행자들에게 피해를 주지 않기 위해 병원도 안가고 준비해간 청심환과 진통제를 먹으며 참았으나 귀국 후 병원치료 중 골절상을 입었음이 확인됨. 사고에도 빠른 조치를 취하지 않고 사전에 충분한 조작법도 알려주지 않았으며 위험에 대한 어떠한 안내도 하지 않은 가이드를 고발함.

- 사고발생 직후 병원을 안내했으나 어머님이 괜찮다고 거부하였고 아드님도 상태를 보고 결정하겠다고 했으며 행사 내내 지속적으로 병원 필요 유무를 물어보았으나 한사코 괜찮다고 하였음. 또한 현장 대처 시 모자분께 일반적으로 외국의 병원에서는 치료비 발생이 크며 귀국 후 한국에서 여행자보험으로 환급받으면 된다고 안내하였음.

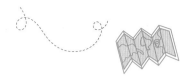

◎ 신고인의 요구사항 & 여행사의 제안

여행자보험 한도액(200만 원) **외 발생하는 치료비와 손해배상**

- 보상불가

◎ 심의결정사항

여행사는 신고인에게 여행자치료비 보험한도(200만 원) 외 발생하는 금액의 70%를 지급하라.

◎ 결정 이유

동건은 여행사의 안전주의에 대한 사전안내가 충분히 이루어지지 않았고 사고 후 가이드의 대처가 미흡했던 점이 인정되며 여행자 또한 가이드의 지속적인 병원치료 안내를 수용하지 않은 점도 인정됨에 해당 여행사가 여행자치료 보험한도(200만 원) 외 발생하는 금액의 70%를 지급하는 것이 합당하다고 판단됨.

- 국외여행 인솔자는 여행자들의 성향과 체력을 알기에 항상 조건에 맞게 선택관광을 추천해야 한다. 여행자들은 해외여행을 가게 되면 본인의 체력을 과대평가하려는 경향이 없지 않아 있다. 하지만 안전사고는 국외여행 인솔자가 피해야 할 가장 중요한 일이다. 예를 들어 번지점프나 제트스키 등과 같이 위험성이 조금이라도 있으면 권하지 말아야 한다. 사고가 나면 인솔자 책임이다.

- 정규 관광 중 사고가 나도 문제가 커지는데 특히 선택관광은 사고가 나면 선택관광 강요라는 수식어가 붙는다. 따라서 안전사고 가능성이 있는 선택관광은 무조건 피해야 한다.

- 다음으로는 사고 후 대처이다. 사고의 크고 작은 것을 떠나 사고가 나면 침착하고 철저하게 해야 한다. 병원에 가야 할 상황이면 꼭 현지 병원으로 먼저 모시는 것을 원칙으로 진행해야 한다. 한국에서 다시 받더라도 상황이 가능하다면 꼭 현지 병원에 모셔야 한다. 절대로 귀국해서 받으라는 추천 혹은 안내를 할 필요는 없고 현지에서 치료받고 귀국하고도 치료를 받으라고 안내를 해야 한다. 대형사고가 아닌 이상은 여행자보험으로 비용은 거의 해결된다.

- 사고가 나면 여행자를 위하여 최선을 다하는 모습을 보이는 것이 중요하다. 책임

을 회피하는 모습을 보이면 선택관광 강요라든지 무시당했다든지 하는 필요 이상의 컴플레인이 발생한다.

❼ 분실·도난 관련 사례

1) 호텔 내 도난사건으로 인한 불편 사례

> ➡ **여행상품 개요**
> · 방문지역: 남미, 유럽
> · 방문기간: 2017.1.8~2017.1.19.
> · 행사비용: 1인당 ₩2,800,000원(신고인 외 1명)

⬤ 신고인 주장 & 여행사의 답변

❶ 여행사에서 도난사건이 있었던 위험한 호텔을 제공하여 신혼여행 중 물품 및 현금을 도난당함.
  · 해당 호텔을 이용하면서 도난사건이 발생된 적은 없었음.

❷ 호텔에서는 CCTV 확인을 거절하였고 여행사에서 어떠한 도움도 받을 수 없었으며 호텔 변경을 요청하였으나 거부함.
  · 호텔에 확인한 결과 CCTV 및 객실 출입 내역은 확인할 수 없었으나 신고인 일행 외 출입 이력이 없었다고 하며, 이후 여행자보험처리 및 귀국을 위해 적극 협조하였음.

⬤ 신고인의 요구사항 & 여행사의 제안

총 1,951.21유로: 숙박 154.96유로 + 물품구매 1,797.25유로
  · 보상불가

⬤ 심의결정사항

신고인의 청구사항을 기각한다.

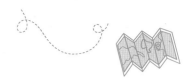

✿ 결정 이유

　동 사항은 호텔관리 미흡으로 발생한 사고로 호텔의 책임이며 해당 호텔을 지정하여 동 호텔과 숙박계약을 체결한 것은 신고인이고 여행사는 신고인의 숙박계약 체결을 대행한 것에 불과한 것으로 판단되므로 여행사의 책임을 물을 수 없음.

- 상기 사례를 통하여 참고할 것이 있다. 호텔 측에서는 분실에 대해서는 절대적으로 부인한다는 사실이다. 분실된 것이 확인되면 호텔 명예에 치명적이 되기에 확실한 증거를 보이지 않는 한 적극적인 협조를 받기가 어렵다.

- 다음으로 참고할 것은 호텔(숙소_컴플레인 대상)의 수배를 누가 지정했느냐다. 즉, 여행자가 지정했으면 여행사는 대행만 한 것이라 책임이 없지만 일명 패키지투어라고 하는 주최여행이었으면 책임의 일부는 여행사에게도 돌아간다는 사실을 유의해야 한다.

- 끝으로 여행자보험은 본인의 과실로 판정된 분실에 대해서는 보상이나 배상이 안 된다는 것이다. 즉, 도난이어야만 보상을 받는다는 것을 참고하여 여행자보험에 보상 혹은 배상을 요청하도록 하여야 한다.

⑧ 일정변경 관련 사례

1) 폭설로 인한 일정누락 관련 불편 사례

> ➡ **여행상품 개요**
> - 방문지역: 유럽
> - 방문기간: 2017.1.6~2017.1.14.
> - 행사비용: 1,490,000원(신고인 외 4명)

✿ 신고인 주장 & 여행사의 답변

❶ 여행 1일 차 환승지인 터키 폭설로 안탈리아 공항에 착륙함. 인솔자의 안내 미흡으로 식사제공도 받지 못하고 10시간을 공항에서 대기함. 이후 항공사가 제공한 호텔에서 1박 후 이스탄불 공항으로 이동함. 일행이 분리되어 일부만 이스탄불로 이동되었으며 인솔자의 직무태만으로 공항에서 또 대기하였음.

- 터키 이스탄불 착륙 예정이었으나 폭설로 안탈리아에 착륙함. 안탈리아 공항에서 빵과 음료를 제공받았고 항공사에서 호텔과 석식이 제공됨. 다음 날 항공기 2편으로 일행이 분리되어 이스탄불로 향함. 인솔자가 포함된 19명은 이스탄불에 도착하였으나 다른 15명은 기상악화로 항공편이 취소됨. 이스탄불 도착 후 항공사에서 호텔이 제공되지 않아 인솔자가 19명을 인솔하여 당사에서 1,000유로를 지출하여 호텔을 제공함.

② 인솔자는 비행기티켓 발권이 불가하다며 귀국할 것을 종용함. 여행자 일부가 최종 도착지인 바르셀로나 티켓을 직접 발권하여 19명이 바르셀로나에 갈 수 있었음.

- 인솔자는 19명에게 15명 일행이 이스탄불에 올 때까지 기다려 달라고 하였으나 여행자들이 개별 체크인을 시도하였고 19명만 단독으로 바르셀로나로 이동하였음.

③ 인솔자가 없다는 이유로 케이블카와 플라멩고쇼 선택관광을 강요당함. 여행사는 일방적으로 여행일정을 축소하여 론다, 그라나다, 리스본, 파티마, 까보다로까 일정이 취소됨.

- 19명 여행자들의 원래 일정은 14일 한국 도착이었으나 15일 도착으로 여행자 동의 후 진행함. 남은 일정으로는 포르투갈까지 관광이 불가하여 스페인 일주 일정으로 진행함.

⚙ 신고인의 요구사항 & 여행사의 제안

500유로 + 포르투갈 누락된 비용

*500유로[선택관광비용: 케이블카 150유로(30유로 X 5인), 플라멩고쇼 350유로(70유로 X 5인)]

- 보상불가

⚙ 심의결정사항

여행사는 신고인 외 4인에게 총 2,000,000원을 지급하라.

⚙ 결정 이유

동 사항은 천재지변으로 불편이 발생된 것으로 여행사는 여행을 못한 부분에 대해서는 여행비용을 반환할 책임이 있고 인솔자의 상황대처 및 여행사의 사후관리가 부족

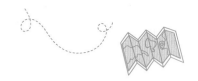

하여 불편이 있었던 부분이 인정되어 해당 여행사는 1인당 400,000원씩 지급하는 것이 합당하다고 판단됨.

- 상기 사례는 국외여행 인솔자로서는 행사 진행이 많이 어려운 사례이다. 천재지변으로 일정 진행에 문제가 생겼고 거기에 항공기 취소로 일행이 2팀으로 분류되며 한 팀은 행사를 강행을 하였고 한 팀은 행사를 포기한 상황이니 국외여행 인솔자로서는 많이 힘들었을 것이다. 하지만 국외여행 인솔자의 역할은 항공기가 지연되기 시작하면서부터 부각되어야 한다. 우선적으로 지연된 이유 및 출발 예정 시간을 파악하여 여행객들과 공유를 해야 하며 2시간 넘게 진행되면 일정에 영향을 주기 때문에 현지 일정을 정리하고 항공사에 진행 사항을 파악하고 마찬가지로 여행객들과 공유하고 항공사에게 어필을 자주 해야 한다. 여행자들은 국외여행 인솔자가 여행자를 대신해서 컴플레인을 하는 것이 국외여행 인솔자의 역할이라고 생각한다. 어렵게 시간과 비용을 지불하며 떠난 여행이라는 사실을 주지해야 한다. 따라서 여행자를 위해서 최선을 다해 노력하는 모습을 보여줘야 한다.

- 문제를 해결하기 위한 방법을 하나만 제시하지 말아야 한다. 예를 들어 일정을 취소하고 한국으로 돌아가는 방법과 개인적으로 비용을 지출하고 강행하는 방법이 있다면서 제안을 해야 한다. 어느 한쪽으로 방향을 정하고 일방적으로 진행하려는 모습은 자제하는 것이 좋다.

- 또한 상기 사례를 통해서 알 수 있는 것이 원인을 떠나서 누락된 일정은 환불을 한다는 것을 인지하고 있어야 한다.

⑨ 기타

1) 여행 중 발생한 성추행에 대한 가이드의 대응 미흡으로 인한 불편 사례

> **⊙ 여행상품 개요**
> · 방문지역: 미국
> · 방문기간: 2017.2.8~2017.2.16.
> · 행사비용: 2,310,000원(신고인 외 1명)

⊙ 신고인 주장 & 여행사의 답변

① 신고인의 형은 여행 4일 차에 다른 팀 소속 여행자로부터 성추행을 당해 가이드와 인솔자에게 말했으나 가이드는 이동 중 차 안에서 가해자에게 음주 여부를 물은 후 차량 정차 없이 숙소까지 이동함.

- 4일 차 투어일정 후 호텔 이동 중에 신고인 얘기를 듣고 가해자에게 바로 물어봤으며 가해자에게 술냄새가 났고 호텔 도착이 얼마 남지 않아 호텔 도착 후 사건 경위 파악 및 신고인 부모와 통화함.

② 숙소도착 즉시 가해자 처벌 및 강제 출국을 원했으나 가이드 등은 현지 변호사와 경찰, 자사 법무팀에 연락해 보겠다고 회유했고 강력 처벌 및 대우를 요구하자 나머지 일행의 일정 피해를 언급하며 상황을 모면하려 함. 즉각적인 가해자와의 분리요구에 대해 양측에 무리가 있고 시간, 경제적으로 도움이 안 되며 다른 팀원에게도 불편을 준다며 회유함. 또한 여행 중 계속해서 여행사는 법적 책임이 없음을 강조하고 동의할 것을 강요해 동의서에 서명함.

- 해당 팀과의 행사 진행이 불편할 것을 고려해 신고인에게 다른 팀 차량과 합류해 행사를 진행해 주겠다고 했으나 옮기지 않겠다고 하고 잔여일정 투어진행을 원했음. 또한 바로 경찰에 신고한 부분도 안내했으나 다른 사람들과 가이드 등에게 피해가 가는 부분에 대해 걱정하여 경찰리포트는 LA 한인경찰서에서 신고 가능함을 안내하고 LA 도착 시 한인 경찰에 신고해 주겠다고 하자 유니버셜 선택관광을 원해 경찰서에 가지 않음.

③ 여행자를 보호할 권리와 의무가 있음에도 가해자를 통제하지 못했으며 가해자와의 여행이 심적 고통 및 불안하므로 분리를 원했으나 즉시 이행되지 않았고 성추행 사고에 대해 현지 상황 핑계를 대며 신속대처하지 않았음.

- 가해자 분리문제는 가해자 일행 8명을 다른 팀으로 합류 시 문제 발생 우려로 즉각 분리 가능한 상황이 아니었고 추후 가해자를 분리해 나머지 일정 진행을 하였으며 차량 변경 전까지는 피해자는 앞자리, 가해자는 뒷자리로 분리해 가이드 등이 케어 진행함.

- 신고인이 해당 처리과정과 관련해 동의서에 서명하였으며 가해자로부터의 경위서 확인서명, 사과문 작성까지 진행하였음.

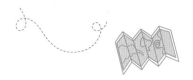

◎ 신고인의 요구사항 & 여행사의 제안

총 \$525: 가이드팁 \$120 + 선택관광비용 \$405

(라스베이거스 시티투어 \$50 + 경비행기 \$210 + 유니버설스튜디오 \$145)

- 보상불가

◎ 심의결정사항

신고인의 청구사항을 기각함.

◎ 결정 이유

인솔자와 가이드가 호텔 도착을 앞둔 버스 안에서 사건을 인지하고 다음 날부터 신고인 등의 보호를 위해 신고인 등과 가해자를 분리해 여행을 진행하였고 가해자의 진술서를 받아주는 등 여행사의 대처가 미흡했다고 보기 어려움.

- 상기 사례를 통해서 국외여행 인솔자가 참고로 숙지해야 할 것은 예상치 못한 상황에 마주치더라도 상황에 맞게 합리적이고 보편적으로 처리하게 되면 문제가 되지 않는 점을 알 수 있다. 그리고 무엇보다도 증빙서류를 해둔 것이 오히려 칭찬할 만한 것이다. 예를 들어 사고 발생 시 바로 피해자와 가해자 분리를 시도하는 방법을 합당하게 제시한 것이고 가해자가 잘못한 것을 사과문 등 문서화하는 등의 노력이 있었고 처리하는 과정을 동의하는 증빙서류까지 받아 두었기에 상황 처리를 정확하게 알 수 있었다. 이에 심사위원들은 신고인의 청구를 기각하게 되었다는 것이다.

2) 장애인 일행 동행에 따른 불편

> **➡ 여행상품 개요**
> - 방문지역: 미국
> - 방문기간: 2017.10.2~2017.10.11.
> - 행사비용: 3,990,000원(신고인 외 1명)

⊙ 신고인 주장 & 여행사의 답변

① 뉴욕 도착 후 이유 없이 2시간을 기다림. 가이드에 확인하니 16세의 뇌성마비 남자아이의 보호자를 기다린다고 함.

• A여행자가 항공편을 변경 요청하면서 자녀의 장애사실을 최초로 알림. 당시 아들의 다리가 불편하여 휠체어를 타야 하고 1년에 4번 여행을 다니고 2년 전에는 유럽 패키지여행도 다녀왔다고 하여 예약을 받음.

② 처음에는 안아서 내려주고 휠체어에 태워주고 매일 숙소 이동 시 짐을 실어주고 내려주는 등 2-3일간은 불만 없이 단체 일행이 자발적으로 도움을 주었음.

• 여행자의 장애 여부, 장애의 정도가 여행에 불가능할 정도가 아님에도 불구하고 장애인이라는 이유로 여행계약을 거절하는 것은 장애인 차별에도 해당되어 불가능함.

③ 시간이 지날수록 물리적으로 정신적으로 너무 힘이 들었음. 맨 앞의 장애아를 내려주기까지 50여명이 기다렸고 버스 안에서 소리를 질러 기사가 놀라기도 하였음. 여행 내내 배려하다 보니 지치고 힘이 들었음. 뮤지컬도 보러가서 앞자리가 아니라고 보호자는 화를 내기도 하였음.

• 여행 중에 신고인을 비롯한 일부 여행자들이 불편을 제기한 것은 사실이나 A여행자 일행에 대한 호의 제공은 여행자들의 자발적인 선택이며 여행사가 강제한 부분은 아님.

④ 운전기사와 가이드에게 할인되지 않는다고 좋은 방이 아니라고 식사자리를 같이 안한다고 컴플레인을 심하게 하여 일행 모두가 불편하였음. 폭우가 쏟아지는 퀘백에서 우산을 씌워주고 가파른 지역을 일행이 휠체어를 붙잡고 내려주는 등 쉬러간 여행이 오히려 불편한 사항이 되었음.

• 패키지여행 일행 중에 장애인이 포함되어 발생한 불편에 대해서는 안타까운 부분이나 일정은 예정대로 진행되었고 계약을 불이행하거나 불이익을 제공한 사실이 없음.

⊙ 신고인의 요구사항 & 여행사의 제안

최초 여행경비 전액을 요구하였으나 조정과정에서 여행경비의 최소 15%를 요구함.

• 보상불가

⊙ 심의결정사항

여행사는 신고인 외 1인에게 총 1,197,000원을 지급하라.

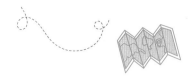

○ 결정 이유

신고인의 여행일정에 스스로 걸을 수 없는 일행과 동행 시 다른 여행자에게 폐를 끼치거나 여행의 원활한 실시에 지장을 주지 않도록 하여야 하는데 여행사의 대처가 미흡하여 신고인에게 불편을 야기하였고 호텔 변경 등으로 인한 불편사항이 인정됨에 신고인 일행에게 금 1,197,000원(여행요금의 15%)을 보상하는 것이 합리적이라 판단됨.

- 상기 사례를 보면 여행사들은 여행자들의 예약을 받을 때의 주의깊은 대처가 필요하다. 따라서 문제의 시작은 여행의 시작부터 발생했다는 사실이다.
- 국외여행 인솔자는 몸이 다소 불편함이 있는 일행이 있어 신경을 많이 써야 하는데 다른 여행자들에게 피해가 생길 정도라면 다른 조치를 찾아보는 것이 좋다. 예를 들어 대상이 되는 분들하고 일차적으로 상의를 시도해야 한다. 전체적이고 구체적인 일정을 진행하는 방법에 대해서 말이다. 시간상·이동상 조율할 것들이 있으면 미리 양해를 구하고 무엇보다도 다른 여행자들에게 공유를 하는 것이 좋다. 이에 가장 기본은 다른 여행자들에게 피해를 최소화하는 노력을 해야 한다.

지금까지 여행자의 컴플레인 사례를 살펴보았다. 이보다는 더욱 다양하게 많은 원인으로 발생하고 있지만 국외여행 인솔자와 관련이 있는 사례들만 살펴봤다.

상기 사례를 통해서 국외여행 인솔자는 가장 기본적인 원칙을 세워서 진행을 해야한다는 것을 배웠다. 해외여행을 하다 보면 많은 사건·사고가 발생하는데 상황별 대응하는 방법을 만들어서 사건·사고를 처리해야 한다는 것을 알 수 있다.

우선 기본적으로 국외여행 인솔자는 여행자를 에스코트하는 자세로 항상 성실하게 노력하는 모습이 필요하다.

두 번째로는 마주하게 된 사건·사고의 상황파악을 정확하게 한다.

세 번째로는 가급적 빠른 판단을 하도록 노력하면서 결정을 내리도록 한다.

네 번째로는 정보를 여행자들과 공유하는 자세로 여행자들의 의견을 존중하는 자세가 필요하다.

끝으로 항상 여행자 입장에서 생각하고 행사를 진행하되, 위축되지 말고 늘 당당하게 행동할 수 있도록 자신감을 갖고 합리적인 행동을 취하여 전 세계를 누비는 국외여행 인솔자가 되기를 기원한다.

🎙 에피소드

마이클 조던 때문에 호텔이 사라졌다.
어디서 자란 말인가?!

지난 1996년 한여름에 여성 여행자들을 인솔하여 미주 여행을 떠났다. 이 여정은 일반적인 패키지가 아니고 여행자들이 제안한 수배여행이었다. 즉, 여행자들이 주제를 제시했고 그에 맞춰서 여정을 만들었다. 주제는 로키산맥 투어였다. 따라서 여정은 로키산맥의 남쪽에 위치한 옐로스톤 국립공원을 시작으로 캐나다 지역의 밴프 국립공원, 요호 국립공원, 휘슬러 국립공원을 돌아보는 여정이었다. 상상만 해도 너무 아름다울 것 같았다. 여행기간은 10일 정도로 당시로서는 국내 패키지상품에 없었던 일정이었다. 현지에 가이드도 없어 어렵게 만들었다. 새로운 상품을 만드는 것이라 기대를 했다.

여행의 시작은 미국 중부의 중심지인 콜로라도주 주도인 덴버로 입국해서 몰몬교의 본부가 있는 유타주의 솔트레이크시티를 기점으로 미국 최초의 국립공원이자 로키산맥의 남쪽 지역에 위치한 옐로스톤 국립공원에서 시작한다. 옐로스톤 국립공원은 여느 관광지에서는 보기 어려운 장면들을 눈앞에서 연출하였다. 장관의 연속이었다. 무엇보다도 자연에 맡긴다는 말, 즉 방화가 아니면 산불이 나더라도 강제적으로 소방을 하지 않고 자연스럽게 소멸되는 것을 기다린다고 하는 말은 상당히 인상적이었다. 한국에게는 아직 많이 알려지지 않은 곳이어서 한국인 관광자는 한 명도 없었다. 수없이 많은 셔터를 누르며 전혀 색다른 음식을 맛보면서 미국 지역의 로키산맥 투어를 마쳤다. 기대 이상의 여정을 마치고 덴버로 돌아와 미국 여정을 마친 기념으로 특식을 준비하였다. 맛난 식사를 하기 위해 식당에 가서 늘 하던 대로 여행자들의 식사를 챙기고 나서 식사를 하기 위해 탁자에 앉으며 투숙할 호텔에 전화를 걸었다.

그런데 폭탄이 터졌다. 우리 일행의 호텔 예약이 취소되었다. 취소 통지도 없었다. 황당함 그 자체였다. 그 자리에서 나와 현지 가이드는 얼어 붙었다. 나 혼자도 아니고 이 많은 여행자들은 오늘 밤 어쩌란 말인가?

호텔 예약이 강제로 취소된 이유는 오직 하나다. 마이클 조던 때문이었다. 그 당시에는 농

🌊 미국 최초의 국립공원 옐로스톤

구의 황제라 불리던 마이클 조던의 게임이 있는 날에 그 도시는 아수라장 그 자체였다. 농구게임의 최고봉이라고 하는 월드시리즈 마지막인 7차전이었으니 덴버 도시의 분위기는 축제분위기였다. 이러한 상황에 유색인종이 호텔 예약을 했으니 일방적으로 취소당하는 분위기는 어쩌면 너무나 당연한 일이었다. 지금은 한국의 위상이 많이 올라가 있지만 90년대에는 차별대우가 종종 발생하던 시절이었으니 호텔 측과 아무리 싸워도 소용없었다. 당장 우리 일행들이 잠잘 자리를 만들어야 했다.

현지 가이드와 나는 저녁식사를 할 여유가 없었다. 잠시 고민한 후 나는 여행자들에게 숙소에 들어가기 전에 미국에서의 마지막 밤이니 유흥을 즐기고 들어가자고 먼저 제안을 했다. 팀 리더가 긍정적으로 받아주어 식당 주변 유흥시설에 가서 맥주 한잔 가볍게 하면서 유흥을 즐기기로 했다. 대신 현지 가이드는 호텔을 찾기로 했다. 필요한 객실이 한두 개가 아니라 걱정이 앞을 가렸다. 다행히 덴버에 한국 노래가 나오는 노래방 같은 것이 있었다. 즐거운 시간을 한 시간만 하려다 혹시 몰라 1시간은 너무 짧으니 2시간으로 하고 중간에 적당히 즐겼으면 호텔로 가자고 하였다. 당시는 기억조차 하기 싫을 정도로 1분 1분이 거의 한 시간 같은 느낌이었다. 한 시간 정도 지나고 현지 가이드와 통화를 하는데 아직도 못 구했다고 하니 입은 점점 타들어가는 상황이었다.

1시간 20분쯤 지나면서 핸드폰의 벨이 울렸다. 불안한 마음을 가지고 받아보니 호텔을 구했다는 이야기였다. 월드시리즈가 열리는 이 난리통에 호텔 방을 구했다고 하는 것은 나에게는 기적과도 같았다. 몸에서 온 힘이 다 빠져나가는 듯한 느낌이었다, 잠시 멍한 상태였다가 정신차리고 한 10여 분을 더 있다가 호텔로 이동하였다.

지금은 걱정할 필요가 없을 것이다. 한국의 위상도 달라졌고, 또 전산상 호텔예약시스템도 잘 되어 있다. 호텔 경비도 미리 지불하는 것이 대부분이어서 이제는 이런 일은 거의 없을 것이다. 그래도 항상 재확인을 해야 한다. 만일 그때 예약 재확인을 하지 않고 호텔 체크인을 하였다면, 상상하기도 싫은 상황이 연출되었을 것이다. 천만다행으로 미리 예약 재확인을 했으니 대안을 준비할 시간을 가질 수 있었고, 결국 여행자들에게는 여정을 진행하는데 전혀 불편함이 없었다.

국외여행 인솔자
실무

부록

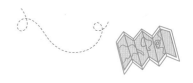

1 국외여행표준약관

공정거래위원회

표준약관 제10021호【2019. 8. 30. 개정】

제1조(목적) 이 약관은 ○○여행사와 여행자가 체결한 국외여행계약의 세부 이행 및 준수사항을 정함을 목적으로 합니다.

제2조(용어의 정의) 여행의 종류 및 정의, 해외여행수속대행업의 정의는 다음과 같습니다.

　　1. 기획여행: 여행사가 미리 여행목적지 및 관광일정, 여행자에게 제공될 운송 및 숙식서비스 내용(이하 '여행서비스'라 함), 여행요금을 정하여 광고 또는 기타 방법으로 여행자를 모집하여 실시하는 여행.

　　2. 희망여행: 여행자(개인 또는 단체)가 희망하는 여행조건에 따라 여행사가 운송·숙식·관광 등 여행에 관한 전반적인 계획을 수립하여 실시하는 여행.

　　3. 해외여행 수속대행(이하 '수속대행계약'이라 함): 여행사가 여행자로부터 소정의 수속대행요금을 받기로 약정하고, 여행자의 위탁에 따라 다음에 열거하는 업무(이하 '수속대행업무'라 함)를 대행하는 것.

　　1) 사증, 재입국 허가 및 각종 증명서 취득에 관한 수속

　　2) 출입국 수속서류 작성 및 기타 관련업무

제3조(여행사와 여행자 의무)

① 여행사는 여행자에게 안전하고 만족스러운 여행서비스를 제공하기 위하여 여행알선 및 안내·운송·숙박 등 여행계획의 수립 및 실행과정에서 맡은 바 임무를 충실히 수행하여야 합니다.

② 여행자는 안전하고 즐거운 여행을 위하여 여행자간 화합도모 및 여행사의 여행질서 유지에 적극 협조하여야 합니다.

제4조(계약의 구성)

① 여행계약은 여행계약서(붙임)와 여행약관·여행일정표(또는 여행 설명서)를 계약내용으로 합니다.

② 여행계약서에는 여행사의 상호, 소재지 및 관광진흥법 제9조에 따른 보증보험 등의 가입(또는 영업보증금의 예치 현황) 내용이 포함되어야 합니다.

③ 여행일정표(또는 여행설명서)에는 여행일자별 여행지와 관광내용·교통수단·쇼핑횟수·숙박장소·식사 등 여행실시일정 및 여행사 제공 서비스 내용과 여행자 유의사항이 포함되어야 합니다.

제5조(계약체결의 거절) 여행사는 여행자에게 다음 각 호의 1에 해당하는 사유가 있을 경우에는 여행자와의 계약체결을 거절할 수 있습니다.

1. 질병, 신체이상 등의 사유로 개별관리가 필요하거나, 단체여행(다른 여행자의 여행에 지장을 초래하는 등)의 원활한 실시에 지장이 있다고 인정되는 경우

2. 계약서에 명시한 최대행사인원이 초과된 경우

제6조(특약) 여행사와 여행자는 관련법규에 위반되지 않는 범위 내에서 서면(전자문서를 포함한다. 이하 같다)으로 특약을 맺을 수 있습니다. 이 경우 여행사는 특약의 내용이 표준약관과 다르고 표준약관보다 우선 적용됨을 여행자에게 설명하고 별도의 확인을 받아야 합니다.

제7조(계약서 등 교부 및 안전정보 제공) 여행사는 여행자와 여행계약을 체결한 경우 계약서와 약관 및 여행일정표(또는 여행설명서)를 각 1부씩 여행자에게 교부하고, 여행목적지에 관한 안전정보를 제공하여야 합니다. 또한 여행 출발 전 해당 여행지에 대한 안전정보가 변경된 경우에도 변경된 안전정보를 제공하여야 합니다.

제8조(계약서 및 약관 등 교부 간주) 다음 각 호의 경우 여행계약서와 여행약관 및 여행일정표(또는 여행설명서)가 교부된 것으로 간주합니다.

1. 여행자가 인터넷 등 전자정보망으로 제공된 여행계약서, 약관 및 여행일정표(또는 여행설명서)의 내용에 동의하고 여행계약의 체결을 신청한 데 대해 여행사가 전자정보망 내지 기계적 장치 등을 이용하여 여행자에게 승낙의 의사를 통지한 경우

2. 여행사가 팩시밀리 등 기계적 장치를 이용하여 제공한 여행계약서, 약관 및 여행일정표(또는 여행설명서)의 내용에 대하여 여행자가 동의하고 여행계약의 체결을 신청하

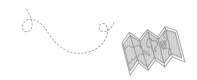

는 서면을 송부한 데 대해 여행사가 전자정보망 내지 기계적 장치 등을 이용하여 여행자에게 승낙의 의사를 통지한 경우

제9조(여행사의 책임) 여행사는 여행 출발시부터 도착시까지 여행사 본인 또는 그 고용인, 현지여행사 또는 그 고용인 등(이하 '사용인'이라 함)이 제3조제1항에서 규정한 여행사 임무와 관련하여 여행자에게 고의 또는 과실로 손해를 가한 경우 책임을 집니다.

제10조(여행요금)

① 여행계약서의 여행요금에는 다음 각 호가 포함됩니다. 다만, 희망여행은 당사자간 합의에 따릅니다.

1. 항공기, 선박, 철도 등 이용운송기관의 운임(보통운임기준)

2. 공항, 역, 부두와 호텔사이 등 송영버스요금

3. 숙박요금 및 식사요

4. 안내자경비

5. 여행 중 필요한 각종세금

6. 국내외 공항·항만세

7. 관광진흥개발기금

8. 일정표내 관광지 입장료

9. 기타 개별계약에 따른 비용

② 제1항에도 불구하고 반드시 현지에서 지불해야 하는 경비가 있는 경우 그 내역과 금액을 여행계약서에 별도로 구분하여 표시하고, 여행사는 그 사유를 안내하여야 합니다.

③ 여행자는 계약체결시 계약금(여행요금 중 10%이하 금액)을 여행사에게 지급하여야 하며, 계약금은 여행요금 또는 손해배상액의 전부 또는 일부로 취급합니다.

④ 여행자는 제1항의 여행요금 중 계약금을 제외한 잔금을 여행출발 7일전까지 여행사에게 지급하여야 합니다.

⑤ 여행자는 제1항의 여행요금을 당사자가 약정한 바에 따라 카드, 계좌이체 또는 무통장입금 등의 방법으로 지급하여야 합니다.

⑥ 희망여행요금에 여행자보험료가 포함되는 경우 여행사는 보험회사명, 보상내용 등을 여행자에게 설명하여야 합니다.

제11조(여행요금의 변경)

① 국외여행을 실시함에 있어서 이용운송·숙박기관에 지급하여야 할 요금이 계약체결 시보다 5%이상 증감하거나 여행요금에 적용된 외화환율이 계약체결시보다 2% 이상 증감한 경우 여행사 또는 여행자는 그 증감된 금액 범위 내에서 여행요금의 증감을 상대방에게 청구할 수 있습니다.

② 여행사는 제1항의 규정에 따라 여행요금을 증액하였을 때에는 여행출발일 15일전에 여행자에게 통지하여야 합니다.

제12조(여행조건의 변경요건 및 요금 등의 정산)

① 계약서 등에 명시된 여행조건은 다음 각 호의 1의 경우에 한하여 변경될 수 있습니다.

1. 여행자의 안전과 보호를 위하여 여행자의 요청 또는 현지사정에 의하여 부득이하다고 쌍방이 합의한 경우

2. 천재지변, 전란, 정부의 명령, 운송·숙박기관 등의 파업·휴업 등으로 여행의 목적을 달성할 수 없는 경우

② 여행사가 계약서 등에 명시된 여행일정을 변경하는 경우에는 해당 날짜의 일정이 시작되기 전에 여행자의 서면 동의를 받아야 합니다. 이때 서면동의서에는 변경일시, 변경내용, 변경으로 발생하는 비용이 포함되어야 합니다.

③ 천재지변, 사고, 납치 등 긴급한 사유가 발생하여 여행자로부터 여행일정 변경 동의를 받기 어렵다고 인정되는 경우에는 제2항에 따른 일정변경 동의서를 받지 아니할 수 있습니다. 다만, 여행사는 사후에 서면으로 그 변경 사유 및 비용 등을 설명하여야 합니다.

④ 제1항의 여행조건 변경 및 제11조의 여행요금 변경으로 인하여 제10조 제1항의 여행요금에 증감이 생기는 경우에는 여행출발 전 변경 분은 여행출발 이전에, 여행 중 변경 분은 여행종료 후 10일 이내에 각각 정산(환급)하여야 합니다.

⑤ 제1항의 규정에 의하지 아니하고 여행조건이 변경되거나 제16조 내지 제18조의 규정에 의한 계약의 해제·해지로 인하여 손해배상액이 발생한 경우에는 여행출발 전 발생 분은 여행출발이전에, 여행 중 발생 분은 여행종료 후 10일 이내에 각각 정산(환급)하여야 합니다.

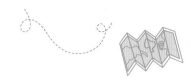

⑥ 여행자는 여행출발 후 자기의 사정으로 숙박, 식사, 관광 등 여행요금에 포함된 서비스를 제공받지 못한 경우 여행사에게 그에 상응하는 요금의 환급을 청구할 수 없습니다. 다만, 여행이 중도에 종료된 경우에는 제18조에 준하여 처리합니다.

제13조(여행자 지위의 양도)

① 여행자가 개인사정 등으로 여행자의 지위를 양도하기 위해서는 여행사의 승낙을 받아야 합니다. 이때 여행사는 여행자 또는 여행자의 지위를 양도받으려는 자가 양도로 발생하는 비용을 지급할 것을 조건으로 양도를 승낙할 수 있습니다.

② 전항의 양도로 발생하는 비용이 있을 경우 여행사는 기한을 정하여 그 비용의 지급을 청구하여야 합니다.

③ 여행사는 계약조건 또는 양도하기 어려운 불가피한 사정 등을 이유로 제1항의 양도를 승낙하지 않을 수 있습니다.

④ 제1항의 양도는 여행사가 승낙한 때 효력이 발생합니다. 다만, 여행사가 양도로 인해 발생한 비용의 지급을 조건으로 승낙한 경우에는 정해진 기한 내에 비용이 지급되는 즉시 효력이 발생합니다.

⑤ 여행자의 지위가 양도되면, 여행계약과 관련한 여행자의 모든 권리 및 의무도 그 지위를 양도 받는 자에게 승계됩니다.

제14조(여행사의 하자담보 책임)

① 여행자는 여행에 하자가 있는 경우에 여행사에게 하자의 시정 또는 대금의 감액을 청구할 수 있습니다. 다만, 그 시정에 지나치게 많은 비용이 들거나 그 밖에 시정을 합리적으로 기대할 수 없는 경우에는 시정을 청구할 수 없습니다.

② 여행자는 시정 청구, 감액 청구를 갈음하여 손해배상을 청구하거나 시정 청구, 감액 청구와 함께 손해배상을 청구 할 수 있습니다.

③ 제1항 및 제2항의 권리는 여행기간 중에도 행사할 수 있으며, 여행종료일부터 6개월 내에 행사하여야 합니다.

제15조(손해배상)

① 여행사는 현지여행사 등의 고의 또는 과실로 여행자에게 손해를 가한 경우 여행사는 여행자에게 손해를 배상하여야 합니다.

② 여행사의 귀책사유로 여행자의 국외여행에 필요한 사증, 재입국 허가 또는 각종 증명서 등을 취득하지 못하여 여행자의 여행일정에 차질이 생긴 경우 여행사는 여행자로부터 절차대행을 위하여 받은 금액 전부 및 그 금액의 100%상당액을 여행자에게 배상하여야 합니다.

③ 여행사는 항공기, 기차, 선박 등 교통기관의 연발착 또는 교통체증 등으로 인하여 여행자가 입은 손해를 배상하여야 합니다. 다만, 여행사가 고의 또는 과실이 없음을 입증한 때에는 그러하지 아니합니다.

④ 여행사는 자기나 그 사용인이 여행자의 수하물 수령, 인도, 보관 등에 관하여 주의를 해태(解怠)하지 아니하였음을 증명하지 아니하면 여행자의 수하물 멸실, 훼손 또는 연착으로 인한 손해를 배상할 책임을 면하지 못합니다.

제16조(여행출발 전 계약해제)

① 여행사 또는 여행자는 여행출발전 이 여행계약을 해제할 수 있습니다. 이 경우 발생하는 손해액은 '소비자분쟁해결기준'(공정거래위원회 고시)에 따라 배상합니다.

② 여행사 또는 여행자는 여행출발 전에 다음 각 호의 1에 해당하는 사유가 있는 경우 상대방에게 제1항의 손해배상액을 지급하지 아니하고 이 여행계약을 해제할 수 있습니다.

   1. 여행사가 해제할 수 있는 경우

     가. 제12조 제1항 제1호 및 제2호 사유의 경우

     나. 여행자가 다른 여행자에게 폐를 끼치거나 여행의 원활한 실시에 현저한 지장이 있다고 인정될 때

     다. 질병 등 여행자의 신체에 이상이 발생하여 여행에의 참가가 불가능한 경우

     라. 여행자가 계약서에 기재된 기일까지 여행요금을 납입하지 아니한 경우

   2. 여행자가 해제할 수 있는 경우

     가. 제12조 제1항 제1호 및 제2호의 사유가 있는 경우

     나. 여행사가 제21조에 따른 공제 또는 보증보험에 가입하지 아니 하였거나 영업보증금을 예치하지 않은 경우

     다. 여행자의 3촌 이내 친족이 사망한 경우

     라. 질병 등 여행자의 신체에 이상이 발생하여 여행에의 참가가 불가능한 경우

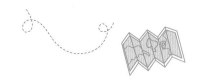

　　마. 배우자 또는 직계존비속이 신체이상으로 3일 이상 병원(의원)에 입원하여 여행
　　　출발 전까지 퇴원이 곤란한 경우 그 배우자 또는 보호자 1인

　　바. 여행사의 귀책사유로 계약서 또는 여행일정표(여행설명서)에 기재된 여행일정대
　　　로의 여행실시가 불가능해진 경우

　　사. 제10조제1항의 규정에 의한 여행요금의 증액으로 인하여 여행 계속이 어렵다
　　　고 인정될 경우

제17조(최저행사인원 미 충족시 계약해제)

① 여행사는 최저행사인원이 충족되지 아니하여 여행계약을 해제하는 경우 여행출발
　7일전까지 여행자에게 통지하여야 합니다.

② 여행사가 여행참가자 수 미달로 전항의 기일내 통지를 하지 아니하고 계약을 해제하
　는 경우 이미 지급받은 계약금 환급 외에 다음 각 목의 1의 금액을 여행자에게 배상
　하여야 합니다.

　가. 여행출발 1일전까지 통지시: 여행요금의 30%

　나. 여행출발 당일 통지시: 여행요금의 50%

제18조(여행출발 후 계약해지)

① 여행사 또는 여행자는 여행출발 후 부득이한 사유가 있는 경우 각 당사자는 여행계
　약을 해지할 수 있습니다. 다만, 그 사유가 당사자 한쪽의 과실로 인하여 생긴 경우
　에는 상대방에게 손해를 배상하여야 합니다.

② 제1항에 따라 여행계약이 해지된 경우 귀환운송 의무가 있는 여행사는 여행자를 귀
　환운송 할 의무가 있습니다.

③ 제1항의 계약해지로 인하여 발생하는 추가 비용은 그 해지사유가 어느 당사자의 사
　정에 속하는 경우에는 그 당사자가 부담하고, 양 당사자 누구의 사정에도 속하지 아
　니하는 경우에는 각 당사자가 추가 비용의 50%씩을 부담합니다.

④ 여행자는 여행에 중대한 하자가 있는 경우에 그 시정이 이루어지지 아니하거나 계약
　의 내용에 따른 이행을 기대할 수 없는 경우에는 계약을 해지할 수 있습니다.

⑤ 제4항에 따라 계약이 해지된 경우 여행사는 대금청구권을 상실합니다. 다만, 여행자
　가 실행된 여행으로 이익을 얻은 경우에는 그 이익을 여행사에게 상환하여야 합니다.

⑥ 제4항에 따라 계약이 해지된 경우 여행사는 계약의 해지로 인하여 필요하게 된 조치를 할 의무를 지며, 계약상 귀환운송 의무가 있으면 여행자를 귀환운송하여야 합니다. 이 경우 귀환운송비용은 원칙적으로 여행사가 부담하여야 하나, 상당한 이유가 있는 때에는 여행사는 여행자에게 그 비용의 일부를 청구할 수 있습니다.

제19조(여행의 시작과 종료) 여행의 시작은 탑승수속(선박인 경우 승선수속)을 마친 시점으로 하며, 여행의 종료는 여행자가 입국장 보세구역을 벗어나는 시점으로 합니다. 다만, 계약내용상 국내이동이 있을 경우에는 최초 출발지에서 이용하는 운송수단의 출발시각과 도착시각으로 합니다.

제20조(설명의무) 여행사는 계약서에 정하여져 있는 중요한 내용 및 그 변경사항을 여행자가 이해할 수 있도록 설명하여야 합니다.

제21조(보험가입 등) 여행사는 이 여행과 관련하여 여행자에게 손해가 발생한 경우 여행자에게 보험금을 지급하기 위한 보험 또는 공제에 가입하거나 영업보증금을 예치하여야 합니다.

제22조(기타사항)

① 이 계약에 명시되지 아니한 사항 또는 이 계약의 해석에 관하여 다툼이 있는 경우에는 여행사 또는 여행자가 합의하여 결정하되, 합의가 이루어지지 아니한 경우에는 관계법령 및 일반관례에 따릅니다.

② 특수지역에의 여행으로서 정당한 사유가 있는 경우에는 이 표준약관의 내용과 달리 정할 수 있습니다.

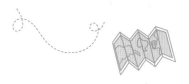

② 국외여행 인솔자 교육기관

지역	기관명	연락처	주소
서울	경기대학교 (평생교육원)	02-390-5068	서울 서대문구 경기대로 44 평생교육원
	남서울대학교 (평생교육원)	02-922-4177	서울특별시 동대문구 한빛로 12, 5층
	롯데관광개발	02-2075-3147	서울특별시 종로구 세종대로 149, 12층
	백석대학교	02-520-0705	서울특별시 서초구 방배로9길 15
	서울 호텔관광 직업전문학교	02-363-8330	서울특별시 종로구 종로 375, 숭문빌딩
	아세아항공전문학교	02-714-9709	서울특별시 용산구 원효로 97길 25
	인덕대학교	02-950-7193	서울특별시 노원구 초안산로 12
	하나투어 평생교육원		서울특별시 종로구 인사동길 41
	한국사회능력개발원 (한국 생산성본부)	02-3210-3831	서울특별시 종로구 새문안로5가길 32, 6층
경기	경복대학교	031-570-9649	경기도 남양주시 진접읍 경복대로 425
	경인여자대학교	032-540-0203	인천광역시 계양구 계양산로 63
	국제대학교	031-610-8726	경기도 평택시 장안웃길 56
	대림대학교	031-467-4418	경기도 안양시 동안구 임곡로 29
	동서울대학교	031-720-2267	경기도 성남시 수정구 복정로 76
	서영대학교	031-930-9540	경기 파주시 월롱면 서영로 170
	서울신학대학교 (평생교육원)	032-340-9237	경기도 부천시 호현로 489번길 52
	신한대학교	031-870-3580	경기도 의정부시 호암로 95
	을지대학교	031-740-7283	경기도 성남시 수정구 산성대로 553
	인하공업전문대학교	032-870-2024	인천광역시 미추홀구 인하로 100
	장안대학교	031-299-3150	경기도 화성시 봉담읍 상천병마로 1182
	한국관광대학교	031-644-1083	경기도 이천시 신둔면 이장로 311번길 197-73
경상	계명문화대학교 (평생교육원)	053-589-7764	대구시 달서구 달서대로 675
	경남대학교	055-249-2715	경상남도 창원시 마산합포구 문화남11길 41
	경남정보대학교	051-320-2979	부산광역시 사상구 주례로 45
	경주대학교	054-770-5309	경상북도 경주시 태종로 188
	대구대학교	053-850-5654	경상북도 경산시 진량읍 대구대로 201

지역	기관명	연락처	주소
	동국대학교 (경주캠퍼스)	054-770-2553	경상북도 경주시 동대로 123
	동명대학교	051-629-3512	부산광역시 남구 신선로 428
	동의과학대학교	051-860-3245	부산광역시 부산진구 양지로 54
	동주대학교	051-200-3240	부산시 사하구 사리로55번길 16
	부산여자대학교	051-850-3107	부산광역시 부산진구 진남로 506
	영진전문대학교	053-940-5380	대구광역시 북구 복현로35연서관 521호
	진주보건대학교	055-740-1714	경상남도 진주시 의병로 51
	창신대학교	055-250-3050	경상남도 창원시 마산회원구 팔용로 262
	호산대학교	053-850-8292	경상북도 경산시 하양읍 대경로105길 19번지
전라	광주대학교	062-670-2371	광주광역시 남구 효덕로 277
	고구려대학교	061-330-7307	전라남도 나주시 다시면 백호로 125
	국립목포대학교	061-450-2640	전라남도 무안군 영산로 1666
	군장대학교	063-450-8363	전라북도 군산시 성산면 군장대길 13
	동강대학교	062-520-2300	광주광역시 북구 동문대로 50
	원광보건대학교 (평생교육원)	063-840-1534	전라북도 익산시 익산대로 514(신용동) 미래관 1층
	전북과학대학교	063-530-9105	전라북도 정읍시 정읍사로 509
	전주기전대학교	063-280-5296	전라북도 전주시 완산구 전주천서로 267
	청암대학교	061-740-7188	전라남도 순천시 녹색로 1641
	호남대학교	062-380-8530	광주광역시 서구 상무대로 971
충청	대전과학기술대학교	042-580-6181	대전광역시 서구 혜천로 100
	선문대학교 (평생교육원)	041-530-8346	충청남도 아산시 탕정면 선문로221번길 70
	중부대학교	041-750-6909	충청남도 금산군 추부면 대학로 201
	청운대학교	041-630-3144	충청남도 홍성군 홍성읍 대학길 25
	충청대학교	043-230-2225	충청북도 청원군 강내면 월곡길 38
강원	가톨릭 관동대학교	033-649-7192	강원도 강릉시 범일로579번길 24
	경동대학교	033-639-0182	강원도 고성군 토성면 봉포4길 46
	한림성심대학교	033-240-9280	강원도 춘천시 동면 장학길 48
제주	제주관광대학교 (평생교육원)	064-754-5820	제주특별자치도 제주시 도령로 15

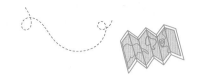

3 세계 주요 도시, 공항명 및 공항코드_(IATA 기준)

아시아			
나라	도시명	공항명	공항코드
대한민국	인천	인천 국제공항	ICN
	김포	김포 국제공항	GMP
	김해	김해 국제공항	PUS
	제주	제주 국제공항	CJU
	대구	대구 국제공항	TAE
	청주	청주 국제공항	CJJ
	포항	포항 공항	KPO
	울산	울산 공항	USN
	여수	여수 공항	RSU
	양양	양양 국제공항	YNY
일본	도쿄	도쿄 하네다 국제공항	HND
		도쿄 나리타 국제공항	NRT
	오사카	간사이 국제공항	KIX
		이타미 공항	ITM
	삿포로	신치토세 공항	CTS
	후쿠오카	후쿠오카 공항	FUK
	나고야	센트리아 나고야 국제공항	NGO
중국	베이징	수도 국제공항	PEK
		다싱 국제공항	PKX
	상하이	푸동 국제공항	PVG
		훙차오 국제공항	SHA
	충칭	장베이 국제공항	CKG
	광저우	바이윈 국제공항	CAN
	마카오	마카오 국제공항	MFM
	홍콩	첵랍콕 국제공항	HKG
	톈진	빈하이 국제공항	TSN
	난징	루커우 국제공항	NKG

	칭다오	류팅 국제공항	TAO
	선전	바오안 국제공항	SZX
	선양	타오셴 국제공항	SHE
대만	타이베이	쑹산 국제공항	TSA
		타오위안 국제공항	TPE
	가오슝	가오슝 국제공항	KHH
	타이중	타이중 국제공항	RMQ
몽골	울란바토르	칭기즈 칸 국제공항	ULN
싱가포르	창이	창이 국제공항	SIN
베트남	호치민	딘손누드 국제공항	SGN
	하노이	노이바이 국제공항	HAN
	나트랑	나트랑 국제공항	CXR
	다낭	다낭 국제공항	DAD
태국	방콕	돈므앙 국제공항	DMK
		수완나품 국제공항	BKK
	푸껫	푸껫 국제공항	HKT
	치앙마이	치앙마이 국제공항	CNX
캄보디아	프놈펜	프놈펜 국제공항	PNH
	씨엠립	씨엠립 국제공항	REP
미얀마	양곤	양곤 국제공항	RGN
	만달레이	만달레이 국제공항	MDL
라오스	비엔티엔	왓따이 공항	VTE
	루앙프라방	루앙프라방 국제공항	LPQ
필리핀	세부	막탄 세부 국제공항	CEB
	클락	클락 국제공항	CRK
	마닐라	니노이아키노 국제공항	MNL
인도	델리	인디라 간디 국제공항	DEL
	뭄바이	차트라파티 시바지 국제공항	BOM
	첸나이	첸나이 국제공항	MAA
스리랑카	콜롬보	반다라나이케 국제공항	CMB
네팔	카트만두	트리부반 국제공항	KTM

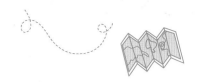

부탄	파로	파로 국제공항	PBH
몰디브	말레	말레 국제공항	MLE
말레이시아	코타키나발루	코타키나발루 국제공항	BKI
	쿠알라룸푸르	쿠알라룸푸르 국제공항	KUL
인도네시아	자카르타	자카르타 수카르노 하타 국제공항	CGK
	발리	덴파사르 응우라라이 국제공항	DPS
파키스탄	이슬라마바드	이슬라마바드 국제공항	ISB
아랍 에미리트	두바이	두바이 국제공항	DXB
		알막툼 국제공항	DWC
	아부다비	아부다비 국제공항	AUH
아프가니스탄	카불	카불 국제공항	KBL
요르단	암만	암만 퀸 알리아 국제공항	AMM
이란	테헤란	테헤란 이맘 호메이니 국제공항	IKA
쿠웨이트	쿠웨이트	쿠웨이트 국제공항	KWI
카타르	도하	도하 하마드 국제공항	DOH
카자흐스탄	알마티	알마티 국제공항	ALA
우즈베키스탄	타슈켄트	타슈켄트 국제공항	TAS
유럽			
나라	도시명	공항명	공항코드
영국	런던	히드로 국제공항	LHR
		런던시티 공항	LCY
	맨체스터	맨체스터 국제공항	MAN
프랑스	파리	샤를 드골 국제공항	CDG
		오를리 공항	ORY
	보르도	메리냑 국제공항	BOD
벨기에	브뤼셀	자반템 공항	BRU
네덜란드	암스테르담	스히폴 국제공항	AMS
아일랜드	더블린	더블린 국제공항	DUB
독일	베를린	브란덴부르크 국제공항	BER
		쇠네펠트 국제공항	SXF
		테겔 국제공항	TXL

	프랑크푸르트	프랑크푸르트 국제공항	FRA
	뮌헨	뮌헨 국제공항	MUC
	뒤셀도르프	뒤셀도르프 국제공항	DUS
스위스	제네바	제네바 국제공항	GVA
	취리히	취리히 국제공항	ZRH
폴란드	바르샤바	쇼팽 국제공항	WAW
오스트리아	빈	빈 국제공항	VIE
헝가리	부다페스트	프란츠리스트 국제공항	BUD
체코	프라하	바츨라프 하벨 국제공항	PRG
포르투길	리스본	포르델라 국제공항	LIS
이탈리아	로마	레오나르도다빈치 국제공항	FCO
	밀라노	리나테 국제공항	LIN
		말펜사 국제공항	MXP
	베니스(베네치아)	마르코폴로 국제공항	VCE
	제노아	제노아 국제공항	GOA
스페인	마드리드	바라하스 국제공항	MAD
	바르셀로나	엘 프라트 국제공항	BCN
크로아티아	자그레브	자그레브 국제공항	ZAG
	두브로브니크	두브로브니크 칠리피 국제공항	DBV
터키	이스탄불	이스탄불 공항	IST
		아타튀르크 국제공항	ISL
	앙카라	앙카라 에센보아 국제공항	ESB
핀란드	헬싱키	헬싱키 반타 국제공항	HEL
노르웨이	오슬로	오슬로 가르더모엔 국제공항	OSL
	베르겐	베르겐 국제공항	BGO
스웨덴	스톡홀름	아를란다 국제공항	ARN
		브롬마 국제공항	BMA
덴마크	코펜하겐	코펜하겐 카스트럽 국제공항	CPH
러시아	모스크바	셰레메티예보 국제공항	SVO
		도모데도보 국제공항	DME
		브누코보 국제공항	VKO

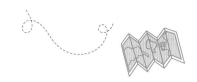

	상트페테르부르크	풀코보 국제공항	LED
	블라디보스토크	블라디보스토크 국제공항	VVO
	하바롭스크	하바롭스크 국제공항	KHV
	이르쿠츠크	이르쿠츠크 국제공항	IKT
불가리아	소피아	소피아 국제공항	SOF
우크라이나	키예프	보리스필 국제공항	KBP
슬로베니아	류블랴나	요제 푸치니크 국제공항	LJU
루마니아	부쿠레슈티	헨리 코안더 국제공항	OTP
세르비아	베오그라드	니콜라 테슬라 국제공항	BEG

아메리카			
나라	**도시명**	**공항명**	**공항코드**
멕시코	멕시코시티	베니토 후아레스 국제공항	MEX
	톨루카	아돌포 로페스 마테오스 국제공항	TLC
미국	마이애미	마이애미 국제공항	MIA
	라스베이거스	매캐런 국제공항	LAS
	보스턴	로건 국제공항	BOS
	포틀랜드	포틀랜드 국제공항	PDX
	시카고	오헤어 국제공항	ORD
	시애틀	타코마 국제공항	SEA
	로스앤젤레스	로스앤젤레스 국제공항	LAX
	샌프란시스코	샌프란시스코 국제공항	SFO
	뉴욕	존 F. 케네디 국제공항	JFK
		뉴어크 리버티 국제공항	EWR
		라과디아 국제공항	LGA
	워싱턴	워싱턴 덜레스 국제공항	IAD
		워싱턴 내셔널 국제공항	DCA
		볼티모어 워싱턴 국제공항	BWI
	올랜도	올랜도 국제공항	MCO
캐나다	토론토	피어슨 국제공항	YYZ
	밴쿠버	밴쿠버 국제공항:	YVR
	캘거리	캘거리 국제공항	YYC

	오타와	맥도널드 카르티예 국제공항	YOW
	몬트리올	피에르 엘리오트 트뤼드 국제공항	YUL
브라질	상파울루	상파울루 구아룰류스 국제공항	GRU
	리우데자네이루	리우데자네이루 갈레앙 국제공항	GIG
파나마	토쿠멘	토쿠멘 국제공항	PTY
페루	리마	리마 국제공항	LIM
칠레	산티아고	산티아고 국제공항	SCL
아르헨티나	부에노스아이레스	부에노스아이레스 국제공항	EZE

오세아니아			
나라	**도시명**	**공항명**	**공항코드**
호주	시드니	시드니 국제공항	SYD
	캔버라	캔버라 국제공항	CBR
	케언즈	케언즈 국제공항	CNS
	멜버른	멜버른 국제공항	MEL
뉴질랜드	오클랜드	오클랜드 국제공항	AKL
	웰링턴	웰링턴 국제공항	WLG
	크라이스트처치	크라이스트처치 국제공항	CHC
피지	나디	나디 국제공항	NAN
미국	괌	앤토니오 B. 원팻 국제공항	GUM
	사이판	사이판 국제공항	SPN

아프리카			
나라	**도시명**	**공항명**	**공항코드**
이집트	카이로	카이로 국제공항	CAI
	알렉산드리아	알렉산드리아 국제공항	ALY
케냐	나이로비	나이로비 국제공항	NBO
남아프리카 공화국	요하네스버그	요하네스버그 국제공항	JNB
	케이프타운	케이프타운 국제공항	CPT
모로코	카사블랑카	카사블랑카 국제공항	CMN
에티오피아	아디스아바바	아디스아바바 볼레 국제공항	ADD
나이지리아	라고스	라고스 국제공항	LOS

④ 세계 주요 항공사코드(IATA 기준)

	대한 항공	KE	네덜란드	KLM 네덜란드 항공	KL
	아시아나 항공	OZ		루프트한자	LH
	진에어	LJ		에어 베를린	AB
	에어부산	BX	독일	저먼윙스	4U
	제주 항공	7C		콘도르 항공	DE
	이스타 항공	ZE		필리핀 항공	PR
	티웨이 항공	TW		에어아시아 필리핀	Z2
대한민국	에어서울	RS	필리핀	세부퍼시픽	5J
	플라이강원	4V		PAL Express	2P
	에어프레미아	YP		Cebgo	DG
	코리아익스프레스에어	KW		아에로플로트	SU
	에어포항	RN	러시아	S7 항공	S7
	에어필립	3P		로시야 항공	FV
	하이에어	4H		오로라 항공	HZ
	에어인천	KJ		아에로멕시코	AM
	아메리칸 항공	AA		볼라리스 항공	VB
	델타 항공	DL	멕시코	비바 아에로부스 항공	Y4
	유나이티드 항공	UA		아에로멕시코 커넥트	5D
	내셔널 항공	N8	몽골	인테르제트 항공	4O
	하와이안 항공	HA		일본 항공	JL
	인테르제트 항공	4O		전일본공수	NH
	알래스카 항공	AS		일본화물 항공	KZ
미국	사우스웨스트 항공	WN		J-에어	XM
	선 컨트리 항공	SY		일본 에어 커뮤터	3X
	스피릿 항공	NK	일본	일본 트랜스오션 항공	NU
	얼리전트 항공	G4		ANA 윙스	EH
	에어 트랜스포트 항공	8C		바닐라 에어	JW
	제트 블루	B6		솔라시드 항공	6J
	프론티어 항공	F9		스타플라이어	7G
	폴라에어 카고	PO		스카이마크 항공	BC

영국	영국 항공	BA	일본	아이벡스 항공	FW
	버진 애틀랜틱 항공	VS		에어 두	HD
	이지젯	U2		에어재팬	NQ
캐나다	에어 캐나다	AC		일본 에어 커뮤터	3X
	포터 항공	PD		제트스타 재팬	GK
	웨스트젯	WS		춘추항공일본	IJ
	Swoop	WO		피치 항공	MM
	선윙	WG		후지드림 항공	JH
	에어노스	4N		일본화물항공	KZ
	캐나디안 노스	5T	태국	타이 항공	TG
	에어 트란셋	TS	싱가포르	싱가포르 에어라인	SQ
	퍼스트 에어	7F	중화인민공화국 (본토)	중국국제 항공	CA
	센트럴 마운틴 에어	9M		중국동방 항공	MU
	에어 이누이트	3H		중국남방 항공	CZ
프랑스	에어 프랑스	AF		중국해남 항공	HU
이탈리아	알리탈리아	AZ		상하이 항공	FM
핀란드	핀에어	AY		샤먼 항공	MF
아랍 에미리트	에티하드 항공	EY		춘추 항공	9C
	에미레이트 항공	EK	중화인민공화국 (홍콩 특별행정구)	캐세이퍼시픽 항공	CX
사우디아라비아	사우디아 항공	SV		캐세이드래곤 항공	KA
카타르	카타르 항공	QR		홍콩 항공	HX
에티오피아	에티오피아 항공	ET		홍콩 익스프레스	UO
요르단	로열 요르단 항공	RJ	조선민주주의 인민공화국	고려 항공	
이스라엘	엘알	LY	중화민국	중화 항공	CI
스페인	이베리아 항공	IB		에바 항공	BR
	에어 에우로파	UX		타이거항공 타이완	IT
호주	콴타스	QF	인도네시아	가루다 인도네시아	GA
	제트스타	JQ	말레이시아	말레이시아 항공	MH
중화인민공화국(마카오 특별행정구)				에어마카오	NX
노르웨이, 스웨덴, 덴마크				스칸디나비아 항공	SK

5 사증 면제협정 체결국가

(2019년 4월 기준)

국가	지역	대한민국 국민 무사증입국 가능 여부 및 기간			무사증입국근거	비고
		일반여권	관용여권	외교관여권		
아주지역 (20개 국가 및 지역)	대만	90일	90일	90일	상호주의	
	동티모르	X	무기한	무기한	일방적 면제	비자발급 관련 사항 대사관 문의
	라오스	30일	90일 (협정)	90일 (협정)	일방적 면제/협정	
	마카오	90일	90일	90일	상호주의	
	말레이시아	90일	90일	90일	협정	
	몽골	X	90일	90일	협정	비자발급 관련 사항 대사관 문의
	미얀마	30일	90일	90일	일방적 면제 / 협정	비자발급 관련 사항 대사관 문의
	방글라데시	X	90일	90일	협정	비자발급 관련 사항 대사관 문의
	베트남	15일	90일 (협정)	90일 (협정)	일방적 면제/협정	
	브루나이	30일	30일	30일	상호주의	
	싱가포르	90일	90일	90일	협정	
	인도	X	90일	90일	협정	비자발급 관련 사항 대사관 문의
	인도네시아	30일	14일	14일	일방적 면제/상호주의	
	일본	90일	90일(협정)	90일 (협정)	상호주의/협정	
	중국	X	30일	30일	협정	비자발급 관련 사항 대사관 문의
	캄보디아	X	60일	60일	협정	비자발급 관련 사항 대사관 문의/도착비자
	태국	90일	90일	90일	협정	
	파키스탄	X	3개월	3개월	협정	비자발급 관련 사항 대사관 문의
	필리핀	30일	무제한 (협정)	무제한 (협정)	일방적 면제/협정	
	홍콩	90일	90일	90일	상호주의	
미주지역 (34개국)	가이아나	90일	90일	90일	상호주의	

과테말라	90일	90일	90일	협정	
그레나다	90일	90일	90일	협정	
니카라과	90일	90일	90일	협정	
도미니카 (공)	90일	90일	90일	협정	
도미니카 (연)	90일	90일	90일	협정	
멕시코	90일	90일	90일	협정	
미국	90일	X	X	상호주의	전자여행허가(ESTA), 사전 신청 필요
바베이도스	90일	90일	90일	협정	
바하마	90일	90일	90일	협정	
베네수엘라	90일	30일	30일	협정	
벨리즈	90일	90일 (협정)	90일 (협정)	일방적조치/ 협정	
볼리비아	X	90일 (협정)	90일 (협정)	협정	비자발급 관련 사항 대사관 문의
브라질	90일	90일	90일	협정	
세인트 루시아	90일	90일	90일	협정	
세인트 빈센트 그레나딘	90일	90일	90일	협정	
세인트키 츠네비스	90일	90일	90일	협정	
수리남	90일	90일	90일	협정	
아르헨티나	90일	90일 (협정)	90일 (협정)	상호주의/협정	
아이티	90일	90일	90일	협정	
안티구아 바부다	90일	90일	90일	협정	
에콰도르	90일	90일 (협정)	업무수 행기간 (협정)	상호주의/협정	
엘살바 도르	90일	90일	90일	협정	

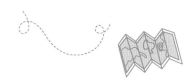

	온두라스	90일	90일	90일	상호주의	
	우루과이	90일	90일	90일	협정	
	자메이카	90일	90일	90일	협정	
	칠레	90일	90일	90일	협정	
	캐나다	6개월	6개월	6개월	상호주의	전자여행허가(eTA) 사전신청 필요
	코스타리카	90일	90일	90일	협정	
	콜롬비아	90일	90일	90일	협정	
	트리니다드토바고	90일	90일	90일	협정	
	파나마	180일	180일	180일	90일(협정)	주재국 행정명령에 의해 180일까지 무사증 체류 인정
	파라과이	30일	90일(협정)	90일(협정)	상호주의/협정	
	페루	90일	90일	90일	협정	
유럽지역 (셍겐 가입국 26)	그리스	90일	90일	90일	협정	셍겐 우선
	네덜란드	90일	90일	90일	협정	셍겐 우선
	노르웨이	90일	90일	90일	협정	
	덴마크	90일	90일	90일	협정	
	독일	90일	90일	90일	협정	
	라트비아	90일	90일	90일	협정	
	룩셈부르크	90일	90일	90일	협정	셍겐 우선
	리투아니아	90일	90일	90일	협정	
	리히텐슈타인	90일	90일	90일	협정	셍겐 우선
	몰타	90일	90일	90일	협정	
	벨기에	90일	90일	90일	협정	
	스웨덴	90일	90일	90일	협정	
	스위스	90일	90일	90일	협정	셍겐 우선
	스페인	90일	90일	90일	협정	셍겐 우선
	슬로바키아	90일	90일	90일	협정	셍겐 우선

슬로베니아	90일	90일	90일	상호주의	셍겐 우선
아이슬란드	90일	90일	90일	협정	
에스토니아	90일	90일	90일	협정	셍겐 우선
오스트리아	90일	180일	180일	협정	
이탈리아	90일	90일	90일	협정 및 상호주의	
체코	90일	90일	90일	협정	
포르투갈	180일 중 90일	180일 중 90일	180일 중 90일	상호주의	셍겐 우선
폴란드	90일	90일	90일	협정	
프랑스	90일	90일	90일	협정	셍겐 우선
핀란드	90일	90일	90일	협정	셍겐 우선
헝가리	90일	90일	90일	협정	
유럽지역 (비셍겐 국 및 지역 28개) 러시아	60일	90일	90일	협정	1회 최대 연속 체류 60일, 180일 중 누적 90일
루마니아	180일 중 90일	180일 중 90일	180일 중 90일	협정	
마케도니아	180일 중 90일	180일 중 90일	180일 중 90일	일방적 면제	
모나코	90일	90일	90일	상호주의	
몬테네그로	90일	90일	90일	상호주의	
몰도바	180일 중 90일	90일	90일	일방적 면제/협정	
벨라루스	30일(일방적 면제)	90일	90일	일방적 면제/협정	러시아 경유 또는 육로를 통한 출입국 시 비자 필요
보스니아 헤르체고비나	90일	90일	90일	상호주의	
불가리아	90일	90일	90일	협정	
사이프러스	90일	90일 (협정)	90일 (협정)	상호주의/협정	
산마리노	90일	90일	90일	상호주의	

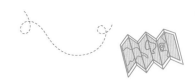

	세르비아	90일	90일	90일	상호주의	
	아르메니아	연 180일	연 180일	연 180일	일방적 면제	외교관 및 관용여권 협정상은 90일
	아일랜드	90일	90일	90일	협정	
	아제르바이잔	x	30일	30일	협정	
	안도라	90일	90일	90일	상호주의	
	알바니아	90일	90일	90일	상호주의	
	영국	6개월	6개월	6개월	협정/일방적 면제	
	우즈베키스탄	30일(일방적 면제)	30일(일방적 면제)	60일	일방적 면제/협정	
	우크라이나	90일(일방적 면제)	90일(협정)	90일(협정)	일방적 면제/협정	일반여권은 출국일로부터 역산하여 180일 중 90일 이내
	조지아	360일	90일(협정)	90일(협정)	일방적 면제/협정	
	카자흐스탄	30일	90일	90일	협정	일반여권은 출국일로부터 역산하여 180일 중 60일 이내
	코소보	90일	90일	90일	일방적 면제	
	크로아티아	90일	90일(협정)	90일(협정)	상호주의/협정	
	키르기즈	60일	30일(협정)	30일(협정)	일방적 면제/협정	
	타지키스탄	x	90일	90일	협정	
	터키	180일 중 90일	180일 중 90일	180일 중 90일	협정	
	투르크메니스탄	x	x	30일	협정	비자발급 관련 사항 대사관 문의
대양주 (14개 국가 및 지역)	괌	45일/ VWP90일	45일/ VWP90일	45일/ VWP90일	상호주의	
	뉴질랜드	90일	90일	90일	협정	
	마샬군도	30일	30일	30일	상호주의	
	마이크로네시아	30일	30일	30일	상호주의	
	바누아투	30일(일방적 면제)	90일	90일	일방적 면제/협정	

북마리아나 연방	45일/ VWP90일	45일/ VWP90일	45일/ VWP90일	상호주의	
사모아	60일	60일	60일	상호주의	
솔로몬 군도	45일	45일	45일	상호주의	
키리바시	30일	30일	30일	상호주의	
통가	30일	30일	30일	상호주의	
투발루	30일	30일	30일	상호주의	
팔라우	30일	30일	30일	상호주의	
피지	4개월	4개월	4개월	상호주의	
호주(오스트레일리아)	90일	90일	90일	상호주의	전자여행허가(eTA) 사전신청 필요
아프리카 중동지역 (27개국)	가봉	X	90일	90일	협정	
	남아프리카 공화국	30일	30일	30일	상호주의	
	라이베리아	90일	90일	90일	협정	
	레소토	60일	60일	60일	협정	
	모로코	90일	90일	90일	협정	
	모리셔스	16일	16일	16일	상호주의	
	모잠비크	X	90일	90일	협정	비자발급 관련 사항 대사관 문의
	바레인	X	X	X	–	도착비자 발급 가능: 2주비자 – 2회 연장
	베냉	X	90일	90일	협정	비자발급 관련 사항 대사관 문의
	보츠와나	90일	90일	90일	상호주의	
	상투메프란시페	15일	15일	15일	일방적 면제	
	세네갈	90일	90일	90일	일방적 면제	
	세이셸	30일	30일	30일	상호주의	
	스와질란드	60일	60일	60일	상호주의	
	아랍에미리트	90일	90일	90일	협정	
	알제리	X	90일	90일	협정	비자발급 관련 사항 대사관 문의

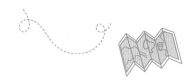

앙골라	X	30일	30일	협정	비자발급 관련 사항 대사관 문의
오만	30일	90일 (협정)	90일 (협정)	상호주의/협정	
요르단	X	X	90일	협정	비자발급 관련 사항 대사관 문의
이란	X	90일	90일	협정	비자발급 관련 사항 대사관 문의
이스라엘	90일	90일	90일	협정	
이집트	X	90일	90일	협정	비자발급 관련 사항 대사관 문의
카보베 르데	X	90일	90일	협정	비자발급 관련 사항 대사관 문의
카타르	30일	30일	30일	상호주의	
쿠웨이트	X	180일 중 90일	180일 중 90일	협정	(일반여권) 도착비자 발급 가능(관광) 입국비자 수수료 면제
탄자니아	X	180일 중 90일	180일 중 90일	협정	비자발급 관련 사항 대사관 문의
튀니지	30일	30일	30일	협정	

자료: 주캐나다 대한민국대사관 https://overseas.mofa.go.kr/ca-ko/brd/m_5346/view.do?seq=1189421

◑ 알림

상기 내용은 변동이 있을 수 있으니 여행계획 시에는 대사관에 확인 작업이 필요

· **미국**: 출국 전 전자여행허가(ESTA) 신청 필요
· **캐나다**: 출국 전 전자여행허가(eTA) 신청 필요, 생체인식정보 수집 확대 시행(2018.12.31.~)
· **호주**: 출국 전 전자여행허가(ETA) 신청 필요
· **괌, 북마리아나연방**(수도: 사이판): 45일간 무사증입국이 가능하며, 전자여행허가(ESTA) 신청 시 90
일 체류 가능
· **영국**: 협정상의 체류기간은 90일이나 영국은 우리 국민에게 최대 6개월 무사증입국 허용[무사증입국
시 신분증명서, 재정증명서, 귀국항공권, 숙소정보, 여행계획 등 제시 필요(주영국 대사관 홈페이지 참조)]

참고문헌

· 김선희(2011), 『국외여행 인솔업무론』, 대왕사.

· 김영규(2013), 『국외여행 인솔업무론』, 대왕사.

· 신동숙(2002), 『국외여행 인솔실무』, 대왕사.

· 신상준·이준호(1998), 『국외여행 인솔자실무』, 형설출판사.

· 이광우·고종원(2002), 『국외여행 인솔자업무론』, 대왕사.

· 이교종(2000), 『여행업실무론』, 백산출판사.

· 정찬종·신동숙·김규동(2019), 『최신 국외여행 여행인솔실무』, 대왕사.

· 최태광(2003), 『관광가이드실무론』, 백산출판사.

· 한국여행서비스 교육협회(2020), 『국외여행 인솔자 자격증 공통교재』, 한올출판사.

· 한국여행업협회(2018), 『여행업 안전관리 가이드 북』, 한국여행업협회.

· 한국여행업협회(2019), 『여행불편신고처리사례집』, 한국여행업협회.

· 공정거래위원회, 소비자분쟁해결기준(공정거래위원회 고시 제2021-7호, 시행 2021.05.25)

· 김성숙(2010), 우리나라 소비자 정책 연구의 흐름과 과제, 『소비자학연구』.

· 대한항공 김포국내여객운송지점(1993), 표준업무절차.

· 인천국제공항, e-가이드북.

· 관광통역 안내사 협회, https://www.kotga.or.kr/sub/sub02_02.php

· 관세청 대표 블로그, https://m.blog.naver.com/k_customs/221273421233

· 관세청, https://www.customs.go.kr/kcs/main.do

· 국가법률정보센터, http://www.law.go.kr

· 국립인천공항검역소, https://nqs.kdca.go.kr

· 국민재난안전포털, https://www.safekorea.go.kr

· 국외여행 인솔자 인력관리시스템, http://www.tchrm.or.kr/

· 기상청, http://www.kma.go.kr

· 뉴스타운, http://www.newstown.co.kr/news/articleView.html?idxno=396380

· 뉴스토피아, http://www.newstopia.co.kr/news

· 대한항공 뉴스룸, https://news.koreanair.com

- 도르트문트 공항, https://www.dortmund-airport.com/lost-and-found
- 디즈니 유람선사 블로그, https://disneycruiselineblog.com/wp-content/uploads/2021/07/DCL-Deck-Plans-Wish-July-2021.png
- 러시아 국립 발레단, http://www.russian-national-ballet.com/swan-lake
- 렛츠고 푸껫, http://www.letsgophuket.kr
- 로열캐리비안 유람선, https://rccl.kr/web/ship/cruiseDetail?ship_no=69
- 모닝경제 뉴스, http://www.menews.co.kr/news
- 문화체육관광부, http://www.mcst.go.kr
- 미래일보, http://www.hkmd.kr/news/
- 법무부, https://www.moj.go.kr/moj/193/subview.do
- 보건복지부, http://www.mohw.go.kr
- 브라질 국세청, https://receita.economia.gov.br
- 소방청, http://nfa.go.kr
- 스위스 관광청, http://www.myswitzerland.com
- 싱가포르 관광청, http://www.yoursingapore.com
- 씨크루즈, https://www.dreamstime.com/stock-illustration-sea-cruise-ship-boarding-pass-ticket-template-image48592260
- 아시아나항공, http://www.flyasiana.com
- 아주경제, https://www.ajunews.com/view/20200516190418583
- 아주경제신문, https://www.ajunews.com/view/20140708111430286
- 에어인디아, https://www.indianairmails.com/misc-material.html
- 여행신문, http://www.traveltimes.co.kr
- 연합뉴스, https://www.yna.co.kr/view/AKR20170123002000098
- 온라인투어, https://www.onlinetour.co.kr/insurance/common/insurance_kb_iframe
- 외교부 여권 안내, www.passport.go.kr
- 외교부 여권과, https://www.passport.go.kr/new/intro/location.php
- 외교부 해외안전여행, https://www.0404.go.kr/callcenter/overseas_remittance.jsp
- 워너비뉴스, https://wannabenews.com
- 위키백과, http://ko.wikipedia.org
- 윈저투어, http://www.windsortour.co.kr
- 유레일, https://www.eurail.com

- 이트레블뉴스, http://www.etravelnews.kr/28759
- 인천국제공항, http://www.airport.kr
- 인터파크 여행사, http://tour.interpark.com
- 전자신문, https://m.etnews.com
- 주캐나다대한민국대사관, https://overseas.mofa.go.kr/ca-ko/brd/m_5346/view.do?seq=1189421
- 주한중국대사관, http://kr.china-embassy.org/kor/lsfw/lszj/t1819327.htm
- 중앙일보, https://www.joongang.co.kr/article
- 지디넷코리아, https://zdnet.co.kr/
- 진에어, https://www.jinair.com
- 질병관리청, http://www.kdca.go.kr/index.es?sid=a2
- 질병관리청국립검역소, http://nqs.kdca.go.kr/nqs/quaStation/busan.do?gubun=notice&fromMainYn=Y&ctx=PS1&contentid=201042
- 출입국·외국인정책본부, http://www.immigration.go.kr
- 페테르부르크관광포털, http://www.visit-petersburg.ru/ru/
- 한국관광공사, http://www.visitkorea.or.kr
- 한국관광협회중앙회, http://www.koreatravel.or.kr
- 한국국외여행 인솔자협회, http://www.tckorea.or.kr/
- 한국여행업협회, www.kata.go.kr
- 해외문화홍보원, https://www.kocis.go.kr/koreanet/view.do?seq=11498&RN=3
- 핸리앤파트너스, https://www.henleyglobal.com/
- KB 손해보험, https://www.kbinsure.co.kr
- SBS 뉴스, https://news.sbs.co.kr/news/endPage.do?news_id=N1004579052
- UNWTO(세계관광기구), https://www.unwto.org/
- http://m.fpn119.co.kr/38572
- http://news.heraldcorp.com/view.php?ud=20180914000255
- http://newyorkcen.com/12
- https://www.acslocks.com/ko/what-is-hotel-key-cards-how-hotel-key-cards-work/
- https://1doinsight.tistory.com/24
- https://blog.daum.net/hanarm/16513200

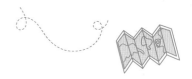

- https://brunch.co.kr/@shrainy80/20
- https://en.wikipedia.org/wiki/Air_kiss
- https://en.wikipedia.org/wiki/Akanbe
- https://en.wikipedia.org/wiki/City_Hall,_Singapore
- https://en.wikipedia.org/wiki/Head_shake
- https://en.wikipedia.org/wiki/OK_gesture
- https://en.wikipedia.org/wiki/Thumb_signal
- https://en.wikipedia.org/wiki/V_sign
- https://en.wikipedia.org/wiki/Wave_(gesture)https://en.wikipedia.org/wiki/Sign_of_the_horns
- https://english.visitkorea.or.kr/enu/SHP/SH_ENG_1_1.jsp
- https://eservices.ica.gov.sg/sgarrivalcard
- https://guideyou.tistory.com
- https://kimssine51.tistory.com/429
- https://k-mice.visitkorea.or.kr/convention_kor/guidehtml/mice01.jsp
- https://ko.wikiqube.net/wiki/IATA_airport_code
- https://m.blog.naver.com/khd9345/221230843366
- https://m.blog.naver.com/palge/220198162462
- https://m.blog.naver.com/PostView.naver?isHttpsRedirect=true&blogId=kac_kk-m&logNo=220333686821
- https://m.blog.naver.com/PostView.naver?isHttpsRedirect=true&blogId=scmhi-usa&logNo=140206448687
- https://m.blog.naver.com/PostView.naver?isHttpsRedirect=true&blogId=trav-elclub&logNo=220889800631
- https://m.news.zum.com/articles/56923925
- https://m.trndf.com/news/newsview.php?ncode=1065589888301805
- https://news.abs-cbn.com/business/08/06/19/list-canceled-flights-on-aug-6-due-to-hong-kong-protests
- https://news.sbs.co.kr/news/endPage.do?news_id=N1001504118
- https://papam.net/61

- https://parisbytrain.com/france-tgv-train-ticket-validation-punching/tgv_billet_orange_validated/
- https://sanecovision.com/hospitality/hotel-concierge-bellboy/
- https://singledatingdiva.com/2013/08/02/relationship-baggage-weighing-you-down
- https://stringfixer.com/ar/European_Automated_Border_Control_systems
- https://www.airport.kr/ap_lp/ko/arr/process/taxdec/taxdec.do
- https://www.aliexpress.com/item/4000072222259.html
- https://www.americanexpress.com/kr/network/content/how-to-use.html
- https://www.bloomberg.com/news/articles/2012-06-01/pee-into-this-sao-paulo-urinal-to- make-lovely-music
- https://www.cathaypacific.com/cx/ko_KR/manage-booking/travel-extras/reserve-your- seat/regular-seat.html
- https://www.dreamstime.com/stock-illustration-sea-cruise-ship-boarding-pass-ticket- template-image48592260
- https://www.dreamstime.com/traditional-stilt-houses-know-as-palafitos-city-castro-chiloe- island-chile-southern-image126095880
- https://www.espressoenglish.net/common-collocations-english-verbs-with-body-parts/
- https://www.henleyglobal.com/
- https://www.loo.co.uk/571/2021-Loo-of-the-Year-Awards
- https://zdnet.co.kr/view/?no=20100624095407
- World Travel & Tourism Council(2021a), Travel and Tourism Economic Impact 2021. WTTC.
- World Travel & Tourism Council(2021b), Travel and Tourism as a Catalyst for Social Impact. WTTC.

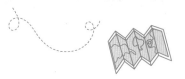

국외여행 인솔
실무

저자 소개

| 조영훈(曺永勳)

[약력]
· 한양대학교 관광학과 졸업
· 상명대학교 서비스경영학 박사
· 수원대학교 호텔관광학과 겸임교수
· 동원대학교 관광과 겸임교수
· ㈜성진씨앤티(여행사) 대표이사
· 60여개국 100회이상 단체여행 인솔 업무 진행

[주요 논문]
· 여행업 프랜차이즈 활용방안
· 온라인 여행 구전 커뮤니케이션에서 구전의 발생 및 수용과정 연구

| 조광익(趙光翼)

[약력]
· 대구가톨릭대학교 관광학과 교수
· 한국관광학회 부회장 겸 편집위원장
· 미국 Iowa State University, 캐나다 University of Guelph,
  University of Waterloo 교환교수 역임
· 대구가톨릭대학교 부설 문화예술교육연구소장 역임

[주요 저서]
『문화관광론』(백산출판사, 공저), 『현대관광과 문화이론』(일신사), 『여가의 사회이론』(대왕사), 『관광학총론』(백산출판사, 공저), 『여가와 사회』(일신사, 공저) 등

여행 인솔자의 길
국외여행 인솔 실무

초판 1쇄 발행   2022년 8월 25일

저　자　　조영훈·조광익
펴낸이　　임순재
펴낸곳　　(주)한올출판사
등　록　　제11-403호
주　소　　서울시 마포구 모래내로 83(성산동 한올빌딩 3층)
전　화　　(02) 376-4298(대표)
팩　스　　(02) 302-8073
홈페이지　www.hanol.co.kr
e-메일　　hanol@hanol.co.kr
ISBN　　 979-11-6647-260-2

국외여행 인솔
실무

국외여행 인솔
실무

국외여행 인솔
실무